무비 스님 화엄경 강의
〈입법계품〉 근본법회

무비 스님 화엄경 강의
〈입법계품〉 근본법회

불광출판사

해제(解題)

화엄경에 대하여

「입법계품(入法界品)」은 선재(善財;Sudhana-Śresthi-Dāraka)동자가 53 선지식을 찾아가며 끝없이 펼쳐 가는 구법(求法) 행각을 그린 품으로서 전체 『화엄경』 중에서 사분의 일이 넘을 정도로 양이 대단히 많고 따라서 매우 중요한 품입니다.

부처님의 크고 바른 깨달음과 시공을 초월하여 두루해 있는 온 우주의 실상(實相)인 비로자나 부처님의 세계를 보여주는 경전인 『대방광불화엄경(大方廣佛華嚴經)』, 즉 흔히 말하는 『화엄경』의 마지막 부분이 바로 이 「입법계품」입니다. 그러므로 먼저 『화엄경』에 대해서 간략하게 정리해 보는 것이 필요하다고 하겠습니다.

불교는 어느 경전을 보아도 무심하게 제목을 삼은 경우가 없습니다. 다른 종교의 경전을 보면 중요한 사람 이름이나 문장 첫머리에 나오는 단어를 따서, '마태 복음'이나 '학이편(學而篇)' 식으로 제목을 달은 경우가 많습니다. 그러나 불교에서는 경전의 전체 뜻을 요약하여 제목에 다 함축시켜 놓았습니다. 그러므로 제목만 보아도 그 경전에서 가르치는 내용을 대부분 짐작할 수가 있습니다.

『대방광불화엄경(大方廣佛華嚴經)』의 글자 하나하나에 담겨있는 뜻은 다음과 같습니다. "절대적으로 크고(大), 표준이 되어 변함이 없으며(方), 모든 것을 널리 포함하고(廣), 인생과 우주 삼라만상을 깨달은 사람(佛)이 되며, 마음 속의 온갖 능력을 한껏 꽃을 피우며(華), 온 우주의 사물 하나하나마다를 이 아름다운 부처의 꽃으로 장엄(嚴)하고, 이러한 절대적인 진리를 담아내는 그릇(經)이다"라는 것입니다.

『화엄경』은 세 종류의 한문 번역본이 전해지고 있습니다. 먼저 불타발타라(佛陀跋陀羅 ; Buddhabhadra : 359~429, 각현(覺賢)으로 번역됨)가 418년~420년에 걸쳐서 번역한 『60화엄경』이 있습니다. 동진(東晋)시대에 번역하였다고 해서 진경(晋經), 또는 먼저 되었다고 해서 구경(舊經)이라고 합니다. 모두 60권 7처 8회 34품으로 되어 있습니다.

그 다음으로는 당(唐)나라 695년~699년에 실차난타(實叉難陀 ; Sikṣānanda ; 652~710), 즉 희학(喜學) 삼장이 번역한 『80화엄경』이 있습니다. 당의 여제 측천무후(則天武后)는 대승불교에 깊이 귀의하여 불법을 널리 폈는데 『60화엄경』의 미비함을 알고 이를 보완하려고 고심하던 중 우전국(于闐國)에 범본이 있다는 말을 듣고 그 본과 사람을 모셔오게 하였습니다. 그 사람이 바로 실차난타인데 범어 4만 5천 게송을 가져왔다고 합니다.

측천무후는 번역 사업에 지원을 아끼지 않았고 『80화엄경』의 서문을 직접 쓰기까지 하였습니다. 정치적으로는 많은 논란이 있지마는 불교 발전에 기여한 바가 크다고 하겠습니다. 중국 화엄종의 제 3조 현수법장(賢首法藏)도 그 번역에 참여했다고 합니다. 당나라 때에 번역되었다고 하여 당경(唐經) 또는 신경(新經)이라고 하며 우리 나라의 전통 강원(講院)에서 교재로 채택하고 있습니다. 모두 80권으로 7처(處) 9회(回) 40품(品)으로 대별합니다.

『40화엄경』은 반야(般若 ; Prajña) 삼장(三藏)이 당(唐)나라 정원(貞元) 년간 795년~798년에 번역하였습니다. 이 번역에는 중국 화엄종의 제 4조 청량징관(清凉澄觀) 대사도 참여하였다고 합니다. 「입법계품」한 품만을 번역한 것이기 때문에 『화엄경』의 일부분입니다.

　우리 나라에서는 대부분 『80화엄경』을 가지고 신행의 근본으로 삼습니다. 그러므로 『80화엄경』의 구성을 좀 더 자세하게 알아보도록 하겠습니다.

　『화엄경』이 설해진 곳은 모두 일곱 장소입니다. 지상의 세 곳과 하늘의 네 곳입니다. 설법을 한 횟수는 모두 아홉 번이며 총 품수는 마흔입니다. 이것을 간단하게 7처 9회 40품이라고 합니다. 대개는 7처 9회 39품이라고 하는데 그 까닭은 마지막 품인 「보현행원품」을 언제부터인가 따로 떼내어 별개로 취급해왔기 때문입니다. 그러나 저는 그것을 포함하여 완전하게 40품이라고 하는 것입니다.

　부처님께서 6년간의 고행을 끝내시고 마가다국의 니련선하(尼連禪河)가에 있는 보리수 아래에서 납월 8일 샛별이 떠오르는 순간 마음이 환하게 열렸습니다. 그 동안에 가지셨던 온갖 의문이 풀리고 우리들의 인생과 마음의 진실과 삼라만상과 우주의 실상을 깨달았습니다. 그래서 이 자리를 금강보좌(金剛寶座)라고도 하고 보리도량(菩提道場)이라고도 합니다.

　부처님께서는 깨닫고 난 뒤 가장 먼저 『화엄경』을 3·7일 동안 설하였다고 전통적으로 교상판석을 합니다. 그러므로 깨달은 그 보리도량에서 온 우주에 진리 당체로 변만해 있는 비로자나(毘盧遮那) 부처님의 성불(成佛)을 그린 것이 제 1회에 설한 여섯 품입니다. 「세주묘엄품」, 「여래현상품」, 「보현삼매품」, 「세계성취품」, 「화장세계품」, 「비로자나품」으로 전체 『화엄경』의 서론에 해당된다고 하겠습니다.

　그 다음 제 2회는 보리도량에서 그리 멀리 떨어지지 않은 보광명전에서 설한 여섯 품입니다. 이 2회 설법에서부터 제 8회 설법까지는 보살이 성불해 가는 과정을 그리고 있습니다. 2회 설법의 각 품 이름은 「여래명호품」, 「사성제품」, 「광명각품」, 「보살문명품」, 「정행품」, 「현수품」으로 보살이 성불해 가는 대승 52위(大乘 五十二位) 중 가장 기초 단계인 십신(十信)에 해당되는 법문입니다.

그 다음 3회부터는 하늘로 법회가 옮아갑니다. 먼저 욕계 6천의 제 2천인 도리천궁(忉利天宮)에 올라가서 한 설법으로 「승수미산정품」, 「수미정상게찬품」, 「십주품」, 「범행품」, 「초발심공덕품」, 「명법품」의 여섯 품입니다. 대승 52위 중 십신 다음의 수행 단계인 십주(十住)에 해당되는 내용입니다. 또한 이 도리천은 부처님께서 일찍이 이 곳에 올라가서 파리질다라수(波利質多羅樹) 밑 보석전(寶石殿)에서 석 달 동안 안거하시면서 어머니 마야 부인을 위해 설법을 한 하늘로도 유명합니다.

제 4회 설법은 욕계 6천의 제 3천인 야마천궁(夜摩天宮)에서 설한 것으로 「승야마천궁품」, 「야마궁중게찬품」, 「십행품」, 「십무진장품」의 네 품입니다. 이 품의 내용들은 십행(十行)에 해당됩니다.

제 5회 설법은 욕계 6천의 제 4천인 도솔천궁(兜率天宮)에서 「승도솔천궁품」, 「도솔궁중게찬품」, 「십회향품」의 세 품을 설하였는데 십회향(十廻向)에 해당되는 법문입니다. 이 도솔천은 미륵보살(彌勒菩薩)이 하늘나라 사람들을 제도하면서 우리들이 살고 있는 남섬부주에 하생(下生)하기를 기다리며 살고 있다는 하늘입니다.

그 다음 제 6회 법회는 욕계 6천의 제 6천인 타화자재천궁(他化自在天宮)에서 설한 것으로 「십지품」 한 품입니다. 타화자재천은 욕계 6천 중 가장 높은 하늘입니다. 그리고 이 「십지품」은 이름 그대로 보살의 수행 과정 중에서 거의 성불에 이르러간 십지(十地)를 설명하고 있는 매우 수준높은 품으로 범어로 된 원문이 전하기도 합니다. 또한 『화엄경』이 결집되기 이전에는 『십지경』이라고 불리며 독립된 경전으로서 체제를 잘 갖추고 있습니다.

제 7회부터는 법회 장소가 다시 지상으로 내려 옵니다. 2회 때와 마찬가지로 다시 보광명전에서 「십정품」, 「십통품」, 「십인품」, 「아승지품」, 「여래수량품」, 「보살주처품」, 「불부사의법품」, 「여래십신상해품」, 「여래수호광명공덕품」, 「보현행품」, 「여래출현품」의 11품을 설하였습니다. 이 품들은 성불에 거의 다 이르러 간 등각(等覺)의 지위를 나타내고 있습니다.

8회 법회도 역시 보광명전에서 「이세간품」 한 품을 설하였는데 보살의 수행 계위 중 마지막 단계인 묘각(妙覺)에 해당되는 법문입니다. 그러므로 2회, 7회, 8회의 모두 세 번을 보광명전에서 설하였습니다. 이상 2회부터 8회의 설법까지는 보살이 성불해 가는 과정을 나타내는 대승 52위에 하나하나 배대(配對)를 시킬 수 있으며 전체 『화엄경』의 본론이라 하겠습니다.

그리고 마지막 9회의 설법 장소는 『금강경』과 『능엄경』이 설해진 급고독원(給孤獨園)입니다. 기타 태자와 급고독 장자의 지극한 신심이 어우러져서 이룩된 급고독원은 바로 실라벌 나라의 서다림 숲에 있는 기원정사입니다. 거기서 마지막 두 품인 「입법계품」과 「보현행원품」이 설해졌습니다. 이 품에서는 선재(善財)라는 한 평범한 인간이 성불해가는 과정을 설하는 것으로 이것은 바로 중생(衆生)이 성불하는 과정을 가르쳐주는 것입니다. 마지막 9회의 설법은 전체 『화엄경』 중에서 결론으로 볼 수 있습니다.

이로써 『화엄경』 80권은 부처(佛)와 보살(菩薩)과 중생(衆生)이 하나도 남김없이 모두 성불(成佛)하는 진실만을 가르치고 있습니다. 그래서 『화엄경』을 일러 완전무결한 가르침이라는 뜻으로 일승원교(一乘圓敎)라고 하고, 또한 인류가 남긴 최대의 걸작이라는 찬사를 하고 있습니다.

입법계품의 짜임

이제부터는 우리들도 함께 가야 하는 선재동자의 구법을 면밀하게 밝혀놓은 「입법계품」의 전체 의미를 알아 보도록 하겠습니다.

먼저 「입법계품(入法界品)」이라는 품의 뜻을 하나하나 풀어 보도록 하겠습니다. '들 입(入)'자, '법 법(法)'자, '지경 계(界)'자, '가지 품(品)'자입니다. '법계에 들어가는 품'이라는 말입니다. 이게 도대체 무슨 뜻일까요.

우리들은 믿음을 좋아하고 따르려고 하지마는 현재는 미혹(迷惑)한 상태에 있습니다. 그래서 지금은 비록 중생으로서 새까맣게 미혹하고 있지마는 앞으로는 공부를 많이 하여 마음이 밝아져서 깨닫는다는 말입니다. 미혹으로부터 비로소 통달한다는 뜻입니다. 그리하여 중생의 세계에서 부처의 세계로, 불행에서 행복으로, 깜깜한 마음이 환한 마음으로, 이 언덕에서 저 언덕으로, 실패에서 성공으로 '들어간다(入)'는 의미입니다.

'법계(法界)'는 간단하게는 '법의 세계'입니다. 즉 진리의 세계인 것입니다. 진리의 세계는 다른 게 아니고 바로 '우주적인 나'인 것입니다. 온 우주와 혼연히 하나가 된 나의 몸이고 나의 마음인 것입니다. 또 본래로 나는 우주와 하나인 존재입니다.

그래서 '입(入)·법계(法界)'라는 것은 본래로 이 우주와 하나인 내가 다시 개인과 사회 전체와 나아가 사물 하나하나에 통철해 들어가는 것입니다. 서로 시원하게 사무쳐서 아무런 걸림이 없는 것을 말합니다. 우리들이 망념으로써 분별하는 것이 지혜의 작용으로 변해 가지고, 미혹에 속하지 않고 그리하여 어디에도 의지함이 없는 그런 지혜의 경계를 요달하는 것이 법계에 들어가는 것입니다.

지혜라고 하는 것, 깨달음이라고 하는 것 자체는 어디에 매이고 의지하고 있지 않습니다. 고정되어 있지 않아서 지방마다 장소마다 두루하지 않음이 없습니다. 우리들의 지혜는 저 나무나 풀에도 대지나 허공에도 동쪽이나 서쪽에도 동양이나 서양에도 다 널리 들어가 있습니다. 그리하여 이 세상에 존재하는 삼라만상 전부가 다 그대로 불가사의한 법이고 진리인 것입니다.

우리 몸에 있는 그 많고 많은 모공(毛孔) 하나하나마다 다 장엄한 불세계가 있고, 또 끝이 없고 그지없이 많고 많은 이 세상의 미진마다 다 부처가 있고 부처의 세계가 있고 진리가 있습니다. 그래서 지혜(智慧)와 범부(凡夫)로 따로따로 떼어놓을 것도 없이 한 몸입니다.

늘 들어 왔듯이 『화엄경』에서는 '이것은 진리이고 저것은 진리가 아니다'하는 그런 분별이 없습니다. 이것과 저것으로 분별할 것이 없으므로 상입(相入)해 있는 것입니다. 서로서로 들어가 있습니다. 상즉상입(相卽相入)입니다.

'땅' 하고 주먹으로 내 책상을 내리치면 그것에 따라서 온 우주 법계가 흔들리고 진동이 퍼져 갑니다. 아니 '땅'이라는 소리를 만들어 낼 것도 없습니다. 마음 한 번 움직이면 그것 따라 온 우주를 들었다 내렸다 할 수가 있습니다. 내가 미세하기로는 미진에 통하고 거대하기로는 우주와 사무쳐 대소(大小)의 소견이 없어집니다.

이 경지가 되는 것이 '법계에 들어가는 것', 입(入)·법계(法界)인 것입니다. 그동안 우리들은 불완전한 우리의 육안(肉眼)으로 보고 듣고 내 인식의 한계에 의지하여 뭔가 발버둥친 것이지마는 여기에 의지하지 말라는 것입니다. 이것을 놓아야만 비로소 법계에 들어갈 수가 있습니다.

'품(品)'은 긴 경전에서 같은 내용끼리 한데 묶어놓은 부분을 말하는 것인데 요즈음의 장(章)과 같다고 하겠습니다. 대체로 양이 많을 때에는 품이라고 하고 글의 길이가 짧을 때에는 분(分)이라고 합니다. 그래서 『화엄경』이나 『법화경』에서는 글의 내용에 따라 품(品)으로 구분지었고 『금강경』같이 단순한 경전에서는 분(分)으로 나누어 놓았습니다.

그러므로 「입(入)·법계(法界)·품(品)」이란 '진리의 세계인 법계로 들어가는 것을 밝혀놓은 경문'이라는 뜻이 되겠습니다. 이렇게 경전의 제목뿐만 아니라 품의 제목에서도 경문의 내용을 다 이해할 수가 있습니다.

부처님께서는 『화엄경』에서 우리들의 마음의 세계와 우주 법계의 진리를 남김없이 설하셨지만 안심이 되지 않습니다. 왜냐하면 『화엄경』의 도리는 너무나도 깊고 넓어서 우리들 인간의 사변으로는 미치지 못하는 불가사의한 경계이기 때문입니다. 그래서 이 「입법계품」에서는 선재동자라는 구체적인 인물을 내세워서 우리들이 이해를 쉽게 하도록 해 주는 것입니다.

다시 말하면 『화엄경』 제 1품부터 38품까지가 성불할 수 있는 이론적인 배경이었다면 제 39품인 이「입법계품」은 그 이론에 따라 선재라는 한 중생이 실제로 성불하는 것을 보여 주는 것이라고 하겠습니다.

"제 1품에서 38품까지에서는 성불의 이론을 배웠으니까 지금부터는 실제로 선재라는 한 동자의 구도의 길을 같이 따라가 보도록 합시다."라고 하며 선재동자를 주인공으로 하여 한 편의 영화를 만들어서 우리들의 눈 앞에 보여주는 격이 된다고 하겠습니다. 오늘날의 학술 모임에서도 이런 예를 많이 따르는 것을 볼 수 있습니다. 이론적인 배경을 먼저 설명한 다음 그 이론에 따라서 드라마로 꾸민다든지 하여 영상으로 재현하여 선명하게 이해시켜 주는 경우가 많습니다.

선재동자하면 항상 떠올려지는 게 53선지식(善知識)입니다. 이 53선지식은 다른 게 아닙니다. 바로 보살이 수행해가는 계위인 십신(十信), 십주(十住), 십행(十行), 십회향(十廻向), 십지(十地), 등각(等覺), 묘각(妙覺)의 대승 52위를 가리키는 것입니다. 실제로 선재동자가 만나게 되는 선지식은 모두 55처소의 55인입니다.

이 중에서 문수보살은 두 번 만나게 되고, 44번 째의 변우동자(徧友童子)는 법문을 거의 하지 않고 다른 선지식을 소개해 주는 역할만 합니다. 그리고 51과 52번 째의 선지식인 덕생동자(德生童子)와 유덕동녀(有德童女)는 언제나 함께 있기 때문에 한 선지식으로 봅니다.

이렇게 헤아려 보면 선재동자가 만나서 법을 얻게 되는 선지식은 모두 52인이 됩니다. 그리하여 52명의 한 사람 한 사람 선지식을 모두 대승 52위에다가 각각 배대시킬 수 있습니다.

그러니까『화엄경』전체 40품 중 보살의 성불을 설명하는 2품에서 38품까지도 대승 52위에 낱낱 배당시킬 수가 있고, 또 선재동자가 만나는 53선지식도 대승 52위를 나타내도록 되어 있습니다. 이렇게 불교 경전은 내용뿐만 아니라 형식과 품의 배열도 아주 치밀하게 조직되어 있습니다. 이런 불교적인 지식을 알고 있으면 경을 보는 재미가 훨씬 더 큽니다. 사람은 아는 만큼 느끼게 되고 또 실천할 수도 있습니다.

선재동자는 법을 구하기 위하여 한없이 남행을 합니다. 어떠한 어려움이 있어도 멈추지 않고 전진만을 합니다. 끝없이 솟아나는 선재동자의 법을 향한 열정을 생각해 보면 우리들이 배워야 할 많은 교훈이 있습니다. 이 중에서 가장 두드러지는 것으로 다음 두 가지를 들겠습니다.

먼저 우리들이 선재동자로부터 배울 점은 '선지식(善知識)에 대한 차별심이 없다'는 것입니다. 선재동자는 53선지식(善知識)의 처소를 낱낱이 찾아가 법을 구합니다. 그러는 데에 있어서 반드시 훌륭한 분들만 방문하는 것이 아닙니다. 우리들은 대개 많이 배운 사람이나 인품이 훌륭한 사람, 또 널리 소문이 난 사람을 선지식이나 스승으로 생각합니다. 그런데 선재동자는 스승을 구하는 데에 있어서 이러한 차별심을 조금도 가지지 않습니다.

53선지식을 일별해 보면 경전상에 나타나는 뛰어난 보살들도 있고 신들도 있으며 비구, 비구니, 장자, 우바이, 왕과 같이 인품이 훌륭한 사람들이 물론 많습니다마는 불법(佛法)을 닦지 않는 바라문이나 외도들, 그다지 귀한 일이라고 여겨지지 않는 뱃사공도 있고 심지어는 직업 여성도 등장을 합니다. 각양각색의 선지식들이 등장하여 그 나름대로의 법을 선재동자에게 베풀어 줍니다.

어떻게 보면 이러한 사람들이 더 생생한 지식을 던져줄 수 있을 지도 모릅니다. 어떠한 일이든 한 가지 일에 몰두한 사람은 그것을 통해서 진리를 맛보고 있습니다. 그러므로 세상의 어떠한 위치에 있든 모든 사람들은 남의 스승이 될 수 있습니다. 또 더 눈을 뜨고 보면 누구에게서나 본받을 점이 있습니다.

공자(孔子)님도 다음과 같이 말씀하셨습니다.

"子曰, 三人行에 必有我師焉이니 擇其善者而從之오 其不善者而改之니라.
세 사람이 가매 거기에 반드시 나의 스승이 있으니 그의 착한 점을 골라서 따를 것이요, 착하지 못한 점은 반드시 가리어서 고쳐 나갈 것이다."   －『논어(論語)』

　아무리 위대하고 훌륭한 사람이 곁에 있다고 하더라도 내가 그 사람의 위대한 것을 인식하지 못한다면 그 사람은 더 이상 위대하고 훌륭한 사람이 아닙니다. 반대로 남들은 어느 사람에게서 아무 것도 배우지 못한다 하더라도 내가 그 사람으로부터 그 사람의 장점을 발견하고 배우고 있다면 그 사람은 나에게는 훌륭한 스승이 됩니다.
　이렇게 널리 선지식을 구할 줄 아는 열려 있는 마음과 안목을 길러가는 것이 대단히 중요합니다. 그러면 그 누구라도 내 스승이 될 수 있습니다. 심지어는 악한 행위를 하는 사람도 스승이 됩니다. 이러한 사람들을 역행보살(逆行菩薩)이라고 합니다.
　"아, 나는 저렇게 하지 않아야겠다. 저렇게 사는 것은 옳은 행동이 아니야."
　이렇게 해서 나를 비추어 주는 거울이 됩니다. 선량하게 사는 사람은 모범적이니까 나의 최고의 스승이 되고, 거슬리는 행동을 하는 사람은 나를 돌아보게 하니까 또 나를 제어해 주는 스승이 되는 것입니다.
　뿐만 아닙니다. 스승은 도처에 있습니다. 모든 나무들이 지쳐서 잎을 다 떨구고 앙상하게 떨고 있을 때에도 푸른 잎을 간직하고서 세찬 바람을 이겨내며 꿋꿋이 서 있는 낙락장송에게서는 말할 수 없는 절개와 의지를 배울 수가 있고, 또 매순간 흘러 내리는 물가에서 굳건하게 자기 자리를 지키고 있는 견고한 바위로부터는 흔들림없는 신심을 배울 수가 있습니다. 또 바람부는 대로 애착없이 떠도는 구름으로부터는 인연의 도리를 배울 수가 있을 것이며, 길 가에 이름없이 피어나 말없이 꽃을 피웠다가 소리없이 지는 저 들꽃에서는 겸손과 자족을 배울 수가 있을 것입니다.
　가슴을 열고 보면 이렇게 만물은 나를 깨우쳐 주는 훌륭한 스승입니다. 이렇게 열린 마음과 깨어있는 눈을 가지고 살아가는 삶의 자세는 매우 바람직합니다. 선재동자는 바로 이러한 마음가짐으로 스승을 찾아가기 때문에 불법을 공부하는 우리 불자들이 "선재동자, 선재동자" 하면서 찬탄하는 것입니다.

 옛날 중국의 요순시대 이후에 문왕(文王)이라는 성인(聖人)과 주공이라는 재상이 있었습니다. 이 두 분을 문무·주공이라고도 하는데, 주공도 또한 재상의 지위에 있었음에도 불구하고 성인(聖人)으로 추앙을 받는 분입니다. 재상으로 있을 때에 자기에게 조언을 해 주러 사람이 오면, 그 누가 오든지 간에 다 반갑게 맞이하여 주었습니다. 낯모르는 사람이든지 어린아이든지 노인이든지 불학무식한 사람이든지 간에 전혀 개의치 아니하고 언제든지 달려나가 맞이하였습니다.

 "일욕에 삼악발(一浴 三握髮)하고 일식에 삼포토(一食 三哺吐)라"고 해서 한 번 목욕하는데 세 번이나 젖은 머리를 들고 나가서 사람을 맞이하고, 또 한 번 식사하는데 세 번 토하고 나가서 손님을 맞이하였다는 뜻입니다. 옛날 사람들은 머리가 길었잖습니까. 목욕을 하고 있다가도 "손님이 왔습니다." 하면 하던 목욕을 다 마치지 않고 머리가 젖어있는 채로 나가서 조언을 들었다고 합니다. 이런 일이 한 번 목욕하는데 세 번이나 있었다는 것입니다.

 우리들 같으면 "지금 목욕하고 있으니 잠깐만 기다려 주십시오."라고 할 것입니다. 그러나 "조언하러 온 사람에 대한 예의가 그런 것이 아니다." 하여 재상의 자리에 있는 사람이 목욕을 하다가도 달려 나가고, 또 나가고 이렇게 하기를 무려 세 번이나 반복하였다는 것입니다.

 마찬가지로 식사를 하다가도 "손님이 왔습니다." 라는 말소리가 들리면 입 안에 있던 음식을 삼킬 여유가 없어서 음식을 뱉고 나가서 조언을 들었다는 것입니다. 이것을 또 세 번이나 거듭하여 손님에 대한 예의를 다하였다는 고사로 우리들에게 큰 교훈을 주고 있습니다. 그런 정도로 마음이 진실로 열려 있기 때문에 가히 성인(聖人)이라고 숭상받을 수 있다고 봅니다. 이와 같이 바깥 사물에 대해서 분별심과 차별심을 버리고 누구에게서나 좋은 점을 발견해 낸다면 우리들도 어느 새 선재동자가 되어 있음을 알게 될 것입니다.

'스승에 대한 분별심을 가지지 않는다'는 선재동자의 두드러진 특색 다음으로 빼놓을 수 없는 좋은 태도는 바로 '불굴의 의지'입니다. 선재동자는 법을 구함에 있어서 결코 물러서거나 나태하지 않았습니다. 사실 우리들은 한두 가지 경전을 공부하였다든지, 또는 한두 해 신심을 내고 난 뒤에는 대개 시들해지고 맙니다. '이쯤하면 되었다. 요만큼 한 것도 어딘데……'하는 심정에서 스스로 만족해 하고 더 이상 노력을 잘 하지 않습니다.

그런데 선재동자는 그러하지 않았습니다. 어떠한 선지식을 만나든지 어떠한 법을 얻게 되든지 간에 결코 주저하지 않고 물러서지 않고, 불퇴(不退)하는 용맹심으로 정진하여 성불(成佛)이라는 큰 성공을 거두었습니다.

선재동자는 기나긴 세월 동안 별의별 처소에서 온갖 고비를 넘기지마는 한 번도 신심이 떨어지거나 해태심을 내거나 물러서지를 아니하였습니다. 어려움이 계속 닥칠 때마다 신심이 왜 떨어지지 않았겠습니까마는 스스로 채찍을 가하고 또 용기를 갖고 자기 자신을 일으켜 세워 앞으로 앞으로 계속 나아갔습니다. 심지어는 마지막에 만난 미륵보살이 손가락을 한 번 튕기는 소리에 많은 선지식의 처소에서 낱낱이 닦은 온갖 법을 깡그리 잊어 버리게 되는 일이 생겼습니다.

"저는 아무 것도 기억해 낼 수가 없습니다. 어이하면 좋겠습니까?"

"그래, 무슨 다른 방도가 있겠느냐. 처음부터 다시 시작하는 수밖에 없지."

이 청천벽력 같은 말을 듣고 나서도 선재동자는 조금도 낙망하지 않았습니다. 다시 법을 구하기 위하여 맨 처음의 선지식인 문수보살을 만나려고 장엄한 발걸음을 내디뎠습니다. 그 험난한 구법의 길을 다시 떠나려고 한 것입니다. 이 엄청난 이야기는 진중하게 살아가지 못하는 오늘의 우리들에게 얼마나 많은 교훈을 주는 것인지 모릅니다.

바로 이것입니다. 나의 인생이라고 하는 작품을 다듬어 가는 데에 있어서 이만한 노력과 끈질긴 추구심과 물러나지 않는 용기가 있어야 합니다. 이 세상의 수많은 생명 가운데에서 가장 고급스런 사람이라는 생명을 받아 가지고 나온 이 공덕을 생각해 보면 조그만 장애에 결코 쓰러질 수가 없습니다. '나의 인생'이라는 작품을 걸작(傑作)으로 다듬어 갈 결심을 하였다면 그것을 성공시키기 위하여 끝까지 실천하여야 합니다. 우리들은 그것을 해낼 수 있는 능력이 분명히 있습니다.

누구라도 처음에는 마음먹은 것을 대개 잘 합니다. 처음 학교에 들어가 공부할 때에는 별로 차이가 나지 않습니다. 그러다가 꾸준히 하느냐 그렇지 않으냐에 따라서 그 결과가 판이하게 나타납니다. 사업을 벌이는 것도 마찬가지입니다. 세상일이 책에 씌어져 있는 것처럼 쉬운 일이 어디 있습니까. 그러나 '나는 이 사업을 반드시 성공시켜야겠다.'고 마음을 단단히 먹으면 신기하게도 방해되는 일이 비켜갑니다.

그리하여 어느 순간, 성공의 정상에 서 있는 자기 자신을 볼 수 있습니다. 이것은 딴마음을 품지 않고 일심으로 노력하였을 때에 가능한 이야기입니다. 그러므로 퇴굴하지 않는 마음으로 법을 구하는 선재동자로부터 이 사실을 가슴깊이 배워야겠습니다.

차례

해제(解題) ─────────────── 5
화엄경에 대하여 5
입법계품의 짜임 9

근본 법회(根本 法會)

1. 서분(序分) ─────────────── 23
   (1) 세존(世尊) 23
   (2) 보살대중(菩薩大衆) 26
   (3) 성문(聲聞) 대중의 덕을 열 가지로 찬탄하다 45
   (4) 세간(世間)의 주인 대중의 덕을 열 가지로 찬탄하다 52

2. 법을 청하다 ─────────── 56
　(1) 대중들이 부처님의 덕의 불가사의함을 생각하다　56
　(2) 청하는 법의 내용　60

3. 삼매(三昧)에 들다 ─────────── 64
　(1) 사자빈신(獅子頻伸) 삼매에 들다　64
　(2) 누각이 홀연히 변하여 갖가지로 장엄되다　65
　(3) 서다림이 홀연히 넓어지고 갖가지 보배로 장엄되다　71
　(4) 보배 깃대로 장엄하다　76
　(5) 서다림 상공에 구름이 펼쳐지다　77
　(6) 여래의 신력으로 장엄됨을 찬탄하다　78
　(7) 시방 허공을 보배 구름으로 장엄하다　82

4. 새로운 대중들이 시방(十方)에서 모이다 ─────────── 86
　(1) 동방의 대중　86
　(2) 남방의 대중　88
　(3) 서방의 대중　89
　(4) 북방의 대중　91
　(5) 동북방의 대중　92
　(6) 동남방의 대중　94
　(7) 서남방의 대중　96
　(8) 서북방의 대중　97

(9) 하방의 대중 98
  (10) 상방의 대중 100
  (11) 대중들의 덕을 찬탄하다 107

5. 잃은 것으로 얻을 것을 나타내다 ─────── 115
  (1) 여래의 경계를 보지 못하는 사람 115
  (2) 여래의 경계 121
  (3) 보살의 경계 122
  (4) 여래의 경계를 보지 못하는 이유 127
  (5) 맺다 167

6. 시방에서 온 보살들이 게송으로 덕을 찬탄하다 ─── 172
  (1) 동방의 비로자나원광명보살 172
  (2) 남방의 불가괴정진왕보살 178
  (3) 서방의 보승무상위덕왕보살 184
  (4) 북방의 무애승장왕보살 199
  (5) 동북방의 화현법계원월왕보살 213
  (6) 동남방의 법혜광염왕보살 224
  (7) 서남방의 파일체마군지당왕보살 233
  (8) 서북방의 원지광명당왕보살 239
  (9) 하방의 파일체장용맹지왕보살 245
  (10) 상방의 법계차별원지신통왕보살 252

7. 보현(普賢)보살이 삼매를 설하다 —————— 260
  (1) 열 가지 법의 글귀　　　　　　　　　　260
  (2) 게송으로 다시 펴다　　　　　　　　　　271

8. 백호(白毫)광명으로 이익을 나타내다 —————— 277
  (1) 광명을 놓다　　　　　　　　　　　　　277
  (2) 광명을 의지하여 법을 보다　　　　　　278
  (3) 옛 인연을 증명하다　　　　　　　　　284
  (4) 이익을 얻다　　　　　　　　　　　　　285
  (5) 보살들이 은혜를 입고 공양을 올리다　312

9. 문수보살이 서다림의 일을 게송으로 찬탄하다 ——— 323

10. 큰 작용은 끝이 없다 —————————— 341
  (1) 삼매 광명으로 세간의 주인 형상을 나타내다　341
  (2) 갖가지의 문을 나타내다　　　　　　　　342
  (3) 십바라밀(十波羅蜜)과 지혜의 문을 나타내다　348
  (4) 방편으로 곳곳에 가서 중생을 이익케 하다　356
  (5) 보살이 중생을 위하여 여러 가지 분신을 나타내 보이다　359

근본 법회(根本 法會)

 선재동자가 53선지식을 직접 만나러 가기 전까지 여러 가지 장엄이 이루어집니다. 53선지식 중 제 1선지식인 문수사리보살을 친견하기 전에 세존이 삼매에 들고 법회 장소가 말할 수 없이 아름답게 엄식되고 사방에서 수많은 대중들이 모여드는 등 한참동안 상서로운 일들이 벌어지는데 이것을 근본 법회라고 합니다.
 그리고 난 뒤 선재동자가 문수사리보살로부터 덕운비구, 해운비구 등 보현보살에 이르기까지 차례대로 선지식을 친견하여 법을 얻어 듣는 것을 지말법회(枝末法會)라고 합니다.

1. 서분(序分)

(1) 세존(世尊)

 爾時에 **世尊**이 **在室羅筏國逝多林給孤獨園大莊嚴重閣**하사 **與菩薩摩訶薩五百人**으로 **俱**러시니라
 그때 세존(世尊)께서 실라벌국(室羅筏國) 서다림(逝多林) 급고독원(給孤獨園)의 대장엄누각(大莊嚴重閣)에서 보살마하살 오백 사람과

함께 계시었다.

「입법계품」은 실라벌 나라의 서다림에 있는 급고독원, 즉 기원정사에서 설해졌습니다. 부처님께서는 기원정사에서 가장 오랫동안 안거를 하시면서 널리 법을 펴셨습니다. 이 기원정사는 급고독 장자와 기타 태자의 지극한 신심이 어울어져서 건립되었습니다.

서다림은 기타 태자가 소유하고 있었던 숲이라고 해서 기타림(祇陀林)이라고도 합니다. 사위성에서 형편이 어려운 이들에게 항상 자비를 베푸는 급고독 장자가 하루는 다른 지방에 갔다가 부처님의 법문을 듣게 되었습니다. 너무나도 감동을 받아 부처님께 좋은 법당을 지어 드리고 싶었습니다. 그리하여 이 곳 저 곳을 살펴보니 기타 태자의 숲인 서다림이 가장 훌륭한 자리였습니다.

"마마, 저에게 저 거룩한 숲을 좀 양도해 주십시오."

"내가 애지중지하는 숲인데, 남에게 쉽게 내어줄 수가 있겠소. 도대체 왜 그러시오."

"저는 부처님으로부터 이 세상에서 둘도 없는 참진리의 말씀을 듣게 되었습니다. 그리하여 그 곳에다 법당을 지어서 부처님을 가까이 모시고 많은 사람들에게 법을 듣게 하고 싶습니다."

"그렇게 그분을 흠모하여 가까이 모시고 싶다면 이 땅에다 황금을 전부 까시오. 그 정도의 가격이라면 이 땅을 그대에게 넘겨 주겠소."

그 말을 들은 급고독 장자는 조금도 아까워하지 않고 마차로 황금을 실어와서는 계속 땅에 깔았습니다. 그 모습을 본 기타 태자는 장자의 신심에 감동되었습니다. 그래서 이렇게 제의하였습니다.

"그대의 갸륵한 정성에 내가 졌어요. 그 땅에 정사를 지어 부처님께 드리도록 하시오. 단 나의 이름도 그 절에 남기고 싶소. 숲 이름은 나의 이름으로 하고 정사 이름은 그대 이름으로 하도록 합시다."

이리하여 기타 태자가 숲을 보시하고 급고독 장자가 건립한 절이라는 뜻으로 '기수급고독원(祇樹給孤獨園)'이라는 유명한 절이 지어지게 되었습니다. 이 절을 지을 때는 지혜 제일이라는 사리불이 남아서 여법(如法)하게 법당을 건립하도록 지도하였다고 합니다.

부처님께서는 혼자 계신 적이 한 번도 없었습니다. 특히 법문을 할 때에는 청중이 으레히 있기 마련입니다. 또 함께 있게 되는 것은 아무하고나 관계있는 게 아니라 그 법에 걸맞는 사람들과 함께 있기 마련입니다. 그래서 우리들이 지금『화엄경』에서「입법계품」 공부를 하고 있다면 당연히『화엄경』의「입법계품」을 공부할 그런 인연이 있는 사람들이 기회를 갖게 되는 것이고 동참을 하게 되는 것입니다. 모든 인연은 그렇게 짜여 있습니다.

그래서 공(空)의 도리를 이야기하는『금강경』에서는 해공제일(解空第一)인 수보리(須菩提)가 등장을 하고, 회삼귀일(會三歸一)의 일불승을 가르치는『법화경』에서는 지혜제일(智慧第一)인 사리불(舍利弗)이 맨 먼저 운을 뗍니다. 이렇게 대중들의 구성과 등장 순서는 철저하게 경의 내용과 보살들의 심리에 맞게 안배가 되어 있습니다.

그러므로 우리들은 역으로 경전에 등장하는 그 대중들을 통해서 그 법의 성격과 깊이와 넓이를 구명할 수도 있습니다. 모인 대중들을 으레히 소개시키는 것이라고 생각할 수도 있지마는 사실은 의도적으로 그 법에 걸맞는 제자를 등장시켜 그 제자의 이름을 전부 다 명기를 해 놓아 미리 경전의 내용을 짐작할 수 있도록 해 놓았습니다.

종이도 먹도 다 귀한 시절이었던 옛날에 일일이 그 이름을 다 기록해 놓았다면 분명히 무엇인가 특별한 의도가 있었을 것입니다. 여기에 우리들은 주안점을 두고 경전을 보아야 합니다. 이것을 경안(經眼)이라고 합니다. 경전 이름, 보살 이름, 각각의 장엄 이름에 눈을 뜨고 경을 해석할 줄 아는 것이 성숙한 불자의 모습입니다.「입법계품」이 설해지는 이 법회에는 보살마하살 오백 인이 함께하고 있습니다.

(2) 보살대중(菩薩大衆)

① 상수(上首)보살

普賢菩薩과 **文殊師利菩薩**이 **而爲上首**하시니라
보현(普賢)보살과 문수사리(文殊師利)보살이 상수(上首)가 되었다.

부처님의 설법에 동참한 대보살 오백인 중에 가장 우두머리가 되는 보살은 보현보살(普賢菩薩)과 문수사리보살(文殊師利菩薩)입니다. 우리들에게 익히 친숙한 보살입니다. 문수사리보살과 보현보살은 법신 비로자나 부처님의 좌·우 보처입니다.

문수보살은 대지(大智)라고 하여 우리들의 내면 중에서 지혜와 지식, 감정과 정서를 나타내고 있습니다. 보현보살은 대행(大行)이라고 하여 우리들의 실천과 동작, 활발한 작용을 나타냅니다. 즉 우리들이 가지고 있는 지혜와 그 지혜의 바른 표현인 것입니다. 지혜가 있어야 제대로 된 작용이 나온다는 의미입니다. 지혜(智慧)와 실천, 이렇게 하여 문수·보현, 보현·문수는 항상 같이 등장합니다. 이 말은 다른 게 아닙니다. 참된 지혜를 가지고서 활발발한 활동을 바르게 펼치면, 그 때는 바로 진리의 세계가 된다는 것입니다. 이 원리는 진리의 세계뿐만 아니고 모든 세상살이에도 다 적용이 됩니다.

가정을 균형있게 꾸려가는 것도 그렇습니다. 남편이 해야 할 일과 아내가 해야 할 일이 따로 있습니다. 남편은 한 가정을 지탱하기 위하여 밖에 나가 역동적으로 일을 해서 경제적인 것을 책임져야 하고, 아내는 안에서 온 가족의 안정된 일상 생활을 위하여 차분하게 가정을 꾸려 나가야 합니다. 그래서 보현보살을 밖에서 열심히 일하는 남편의 역할과 같다고 해서 도중사(途中事)라고 하고, 또 큰 일을 담당하고 있다고 해서 보현 장자(長子)라고도 합니다. 문수보살은 아내가 한 가정의 정서를

책임지고 있는 것처럼 정신적인 것을 담당하고 있다고 해서 가리사(家裏事)라고 하며 또 문수 소남(少男)이라고 합니다.

② 4위(四位)를 표한 보살

십회향(十廻向)을 표한 보살
其名曰光焰幢菩薩과 須彌幢菩薩과 寶幢菩薩과 無礙幢菩薩과 華幢菩薩과 離垢幢菩薩과 日幢菩薩과 妙幢菩薩과 離塵幢菩薩과 普光幢菩薩이니라

그 이름은 광염당(光焰幢)보살·수미당(須彌幢)보살·보당(寶幢)보살·무애당(無礙幢)보살·화당(華幢)보살·이구당(離垢幢)보살·일당(日幢)보살·묘당(妙幢)보살·이진당(離塵幢)보살·보광당(普光幢)보살이니라.

"부처님 회상에 모두 오백 인의 보살들이 모였습니다." 하고 그냥 넘어가면 될 터인데 여기서 140명의 보살 이름을 일일이 소개하고 있습니다. 왜냐하면 보살들의 이름은 그냥 씌어진 것이 아니고, 하나하나에 깊은 의미가 다 있기 때문입니다. 오늘날처럼 물자가 풍부한 시대도 아니고, 모든 물자가 귀하기 짝이 없고 기계도 없이 손으로 하나하나 다 썼을 시대에 무려 140명의 이름을 일일이 다 나열했을 때에는 그만한 이유와 가치가 충분히 있을 것입니다.

'깃발 당(幢)'자 항렬의 보살 이름이 열 명이 소개되는데 교리적으로 보면 그것은 십회향(十廻向)을 의미합니다. 회향(廻向)이란 회소향대(廻小向大)라고 해서 자기가 닦은 공덕이나 자비를 다른 이에게로 돌려서 어떤 이익을 주는 행위를 말합니다. 여기에서 좀 더 깊게 생각하면 내가 남에게 회향을 하면 남들이 나를 칭찬해 줍니다. 이때 내가 받은 칭찬마저도 나를 칭찬해준 남을 향해서 되돌려줄 때 비로소 진실한 회향이 됩니다.

회향을 나타내는 광염당이니 보당이니 무애당이니 하는 이 보살들의 이름을 면밀히 음미해 보면 바로 우리들의 마음이 가지고 있는 여러 가지 내용들을 나타내고 있습니다. 미처 내가 알고 있지는 못하였지만 저 깊고 깊은 우리들의 마음 속에 자리잡고 있는 마음의 한없는 잠재 능력과 작용, 그것을 보살 이름으로 대신 표현하고 있는 것입니다.

이와 같이 선재동자가 53선지식을 친견하여 성불(成佛)한다는 뜻이 무엇인가 하면 내 마음 속에 잠재되어 있는 세계를 한껏 꽃피운다는 것입니다. 이것을 여기에서 보살의 이름으로써 한 번 나타내어 본 것입니다. 『화엄경』을 이야기하고 있지만 사실은 바로 내 마음의 무한한 능력과 작용을 설명하고 있는 것입니다. 절대 어떤 기상천외한 다른 세계가 따로 있어서 거기에서 무엇을 끌어 온다든지 요술 같은 일을 만들어 온다든지 하는 일이 아닙니다. 내 마음 속에 이미 갖추고 있는 무한한 능력을 여한없이 한껏 드러내는 일인 것입니다.

십행(十行)을 표한 보살

地威力菩薩과 寶威力菩薩과 大威力菩薩과 金剛智威力菩薩과 離塵垢威力菩薩과 正法日威力菩薩과 功德山威力菩薩과 智光影威力菩薩과 普吉祥威力菩薩이니라

또 지위력(地威力)보살・보위력(寶威力)보살・대위력(大威力)보살・금강지위력(金剛地威力)보살・이진구위력(離塵垢威力)보살・정법일위력(正法日威力)보살・공덕산위력(功德山威力)보살・지광영위력(智光影威力)보살・보길상위력(普吉祥威力)보살이니라

여기에 소개되는 '위력(威力)'자를 항렬로 하는 보살들은 십행(十行)을 나타내는 보살들입니다.

여기에서 우리들이 관심을 가져야 할 것은 바로 위력이라는 보살들이 행(行)을 한다는 것입니다. 남을 위해서 무엇인가 실천을 하려면 우선

자기 자신이 위신과 힘이 있어야 한다는 것입니다. 힘이라고 해서 반드시 높은 국가 권력이나 많은 금력이 필요하다는 뜻은 아닙니다.

물론 부처님 당시나 그 뒤 오랜 불교 역사 동안 여러 왕들과 재상, 부호들이 불법(佛法)을 펼 수 있도록 외호(外護)를 많이 하였습니다. 그러나 사회가 분야별로 세밀하게 조직되어 움직이는 현대 사회에서 불법을 위해 또 남을 위해서 할 수 있는 일은 꼭 권력이나 돈만 필요한 것이 아닙니다.

아무리 사소한 것이라도 한 가지 일을 성취해 놓으면 그것이 나에게 힘으로 축적되어 있다가 그것을 실천할 수 있는 기회가 언젠가는 오게 되어 있습니다. 힘 중에서도 불법(佛法)에 대한 바른 소견과 나 자신에 대한 긍정적인 자아 개념이 그 무엇보다도 중요합니다. 그래야만 무기력에 빠지기 쉬운 현대인들에게 태양보다도 밝고 힘찬 잠재 능력을 일깨워줄 수가 있습니다. 바른 소견으로 인도해 주어서 삿된 견해에 빠지지 않고 참되게 살 수 있도록 해 주는 것이 진실로 값진 행(行)이라고 할 것입니다.

십지(十地)를 표한 보살

地藏菩薩과 **虛空藏菩薩**과 **蓮華藏菩薩**과 **寶藏菩薩**과 **日藏菩薩**과 **淨德藏菩薩**과 **法印藏菩薩**과 **光明藏菩薩**과 **臍藏菩薩**과 **蓮華德藏菩薩**이니라

또 지장(地藏)보살·허공장(虛空藏)보살·연화장(蓮華藏)보살·보장(寶藏)보살·일장(日藏)보살·정덕장(淨德藏)보살·법인장(法印藏)보살·광명장(光明藏)보살·제장(臍藏)보살·연화덕장(蓮華德藏)보살**이니라**

'감출 장(藏)'자 항렬의 보살들은 십지(十地)를 가리킵니다. 땅은 어떻습니까. 온갖 씨앗을 다 감추고 있다가 식물의 종류와 성질에 따라 제때에 맞추어 싹을 틔워내어 꽃을 피우고 열매를 맺게 합니다. 복사꽃은

봄날에 흐드러지게 피어나고 여름에는 백화가 만발합니다. 또 가을에는 서리를 모르는 국화가 기상을 자랑하고 겨울에는 겨울대로 매화가 차갑지만 맑게 피어 납니다.

이와 같이 '감출 장(藏)'자의 보살들은 우리들이 지니고 있는 불성의 씨앗을 감추고 있다가 마침내 그것을 드러내어 보살 수행의 가장 뛰어난 지위인 십지(十地)를 발휘할 수 있도록 해 주기 때문에 '감출 장(藏)'자를 썼습니다.

십해(十解)를 표한 보살

善眼菩薩과 淨眼菩薩과 離垢眼菩薩과 無礙眼菩薩과 普見眼菩薩과 善觀眼菩薩과 靑蓮華眼菩薩과 金剛眼菩薩과 寶眼菩薩과 虛空眼菩薩과 喜眼菩薩과 普眼菩薩이니라

또 선안(善眼)보살· 정안(淨眼)보살· 이구안(離垢眼)보살· 무애안(無礙眼)보살· 보견안(普見眼)보살· 선관안(善觀眼)보살· 청련화안(靑蓮華眼)보살· 금강안(金剛眼)보살· 보안(寶眼)보살· 허공안(虛空眼)보살· 희안(喜眼)보살· 보안(普眼)보살이니라

'안(眼)'자 돌림 보살들은 과연 무엇을 나타낼까요. 이름 그대로 착하고 깨끗하고 때를 여의고 널리 볼 줄 아는 안목을 지닌 보살들은 무엇에 가장 능통하겠습니까. 이 보살들은 이 세계의 진실과 우리들과 또한 우리들의 마음을 가장 잘 이해한다고 하여 십해(十解)를 나타냅니다.

기가 막히게 재미가 있지요. 글자 한 자 한 자 그대로가 진실입니다. 예사롭게 놓여진 글자가 아닙니다. 바른 안목(眼目)이 있어야 참되게 이해할 수 있습니다. 어떤 안목이 바른 안목이겠습니까. 이 세상에 존재하는 모든 사물과 또 나의 생각과 여러 가지 관념들을 허공(虛空)처럼 볼 줄 아는 안목을 지녀야 됩니다. 조금만 눈을 뜨고 이 세상을 바라보면 진실로 있는 것을 있다고 할 것이 없습니다.

허공에 떠 있는 구름을 한 번 바라보십시오.
"야, 저기 양들이 뭉게뭉게 떠 간다."
라고 소리치는 순간 그 양은 무너지며 다른 형태로 변해가 버립니다. 심지어는 하늘에서 갑자기 사라졌다가 또 순식간에 시커먼 비구름이 될 수도 있습니다. 따뜻한 봄날 땅 위에서 어른거리는 아지랑이도 일 찰나 적이고 하늘을 가르는 번갯불도 잠깐일 따름입니다.

그러면서도 또 이 모든 것은 허공을 떠나 있지도 않습니다. 이 사실을 보물처럼 볼 줄 알고 기쁘게 볼 줄 알고 널리 가득 차 있는 것을 볼 줄 알아야 올바른 이해를 한 것이라는 뜻입니다.

③ 십지(十地)를 따로 표한 보살

보살십지(菩薩十地)의 수행은 예사로운 것이 아닙니다. 거의 성불에 이르러 간 높은 경지입니다. 『화엄경』 안에는 따로 「십지품(十地品)」이라는 긴 품이 있어서 보살십지의 수행 단계를 상세하게 풀이해 놓고 있습니다. 이 품은 범어(梵語)로 된 품도 남아 있고 때로는 『십지경』이라고 하여 독립된 경전의 위치를 차지하기까지 한 품입니다. 방대한 불교 경전의 축약판이라고 할 수 있을 정도로 소승에서부터 대승에 이르기까지 모든 교리를 빠뜨리지 않고 설명해 놓은 매우 중요한 내용입니다.

거의 성불에 이르러간 이 십지의 자리는 너무나도 위대하여 한 지위마다 또 열 명의 보살을 배속시켜 지금부터 100명의 보살들을 더 소개하고 있습니다. 『화엄경』에서는 본래 수행 단계로 52위를 말하는데, 보살 십지의 한 지위마다 또 10명씩 단계를 묶어 왜 다시 백단계로 세분하였느냐하는 것을 생각해 볼 필요가 있습니다.

부처님은 너무나도 그 인격이 훌륭하고 또 그 수행과 깨달음과 교화가 훌륭하여 금생(今生)에만 닦은 것이 아니라고 봅니다. 수없이 많은 전생(前生)을 거듭하면서 수행을 계속계속하여 부처님이 되셨다고 생각합니다. 전생에 보살로 있으면서 닦고 닦은 거룩한 수행을 우리들이 한 마디로 "부처님은 전생에 참 많이 닦으셨다."라고 말하기가 어딘지 미진하다고 느껴집니다. 그래서 부처님의 수많은 과거 인행을 "한 번 등급으로 나누어 보자, 열 개의 등급으로 나누어 보자."라고 한 것입니다.

또 『화엄경』에서는 무슨 항목을 이야기하든지 간에 항상 열 가지로 채워서 표현합니다. 왜 그런가 하면 십(十)이라는 숫자는 원만수(圓滿數)이기 때문입니다. 부처님의 수행은 온 우주에 두루할 정도의 원만(圓滿)한 행(行)이므로 원만수인 십(十)이라는 숫자에 맞추고 표현하고 있습니다.

그러므로 『화엄경』에서 십이라는 숫자가 나오면 항상 원만을 떠올려야 합니다. "화엄경은 원만한 진리이고 부족함이 조금도 없는 가르침이다." 라는 것을 염두에 두어야만 합니다. 진리를 하나도 남김없이 완전무결하게 가르쳐 주는 원만한 가르침인 것입니다. 가르침의 원만함으로 삼라만상과 모든 존재의 완전무결한 원만성을 나타냅니다. 그래서 『화엄경』을 일승원교(一乘圓敎)라고 하는 것입니다.

이와 같은 이치에서 부처님의 너무나도 훌륭한 전생의 수행을 열 단계로 나누어서 보살 십지라고 하는 것입니다. 그러면서 또 어디 열 단계로만 나누어 질 수 있겠는가? 더 세분해 볼 수 있겠다고 하여 또 나누고, 또 나누고…… 이렇게 해서 전체가 52위로 된 것입니다.

그러면서 또 "일초직입여래지(一超直入如來地)", 이런 도리도 있습니다. 한 번 뛰어 넘으면 바로 부처가 됩니다. 이런 곧바로 들어가는 도리가 있으면서 또 52단계뿐만 아니라 백 단계 천 단계로도 얼마든지 나눌 수 있습니다. 그러므로 어디에도 집착하여 매일 것은 아니고 좋은 방편으로 활용하여야 할 것입니다.

십지를 다시 열로 나누어 지금부터 한 지(地)마다 열 명씩 배속이 되어 모두 백 명의 보살이 소개되고 있습니다. 한 지위에 배당이 되어 있는 열 명의 보살은 바로 『화엄경』의 십바라밀(十波羅蜜)을 나타내는 것입니다. 십바라밀은 보통 우리들이 알고 있는 보시(布施)·지계(持戒)·인욕(忍辱)·정진(精進)·선정(禪定)·지혜(智慧)의 육바라밀(六波羅蜜)에다 방편(方便)·원(願)·력(力)·지(智)를 더한 바라밀로『화엄경』에서는 대체로 십바라밀을 말합니다.

우리들은 하루를 살아가는 데에 먹지 않고도 어느 정도는 생존해 있을 수 있겠지마는 정상적으로 활동을 하려면 여러 가지 영양소를 고루고루 섭취하여야만 합니다. 마찬가지로 초지(初地)에서 십지(十地)까지 한 단계씩 올라가는 데에도 각 지위에서 십바라밀을 골고루 수행하여야 일지가 완전해진다고 보아서 한 지위마다 열 명의 보살을 포함시켜 놓은 것입니다. 이것이 화엄의 주된 수행 형태입니다.

지금부터 소개되는 백 명의 보살들을 열 명씩 나누어서 다시 초지부터 십지까지 분석을 하면 됩니다. 같은 항렬의 보살들로 묶으면 되겠습니다. 우리 나라 사람들이 아이들 이름을 지을 때 대에 따라 돌림에 맞추어 이름을 짓는데 이게 완전히 화엄의 도리에 따른 것 같습니다.

초지(初地)를 표한 보살

天冠菩薩과 普照法界智慧冠菩薩과 道場冠菩薩과 普照十方冠菩薩과 一切佛藏冠菩薩과 超出一切世間冠菩薩과 普照冠菩薩과 不可壞冠菩薩과 持一切如來師子座冠菩薩과 普照法界虛空冠菩薩이니라

또 천관(天冠)보살·보조법계지혜관(普照法界智慧冠)보살·도량관(道場冠)보살·보조시방관(普照十方冠)보살·일체불장관(一切佛藏冠)보살·초출일체세간관(超出一切世間冠)보살·보조관(普照冠)보살·불가괴관(不可壞冠)보살·지일체여래사자좌관(持一切如來師子座冠)보살·보조법계허공관(普照法界虛空冠)보살이니라.

2지(二地)를 표한 보살

梵王髻菩薩과 龍王髻菩薩과 一切化佛光明髻菩薩과 道場髻菩薩과 一切願海音寶王髻菩薩과 一切佛光明摩尼髻菩薩과 示現一切虛空平等相摩尼

王莊嚴瞽菩薩과 示現一切如來神變摩尼王幢網垂覆瞽菩薩과 出一切佛轉法輪音瞽菩薩과 說三世一切名字音瞽菩薩이니라

또 범왕계(梵王瞽)보살·용왕계(龍王瞽)보살·일체화불광명계(一切化佛光明瞽)보살·도량계(道場瞽)보살·일체원해음보왕계(一切願海音寶王瞽)보살·일체불광명마니계(一切佛光明摩尼瞽)보살·시현일체허공평등상마니왕장엄계(示現一切虛空平等相摩尼王莊嚴瞽)보살·시현일체여래신변마니왕당망수부계(示現一切如來神變摩尼王幢網垂覆瞽)보살·출일체불전법륜음계(出一切佛轉法輪音瞽)보살·설삼세일체명자음계(說三世一切名字音瞽)보살이니라.

3지(三地)를 표한 보살

大光菩薩과 離垢光菩薩과 寶光菩薩과 離塵光菩薩과 焰光菩薩과 法光菩薩과 寂靜光菩薩과 日光菩薩과 自在光菩薩과 天光菩薩이니라

또 대광(大光)보살·이구광(離垢光)보살·보광(寶光)보살·이진광(離塵光)보살·염광(焰光)보살·법광(法光)보살·적정광(寂靜光)보살·일광(日光)보살·자재광(自在光)보살·천광(天光)보살이니라.

4지(四地)를 표한 보살

福德幢菩薩과 智慧幢菩薩과 法幢菩薩과 神通幢菩薩과 光幢菩薩과 華幢菩薩과 摩尼幢菩薩과 菩提幢菩薩과 梵幢菩薩과 普光幢菩薩이니라

또 복덕당(福德幢)보살·지혜당(智慧幢)보살·법당(法幢)보살·신통당(神通幢)보살·광당(光幢)보살·화당(華幢)보살·마니당(摩尼幢)보살·보리당(菩提幢)보살·범당(梵幢)보살·보광당(普光幢)보살이니라.

5지(五地)를 표한 보살

梵音菩薩과 海音菩薩과 大地音菩薩과 世主音菩薩과 山相擊音菩薩과 徧一切法界音菩薩과 震一切法海雷音菩薩과 降魔音菩薩과 大悲方便雲雷音

菩薩과 息一切世間苦安慰音菩薩이니라
 또 범음(梵音)보살·해음(海音)보살·대지음(大地音)보살·세주음(世主音)보살·산상격음(山相擊音)보살·변일체법계음(偏一切法界音)보살·진일체법해뇌음(震一切法海雷音)보살·항마음(降魔音)보살·대비방편운뢰음(大悲方便雲雷音)보살·식일체세간고안위음(息一切世間苦安慰音)보살이니라.

6지(六地)를 표한 보살

法上菩薩과 勝上菩薩과 智上菩薩과 福德須彌上菩薩과 功德珊瑚上菩薩과 名稱上菩薩과 普光上菩薩과 大慈上菩薩과 智海上菩薩과 佛種上菩薩이니라
 또 법상(法上)보살·승상(勝上)보살·지상(智上)보살·복덕수미상(福德須彌上)보살·공덕산호상(功德珊瑚上)보살·명칭상(名稱上)보살·보광상(普光上)보살·대자상(大慈上)보살·지해상(智海上)보살·불종상(佛種上)보살이니라.

7지(七地)를 표한 보살

光勝菩薩과 德勝菩薩과 上勝菩薩과 普明勝菩薩과 法勝菩薩과 月勝菩薩과 虛空勝菩薩과 寶勝菩薩과 幢勝菩薩과 智勝菩薩이니라
 또 광승(光勝)보살·덕승(德勝)보살·상승(上勝)보살·보명승(普明勝)보살·법승(法勝)보살·월승(月勝)보살·허공승(虛空勝)보살·보승(寶勝)보살·당승(幢勝)보살·지승(智勝)보살이니라.

8지(八地)를 표한 보살

娑羅自在王菩薩과 法自在王菩薩과 象自在王菩薩과 梵自在王菩薩과 山自在王菩薩과 衆自在王菩薩과 速疾自在王菩薩과 寂靜自在王菩薩과 不動自在王菩薩과 勢力自在王菩薩과 最勝自在王菩薩이니라
 또 사라자재왕(娑羅自在王)보살·법자재왕(法自在王)보살·상자재

왕(象自在王)보살·범자재왕(梵自在王)보살·산자재왕(山自在王)보살·중자재왕(衆自在王)보살·속질자재왕(速疾自在王)보살·적정자재왕(寂靜自在王)보살·부동자재왕(不動自在王)보살·세력자재왕(勢力自在王)보살·최승자재왕(最勝自在王)보살이니라.

9지(九地)를 표한 보살

寂靜音菩薩과 無礙音菩薩과 地震音菩薩과 海震音菩薩과 雲音菩薩과 法光音菩薩과 虛空音菩薩과 說一切衆生善根音菩薩과 示一切大願音菩薩과 道場音菩薩이니라

또 적정음(寂靜音)보살·무애음(無礙音)보살·지진음(地震音)보살·해진음(海震音)보살·운음(雲音)보살·법광음(法光音)보살·허공음(虛空音)보살·설일체중생선근음(說一切衆生善根音)보살·시일체대원음(示一切大願音)보살·도량음(道場音)보살이니라.

10지(十地)를 표한 보살

須彌光覺菩薩과 虛空覺菩薩과 離染覺菩薩과 無礙覺菩薩과 善覺菩薩과 普照三世覺菩薩과 廣大覺菩薩과 普明覺菩薩과 法界光明覺菩薩인 如是等菩薩摩訶薩五百人으로 俱하시니라

또 수미광각(須彌光覺)보살·허공각(虛空覺)보살·이염각(離染覺)보살·무애각(無礙覺)보살·선각(善覺)보살·보조삼세각(普照三世覺)보살·광대각(廣大覺)보살·보명각(普明覺)보살·법계광명각(法界光明覺)보살들이니, 이런 보살 마하살 오백 사람과 함께 계시었다.

관(冠)자 돌림 보살들은 제 1지를 나타내고 계(髻)자는 2지 보살, 광(光)자는 3지 보살, 당(幢)자는 4지 보살, 음(音)자는 5지 보살, 상(上)자는 6지 보살, 승(勝)자는 7지 보살, 자재왕(自在王)자는 8지 보살, 음(音)자는 한 번 더 나오면서 9지 보살, 각(覺)자는 10지 만심(滿心) 보살을

각각 나타냅니다.

　이 돌림을 가만히 살펴보면 그 순서가 참으로 재미가 있습니다. 맨 처음에는 관을 써야 한다는 것입니다. 이 말은 무슨 뜻입니까. 우리들이 학교에 입학을 하거나 어느 단체에 가입을 하면 대개 교복을 입거나 모자를 씁니다. 이렇게 함으로써 어디에 소속이 되었다. 회원이다. 하는 것을 확인할 수도 있고 자신들도 좀 더 사명감을 갖고 노력을 하게 됩니다.

　이런 인간적인 이치에서 뒤의 보살 이름들도 추정해 볼 수 있을 것입니다. 상투를 틀고 빛을 발하고 깃발도 날리고 우렁찬 소리도 내고 하다가 종국에는 깨달음에 이르러야 한다고 하여 깨달을 각(覺)으로 제 10지를 표현하고 있습니다.

　이렇게 하여 부처님의 법회에 모인 500명의 보살 중에서 문수·보현 보살 두 분과 십회향, 십행, 십지, 십해를 각각 표한 40명의 보살과 또 따로 초지에서 십지를 표한 100명의 보살, 이렇게 하여 모두 142명의 보살 이름들이 낱낱이 소개되었습니다. 그냥 500명의 보살이 모였다고 하면 될 터인데 이렇게 142명의 이름씩이나 낱낱이 거명하는 까닭은 다른 데에 있는 게 아닙니다. 우리 마음이 가지고 있는 여러 가지 측면들을 이 보살들의 이름으로써 한 번 표현해 본 것입니다.

　물론 우리들의 마음은 도저히 문자에 가둘 수 있는 것이 아닙니다마는, 우리들의 마음에 대한 진실을 어떻게 표현은 해야겠기에 조금이라도 이해를 돕고자 이렇게나 수많은 이름으로 대신 나타내어 보는 것입니다. 시간을 갖고 이 보살들의 이름에 담긴 많은 뜻을 천천히 음미해 보기 바랍니다. 우리들의 진실을 이해하는 데에 많은 도움이 될 것입니다.

④ 보살의 덕을 열 가지로 찬탄하다

　此諸菩薩이 皆悉成就普賢行願이라 境界無礙하니 普徧一切諸佛刹故며 現身無量하니 親近一切諸如來故며 淨眼無障하니 見一切佛神變事故며 至處無

限하니 一切如來의 成正覺所에 恒普詣故며 光明無際하니 以智慧光으로 普照一切實法海故며 說法無盡하니 淸淨辯才가 無邊際劫에 無窮盡故며 等虛空界하니 智慧所行이 悉淸淨故며 無所依止하니 隨衆生心하야 現色身故며 除滅癡翳하니 了衆生界가 無衆生故며 等虛空智하니 以大光網으로 照法界故니라

 이 보살들이 다 보현의 행과 원을 성취하였는지라, 경계가 걸림없으니, 모든 세계에 두루하기 때문이니라. 몸을 나타냄이 한량없으니, 모든 여래에게 친근 하기 때문이니라. 청정한 눈이 장애가 없으니, 모든 부처님의 신통 변화하는 일을 보기 때문이니라. 이르는 곳이 제한이 없으니, 모든 여래의 바른 깨달음을 이루는 곳에 항상 나아가기 때문이니라. 광명이 끝이 없으니, 지혜의 빛으로 모든 실상의 법바다를 두루 비추기 때문이니라. 법문을 말함이 다함이 없으니, 청정한 변재가 끝이 없는 겁에 다함이 없기 때문이니라. 허공계와 같으니, 지혜의 행하는 바가 다 청정하기 때문이니라. 의지한 데가 없으니, 중생의 마음을 따라 육신을 나타내기 때문이니라. 어리석은 눈병을 소멸하였으니, 중생계에 중생이 없음을 알기 때문이니라. 허공과 같은 지혜니, 큰 광명 그물로 법계를 비추기 때문이니라.

 『화엄경』에서는 한 문장으로 끝나지 않고 언제나 열 가지로 웅장하게 표현을 합니다. 그래서 『화엄경』의 문장을 '장대 화엄'이라고 합니다. 한두 마디로 표현하여도 될 터인데 한 번 법을 폈다 하면 기본이 열 문장입니다. 또 넝쿨처럼 얽혀 있다고 하여 '넝쿨 화엄'이라고 하지만 그렇다고 해서 문장이 꼬여 그 의미를 잃어 버리지는 않습니다. 장대처럼 쭉쭉 뻗어간 문장이 하나도 가닥을 잃지 않고 제 의미를 장엄하게 발하고 있는 게 『화엄경』문장의 특징입니다. 지금부터 소개되는 여러 가지 덕이나 장엄도 모두 열 가지로 표현하고 있습니다.
 이 「입법계품」이 설해지는 서다림의 급고독원에 모인 500명의 보살들은 모두 다 보현(普賢)의 행(行)과 원(願)을 성취하였습니다. 보현행원은

불교의 원 중에서 가장 크다고 하여 원왕(願王)이라고 합니다. 그래서 방대한 『화엄경』의 맨 마지막 품이 「보현행원품」으로 되어 있습니다. 『화엄경』의 결론이자, 불교의 결론은 바로 행원(行願)이라는 것입니다. 원력(願力)을 갖고서 끝없이 끝없이 남을 위한 행(行)을 한다는 것, 이것이 바로 불교입니다.

보현의 행과 원을 성취한 이 보살들이 지닌 덕(德)을 열 가지로 찬탄을 합니다. 이 열 가지 덕을 하나하나 살펴 보도록 하겠습니다.

이 500명의 보살들은 무엇보다도 경계(境界)가 무애합니다. 걸림이 없다는 뜻입니다. 우리들은 너무나도 "이것은 내 것, 저것은 네 것.", "나는 서울 사람, 너는 부산 사람."이라 하면서 편 가르기를 좋아합니다마는 이 보살들은 모든 경계에 두루하여 이 편 저 편 나눌 게 없고, 또 모두에게 두루두루 영향을 미치고 있습니다.

또 이 보살들은 몸을 나투는 데에 한량이 없습니다. 한꺼번에 천백억 화신을 나타내어 가지고 그리하여 부처님 부처님 처소마다 찾아가서 한 분도 빠뜨리지 않고 다 친견할 수가 있습니다. 몸이 하나뿐이면 이게 불가능할 것입니다. 그러나 한꺼번에 많은 몸을 나투니까 법이 있는 곳이면 어디라도 달려가서 그 법을 구합니다.

그리고 이 보살들은 청정(淸淨)한 눈이 장애가 없어 일체 부처님의 모든 신통 변화함을 봅니다. 부처님이 아무리 신통을 부려도 우리는 보지 못합니다. 아무리 하늘에 밝은 태양(太陽)이 떠 있어도 맹인(盲人)은 이 밝은 태양을 못 보듯이, 부처님의 신통 변화와 그 지혜 광명과 자비를 우리 중생들은 안목이 없어 보지 못합니다. 그러나 여기 모인 보살들은 눈이 밝기에 모든 부처님의 신통 변화를 하나도 놓치지 아니하고 전부 다 봅니다.

또한 이 보살들은 생각만 가지면 어디라도 갑니다. 한계가 없이 어디라도 이르러 갑니다. "부처님이 성도했단다, 깨달았단다"라는 소리를 들으면 당장 그 장소에 나타납니다. 가고 오는 데에 시간이 걸리지 않습니다. 순식간에 가서 그 곳의 대중으로 참여할 수가 있습니다.

불교에서는 항상 광명(光明)을 이야기합니다. 이 보살들의 덕에서도 광명이 빠질 리가 없습니다. 마음이 환하게 밝아진 곳에는 빛뿐입니다. 마음의 힘에서 발하는 광명이 제한이 없어 일체의 실다운 진리의 바다를 환하게 비추고 있습니다.

이 보살들은 자기들만 깨닫는 것이 아니고 얻은 법을 남에게 전하기도 잘 합니다. 바다 속의 모래가 다함이 있고 하늘의 별들이 스러져 가는 긴 세월이 있다고 하더라도 이 보살들의 훌륭한 변재(辯才)는 다함이 없습니다. 진리만을 얻었기에 끝없는 세월에도 다함이 없이 언제까지나 설법을 할 수가 있습니다.

이 보살들의 마음은 툭 트여서 아예 제한이 없습니다. 어디에도 걸리지 않으므로 무엇에다 비유하여 말할 것이 없습니다. "백두산만 하다, 수미산만 하다."라고 한정지어서 말할 게 없기 때문에 이 우주를 다 감싸고 있는 허공(虛空)만 하다고 하는 것입니다.

그리고 이 500명의 보살들은 어디에 의지해 있지를 않습니다. 여기서 '의지하고 있다'라고 하는 것은 보통 우리들이 '어디에 기댄다'는 의미하고는 다릅니다. '어디에 매여 있지 않다, 어떤 일정한 모습으로만 나타나지 않는다'는 의미입니다.

우리들과 늘 지송하는 관세음보살님은 중생의 마음에 따라 그 모습을 바꾸어 나타냅니다. 『법화경』의 「관세음보살보문품」을 보면 관세음보살은 중생이 일심으로 부르면 그 소리를 듣고서 중생의 필요에 따라 32응신의 모습으로 나타나 중생을 제도한다고 되어 있습니다. 그 사람을 제도하기에 가장 적절한 모습이라면 수행자의 모습으로, 때로는 왕의 모습으로, 천진한 동남동녀의 모습으로도 널리 나타난다고 합니다.

이렇게 너무나도 가까이서 우리들은 관세음보살님의 음덕을 받고 있기에 관세음보살을 자비의 화신이라 하고 또 우리들은 관세음보살님을 향한 마음을 나타내고자 조각으로도 표현하고 그림으로도 그려 봅니다.

고려 시대의 '수월관음도'를 보면 정말 숨이 막힐 정도로 아름답습니다. 어쩌면 저렇게도 신앙과 예술의 미를 잘 조화시킬 수 있는가하는 감탄 밖에 나오지 않습니다.

그러나 이렇게 우리들의 열렬한 믿음을 미(美)의 극치로 표현하고는 있지만 사실은 이 형상으로써 관세음보살로 삼지는 않습니다. 좀 더 마음을 열고 보면 관세음보살은 고정된 형상이 없기 때문에 중생들의 마음에 따라 32응신을 보일 수가 있습니다. 남편이 필요하면 남편의 모습으로, 아내가 필요하면 아내의 모습으로, 자식의 모습으로 제도될 사람에게는 자식의 모습으로, 도둑놈으로 제도될 사람은 도둑놈으로 나타나 가지고 모든 중생의 마음에 따르는 제도를 할 수가 있습니다.

어디에 매여 있지 않으면 모든 것으로 다 될 수 있습니다. 어떠한 모습으로 제도하였다가 다른 역할이 필요하면 얼른 또 그 모습으로 형상을 바꿀 수가 있게 됩니다. 여기 모인 보살 대중들도 다 이런 경지에 이르렀다는 것입니다. 마음이 허공만큼 툭 트였으므로 모습도 어떤 한 모습으로 고정되어 있지 않다고 하는 것은 당연한 이야기일 것입니다.

여러분들도 이것과 반대되는 경험을 많이 하였을 것입니다. 누구나 한 번쯤은 겪게 되는 예로, '나는 어떠한 사람을 사랑하게 되었다'라고 생각해 보십시오. 여러분들의 눈에는 오직 그 한 사람만 비쳐오고, 또 귀에도 그 사람의 목소리만 분별이 될 것입니다. 심지어는 그 사람이 가까이 오면 공기마저 달라지는 것을 감지할 수 있을 정도일 것입니다.

왜냐하면 나의 마음이 그 한 사람에게 딱 고정이 되었기 때문에 그에 관한 것은 아무리 미세한 것이라도 모든 것을 다 느낄 수 있게 되지마는 그 밖의 어떠한 사람도 더 이상 나의 눈과 귀에 들어올 리가 없고 그리하여 다른 사람은 내 마음의 의지처가 되지 못합니다. 물론 '매이지 않는 사람이 되어야지' 해서 아무하고나 분별없이 사련에 빠지라는 말은 아닙니다. '매인다, 매이지 않는다'하는 것의 이해를 돕기 위하여 보기로 들어 보았습니다. 이 법회에 동참을 한 보살들의 마음은 어디에도 매여 있지 않기 때문에 그 어떠한 것이라도 다 될 수가 있는 것입니다.

이 보살들이 지닌 아홉 번째 경지에는 참 재미있는 표현이 나옵니다. "어리석은 눈병을 제멸하였으니 중생계에 중생이 없음을 알기 때문이다."라고 하였습니다. 현상에 끄달리는 눈병을 완전히 치료하였으므로 이제는 눈에 잡히는 것이 더 이상 장애가 되지 못하고 온전히 우리들 마음의 진실과 인생의 실상만을 볼 수 있습니다. 어리석음에 대한 눈병을 치료하고 나면 이 세상에 있는 모든 것은 부처로 보일 뿐입니다. 그렇기 때문에 중생계에 중생이 없음을 알게 되는 것입니다.

부처님 당시, 어느 해에 몹시 흉년이 들었습니다. 그래서 부처님께서도 마맥(馬麥)이라고 해서 말이나 먹을 정도의 험한 보리 음식을 드시게 되었습니다. 부처님 가까이에서 그 모습을 바라보던 시자 아난은 너무나도 마음이 아팠습니다. '아, 내가 덕이 모자라서 우리 부처님을 이렇게밖에 모시지 못하는구나. 거룩하신 부처님께서 이토록 험한 음식을 잡수시다니…….' 이렇게 생각을 하며 아난은 눈물을 뚝뚝 흘렸습니다. 그러자 부처님께서는 깜짝 놀라시며 아난에게 물었습니다.

"아난아, 공양을 하다 말고 갑자기 왜 우느냐?"

"부처님이시여, 올 농사 형편이 워낙 좋지 않아서 부처님께서 너무나 험한 음식을 잡수시게 되니 마음이 그저 아플 따름입니다."

그때 마침 부처님께서는 음식을 드시고 계시던 터라 남아 있던 음식을 내어 놓으시며 말씀하셨습니다.

"아난아, 어디 내가 먹고 있는 이 보리밥을 한 번 먹어 보아라."하시면서 아난에게 자신이 잡수시던 보리밥을 한 번 씹어보기를 권하였습니다. 그래서 아난은 부처님께서 씹으시던 보리밥을 먹어 보았습니다. 아 그랬더니 그 음식은 세상에서 둘도 없이 맛있는 음식이었습니다. 전혀 다른 맛이었습니다.

바로 이 이치입니다. 부처님의 입장이 되면 맛이 없는 음식이라고는 없습니다. 부처님의 차원이 되면 음식 그 자체에 어떤 우열(優劣)의 분별이 생기지 않습니다. '맛있다, 맛없다'하는 차별심은 우리들의 수준에서 생긴 상대적인 분별심일 따름입니다.

우리들에게는 우열의 순서가 정해져 있습니다. 그것도 불완전한 우리들의 안목으로 판단하고서는 거기에서 떠날 줄을 모릅니다. 우리들의 수준이 중생이므로 그래서 우리 앞에 부처를 갖다 놓아도 우리는 부처로 보지 못하고 중생으로밖에 보지 못합니다. 그러나 부처의 눈에는 중생이 중생으로 보이지 않고 부처로만 보일 뿐입니다. 이 이치로 이 보살들의 안목에는 중생계에 중생이 없음을 아는 까닭이 되는 것입니다.

예를 들어 광부가 광산에서 금(金)을 잔뜩 캐냈다는 소리를 듣고 광산에 달려가도 우리들은 금을 찾아내지 못합니다. 금이 눈에 하나도 띄지 않습니다. 그런데 금광에 관계하는 사람들은 잡철이 아무리 많이 섞여 있어도 잡철은 눈에 안 비치고 금만 눈에 들어 옵니다. 바로 그 이치입니다.

신도분들과 얘기를 나누거나 그들의 대화를 가만히 들어 보면 생활 속에 그대로 이런 도리가 다 들어 있는 것을 알 수 있습니다. 구두 사러 갈 때에는 남들이 신은 구두만 눈에 들어오고, 옷 사러 갈 때에는 또 다른 사람들이 입은 옷만 눈에 띈다고 합니다. 또 자기 자식이 고등 학교 학생일 때에는 주위에 온통 고등 학생만 왔다 갔다 하는 것 같고, 대학생이 되면 대학생밖에 보이지 않다가 사위나 며느리를 볼 나이가 되면 그 또래만 눈에 들어 온다고 하는 말들을 듣고 있노라면 정말 부처님의 말씀이 하나도 틀린 게 없습니다. 모두들 자신의 수준에서 사물을 받아들이고 파악하는 것은 어쩔 수가 없나 봅니다.

그러니 아난은 부처님께서 드시는 보리음식을 자기 수준에서 해석하였기 때문에 험한 음식이라고 하여 눈물을 흘렸던 것이었습니다. 물론 스승을 극진하게 모시고 위하는 태도는 그것대로 훌륭하고 감동을 주는 대목입니다. 그러나 그렇게나 험하던 음식이라도 부처님의 입으로 들어가기만 가면 그 모든 것이 다 산해진미로 인식되어 지는 것입니다.

부처의 눈에는 모든 것이 다 부처로, 보살의 안목에는 보살 내지는 부처로 보게 되니, 중생계에 가득차 있는 중생이지마는 중생으로 보이지 않는다는 것입니다. 아무리 중생으로 보려고 하여도 중생으로 볼 수가 없습니다. 이러한 말들은 결국 우리들이 수행을 함으로써 나의 시각이, 나의 인격이 달라져 이 지구상에 존재하고 있는 모든 삼라만상이 통째로 달라질 수 있다는 것입니다. 그리고 또 우리들이 궁극적으로 이르러 가야 하는 수행인 것입니다.

이 보살들이 지닌 마지막 열 번째의 덕성은 이 분들의 지혜는 허공과 같다는 것입니다. 그리하여 큰 광명의 그물로 법계를 비춘다는 것입니다. 여기서도 너무나 치밀하게 경전에서 다 밝히고 있는 것을 알 수가 있습니다.

경전에서는 흔히 허공을 가져다가 비유를 많이 하고 있습니다. 평소 우리들은 허공이니까 아예 없다라고 착각하기 쉽습니다. 그러나 분명히 있기는 있습니다. 없는 듯하면서도 분명히 있는 것은 무엇입니까. 그것은 바로 그물(網)입니다.

옛날 서양의 지혜있는 왕비도 자기 나라를 탐내는 이웃 나라 왕의 부당한 요구를 슬기롭게 넘기는 데에 이 그물을 사용하였습니다.

"아름다운 왕비시여, 그대의 남편과 나라를 구하기 위해서는 '입지도 벗지도 말고', 또 '걷지도 타지도 말고', 나에게 오시오."

이 말을 들은 왕비는 며칠을 생각한 끝에 그물에다 벗은 몸을 감추고, 말의 꼬리에 이 그물을 끌게 하여 이웃 나라 왕의 억지 요구를 슬기롭게 해결하였습니다.

옷이 아닌 그물에다 나신을 넣었으니 분명히 입은 것이 아니고 그러면서 또 그물로 몸을 감싸고 있으니 벗은 것도 아닙니다. 말이 끌고 갔으니 탄 것도 아니고 끌려 갔으니 걸어간 것도 아니었던 것입니다.

노자(老子)도 『도덕경(道德經)』에서 다음과 같이 가르쳐 주었습니다.

"천망회회 소이불루(天網恢恢 疏而不漏), 하늘의 그물은 성글고 성긴 것 같지마는 결코 빠뜨리는 법이 없다."

그렇습니다. 하늘을 뒤덮고 있는 그물은 그 코 간격도 허공만큼 한이 없어서 아무도 그 그물코를 가늠할 수가 없습니다. 그래서 하늘을 두려워하지 않는 행위를 하는 사람을 가끔씩 볼 수가 있습니다. 그리하여 처음에는 하늘의 그물을 잘 빠져 나가는 것처럼 보이던 사람도 종국에는 그 그물코에 '덜거덕' 하고 걸리고 맙니다. 어느 정도까지는 남을 속일 수도 있고 자기 자신을 속일 수도 있지마는 언젠가는 들통이 나고 맙니다. 이러한 도리를 우리들은 이미 지나가 버린 역사 속에서도 많이 보았고, 주위에서도 많이 경험하고 있습니다.

우리들의 수행도 그러합니다. 수행을 해가면 해갈수록, 없는 듯하면서도 분명하게 있는 그물처럼, 눈에는 띄지 않지마는 분명히 닦아지는 게 있습니다. 여기에 우리들이 확신을 가지고 있기에 마음을 닦아가는 공부를 하고 있는 것입니다. 경을 보든 참선을 하든, 절을 하든 염불을 하든, 내가 한 것은 남에게로 가지 않고 나에게 소롯이 남아 있습니다.

깨달음의 지혜는 허공처럼 텅 비어 확실한 모양은 없지만 그러면서 또 너무나도 분명하게 있습니다. 그래서 없는 듯하면서도 분명하게 있는 그물망을 빌어다가 비유를 하는 것입니다.

부처님께서 설하시는 법회에 동참을 한 문수·보현보살로부터, 이름이 전부 소개된 140명의 보살들을 포함한 500명의 보살들이 갖춘 덕은 굉장합니다. 부처님의 경지에 조금도 뒤지지 않습니다. 적어도 부처님의 법회에 동참을 하여 법을 구하려면 거의 부처님과 비슷한 경지가 되어야 법문을 이해할 수 있을 것입니다. 그러기 위해서는 쉬지 않고 노력하여 다가가는 길밖에 없습니다.

(3) 성문(聲聞) 대중의 덕을 열 가지로 찬탄하다

及與五百聲聞衆으로 俱하시니 悉覺眞諦하며 皆證實際하며 深入法性하며 永

出有海하며 依佛功德하며 離結使縛하며 住無礙處하며 其心寂靜이 猶如虛空하며 於諸佛所에 永斷疑惑하며 於佛智海에 深信趣入하니라

오백의 성문(聲聞)들과 함께 있었으니, 모두 참다운 이치를 깨닫고 진실한 경계를 증득하였으며, 법의 성품에 깊이 들어가 영원히 생사[有]의 바다에서 벗어났으며, 부처님의 공덕을 의지하여 얽매여 부림을 당하는 속박[結使縛]을 떠났으며, 걸림없는 곳에 머물러 마음이 고요하기가 허공과 같으며, 부처님의 처소에서 의혹을 영원히 끊고 부처님의 지혜 바다에 깊은 믿음으로 들어갔다.

성문(聲聞:Śrāvaka)은 부처님의 법문을 듣고서 깨달음에 나아가는 사람들을 말합니다. 부처님 당시에는 부처님의 제자를 말합니다. 여기서 말하는 성문도 사리불, 수보리, 아난과 같이 역사적으로 존재하였던 부처님의 제자들입니다. 부처님을 항상 따라 다니던 1250명의 성문들 중에서도 수행을 열심히 하여 도가 출중한 스님 500명의 덕을 찬탄합니다. 역시 열 가지의 덕으로써 부처님의 제자들을 소개합니다.

앞서 모인 보살이 500명이고 지금 소개되는 성문 대덕들도 모두 500명입니다. 왜 하필 500명이 모였는가 하면 바로 십신, 십주, 십행, 십회향, 십지의 다섯 가지의 지위(地位)의 숫자와 연계를 해볼 수 있겠습니다.

이 부처님의 제자들은 실다운 진리, 변하지 않는 진리(眞諦)를 깨달았습니다. 진제(眞諦)에 대립되는 말은 속제(俗諦)입니다. 속제는 현상계의 차별한 원리로 아직 깨달음을 체득하지 못한 범부가 알고 있는 이치를 말합니다.

성문 대덕들은 진리를 깨달았기 때문에 진리 그 자체를 증득하였습니다. 그리하여 깊이 법성(法性)에 들어갔습니다. 법의 성품에 깊이 들어가 법성과 온전히 하나가 되어 '있다(有)'고 하는 바다에서 벗어났습니다. 반면에 우리들은 전부 '있다'고 하는 데에 걸려 있습니다. 그러나 이 부처님의 제자들은 보살만큼은 되지 못하지만 최소한 눈에 보이는 현상,

즉 '있다'고 하는 그런 상식에서는 벗어났습니다. 그것도 다시는 미혹에 흔들리지 않고 영원히 유해(有海)에서 벗어났습니다.

그러나 이 부처님 제자들은 아직은 완전하지 못하여 부처님의 공덕과 같지 아니 합니다. 그리하여 불공덕(佛功德)에 의지하여 살아갑니다. 우리들도 얼마나 부처님께 의지하는지 모릅니다. 부처님 없이는 한 순간도 살아가지 못합니다. 기쁨도 부처님과 함께 즐거워하고, 슬픔도 부처님과 함께 나눕니다. 숨 한 번 쉬는 것도 부처님의 공덕이고 생명 그 자체가 바로 부처님입니다. 이 성문 대덕들도 진리는 체득하였지만 그래도 아직은 부처님의 소견과 공덕에 의지하여 살아갑니다. 완전한 깨달음을 얻기 전까지의 겸손한 태도라고 하겠습니다.

우리 스님들도 이러한 자세로 수행을 해 갑니다. 혼자 수행을 하다가 그것으로 끝내지 않습니다. 반드시 스승을 찾아가 자신의 깨달음을 내어 놓고 인가를 받습니다. 혼자 깨달은 것은 소용이 없습니다. 왜냐하면 혼자서 깨달은 것은 작은 그릇에 빠지기 쉽고, 삿된 견해에 머무르기 쉽기 때문입니다. 많은 사람들이 느낀 것이 정도(正道)입니다. 적어도 세 번의 인가를 받아야 참된 진리를 증득하였다고 합니다. 그래서 처음 수행을 할 때에는 큰 절에서 선우들과 더불어 수행을 하는 것이 좋습니다. 혼자 깊은 토굴에서 독살림하는 것은 위험한 일일 수도 있습니다.

또한 이 제자들은 결사박(結使縛)을 떠났습니다. 번뇌의 속박을 떠난 것이지요. 번뇌를 다른 말로 결(結)이라고도 하고 사(使)라고도 하고 합해서 결박(結縛)이라고도 합니다. 번뇌는 우리들의 몸과 마음을 속박하고 괴로움을 결과짓는 것이기 때문에 결(結)이라고 하고, 중생을 따라다니면서 마구 몰아대어 부리므로 사(使)라고 하는 것입니다.

결과 사에는 자세하게 9결(結)과 10사(使)가 있습니다. 9결은 사랑, 성냄, 자만, 무지, 그릇된 견해, 집착, 의심, 질투, 인색함입니다. 10사는 탐(貪), 진(瞋), 치(癡), 만(慢), 의(疑), 신견(身見), 변견(邊見), 사견(邪見), 견취견(見取見), 계금취견(戒禁取見)들입니다. 이것을 잘 살펴보면 오리

사(五利使)와 오둔사(五鈍使)입니다. 성품이 예리하고 우둔함에 의지하여 언제나 마음을 어지럽게 하는 번뇌들입니다.

이러한 모든 번뇌의 속박으로부터 다 벗어나서 자재함을 얻었기에 걸림없는 곳에 머무를 수가 있습니다. 우리들은 온갖 것에 다 걸려 있습니다. 불교를 믿으면서 또 절에 다니면서 얼마나 많은 것에 걸려 있는지 모릅니다. 꼭 법회에 가야 하나 말아야 하나, 등을 달아야 하나 말아야 하나, 향은 어떻게 꽂아야 하나, 또 절은 이렇게 해야 된다, 어느 경전이 최상이다 아니다, 참선이 최고다 아니다 하는 등등 얼마나 많은 것에 걸려 있는지 모릅니다.

이 뿐만이 아닙니다. 어느 절이 영험하다 하면 거기에 반드시 가야 직성이 풀리고, 어느 바위가 좋다고 하는데 가지 못하면 공연히 불안해합니다. 이 모든 것은 다 걸려 있는 것입니다. 그러나 진실로 진리의 성품을 깨달았다면 그 어디에도 걸리지 않고 고요할 따름입니다. 남들과 더불어 가도 좋고, 또 사정이 있어서 가지 못해도 좋은 법입니다. 가도 괜찮고 가지 않아도 아무렇지도 않는 것이 걸림이 없는 행위입니다. 부처님의 큰 제자들은 이 경지를 이루었다는 것입니다. 아무 것에도 걸림이 없기에 어떠한 일이 생기더라도 "아이구, 이것 참." 하면서 흔들리지 않습니다. 오로지 텅 빈 마음으로 허공처럼 고요하고 적적할 뿐입니다.

그리고 이 제자들은 부처님을 믿고 따르면서 영원히 의혹을 끊었습니다. 한 번 부처님의 제자가 되었으면 그것으로 족하지 다시는 의심하지 않습니다.

그런데 우리들은 간간이 의심을 합니다. "부처님, 부처님. 우리들을 지켜 주시는 부처님." 하면서도 믿어야 옳은지, 믿을 만한지 자꾸 의심을 합니다. 그러다가 나중에는 열심히 믿는다고 믿어도 별 뾰족한 수도 없는 것 같아서 자동적으로 신심이 출렁거립니다. 어찌 보면 이것은 자연 발생적으로 생기는 것이기도 합니다.

왜냐하면 우리들의 깊은 내부에는 굳은 심지가 있지마는 아직은 흔들리는 속된 성품이 더 치성해 가지고서 지혜가 잘 드러나지 못하여 이런 결과가 생기는 것입니다. 우리들 속에는 불성의 종자, 지혜의 종자가 다 들어 있습니다. 다만 경외심이나 지혜가 약해서 이 종자에서 완전한 싹으로 틔워 올리지 못해서 그럴 뿐입니다. 그래서 중생인 우리들은 대개 한 일 년쯤 법회에 열심히 나오다가도 '이 정도면 꽤 괜찮은 것이지. 어디 야외로 나들이 가자고 하는데 한 번 쯤은 빠져도 상관 없겠지.' 하면서 슬금슬금 빠지기 시작합니다.

"일념 삼천(一念 三千), 한 순간에도 삼천 가지 속성이 있다." 라고 해서 우리들은 한 순간도 그냥 있지 못합니다. 바로 이 일 초의 순간에도 온갖 것을 다 세웠다가 금방 부술 수가 있는 게 사람입니다. 거리에도 제한을 받지 않고 시간에도 자유롭습니다. 아무리 멀어도 제깍 달려 갈 수 있고 아득한 과거나 미래도 당장 불러올 수 있는 게 우리들의 생각입니다. 이 물건의 신통은 컴퓨터가 당해낼 바가 아닙니다. 일 초 동안에도 이렇게 어마어마하게 각양각색의 속성을 다 부릴 수 있으므로 하루 동안 아니 일 년을 살아가면서 왔다 갔다 하는 마음은 다 파악할 수도 없을 정도입니다.

그래서 오늘 하루는 굉장히 신심이 깊다가도 내일은 또 불심이 흐트러질 수도 있습니다. 불심이 바깥으로 드러날 때에는 불심이 깊은 사람이 되고 속된 마음이 밖으로 나타날 때에는 영 속물 근성으로 비춰지게 됩니다. 불심이 전혀 없는 것은 아닌데 전체로 힘을 쓰지 못하고 간간이 나타나기 때문입니다.

우리들의 삶의 일체가 불성(佛性)이 나타나게 하기 위해서는 자꾸 부처님 법을 가까이 해야 합니다. 경전도 듣고 법회에도 참석하고 참선도 해 보고 절도 해서 나의 내부에 깊이 잠자고 있는 그것을 자꾸 충동질하여 일깨워 주어야만 합니다. 참가능성은 누구나 다 가지고 있습니다.

많은 가정에서 가장 걱정하는 것이 바로 자식들 공부에 관한 것입니다. 아무리 "공부해라, 공부해라." 하여도 자기 스스로 하고자 하는 마음이 없으면 절대로 공부가 되지 않습니다. 그러나 어떠한 계기로 공부에 재미를 붙여 놓으면 "제발 공부좀 하지 말아라."고 해도 끝까지 공부를 합니다. 심한 경우에는 건강을 걱정할 정도로 공부만 합니다. 놀이에 재미를 붙이는 것이나 공부에 재미를 붙이는 것이나 똑같습니다. 너무 공부만 하는 아이들의 부모는 "제발 쉬고 나가서 놀다 오라."고 그럽니다. 그런 부모들도 상당히 많습니다.

공부를 열심히 하지 않는 자식을 가진 부모들이 들으면 부러워하겠지만, 실제로 '저렇게 공부만 하다가 몸관리를 하지 못하여 제 명에 다 못 살고 일찍 죽으면 어떡하나.'하고 굉장히 걱정하는 부모들도 많습니다. 이렇게 공부하는 데에 발심을 한 학생들은 부모님이 아무리 "어디 산에 놀러 가 보아라, 스키 타러 가거라." 해도 꿈쩍도 하지 않습니다. "그런 재미없는 것 뭣하려고 하나, 그런 것 할 바에는 차라리 눈 감고 가만히 있는 게 낫지." 그럽니다.

그렇습니다. 우리들의 마음 속에는 온갖 속성을 다 가지고 있습니다. 중요한 포인트는 많은 성질들 가운데에서 어느 쪽으로 개발해 내느냐, 나의 의지와 노력을 어느 방향으로 집중시키느냐하는 것에 관건이 있습니다.

요즈음 특히 "건강, 건강." 해 가지고서 몸 관리에는 무척 신경을 씁니다. 우리 나라 사람들이 너무한다 싶을 정도로 온갖 일을 '건강'이라는 이름하에 벌입니다. 우리 나라 안에서만 그러는 것이 아니고 외국에까지 나가서 그 나라의 역사나 문화나 장점은 뒷전이고 건강식을 찾는다고 정신을 팔고 다닌다는 이야기가 신문에 자주 소개됩니다.

그러나 이와는 반대로 우리들의 마음과 정신 세계, 영혼을 관리하는 데에는 소홀한 감이 많습니다. 밖으로 드러나지 않은 깊은 내면에는 귀를 기울이지 않는 경향이 참으로 강합니다. 또 기울인다는 게 잘못하여 이상한 신비주의나 개인의 독단적인 편견 같은 데에 빠져 들어서 자기 자신은 물론이고 가족과 사회 전체에 심각한 문제를 야기시키기도 합니다.

우리들은 잠이 부족하다고 느끼면 실제로 잠을 잘 잡니다. 아무런 저항감을 가지지 않고 자연스럽게 이와 같이 몸관리는 잘 합니다. 이와 마찬가지로 나의 영혼이 메말라간다, 내 마음 한 구석이 어딘지 어수선하고 허전하다고 느끼면, 육체적으로 잠이 부족하다고 느끼는 즉시 잠을 자는 것처럼, 우리들의 영혼에 처방을 해 주어야만 합니다. 가만히 있어서는 제대로 정신 관리를 한다고 할 수가 없는 것입니다.

육체를 관리할 수 있는 것처럼 우리들의 정신적인 영역도 얼마든지 관리할 수 있고 또 반드시 그 관리한 효과가 나타납니다. 눈에 단박에 띄지는 않을지 몰라도 조금씩 조금씩 정진하여 다듬어진 내면은 언젠가는 바깥으로 드러나서 남들에게 온화하고 포근한 얼굴로 비치게 되어 있습니다.

육신이나 영혼이나 할 것 없이 관리하면 관리한 만큼 다듬어지게 되어 있습니다. 이 보람은 아무리 부정할래야 부정되어지지 않고 또 남들이 가져갈래야 가져가지지 않습니다. 우리들은 여기에 확신을 가지고 부처님의 마음을 닮아가도록 노력하고 부처님의 말씀을 가까이 하여 확연하게 깨닫고 또 신념을 확고하게 굳혀야 합니다. 그리하여 이 부처님의 제자들처럼 모든 부처님 처소에서 의혹을 완전히 끊고 부처님 안에 우리들이 있고 우리들 속에 부처가 오롯이 거하도록 하여야 합니다.

이 부처님의 제자들의 열 번째 덕은 불지혜에 깊은 믿음으로 들어간 것입니다. 부처님의 지혜의 바다! 이 부처님의 지혜의 바다는 어디 먼 곳에 있는 것이겠습니까. 바로 우리들 속에 있는 바다와 같이 넓고 너른 지혜, 여기에 깊은 믿음으로써 들어가는 것입니다.

바로 이것입니다. 내가 가지고 있는 깊은 지혜의 바다속으로 내가 들어가려고 하고, 내가 그것을 꺼내어서 내가 쓰려고 하고 내 것으로 하려고 하는 자세를 말하는 것입니다. 한마디로 우리들 자신에 대한 깊은 믿음입니다. 이러한 믿음을 부처님 제자들이 다 갖추었다고 이상 열 가지로 찬탄하였습니다.

앞에서 보살들이 갖추고 있는 열 가지 덕과 이 성문 대중들이 갖추고 있는 덕을 비교해 보면 수행의 폭과 깊이에 있어서 엄청나게 차이가 있습니다. 그러나 이 부처님 제자들이 지니고 있는 덕은 또 그런 대로 불자로서의 완전한 안정을 이루고 있음을 볼 수 있습니다. 우리들도 최소한 이 제자들만큼의 신심을 성취하여 바른 불자가 되어가야겠습니다.

(4) 세간(世間)의 주인 대중의 덕을 열 가지로 찬탄하다

及與無量諸世主로 俱하시니 悉曾供養無量諸佛하며 常能利益一切衆生하며 爲不請友하며 恒勤守護하며 誓願不捨하며 入於世間殊勝智門하며 從佛敎生하야 護佛正法하며 起於大願하야 不斷佛種하며 生如來家하며 求一切智하니라

그리고 한량없는 세간의 주인들과 함께 있으니, 모두들 일찍이 한량없는 부처님을 공양하였고, 항상 일체 중생을 이익케 하며, 청하지 않은 벗이 되어 부지런히 수호하며, 서원(誓願)을 버리지 않고 세간의 훌륭한 지혜의 문에 들어갔으며, 부처님의 가르침으로부터 태어나서 부처님의 바른 법을 보호하며, 큰 서원을 일으키고 부처의 종자를 끊지 않으려고 여래의 가문(家門)에 나서 온갖 지혜를 구하였다.

부처님 법회에 보살과 성문 대덕들과 함께 세간(世間)의 주인들도 동참을 하였습니다. '세간의 주인'이라고 하는 것은 대개는 왕을 뜻합니다.

한 나라의 주인은 왕이 될 터이고, 한 도(道)의 주인은 도지사가 되겠고 오늘날의 주인은 대통령이 되겠습니다. 경전에는 보통 왕(王)으로 등장을 많이 하는데 한 나라를 다스린다는 실제적인 왕이라는 뜻은 물론이고 이 밖에도 '으뜸이다', '뛰어나다', '장하다'하는 속뜻도 가지고 있습니다.

부처님 당시도 그랬고 역사상에서 볼 것 같으면 부처님 법을 널리 펴기 위해서 왕이나 재상, 거부 장자 같은 이들의 보호와 지원이 많았습니

다. 그래서 부처님 법을 펴는 데에는 다음 다섯 가지의 인연이 마련되어야 한다고 합니다.

첫째는 단월연(檀越緣)입니다. 부처님의 법을 믿고 자신들의 감로수로 받아들여서 부처님의 법대로 살아가는 신도들이 있어야 하며 그 신도들은 단월, 즉 보시를 담당해야 한다는 것입니다. 단월연은 보시를 하는 신도가 있어야 불법을 널리 펼 수 있다는 것입니다.

둘째는 외호연(外護緣)입니다. 왕이나 높은 벼슬을 하는 관리나 부호들의 보호가 있어야 한다는 것입니다. 부처님 당시에 파사익왕이나 그의 비(妃)인 말리 부인, 또 그들의 따님인 승만 부인 같은 분들은 부처님을 봉양하고 지원하는 데에 지극한 정성을 보였습니다.

우리 나라나 중국에서도 마찬가지입니다. 대개 큰 불사는 궁중의 지원을 받아 거국적으로 실행되었습니다. 심지어는 왕위를 버리고 부처님의 제자가 된 왕들도 있었습니다. 신라 시대 때의 법흥왕은 나라의 기틀을 다져 놓고 만년에는 왕비와 함께 출가하여 부처님 법을 닦았으며 그의 뒤를 이은 진흥왕도 출가하였다고 합니다. 또한 28대 진덕여왕의 어렸을 때의 이름이 바로 『승만경』의 주인공인 승만 부인과 같은 승만입니다. 또 중국 청나라 때의 순치 황제도 출가를 하면서 유명한 시를 남기기도 하였습니다.

나라를 이끌어 가는 왕이나 재상들이 부처님의 법을 먼저 받아 들이고 나면 국민들도 자연히 부처님의 법을 따르게 되는 것은 당연할 것입니다.

셋째는 도연(道緣)입니다. 부처님의 법을 확철대오(確徹大悟)하여 지혜의 눈이 밝아야 남을 지도할 수 있다는 것입니다.

넷째는 납자연(衲子緣)입니다. 부처님의 법을 전문적으로 공부하여 부처님을 대신하여 중생들을 구제하고 또 부처님과 스승의 법을 이어갈 제자가 있어야 한다는 것입니다.

다섯째는 토지연(土地緣)입니다. 어떠한 지역과 인연이 되어야 한다는 것입니다. 우리들은 조그마한 사업을 벌일 때에도 여러 가지 조건을 따져서 시작합니다. 사업의 성격과 거기에 알맞는 고객들의 유동 상태, 주위 여건 등을 면밀하게 살펴서 일을 벌입니다.

마찬가지로 성불(成佛)과 중생제도(衆生濟度)라는 어마어마한 사업을 벌이는 데에는 인연이 닿고 또 적합한 연고지가 있어야 하는 것은 두말할 필요도 없습니다. 세상사를 이끌어 가는 주인들의 신심이 청정하면 부처님 법을 펴기가 훨씬 쉽기 때문입니다.

이 「입법계품」이 설해지는 법회에 동참한 왕들의 신심과 원력을 가지고 행하는 보살도도 지극한 경지에 이르렀습니다. 그 세간의 주인들은 한량없는 부처님께 공양을 올렸습니다. 그 정신을 그대로 이어서 일체 중생들을 향하여 잘 보살펴 중생들에게 이익이 돌아가게끔 하였습니다. 어느 정도로 보살폈느냐 하면 '청하지 않은 벗[不請友]'이 될 정도로 자상하게 자비를 베풀었다는 것입니다.

우리들은 자비(慈悲)가 있다고 하더라도 대개는 남들이 도움을 요청하면 그때서야 가서 응해 줍니다. 그러나 정말로 자비가 무궁한 사람은 다른 사람이 청하지 않아도 먼저 헤아려서 가 살피고 거들어 주는 행을 실천합니다. 이 '불청우'라는 낱말은 다른 경전에서도 가끔씩 나옵니다. 참으로 좋은 말입니다.

여기서 부처님 법을 듣는 이 왕들은 적어도 백성들이 요구하지 않아도 일일이 백성들의 일상사를 보장해 주는 그러한 왕이라는 것입니다. 가뭄에 대비하여 둑을 쌓아 물을 가두어 두기도 하고, 나라 안에 곤궁한 백성들이 있으면 세심하게 보살펴 주는 그런 인자함을 베풀었던 것입니다. 공기가 오염되고, 물이 썩어 가느니 하여 국민들이 아우성치기 전에 미리 환경을 보존할 줄 아는 공무원을 오늘날의 불청우라 하겠습니다.

한 가정의 주인이 되는 것도 마찬가지입니다. 남편이든 아내이든 간에 가릴 것 없이 한 가정의 불청우를 자처하고 나서서 가정 내의 대소사를 처리해야 그 가정이 편안해집니다. 가족 구성원들이 무엇을 해 달라고

요구하기 전에 미리미리 살펴서 충족시킬 것은 시키고, 단념시킬 것은 양해를 구하는 것이 한 가정의 불청우가 할 일이 아닌가 하는 것을 이 단락에서 배울 수 있습니다.

또한 이 왕들은 부지런히 보호하고 지켜주며, 서원(誓願)을 버리지 않습니다. 즉, 어떠한 원력으로써 이 불법을 지키고 보호할 뿐만 아니라 늘 버리지 않고 항상 함께합니다. 그리고 세간의 수승한 지혜(智慧)의 문에 들어가 있습니다. 여기서 말하는 '세간의 수승한 지혜'라는 조건은 부처님의 깨달은 지혜까지는 아니고, 생활 속에서 살아가면서 발휘하는 슬기로움을 말하는 것입니다.

또한 이 왕들은 부처님의 가르침으로부터 나서 부처님의 바른 법을 항상 보호합니다. '났다'라고 하는 '날 생(生)'을 '살 생(生)'으로 해석을 하는 것이 더 좋겠습니다. 그냥 단순하게 '났다'라기보다는 부처님의 바른 법을 통해서 '살아가고 있다'는 것이 더 현실감이 있습니다.

이 왕들은 삶의 전 과정을 순전히 불교적인 삶을 살고, 불교적인 가치관에 의해서 살아가고 있습니다. 이런 왕들은 역사상에 참으로 많았습니다. 부처님 당시의 파사익왕이나 빔비사라왕 같은 분들만이 아니고 불멸 후 3세기 뒤에 태어나 인도에서 불교를 중흥시킨 아육왕(阿育王) 같은 분들은 다 불교의 가르침에 온전히 자기 자신을 던져버린 왕들이었습니다.

또한 중국에 불교가 전해졌을 때 양무제는 많은 사람들을 전부 불교로 귀의케 하고 불경을 많이 간행하고 사찰 건립에도 많은 힘을 쏟았습니다. 우리 나라에도 국사(國師)나 왕사(王師) 제도가 있어서 왕의 스승 노릇을 한 경우도 많았습니다. 그러니 자연히 왕의 정치 이념이나 행동이 불교적인 관점에서 행해져서 나라 전체가 불교적인 분위기로 흘러갈 수 있었습니다.

뿐만 아니라 이 세간의 주인들은 크나큰 원력으로써 불교가 영원히 지속되도록 부처의 종자(種子)를 끊지 않습니다. 그리하여 모두가 여래의 집[如來家]에 태어납니다. 농부의 아들은 농부의 집에 태어나고, 한 나라를 다스릴 사람은 왕궁에 태어납니다. 이와 같이 다음 부처가 될 사람은 여래의 집안에서 태어날 것입니다. 이 왕들은 부처의 종자들이므로 모두 여래의 가문에서 태어납니다. 그리하여 일체 지혜를 구합니다. 부처님의 지혜를 구하는 것입니다. '부처님의 지혜'라는 것은 깨달아서 모든 것을 꿰뚫어 아는 지혜이기에 일체지(一切智), 또는 불지(佛智)라고 합니다.

이렇게 훌륭한 왕들도 부처님의 법회에 동참을 하였습니다. 부처님의 법회의 격을 가름케 해 주는 보살들과 성문 대중들, 즉 출가 수행자들과 세속의 훌륭한 지도자들이 많이 모여 왔습니다.

2. 법을 청하다

(1) 대중들이 부처님의 덕의 불가사의함을 생각하다

時에 諸菩薩과 大德聲聞과 世間諸王과 幷其眷屬이 咸作是念호대 如來境界와 如來智行과 如來加持와 如來力과 如來無畏와 如來三昧와 如來所住와 如來自在와 如來身과 如來智를 一切世間의 諸天及人이 無能通達하며 無能趣入하며 無能信解하며 無能了知하며 無能忍受하며 無能觀察하며 無能簡擇하며 無能開示하며 無能宣明하며 無有能令衆生解了요 唯除諸佛加被之力과 佛神通力과 佛威德力과 佛本願力과 及其宿世善根之力과 諸善知識攝受之力과 深淨信力과 大明解力과 趣向菩提淸淨心力과 求一切智廣大願力이니라

이 때 보살들과 대덕 성문(大德聲聞)과 세간 임금들과 그 권속들이 다 이렇게 생각하였다.

'여래의 경계・여래의 지혜의 행・여래의 가지(加持)・여래의 힘・여래의 두려움 없음・여래의 삼매・여래의 머무르심・여래의 자재하심・여래의 몸・여래의 지혜를 모든 세간의 하늘과 사람들이 통달하지 못하며, 들어가지 못하며, 믿고 이해하지 못하며, 분명하게 알지

못하며, 참고 받지 못하며, 살펴보지 못하며, 가려내지 못하며, 열어 보이지 못하며, 펴서 밝히지 못하며, 중생들로 하여금 알게 하지 못하는구나. 그러나 오직 부처님의 가피(加被)하신 힘·부처님의 신통하신 힘·부처님의 위덕의 힘·부처님의 본래 원하신 힘과 그 지난 세상의 선근의 힘·선지식들의 거두어 주는 힘·깊고 깨끗하게 믿는 힘·크고 밝게 아는 힘·보리로 나아가는 청정한 마음의 힘·온갖 지혜를 구하는 광대한 서원의 힘은 제외될 것이다.'

보살들과 덕이 높은 성문들과 왕들이 모였습니다. 세간의 임금들이 왔으니 그 수행인들도 얼마나 많이 따라왔겠습니까. 또 일반 신도들도 얼마나 많겠습니까. 부처님 앞에 많고 많은 대중들이 있을 때에는 부처님 한 분 보고 왔으니까 부처님에 대하여 대중들 나름대로 뭔가 생각을 하고 있었을 것입니다. 여기서 생각이라고 하는 것은 다른 것이 아니라 여기 모인 분들이 알고자 하는 어떤 가르침, 듣고자 하는 가르침입니다.

우리들이 공부할 「입법계품」의 전 내용은 여기 모인 대중들이 알고 싶어하는 것을 근거로 하여 풀어 내려가고 있습니다. 53선지식을 친견하는 것이 전혀 예상하지 못하였던 선지식을 친견하는 것이 아니라 지극히 의도적으로 조직되어 있습니다. 이 53선지식을 친견하면서 듣는 법의 내용은 결국 여기 모인 대중들이 궁금해하고 있던 점들을 낱낱이 설명하는 것으로 되어 있습니다.

이 대중들은 모든 세간의 하늘과 사람들이 여래의 갖가지 경계를 갖가지로 알지 못하고 오직 부처님의 갖가지의 힘(力)으로만 가능하다는 것을 생각합니다. 거듭 말하지만 '넝쿨 화엄'이라는 문장답게 이 짧은 단락에서도 각각 열 가지씩 무려 서른 가지나 다른 말로 표현하고 있습니다. 그러니까 비슷비슷하면서도 세세하게 다른 표현을 써서 모든 경계를 하나도 빠뜨리지 않고 남김없이 다 드러내고 있습니다.

여래(如來:Tathāgata)는 단순히 부처 불(佛) 자나 세존(世尊)이라는 말이나 응공(應供)이라고 하는 말과는 차이가 있습니다. 여(如)는 범어 Tathā의 번역어입니다. 여(如)를 여여(如如), 진여(眞如)라고도 하는데 모든 사물의 진실하고도 변하지 않은 참된 본성을 말합니다.

그러므로 여래라고 하는 말은 '여(如:진리)에서 래(來:오신)한 분'이라는 뜻으로 진리의 입장에서 부처님을 나타낼 때에 쓰입니다. 불(佛)은 사람의 경지를 지나서 깨달은 사람이라는 뜻이고, 세존(世尊)은 세상의 존경을 받을 만한 사람이라는 뜻으로 쓰입니다. 그래서『금강경』같은 단순한 경에서도 의미에 맞게 세존(世尊), 불(佛), 여래(如來)를 자유자재로 씁니다.

그래서 여기서 세간의 사람들이 모른다는 갖가지의 경계를 불(佛)이라고 하지 않고 여래라고 한 까닭이 여기에 있습니다. 진리의 경계라고 보는 것이 좋겠습니다. 여래의 경계와 여래의 지혜로써의 행함과 여래의 가지(加持)를 알지 못한다는 것입니다. 여기서 말하는 가지(加持)는 바로 가피(加被)입니다. 불보살들이 자비의 힘을 중생들에게 더해주는 것이나 진리를 향하여 우리들의 내부에 있는 가능성으로부터 일어나는 어떠한 힘입니다.

또한 여래의 무궁무진한 힘과 여래의 무외(無畏)를 알지 못합니다. 부처님은 모든 것을 다 바로 보았기 때문에 아무 것도 두려울 게 없습니다. 여래의 삼매와 여래의 머무르는 곳도 알지 못합니다. 그 다음 여래가 얼마나 자유자재한지도 알지 못합니다. 도대체 깨달은 사람은 얼마나 자유로운가 하는 것을 알지 못합니다. 또 깨달은 사람의 몸은 어떠한지, 여래의 지혜가 어떠한지도 바로 알지 못합니다.

세간의 하늘과 사람들이 알지 못한다는 것도 말을 여러 가지로 바꾸어 가며 계속하여 나열하고 있습니다. 통달할 수 없을 뿐만 아니라 그 속으로 들어갈 수 없습니다. 또 능히 믿고 이해할 수도 없으며 확실하게 다 깨달아 알아차릴 수도 없으며 그리하여 내 것으로 받아들일 수도 없습니다. 부처님의 그 위대함을 다 관찰할 수도 없으며 이것이 옳고 저것은 그르고 어느 것이 수승한 것인지 하면서 분별할 수 있는 능력도 도저히 없습니다. 그러므로 다른 사람에게 그것을 열어서 보여줄 수도 없고 펴서 밝힐 수도 없습니다. 또 중생들에게 이해시킬 수도 없습니다.

한 마디로 '알지 못한다'하면 될 것을 열 가지로 표현하고 있습니다. 확실하게 하자는 것입니다. '열'이라는 숫자는 '원만(圓滿)', '완전무결(完全無缺)'이라는 의미가 포함되어 있기 때문입니다.

그러나 모든 세간의 하늘들과 사람들이, 또 우리들이 이렇게 여래의 경계를 알지 못한다고 해서야 말이 되겠습니까. 힘을 들여서 여래를 알고자 이렇게 열심히 공부하고 있는데 모른다고 해서야 아무도 부처님을 따를 사람들이 없을 것입니다. 그래서 여기에서 이러이러한 사람들은 제한다, 즉 이러이러한 사람들은 여래의 경지를 알 수 있다고 하여 단서를 남겨 둡니다.

어떠한 사람들이 여래의 경지를 이해할 수 있느냐 하면 부처님의 가피하신 힘과 신통하신 힘과 위덕의 힘과 본원의 힘과 선지식들을 거두어 주시는 힘에 의해서는 가능하다는 것입니다. 그러니까 부처님에 의지하고 자기 자신의 아집을 완전히 배제하면 여래의 경계를 알 수 있다는 이야기입니다.

또 있습니다. 자신들이 선근을 심었거나 아주 깊고 청정하게 믿는 힘과 크고 밝게 이해하는 힘과 깨닫고자 하는 그런 의지의 힘과 일체 지혜를 구하는 광대한 서원의 힘으로는 부처의 경계를 구하고 들어갈 수 있다는 것입니다.

그렇습니다. 부처님을 믿고 따르는 힘과 보리를 향한 청정한 마음이 있으면 그것으로 족합니다. 아상과 편견에 사로잡혀 있고 게을러서 공부하지 않고 어두운 마음의 그림자 아래에서 만족하고 있다면 저 위대하고도 수승한 여래의 경지를 어찌 알 수가 있겠습니까. 부처님께 남김없이 귀의하고 청정한 마음을 가지고 있다면 구하지 못할 것이 없을 것입니다.

(2) 청하는 법의 내용

唯願世尊은 隨順我等과 及諸衆生의 種種欲과 種種解와 種種智와 種種語와 種種自在와 種種住地와 種種根淸淨과 種種意方便과 種種心境界와 種種依止如來功德과 種種聽受諸所說法하사 顯示如來의 往昔趣求一切智心과 往昔所起菩薩大願과 往昔所淨諸波羅蜜과 往昔所入菩薩諸地와 往昔圓滿諸菩薩行과 往昔成就方便과 往昔修行諸道와 往昔所得出離法과 往昔所作神通事와 往昔所有本事因緣과 及成等正覺과 轉妙法輪과 淨佛國土와 調伏衆生과 開一切智法城과 示一切衆生道와 入一切衆生所住와 受一切衆生所施와 爲一切衆生說布施功德과 爲一切衆生現諸佛影像하사 如是等法을 願皆爲說하소서

'오직 바라건대 세존께서 우리와 중생들의 갖가지 욕망·갖가지 이해·갖가지 지혜·갖가지 말·갖가지 자유자재함·갖가지 머무는 처지·갖가지 근(根)의 청정함·갖가지 뜻의 방편·갖가지 마음의 경계·갖가지 여래의 공덕을 의지함·갖가지 말씀하신 법을 들음을 따라서, 여래께서 예전에 온갖 지혜를 구하시던 마음·예전에 일으키신 보살의 큰 서원·예전에 깨끗하게 하신 바라밀다들·예전에 들어가신 보살의 지위·예전에 원만하신 보살의 수행·예전에 성취한 방편·예전에 닦던 도·예전에 얻으신 벗어나는 법·예전에 지으신 신통한 일·예전에 행하신 전생의 일과 인연이며, 아울러 등정각(等正覺)을 이루고, 묘한 법륜을 굴리고, 부처님의 국토를 청정하게 하고, 중생을 조복(調伏)시키고, 온갖 지혜의 법성(法城)을 열고, 일체 중생의 길을 보이고, 일체 중생의 머무는 데 들어가고, 일체 중생의 보시를 받고, 일체 중생에게 보시의 공덕을 말하고, 일체 중생에게 부처님의 영상을 나타내시던 그러한 법들을 말씀하여 주소서.'

대중들이 부처님께 생각으로써 법을 청합니다. 세존께 우리 중생들의

갖가지의 근기를 다 아시고 거기에 합당한 갖가지의 말씀을 들려 달라고 하는 것입니다.

자, 우리 중생들의 근기를 부처님께서는 어떻게 파악하고 있는지 낱낱이 살펴 봅시다. 우리들의 욕망과 이해, 지혜, 말, 자재, 주지, 육근 청정, 의지, 마음의 경계, 부처님께 의지하는 것, 법문 듣는 것에 맞추어서 설법해 달라고 청합니다.

사람 사람들의 얼굴이 다 다르고 취미가 같지 않듯이 우리들의 근기 또한 제각각입니다. 부처님의 공덕에 의지하는 것도 사람마다 제각기 다릅니다. 마음 속에 기도하는 것을 보아도 기도 내용과 하는 방식이 다 다릅니다. 뿐만 아닙니다. 법문을 받아 들이는 것도 제각기입니다. 같은 법문을 백 명이 한 자리에서 듣고 앉았더라도 그 받아 들이는 것이 전부 다 다릅니다.

모두들 "꼭 오늘의 나보고 하는 소리 같다."라고 합니다. 왜냐하면 전부 자기 깜냥대로, 자기의 입장에서, 자기의 수준만큼 받아 들이기 때문입니다. 그래서 "어디가 당신보고 하는 이야기 같습니까?" 하고 물어보면 그 이유가 또 각각입니다. 이렇게 같은 법문임에도 불구하고 각자가 다 자기 소리로 받아 들이는 것이 바로 갖가지 말씀하신 법을 들음에 따른다는 것입니다. 참으로 중생들의 능력이라는 것은 묘한 것이고 이 능력을 하나도 빠뜨리지 않고 다 헤아릴 줄 아는 부처님의 능력도 정말로 한량없습니다.

부처님의 성불은 너무나도 위대하여 금생(今生)에서 6년간의 고행으로만 이루어졌다고 보기가 어려워 과거에 여러 생을 거듭하면서 닦고 닦아서 마침내 부처를 이루었다고 봅니다.

그래서 경전에는 부처님의 전생 이야기가 자주 등장을 합니다. 여기에서도 '예전에 일으켰던' 갖가지의 수행을 말해 달라고 법을 청합니다.

부처님께서 49년 동안 설하신 말씀을 전부 다 모아 놓은 것을 흔히 팔만대장경이라고 합니다. 이것을 내용이나 구성 형식에 따라 열두 가지로 분류하여 십이분교(十二分敎)라고 합니다.
  소승 경전에서는 다음과 같이 아홉 가지로 구분합니다.
  ① 숫타(Sūtra:經); 경전 가운데 가르침을 설한 긴 글을 말합니다.
  ② 게야(Geya:重頌); 긴 경문의 내용을 운문으로 다듬어 거듭하여 다시 편 것을 말합니다. 『법화경』에 이런 형식이 자주 나옵니다.
  ③ 가타(Gāthā:偈頌); 앞에서 나온 긴 경문을 다시 편 것이 아니고, 다른 내용을 오언(五言)이나 칠언(七言)의 시 형식으로 나타낸 것입니다. 『금강경』에 나오는 유명한 사구게(四句偈) 같은 것이 여기에 해당됩니다.
  ④ 니다나(Nidāna:因緣); 경 가운데에서 부처님을 만나고 법을 들은 인연과 부처님의 설법과 교화의 인연을 말하는 것입니다.
  ⑤ 이티붓타카(Itivṛttaka:本事); 부처님께서 부처님 제자들의 과거세의 인연을 설해 주신 내용들입니다.
  ⑥ 자타카(Jātaka:本生); 부처님 자신의 전생의 이야기, 과거의 긴 세월 동안 윤회를 거듭하면서 사람뿐만 아니라, 동물이나 귀신에 이르기까지 온갖 생의 형태를 거친 이야기로서 대중들이 알아듣기 쉽도록 재미있게 설하신 내용입니다. 부처님이 전생에 어떠한 선행과 공덕을 쌓았기에 이 승에서 부처가 될 수 있었는가에 대한 인과(因果) 이야기 547가지를 모은 것입니다. 부처님께서 과거생에 수행할 때를 '보살(菩薩)' 또는 '대사(大士)'라고 하면서 일찍이 희랍에 전해져 이솝우화에도 편입될 정도로 재미있는 내용을 많이 담고 있습니다.
  ⑦ 압부타담마(Adbhūta-dhārma:未曾有); 흔히 아비달마(阿毘達磨)라고도 하며 '희유한 법·일찍이 볼 수 없었던 법'이라는 뜻입니다. 부처님께서 여러 가지 신통력을 나타낸 불가사의함과 공덕을 기록한 것입니다.
  ⑧ 아바다나(Avadāna:譬喩); 경 내용 가운데에서 비유하여 설한 것입니다.
  ⑨ 우파데사(Upadeśa:論議); 법의 이치에 대하여 논의와 문답을 담은 경의 글을 말합니다. 대승 경전에서는 여기에다 다음 세 가지를 더하여

대승 십이분교라고 합니다.

⑩ 우다나(Udāna:自說); 법을 묻는 사람 없이 부처님 스스로 감흥에 의하여 설한 것입니다.

⑪ 베달라(Vaipulya:方等·方廣); 대승의 교리가 광대하고 현묘하며 조직 체계 또한 규모가 크고 넓다는 데에서 쓰여진 말입니다.

⑫ 화가라(Vyākaraṇa:授記); 부처님께서 제자들에게 장차 성불하리라고 하는 예언을 말합니다. 이 수기는 『법화경』에서 많이 볼 수 있는데, 수기의 정형으로 여래의 이름 및 여래 십호와 국명(國名), 겁명(劫名)과 부처님 수명과 정법(正法)이 주하는 기간과 상법(像法)이 주하는 시기를 일러 줍니다. 또한 그 국토와 보살들도 소개합니다.

이렇게 많은 경전들의 이야기 중에서 부처님께서 인행시에 닦으셨던 온갖 지혜를 구하는 마음과 보살의 큰 서원과 깨끗하게 하신 바라밀다와 들어간 보살의 지위와 원만한 보살의 수행과 성취한 방편과 닦았던 도와 얻었던 생사로부터 벗어나는 법과 신통을 부렸던 일과 전생의 일과 인연들을 다 설해 달라고 청하는 것입니다.

이뿐만이 아닙니다. 이 세상에 출현하시어 정각(正覺)을 이루신 일과 그리하여 묘한 법의 바퀴를 굴려서 설법한 일과 부처의 국토를 청정케한 일과 중생을 조복시키고 온갖 지혜의 법성(法城)을 열어제친 일과 일체 중생들이 나아가야 할 길을 보여 주는 일과 또한 일체 중생들의 머무는 바를 낱낱이 이해하고 또 그 속에 들어가서 함께 생활하는 것과 일체 중생들이 올리는 보시를 받는 일과 또 일체 중생들이 보시를 하였을 때에 받게 되는 공덕을 중생들에게 설명해 주는 일과 일체 중생들에게 천백억화신을 나타내어 보이는 온갖 모습을 설해 달라고 청합니다. 이 정도로 조목조목 법을 청하는 이 대중들의 수준도 어지간한 경지라 하겠습니다.

3. 삼매(三昧)에 들다

(1) 사자빈신(獅子頻伸) 삼매에 들다

爾時에 世尊이 知諸菩薩心之所念하시고 大悲爲身하시며 大悲爲門하시며 大悲爲首하시며 以大悲法으로 而爲方便하사 充徧虛空하사 入師子頻申三昧하시니라
　그 때 세존께서 보살들의 생각을 아시고, 큰 자비로 몸이 되고 큰 자비로 문이 되고 큰 자비로 머리가 되고 크게 자비한 법으로 방편을 삼아 허공에 가득히 사자빈신삼매(獅子頻伸三昧)에 드시었다.

　부처님께서는 법을 청하는 보살들의 생각을 아시고는 허공에 가득 차는 큰 자비를 일으켜서 법을 설하시고자 합니다. 정말 그렇습니다. 진정 자비가 없으면 법을 설할 수가 없습니다. 조금이라도 남을 위한다는 마음이 있어야 베풀 수가 있지, 남을 위한다는 마음 없이는 베풀지 못합니다. 생색내기 좋아하고 이름내기를 좋아해서 베푸는 행위를 하는 중생이라도 그래도 얼마만큼은 남을 순수하게 위한다는 마음이 섞여 있는 법입니다.
　우리들 같은 중생도 얼마만큼은 자비가 있는데 하물며 온 중생의 마음을 다 포섭하고 있는 부처님의 자비는 얼마나 크겠습니까. '너희 중생들의 아픔과 고통은 나와 아무런 상관도 없어. 너희들이야 아프든지 말든지 나는 깨달았으니까 되었지.' 이렇게 부처님이 중생들과 따로따로 떨어져서 생각을 하면 법을 설해 주지 못합니다. 부처님께서는 중생과 한 몸으로 보니까 중생중생마다 가지고 있는 고통을 모두 덜어 주기 위해서 허공만큼이나 가득찬 자비로써 필요한 법을 설해 주시는 것입니다.
　그리고 부처님께서는 법을 설하기 전에는 으레 삼매(三昧:Samādhi)에 드십니다. 삼매란 마음을 하나의 대상에 집중하여 산란하지 않은 상태를 가리키는 것입니다. 우리 불자들이 닦아야 하는 계(戒)·정(定)·혜(慧)의

삼학(三學)에서 정(定)과 통하는 것입니다.

우리들도 아무리 조그만 일을 시작하더라도 마음을 고요하게 가라앉힌 다음 일을 시작하는 게 보통입니다. 마음이 안정이 되어야 그 다음 단계로 나아갈 수가 있습니다. 이것처럼 부처님께서 영원히 꺼지지 않는 감로법을 설하시는 데에는 더 말할 필요가 없을 것입니다.

『법화경』을 설하시기 전에는 '무량의처삼매(無量義處三昧)'에 드셨고, 이「입법계품」을 설하시기 위해서는 '사자빈신삼매(獅子頻伸三昧)'에 드십니다. 사자빈신삼매라는 뜻은 '사자가 기지개를 켜는 삼매'라는 뜻입니다.

백수의 왕자인 사자가 웅크리고 있다가 아무 데도 거칠 것이 없이 활짝 기지개를 켜는 모습을 한 번 상상해 보십시오. 산하 대지 전체가 자기의 것인 양 아무 걸림이 없고 너무나도 상쾌할 것입니다. 온 우주의 진리를 체득한 부처님께서 드신 삼매이니 사자가 거침없이 기지개를 켜는 것처럼 당당하고 무애하기 짝이 없을 것입니다.

(2) 누각이 홀연히 변하여 갖가지로 장엄되다

入此三昧已에 一切世間이 普皆嚴淨하니 於時에 此大莊嚴樓閣이 忽然廣博하야 無有邊際하며 金剛爲地하고 寶王覆上하며 無量寶華와 及諸摩尼로 普散其中하야 處處盈滿하며 瑠璃爲柱에 衆寶合成하야 大光摩尼之所莊嚴이며 閻浮檀金과 如意寶王으로 周置其上하야 以爲嚴飾하며 危樓逈帶하고 閣道傍出하며 棟宇相承하고 牕闥交暎하며 階墀軒檻이 種種備足하야 一切皆以妙寶莊嚴하니 其寶가 悉作人天形像하야 堅固妙好가 世中第一이라 摩尼寶網으로 彌覆其上하며 於諸門側에 悉建幢旛하니 咸放光明하야 普周法界하며 道場之外에 階鄧欄楯이 其數無量하야 不可稱說이나 靡不咸以摩尼所成이러라

이 삼매에 드시니 일체 세간이 모두 깨끗하게 장엄하여지고, 그 때에 이 크게 장엄한 누각이 홀연히 넓어져서 끝닿은 데가 없었다. 금강으로 땅이 되고 큰 보배로 위에 덮고, 한량없는 보배꽃과 마니 보

배들을 가운데 흩어서 곳곳에 가득하였다. 유리로 기둥이 되었는데 모든 보배가 합하여 된 대광 마니로 장엄하고 염부단금과 여의(如意) 보배를 그 위에 얹어서 장엄하게 꾸몄으며, 솟은 누각이 높이 어울리고 구름다리가 곁으로 뻗었으며, 추녀와 지붕이 마주 닿았고 창문들이 서로 향하였으며, 섬돌과 축대와 마루들을 다 구비하였다.

모든 것을 다 진기한 보배로 장식하였는데, 그 보배들은 하늘이나 사람의 형상으로 되었으며 튼튼하고 훌륭하고 기묘하기가 세상에 제일이며, 마니 보배로 그물이 되어 그 위에 덮이었고, 문마다 곁에 깃대와 번기를 세웠는데 모두 광명을 놓아 법계와 도량 밖에 두루하였고, 층층대와 난간들은 한량이 없어 이루 말할 수 없는데 모두 마니 보배로 된 것이었다.

부처님께서 법을 설하시기 위하여 사자빈신삼매에 들고 나니 황홀한 일들이 장엄하게 펼쳐집니다. 그야말로 휘황찬란하게 온갖 장엄이 벌어지는데 이것은 다른 게 아닙니다. 이 세상은 우리들이 참선(參禪)에 깊이 들어 갔을 때 삼매에서 보는 세상을 그리고 있는 것입니다.

정말 제대로 된 삼매에 들어간다면 이러한 세상을 볼 수 있다는 것을 나타냅니다. 이러한 세상을 볼 수 있는 것은, 환각제를 먹거나 하여 정신이 몽롱해져서 세상을 이렇게 바라보는 것이 아니고, 바로 우리들이 살고 있는 이 세상의 실상이 이렇기 때문입니다. 세상은 본래 이렇게 아름다운데 우리가 제대로 성품을 바로 보지 못하여 이런 세계를 보지 못하는 것일 뿐입니다. 진리의 세계에 바르게 들어가면 온 세상은 아름다움 그 자체로 장엄되어 있습니다.

부처님께서 삼매에 들어서 바라본 세간의 엄정함을 노래하고 있습니다. 처음에는 부처님이 계시는 누각의 장엄부터 먼저 살펴보고 그 다음에는 땅의 장엄을 이야기하고 있습니다.

부처님이 계시는 누각 이름은 대장엄누각입니다. 처음부터도 어느 정도는 컸겠지마는 삼매에 들자마자 이 큰 누각이 더욱 더 어마어마하게 크나큰 누각으로 변하였습니다. 끝이 안 보일 정도로 그렇게 넓고 넓은 누각으로 변하였습니다. 단 삼매에 들어간 사람이 보니까 그렇다는 것입니다. 부처님이 삼매에 듦으로 해서 세상 사람들이 그것을 수용하는 형식을 취하고 있습니다. 이런 것이 참 묘미가 있는 장면입니다.

『능엄경』에 다음과 같은 경문이 있습니다.

"일인(一人)이 발진귀원(發眞歸元)하면 시방허공(十方虛空)이 실개소운(悉皆銷殞)이라. 한 사람이 진리를 깨달아서 근원에 돌아가면 온 허공이 다 사라진다."

한 사람이 깨달아서 깨달은 사람의 안목으로 보면 일체 사람이 다 깨달음 속에 있습니다. 자기 혼자만 깨달은 것이 아닙니다. 잠을 자다가 꿈을 꾸었습니다. 그러다가 깨어났을 때 그 꿈 속에서 만났던 산과 강과 길과 집들을 그냥 다 두고 나 혼자만 소롯이 빠져 나온 것이 아닙니다. 내가 한 번 꿈을 깨어버리면 꿈 속에서 보았던 현상이 한꺼번에 다 현실로 바뀌어 버리고 맙니다. 바로 이런 도리입니다. 내가 깨달으면 온 우주 삼라만상은 깨달음 속에 있는 존재들이지 한 사람도 깨달음의 바깥에 있는 존재가 아닌 것입니다. 꿈을 깨고 보면 일시에 현실에 있는 것들이지 꿈에 있던 것들은 아닌 것과 같은 이치입니다.

그러므로 부처님께서 삼매에 드니까 그 삼매 속에서 벌어지는 세상이 부처님뿐만 아니라 모든 중생들도 그것을 수용한다는 것입니다. 우리 모두는 그 속에 있습니다. 시간을 초월하여 옛날에도 있었고 지금에도 있고 미래에도 있을 것입니다. 단지 우리들이 느끼지 못하고 보지 못할 뿐입니다.

홀연히 넓어지고 이 세상의 가장 진귀한 보배로 장엄되어진 누각의 설명을 보면 호화찬란하기 그지 없습니다. 우선 끝도 없이 넓은 누각이 서 있는 땅이 전부 금강석으로 되어 빛나고 있습니다. 그리고 나서 보배 중에서도 가장 값나가는 최고의 보배로 그 위를 덮었고 또 한량없는 보배로 된 빛나는 꽃들과 마니 보배들을 가득 채워 그 땅 위에 흩었습니다. 이 정도면 누각이 있는 그 장소가 얼마나 광휘를 발하고 있겠습니까.

마니(摩尼:Mani)는 최고의 구슬 보배를 말하는 것으로 불행과 재난을 소멸시켜 주고 흐린 물을 맑게해 주는 덕이 있다고 합니다. 때로는 여의주(如意珠)라고도 하는데 이 때에는 무엇이든 하고자 하는 대로 다 이루어진다는 뜻이 더 강합니다. 또한 그 누각의 기둥은 모든 보배를 합한 대광마니로 장엄된 유리로 되었고 세상에서 가장 값지다는 염부단금과 여의 보배를 그 위에 얹어서 장식하였습니다. 또 여러 누각이 잇달아서 멋드러지게 솟아 있는데 구름 다리로 연결되었고 추녀와 지붕이 모두 맞닿았으며, 그 집에 어울리게 섬돌과 축대와 마루들이 모두 다 갖추어져 있습니다.

그리고 이 '모든 누각의 구석구석마다 다 진귀한 보배로 장식되었습니다. 그 진귀한 보배의 형상은 모두 '사람이나 하늘(人天)의 형상'으로 되어 있습니다. 또한 하늘에도 마니 보배로 된 그물로 그 위를 덮었고, 문마다 깃대[幢旗]와 번기(幡旗)를 세웠습니다. 그 깃발들도 모두 빛을 놓아 눈부시기 짝이 없습니다. 층층대와 난간들도 한량없도록 모두 찬란한 마니 보배로 되었습니다. 이렇게 호화롭고 찬란하기 그지없는 누각의 장엄에서 우리들이 경안(經眼)을 열어야 할 부분은 바로 '마니 보배'와 '인천의 형상'이라는 대목입니다.

이 빛나고 있는 보배의 이름이 전부 마니, 즉 '여의주'라는 것입니다. '여의(如意)'가 무엇입니까. 바로 '뜻과 같이', '마음쓰는 대로'라는 의미입니다. 이 세상에 뜻과 같이 마음대로 되는 것은 바로 우리들의 마음뿐입니다. 흔히들 마음먹은 대로 한다면 하루 저녁에 기와집을 백 채도 더 지었다 허물었다고 한다지 않습니까.

몸은 한 장소에 머물러 있게 할 수 있어도 마음은 잡아두지 못합니다. 육근은 뻔히 그 장소에서 작용하고 있지만 저 깊은 마음 세계는 따로 놀 수가 있습니다. 아득한 과거로도 순식간에 거슬러 올라갈 수 있고 먼 미래로도 단숨에 달려갈 수가 있는 게 마음 작용입니다.
 시간만 자재한 것이 아니고 공간도 구애를 받지 않습니다. 한 곳에 머물러 있으면서도 이 세상 구석구석을 샅샅이 다 살펴볼 수 있고, 또 이 세상 곳곳을 다 날아다녀도 마음 하나 까딱도 하지 않을 때가 있습니다. 이토록 자유자재한 것이 우리들의 마음 세계인 것입니다. 이 도리를 부처님께서 깨닫고서는 모든 보배라는 것이 다른 게 아니고 마니 보배, 즉 여의주라는 것입니다. 여기에 깊은 확신을 내어서 우리들도 마음 작용을 활발하게 써야 합니다. 더 밝고 더 활기차게, 긍정적인 방향으로 자기 마음을 펼쳐가면 얼마든지 '자기 마음 가진 대로' 다 이룰 수가 있습니다.
 그리고 한 가지 더 의미를 새겨보아야 할 것은 보배의 형상이 모두 다 '사람과 하늘의 형상'이라는 것입니다. 이 의미를 잘 새겨보아야 합니다. 그토록 누각을 화려하게 장엄하는 것도 결국은 사람들이라는 것입니다.
 다시 말하면 사람 개개인이 전부 다 그럴 수 없이 진귀한 보배 덩어리라는 것입니다. 우리 주위에서 남들에게 해를 끼치는 사람을 간혹 보게 되는데, 그 까닭은 그 사람들이 아직 삼독(三毒)을 다 여의지 못하여 사람이 보배라는 사실을 알지 못해서 그런 결과로 나타난 것입니다. 그러나 그런 사람들이 한 번 발심하면 굉장히 큰 선행을 베푸는 수도 많습니다. 그러므로 이 세상에 저 사람은 나쁜 사람 어쩌구저쩌구 하면서 단정짓는 경우도 많은데 그럴 게 아닙니다. 한 껍질만 벗기고 보면 그 속에는 정말 영롱하게 빛나는 다이아몬드 덩어리보다 더 큰 부처가 들어앉아 있습니다. 이 세상에서 사람말고 달리 더 장엄할 거리가 어디 있습니까. 그래서 다른 경에서 보살(菩薩)로 불국토를 장엄한다고 그랬습니다.
 공자(孔子)님도 우리 나라에 오려고 한 적이 있었습니다.
 "나는 이제 저 동쪽 나라로 가려고 한다."
 "하필이면 왜 동이(東夷)의 나라에서 거하려고 하십니까?"
 "그 동쪽 나라는 예의바른 군자(君子)들이 살고 있는 나라니라. 군자들이 살고있는 곳이 어찌 누추하겠느냐.(君子居之라 何累之有리오)"

그렇습니다. 아무리 가난하고 못 산다 하더라도 그게 문제가 되지는 않습니다. 우리들의 내면에 자리잡고 있는 부처만 인식한다면 바깥 경계에 흔들릴 게 하나도 없습니다. 설사 다리 밑에 앉아서 밥을 빌어 먹는 한이 있더라도 '내가 보물 덩어리다.' 하는 가르침을 주시는 부처님 법을 만난 복이 더 수승합니다.

좀 더 생각해 보면 부처님 법을 만나 믿는 사람들이 밥을 빌어 먹을 까닭이 없습니다. 부처님께서 못 먹고 못 살도록 내버려 두지를 않습니다. 자비가 충만하신 부처님께서 우리들이 고통받는 것을 절대로 보고만 있지 않을 것입니다. 이 도리에 눈을 뜨지 못한 사람들이 빨리 이것을 깨달아 불국토를 장엄할 수 있도록 도와주는 것이 한 순간이라도 일찍이 최상의 법을 만난 우리들의 할 일입니다.

지금까지 대장엄누각의 장엄을 이야기하였습니다. 거듭 말하지만 이 장엄은 다른 게 아니고, 진정한 삼매에 들었을 때 그 사람의 눈에 비춰진 세상이 이토록 아름답고 훌륭하다는 뜻입니다. 이 경지를 우리들의 일상 생활을 미루어 볼 때 짐작 못할 바도 아닙니다. 어떤 일이 잘 되지 않을 때에는 그 무엇을 보아도 신경질나고 듣기 싫고 보기 싫을 뿐입니다. 그러다가도 일이 잘 풀릴 때는 모든 것이 다 아름답게 보이고 용서하고 싶고 그러잖습니까. 이와 같이 정말 우리들의 마음 세계를 완전히 내 것으로 만들었을 때는 이런 표현밖에 달리 할 말이 없을 것입니다. 아무리 깨달음의 세계를 고구정녕(苦口丁寧)하게 나타내어도 다 할 길이 없을 것입니다.

불교의 성전이 팔만대장경으로 어느 종교보다도 방대하다고 자랑하지마는 사실은 부처님께서 보여 주시고자한 완전한 깨달음의 세계를 억만 분의 일도 나타내지 못한 것입니다. 우리들이 가지고 있는 저 깊고 깊은 오묘한 마음의 세계는 도저히 글로써 다 나타낼 수가 없습니다. 우리들이 불교를 믿고 공부하는 보람을 여기에서 찾아야 합니다. 우리 인생의 진실에 대하여 바르게 이해하고 그 이해에 따라서 자신감과 긍지를 가지고 우리들 속에 있는 한없는 보물을 어떻게 꺼내어 쓰느냐 하는 거기에 관건이 달려 있습니다. 이제 우리들에게는 그 일만이 남았습니다.

(3) 서다림이 홀연히 넓어지고 갖가지 보배로 장엄되다

爾時에 復以佛神力故로 其逝多林이 忽然廣博하야 與不可說佛刹微塵數諸佛國土로 其量正等하며 一切妙寶로 間錯莊嚴하며 不可說寶로 徧布其地하며 阿僧祇寶로 以爲垣牆하며 寶多羅樹로 莊嚴道側하고 其間에 復有無量香河가 香水盈滿하야 湍激洄澓하며 一切寶華가 隨流右轉하야 自然演出佛法音聲하며 不思議寶인 芬陀利華가 菡萏芬敷하야 彌布水上하며 衆寶華樹를 列植其岸하며 種種臺榭의 不可思議가 皆於岸上에 次第行列하야 摩尼寶網之所彌覆며 阿僧祇寶가 放大光明하며 阿僧祇寶로 莊嚴其地하며 燒衆妙香하야 香氣氛氳하니라

그 때에 또한 부처님의 신통으로 서다림이 홀연히 넓어져서 말할 수 없는 세계의 티끌 수 같은 여러 국토들과 면적이 같았는데, 묘한 보배들이 사이사이 장엄하고 말할 수 없는 보배가 땅에 깔렸으며, 아승지 보배로 담이 되고 보배 다라수가 길 좌우로 장엄하였으며, 그 사이에는 한량없는 내[川]가 있는데 향수가 가득하여 출렁거리고 소용돌이치며, 온갖 보배로 된 꽃이 물결을 따라 오른쪽으로 돌면서 저절로 불법의 음성을 내고, 부사의한 보배로 된 흰 연꽃은 봉오리와 활짝 핀 것들이 물 위에 가득히 퍼졌는데, 여러 보배 꽃나무들이 언덕에 줄지어 섰으며, 여러 가지 정자들은 헤아릴 수 없는 것이 언덕 위에 차례로 나열하여 있고 마니 그물로써 덮었다. 아승지 보배로 큰 광명을 놓고 아승지 보배로 땅을 장엄하였으며, 여러 가지 향을 사르니 향기가 진동하였다.

대장엄누각의 호화 찬란한 장엄이 소개되었고 이제는 그 대장엄 누각이 있는 서다림(逝多林)이라고 하는 숲이 얼마나 크게 넓어지고 장엄되는가하는 그런 이야기가 펼쳐집니다.

'대장엄누각'이라는 작은 범위에서부터 '숲'이라는 보다 넓은 면적으로 이야기가 펼쳐져 갑니다. 누각이 끝이 보이지 않을 정도로 넓어졌다면 그 누각이 서 있는 서다림은 또 얼마나 광활해졌겠습니까. 말할 수 없는 부처님 세계의 무진장한 미진과 같이 많고 많은 수의 불국토 세계와 더불어 그 양이 같다고 하였습니다. 그 숲은 부처님의 신력으로 된 것입니다. 말하자면 부처님의 깨달음의 안목인 것이고, 아니 우리들도 그 깨달음에 동참을 하고 있는 것입니다.

서다림이라고 하는 것은 우리들이 익히 알고 있는 기원정사가 있는 동산입니다. 실제 그 주위의 넓이는 우리들의 평수로 한 3만평 정도쯤 됩니다. 그런데 여기 표현을 보면 그 정도가 아닙니다. 부처님의 신력으로 볼 때에 그 장소가 한없이 많은 부처님 세계의 미진의 국토와도 같게 넓어졌습니다.

우리들이 서있는 이 땅, 이 국토도 마찬가지로 그렇게 광활합니다. 이것이 상상이 되지 않는다고 '아이구, 참 부처님 말씀에 과장이 심하구나. 나는 적당히 알아 버리고 말아야겠다.' 이렇게 한정적으로만 생각하고 이러한 사실에 확신이 서지 않으면 백날 공부해 보아야 아무 짝에도 쓰지 못합니다. 우리들의 인식 한계를 뛰어넘은 도리이기에 이해가 잘 되지 않는 것이지 결코 과장이 아닌 것입니다. 그래서 부처님의 뛰어난 제자들인 성문, 연각들도 이 『화엄경』 도리를 잘 이해하지 못하여 눈이 있어도 장님 같고 귀가 있어도 진실을 듣지 못한다고 하여 '여롱약맹(如聾若盲)'이라고 하였습니다. 이 이치를 분석해 내지 않으면 우리들도 마찬가지로 장님이고 귀머거리밖에 되지 않습니다.

정확하지는 않지만 우리들이 이해할 수 있는 길을 모색해 보도록 합시다. 우리는 지금 눈이 밝아서 온 세상을 다 볼 수 있고 또 아무 지장

없이 다 보고 있습니다. 가까이는 사랑하는 가족도 보고 주위의 갖가지의 사연도 보고, 멀리로는 다른 나라로까지 나가서 온갖 신기한 풍물을 다 봅니다.

봄이 열리는 연두빛 새싹도 보고 작열하는 태양 아래에서 출렁거리는 여름 파도도 봅니다. 손이 잠길 것 같은 파란 하늘과 거기에 어울리는 붉은 단풍도 보고 온 세상을 포근하게 감싸주는 하얀 눈도 봅니다. 참으로 눈 공덕이 큽니다. 아니 눈 공덕이 크다는 생각도 하지 않은 채 그냥 우리는 잘 보고 있습니다.

그런데 '태어났을 때부터 맹인(盲人)이다.'라고 한 번 생각해 보십시오. 이 모든 세상 사물들을 하나도 보지 못한다라고 생각하면 참으로 기가 막힐 노릇이 아니겠습니까. 하늘이 무너져도 예사로 무너지는 것이 아닌 것입니다. 바로 이 차이인 것입니다. 우리들이 온갖 것을 다 보는 그 고마움을 맹인은 하나도 수용할 수 없습니다. 맹인은 어디 우리들이 보는 것의 백만 분의 일이라도 볼 수 있는 게 아닙니다. 조금도 짐작하지 못하는 것입니다.

이런 대화가 있습니다. 옛날에 한 맹인과 어느 나그네가 길을 같이 가게 되었습니다. 맹인이 듣자 하니 옆에서 "태양, 태양." 하는 소리를 듣게 되었습니다.

"여보시오. 도대체 태양이 어떻게 생겼습니까?"
"아, 태양은 세숫대야처럼 둥글게 생겼습니다."
"그럼 세숫대야는 어떻게 생겼습니까?"
"세숫대야는 징처럼 생겼지요."

그 때 마침 가까이에서 징소리가 들려 왔습니다. 그래서 나그네가 말을 해 주었습니다.

"저게 바로 징입니다."
"알았습니다. 바로 저 징소리가 태양인 것이로군요. 참으로 고맙습니다." 하는 웃지 못할 이야기가 있습니다. 아무리 변재가 뛰어난 사람이라도 맹인에게 태양을 어떻게 설명해 줄 길이 없습니다.

"태양은 둥글고 또 빨갛고 뜨거운 것입니다." 하면서 입이 닳도록 말해 주어도 태어나면서부터 소경인 사람은 이해할 수가 없습니다. 엉뚱한 대화를 나누고 나눈 끝에 지쳐서 이런 말밖에 나오지 않을 것입니다.

"아이구, 그만 두어요. 도저히 말로는 다 설명을 할 수가 없어요. 그냥 당신이 한 번 눈을 떠서 태양을 보기만 하면 당장 이해를 할 터인데……."

맹인이 우리들이 이 세상을 설명해 주는 것을 이해하지 못하는 것이나, 여기 『화엄경』에 적혀 있는 것을 우리들이 이해하지 못하는 것이나 똑 같습니다. 여기 이 부분들이 바로 그러한 말입니다. 깨달은 사람이 아무리 깨달음의 세계를 설명해 주어도 우리들은 눈을 뜨지 못하였기에 이해가 잘 되지 않는 것입니다.

그러나 맹인이 태양을 알지 못한다고 해서 태양이 없는 것이 아닙니다. 아무리 맹인이 태양을 보지 못하여도 엄연히 저 하늘에서는 밝고 힘차게 태양이 빛나고 있는 것이 사실입니다. 이와 같이 우리들이 잘 이해하지 못한다고 하여 저 황홀하게 빛나는 깨달음의 세계가 없는 것이 아닙니다. 비록 맹인은 비가 내리고 눈이 날리는 것을 보지 못한다 하더라도 분명히 비는 내리고 있고 눈은 날리는 것입니다. 태양은 작열하고 있고 파도는 치고 있습니다. 봄이 오면 잎이 나고 가을이 되면 낙엽이 지는 모습이 너무나도 분명하게 있습니다.

이와 마찬가지로 우리가 더듬거려서 손에 만져지지 않고, 눈에 확 들어오는 일이 아니라고 하여도 분명히 존재하는 것이 이 깨달음의 세계이고 우리들의 마음의 세계인 것입니다. 우리들이 서 있는 바로 이 자리인 것입니다. 이 서다림의 장엄도 마찬가지로 일체의 보배로 되어 있습니다. 끝이 없는 보배로 사이사이 장엄을 하고 담을 만들고 가로수도 전부 보배로 되어 있습니다. 그 사이를 한량없는 냇물마다 향수가 물결치면서 흐르고 그 물결 위에는 온갖 보배의 꽃들이 불법의 음성을 내면서 떠내려 가고 있습니다. 또한 분다리꽃, 즉 흰 연꽃도 물 위에 가득 퍼져 있습니다. 언덕에도 아름다운 보배 꽃나무들이 가득하고 정자도 줄지어 서 있으며 마니 그물로써 위를 덮었습니다.

땅 또한 아승지 보배로 장엄되었으며, 여러 가지 향을 사루어 향기가 온통 진동하고 있습니다. 그러니까 땅과 언덕, 내(川), 정자, 공기 이 모든 것이 다 종합적으로 밝고 아름답게 빛나고 있습니다.

불교의 꽃은 연꽃입니다. 연꽃이 나타내는 두드러진 특징은 다음과 같습니다. 연꽃은 '처염상정(處染常淨)'이라고 하여 항상 더럽고 탁한 물에서 그 청정한 꽃을 피워 올립니다. 그 본바탕의 물은 더럽지마는 그 더러운 진흙 찌꺼기 같은 것이 연꽃의 꽃잎이나 잎의 그 어디에도 묻지 않습니다. 그것은 우리들이 현재에는 비록 육신을 가지고 온갖 욕심과 번뇌 망상에 물들어 있지마는 그러한 무명을 뚫고 연꽃처럼 깨끗한 진여를 드러낼 수가 있다는 것을 가르쳐 주고 있는 것입니다.

연꽃의 또 다른 한 가지 중요한 특색은 여느 꽃들과는 달리 꽃봉오리 안에 미리 연실(蓮實)을 가지고 출발한다는 점입니다. 대개 다른 꽃들은 꽃이 지고 난 다음에 열매를 맺기 시작하는 데 비하여 연꽃은 꽃과 열매가 함께 시작합니다. 이것은 바로 우리들의 내부에 진여 불성이 있다는 것을 나타내어 주기에 불교를 상징하는 꽃이 되었습니다. 부처님께서 이 세상에 오셔서 사방으로 일곱 걸음을 걸었을 때 땅에서 이 연꽃이 솟아올라 아기 부처님을 받쳐 주었다고 하고 또 부처님께서 영산회상에서도 이 연꽃을 들어 보이시었습니다.

인도에서는 흰 연꽃, 붉은 연꽃, 푸른 연꽃이 핀다고 합니다. 분다리(Puṇḍarīka)꽃은 바로 흰 연꽃입니다. 『묘법연화경』의 '연화'도 바로 이 분다리꽃입니다. 특히 이 흰 연꽃은 번뇌에 물들지 않는 청정무구를 나타낸다고 하여 더욱 더 소중하게 여깁니다. 「관세음보살 본심미묘 육자대명왕진언」인 '옴 마니 반메 훔'의 반메(Padma)는 붉은 연꽃입니다. 이 홍련도 대단히 귀하게 취급받습니다. 또 부처님의 지혜로운 눈을 청련(Nīlotpala)의 잎에 비유하여 말하기도 합니다.

우리 나라에서도 이같은 연꽃의 이름을 딴 '백련암', '홍련암', '청련암'이라는 이름을 가진 암자를 어느 곳에서나 만날 수 있습니다. 참으로 우리들이 살아가고 있는 우리 나라 국토 전체는 바로 부처님 나라라고 하겠습니다.

(4) 보배 깃대로 장엄하다

復建無量種種寶幢하니 **所謂寶香幢**과 **寶衣幢**과 **寶旛幢**과 **寶綵幢**과 **寶華幢**과 **寶瓔珞幢**과 **寶鬘幢**과 **寶鈴幢**과 **摩尼寶蓋幢**과 **大摩尼寶幢**과 **光明徧照摩尼寶幢**과 **出一切如來名號音聲摩尼王幢**과 **師子摩尼王幢**과 **說一切如來本事海摩尼王幢**과 **現一切法界影像摩尼王幢**이 **周徧十方**하야 **行列莊嚴**이러라

다시 한량없는 갖가지 보배 깃대[幢]를 세웠으니, 이른바 보배 향 깃대 · 보배 옷 깃대 · 보배 번 깃대 · 보배 비단 깃대 · 보배 꽃 깃대 · 보배 영락 깃대 · 보배 화만 깃대 · 보배 방울 깃대 · 마니 보배 일산 깃대 · 큰 마니 보배 깃대 · 광명이 두루 비치는 마니 보배 깃대 · 모든 여래의 이름과 음성을 내는 마니왕 깃대 · 사자마니왕 깃대 · 모든 여래의 본생(本生)일을 말하는 바다마니왕 깃대 · 일체 법계의 영상을 나타내는 마니왕 깃대들이 시방에 두루하여 열을 지어 장엄하였다.

서다림의 언덕에 보배로 된 나무가 줄지어 서 있는데 그것도 부족하여 이번에는 깃발까지 나부낍니다.

당(幢:Dhvaja)은 당번(幢幡)과 같이 쓰이는데 자세하게는 당은 '깃대'라고 하고 번은 '기(旗)'라고 하지마는 대개는 깃발이라는 뜻으로 함께 통용됩니다. 비단으로 만들고 화려하게 장식을 하여 부처님의 처소(佛殿)를 장엄하는 데에 쓰입니다. 부처님의 교법을 당에 비유하여 법당(法幢)이라 하고 설법하는 것을 '법당[法幢]을 세운다'라고 합니다.

사찰에 기도나 법회 등 의식이 있을 때에는 이 당을 사찰 경내의 전

면에 세웁니다. 번을 달아 두는 기둥을 당간(幢竿)이라 하고 이 당간을 지탱해 주는 역할을 하는 두 개의 돌기둥을 당간지주라고 합니다.

이 세상에서 가장 값나가는 보배로 된 갖가지 깃대가 펄럭이는데 심지어는 모든 부처님의 이름을 부르고 그 설법이 계속 퍼져 나오는 그런 깃발도 있고 과거생에 부처님께서 어떻게 수행하였는지를 쭈욱 설명해 주는 그런 깃발도 있습니다. 또 온 우주 법계가 그 속에 나타나는 그런 깃발들도 온 시방에 두루하여 있습니다.

우리들의 세계에서도 실제로 깃발을 달아 가지고 분위기를 고취시키는 경우가 참 많습니다. 체전이나 올림픽 같은 큰 운동 경기 때나 국제적인 행사를 할 때에 각 나라의 국기를 내어 답니다. 깃발이 맑은 하늘 아래에서 바람에 펄럭이면 뭔지 모르게 기분이 고양되고 그 행사가 값져 보입니다. 이 도리가 그대로 부처님 세계에서도 적용됩니다. 그러니까 부처님 세계나 우리들의 세계가 동일한 것입니다. 이 세상에서 멀리 떨어진 곳에 불국토가 존재하는 것이 아니고 우리들이 발을 디디고 서 있는 이 장소가 바로 부처의 세계인 것입니다.

대장엄누각의 장엄과 서다림의 장엄과 보배 깃대의 장엄은 거듭 말씀 드리지만 깨달음의 눈으로 보았을 때 그 깨달음의 세계가 가지고 있는 세계입니다. 존재하고 있는 실제의 세계임에 확신을 갖고 우리들이 정진해 가야 합니다.

(5) 서다림 상공에 구름이 펼쳐지다

時에 逝多林上虛空之中에 有不思議天宮殿雲과 無數香樹雲과 不可說須彌山雲과 不可說妓樂雲이 出美妙音하야 歌讚如來하며 不可說寶蓮華雲과 不可說寶座雲과 敷以天衣하고 菩薩이 坐上하야 歎佛功德하는 不可說諸天王形像摩尼寶雲과 不可說白眞珠雲과 不可說赤珠樓閣莊嚴具雲과 不可說雨金剛堅固珠雲이 皆住虛空하야 周帀徧滿하야 以爲嚴飾하니라

그 때 서다림 위의 허공에는 부사의한 하늘 궁전 구름·무수한 향나무 구름·말할 수 없는 수미산 구름·말할 수 없는 풍류 놀이 구름·미묘한 음성을 내어 여래를 찬탄하는 말할 수 없는 보배 연꽃 구름·말할 수 없는 보배 자리 구름·하늘 옷을 깔고 보살이 위에 앉아 부처님 공덕을 찬탄하는 말할 수 없는 천왕의 형상으로 된 마니 보배 구름·말할 수 없는 백진주 구름·말할 수 없는 적진주 누각 장엄거리 구름·말할 수 없는 금강을 비내리는 견고한 진주 구름이 허공에 가득하게 퍼져 있어 훌륭하게 장식하였다.

선재동자가 53선지식을 친견하는 수행이라는 것은 바로 부처님이 되는 것입니다. 부처님이 되는 것, 즉 성불(成佛)은 거대한 사업입니다. 그 거대한 사업에 걸맞으려면 그 준비도 예사로워서는 안 되겠기에 그러한 의미에서 여러 가지 장엄으로 성불의 기틀을 마련하고 있는 것입니다. 지금까지는 지상에서의 장엄이 준비되었고 이제는 하늘에서도 장엄이 이루어지고 있습니다. 서다림 하늘에 말할 수 없이 미묘한 구름들이 피어올라 법회의 분위기를 한껏 잡아줍니다.

(6) 여래의 신력으로 장엄됨을 찬탄하다

何以故오 如來善根이 不思議故며 如來白法이 不思議故며 如來威力이 不思議故며 如來가 能以一身으로 自在變化하야 徧一切世界가 不思議故며 如來가 能以神力으로 令一切佛과 及佛國莊嚴으로 皆入其身이 不思議故며 如來가 能於一微塵內에 普現一切法界影像이 不思議故며 如來가 能於一毛孔中에 示現過去一切諸佛이 不思議故며 如來가 隨放一一光明하야 悉能徧照一切世界가 不思議故며 如來가 能於一毛孔中에 出一切佛刹微塵數變化雲하야 充滿一切諸佛國土가 不思議故며 如來가 能於一毛孔中에 普現一切十方世界成住壞劫이 不思議故며 如於此逝多林給孤獨園에 見佛國土清淨莊

嚴하야 十方一切盡法界虛空界一切世界도 亦如是見하니 所謂見如來身이 住逝多林에 菩薩衆會가 皆悉徧滿하니라

왜냐하면 여래의 선근이 부사의하며, 여래의 청정한 법이 부사의하며, 여래의 위엄과 힘이 부사의하며, 여래가 한 몸으로 자재하게 변화하여 모든 세계에 두루하는 것이 부사의하며, 여래가 신통한 힘으로써 모든 부처님과 부처님 국토의 장엄을 그 몸에 들어오게 함이 부사의하며, 여래가 한 티끌 속에 모든 법계의 영상을 나타냄이 부사의하며, 여래가 한 모공 속에 과거에 모든 부처님을 나타내심이 부사의하며, 여래가 낱낱 광명을 놓는 대로 모든 세계에 두루 비침이 부사의하며, 여래가 한 모공에서 모든 세계의 티끌 수 같은 변화하는 구름을 내어 여러 부처님 국토에 가득함이 부사의하며, 여래가 한 모공 속에 모든 시방 세계의 이루고 머물고 무너지는 겁을 두루 나타냄이 부사의한 까닭이니라.

이 서다림의 급고독원에서 부처님 국토가 청정하게 장엄한 것을 보듯이, 시방의 온 법계 허공계에 가득한 모든 세계에서도 이와 같이 보나니, 이른바 여래의 몸이 서다림에 계신데 보살 대중이 다 가득함을 보았다.

지상과 하늘에서 왜 이같은 장엄이 이루어지느냐 하는 이유로 부처님의 여러 가지 측면을 부각시켜 설명하고 있습니다.

부처님께서는 선근을 심어 놓았기 때문에 이러한 장엄이 이루어지며 여래의 선한 법[白法], 여래께서 갖추고 있는 아름다운 법과 여래의 위엄과 힘이 불가사의하기 때문에 이러한 장엄이 이루어진다고 봅니다. 또한 여래는 한 몸으로 자재하게 변화하여 모든 세계에 두루함이 불가사의하기 때문이라는 것입니다. 이 말은 그대로가 '일중일체다중일(一中一切多中一), 일즉일체다즉일(一卽一切多卽一)'을 나타내고 있습니다. 하나와 일체가 전부 통하고 있습니다. '상즉상입(相卽相入)'인 것입니다. 서로

서로가 한 치의 틈도 없이 통하고 있기 때문에 이런 장엄이 벌어집니다. 부처님께서 신통한 힘으로써 모든 부처님과 부처님 국토의 장엄을 그 몸에 들어오게 함이 불가사의하여 그러하며 한 모공 속에 과거의 모든 부처님을 나타냄이 불가사의하기 때문입니다. 그야말로 '일미진중함시방(一微塵中含十方)'인 것입니다.

정말 그렇습니다. 우리가 제대로 느끼지 못하여 그렇지 우리들의 관계는 온 우주와 전부 관계를 맺고 있습니다. 좋든 싫든, 알든 모르든 전부 나와 관계가 있습니다. 저 이름도 얻지 못하고 숨어 피었다가 소리 없이 지는 미미한 들풀하고도 나하고 관계가 있고 한 마디의 말도 없는 돌덩이하고도 관계가 있습니다. 저기 멀고 먼 미국이나 아프리카에 있는 사람들하고도 관계가 있고 역시 그 지방에 있는 나무 한 그루하고도 관계가 있습니다. 다만 관계가 진하냐 옅으냐 하는 정도의 차이는 있습니다. 나하고만 그런 것이 아니고 이 세상에 존재하는 모든 삼라만상과 사람들은 하나도 빼놓지 않고 서로서로가 관계를 맺으면서 존재하고 있습니다.

그래서 이 『화엄경』을 통해서 바로 이러한 관계를 잘 인식하고 이 인식한 토대 위에서 살아가는 것, 그것이 현명하게 살아가는 길입니다. 그렇게 사는 것이 화엄의 도리에 맞게 사는 것이라 하겠습니다. 이것을 나의 가족에다 이끌어 와서 생각할 수가 있고 회사와 단체에 연결하여 생각할 수도 있고 또 모든 유정·무정물과의 관계도 다 살필 수가 있습니다. 방 안에 나뭇가지를 하나 놓았다가 없애면 그 때의 미세한 차이도 느낄 수가 있습니다. 식물을 키워본 사람은 이러한 점을 쉽게 이해할 것입니다. 화분에 담긴 식물에 눈길 한 번 주고 두 번 주는 것에 그 차이가 대번에 나타납니다. 성장 속도나 꽃의 크기와 화려함에 있어서 현격한 차이가 납니다. 그 차이는 어디에서 오는 것이겠습니까. 바로 우리들의 마음이 거들어서 그렇게 되는 것입니다.

우리의 마음이라는 게 눈에는 전혀 보이지 않지마는 그런 역할을 합니다. 말을 한 마디도 하지 못하는 식물에게도 그런 역할을 하는데 사람과 사람의 관계는 더 말할 것도 없고, 사람과 무정물과의 관계, 무생물과 무생물과의 관계, 아니 온 우주 삼라만상의 관계가 다 연결되어 있습니다.

그리고 이 세상 일체의 것은 전부 살아있는 존재입니다. 그 나름대로 살아있는 존재입니다. 다른 한 눈으로 보면 우리 주변에 있는 물체들이 자장대가 있어 가지고 빛을 발하면서 서로 영향을 주고받는 것을 볼 수가 있습니다. 눈 가까이 자석을 당겨와서 보아도 자석의 힘이 눈에 잡히지는 않지만 쇠붙이를 갖다 대면 자석이 영향을 행사하는 것을 볼 수가 있습니다.

바로 이런 도리입니다. 『화엄경』은 어떤 가르침도 진리 아닌 것이 없다는 것을 가르칩니다. 어떤 가르침이라도 그 속을 들여다 보면 똑 같은 가르침이고 똑 같은 관계를 서로 형성하고 있는 그런 의미들을 이 『화엄경』에서 다 드러냅니다. 그래서 『화엄경』을 일러 진리의 순수성(純粹性)을 잘 나타내고 있다고 하는 것입니다. 이 세계에 존재하는 모든 진리는 순수하여 어느 것 하나도 물리칠 것이 없고 취사 선택할 것이 없다는 입장입니다. 그야말로 이 법계는 진리의 덩어리 자체이다 하는 사상을 전면에 깔고 있습니다.

성불을 하기 위해서 수행을 하고 공부를 하고 참선을 하는 등 중간에 온갖 과정이 많지마는 그것은 다 형식이고 우리들의 일상 생활을 떠나 수행이 어디 따로 있지가 않습니다. 밖으로 나타나는 수행의 온갖 형식을 다 밟아 가면서도 온 우주 전체가 전부 다 진리덩어리라는 원리를 하나도 떠나 있지 않는 것입니다.

그래서 부처님께서 천상에 올라 법문을 하실 때도 서두에 항상 이렇게 말씀하십니다.

"보리수하를 떠나지 아니하고 어느 어느 하늘에 오른다."하는 이야기가 늘 소개되는 까닭이 여기에 있습니다. 이 세상에 존재하는 모든 것은 한 덩어리이고 진리뿐인 것입니다. 이 땅 떠나서 어디 다른 곳이 하늘이지 않습니다. 부처님께서 깨달은 바로 그 자리가 바로 하늘 나라인 것입니다.

그러므로 여래가 낱낱 광명을 놓는 대로 모든 세계에 비칠 수가 있고 여래가 한 모공 속에서 모든 세계의 티끌 수같이 변화하는 구름을 내어 여러 부처님 국토에 가득함도 또한 불가사의하기 때문에 서다림의 장엄이 이루어졌습니다. 국토만 가득찬 것이 아니고 우리들도 가득차 있고 사람사람이 다 이 우주에 가득차 있습니다.

또한 한 모공이라는 아주 작은 틈에서 모든 시방 세계의 성(成)·주(住)·괴(壞)·공(空)겁 현상을 다 나타내어 보이는 불가사의함으로 인하여 이러한 장엄이 이루어졌습니다. 이 모든 현상은 전부 나하고 연관을 맺고 있습니다.

서다림의 급고독원이라는 부처님의 청정 도량에서 장엄이 이루어지듯 바로 우리들이 자리잡고 있는 이 자리도 온 우주의 일체 장엄이 되어 있습니다. 아득한 세월을 거슬러 올라가도 변함이 없고 쉬지 않고 다가올 내일에도 영원히 장엄되어 있을 것입니다.

(7) 시방 허공을 보배 구름으로 장엄하다

見普雨一切莊嚴雲하며 見普雨一切寶光明照耀雲하며 見普雨一切摩尼寶雲하며 見普雨一切莊嚴蓋彌覆佛刹雲하며 見普雨一切天身雲하며 見普雨一切華樹雲하며 見普雨一切衣樹雲하며 見普雨一切寶鬘瓔珞이 相續不絕하야 周徧一切大地雲하며 見普雨一切莊嚴具雲하며 見普雨一切如衆生形種種香雲하며 見普雨一切微妙寶華網相續不斷雲하며 見普雨一切諸天女가 持寶幢幡하고 於虛空中에 周旋來去雲하며 見普雨一切衆寶蓮華가 於華葉間에 自然而出種種樂音雲하며 見普雨一切師子座가 寶網瓔珞으로 而爲莊嚴雲이러라

모든 장엄을 널리 비내리는 구름을 보며, 모든 보배를 널리 비내려 광명이 밝게 비치는 구름을 보며, 모든 마니 보배를 널리 비내리는

구름을 보며, 모든 장엄한 일산을 널리 비내려 세계를 뒤덮는 구름을 보며, 모든 하늘의 몸을 널리 비내리는 구름을 보며, 모든 꽃나무를 널리 비내리는 구름을 보며, 모든 의복 나무를 널리 비내리는 구름을 보며, 모든 보배 화만과 영락을 널리 비내려 끊이지 아니하여 온 땅 위에 두루하는 구름을 보며, 모든 장엄거리를 널리 비내리는 구름을 보며, 모든 중생의 형상 같은 갖가지 향을 널리 비내리는 구름을 보며, 모든 미묘한 꽃 그물을 널리 비내려 계속하고 끊이지 않는 구름을 보며, 모든 천녀를 널리 비내려 보배 깃대·번기를 들고 허공 속에서 오고 가는 구름을 보며, 모든 보배 연꽃을 널리 비내리는데 꽃과 잎 사이에서 갖가지 음악 소리가 저절로 나오는 구름을 보며, 모든 사자좌를 널리 비내려 보배 그물과 영락으로 장엄하는 구름을 보는 것이다.

여기 장엄을 이야기하면서 구름과 비 이야기를 많이 하고 있습니다. 아마도 인도의 자연 현상과 연관이 있을 것입니다. 인도에서 비가 내리는 것을 보면 우리 나라에서는 상상도 못할 정도로 억수같이 내립니다.

우기(雨期)가 되면 몇 날 며칠 동안 그냥 줄기차게 내립니다. 번개 천둥이 치는 것을 보면 무서워서 다닐 수가 없고 그 번갯불을 받아서 길을 갈 수가 있을 정도입니다. 우리 나라의 장마철에도 비가 굵게 내리지마는 인도에서 비가 몰아치는 것하고는 비교가 되지 않습니다. 특히 『화엄경』이 결집된 우전(于闐) 지방은 북인도입니다. 그 쪽은 더 심합니다. 그러므로 '비내리는'이라는 표현이 자주 등장하는 것을 충분히 이해할 수가 있습니다.

'구름'이라는 말에는 '많다'는 의미도 있습니다. 그리고 인도에서는 구름이 저 쪽 하늘가에서 뭉게뭉게 피어 오르면 '살았다'하는 느낌도 갖게 됩니다. 왜냐하면 뜨겁게 달구어진 열토인지라 구름이 해를 가려 주면 너무나 시원하고 고맙기 때문입니다. 그러므로 경전에 보배 일산(日傘)

이 많이 나오는 것도 같은 맥락에서 추측할 수가 있겠습니다. 시방 허공을 장엄시켜 주는 갖가지 보배 구름들 중에서 모든 천녀가 보배 깃대·보배 번기를 들고 허공 속에서 오고 가는 그림은 우리 나라 법당의 천정 같은 데에 그려 놓은 것을 볼 수 있습니다. 또 부처님이 앉으시는 사자좌를 보배 그물과 영락으로 장엄하는 구름도 있습니다.

　이 모든 장엄은 바로 깨달음의 세계, 부처의 세계, 우리 마음 속에 간직하고 있는 무한한 덕성과 지혜의 세계를 언어로써 표현해 본 것입니다. 깨달은 사람이 깨달은 내용을 어떻게든 나타낸다고 나타낸 것이 이 정도입니다.

　절대 과장이 아닙니다. 지금 우리들은 눈을 뜨지 못하고 있으니까 『화엄경』을 읽고 있어도 하나도 재미가 없고 세상에 그런 일이 어디 있겠는가하고 자꾸 의심만 하고 그렇습니다.

　여기 경의 내용을 보면서 의미를 새기지 않고 글자대로 받아 들이면 바르게 경을 보는 자세가 못 됩니다. 이런 사실은 없습니다. 있지도 않고, 있은 적도 없습니다. 또 있을 필요도 없습니다.

　여기 한 가지 예를 들어 보면 시방 온 세계에 수십 가지의 구름이 첩첩이 쌓여 있으면 어떻게 되겠습니까. 그 구름에 짓눌려 사람이 살 수가 없을 것입니다.

　그런데 정말 우리들의 마음의 세계에 눈을 뜬 사람이 그 눈에 비친 세계를 바라보았을 때 이런 표현 가지고는 성에 안 찰 것입니다. 백 번 양보해서 어쩔 수 없이 이 정도로 표현한 것입니다. 이런 장엄한 세계가 당장에 느껴지지가 않으니까, 눈을 뜨고 있는 우리들과 눈을 감은 맹인하고의 관계를 유추하여 생각해 보기를 권하는 것입니다.

　우리들이 설악산에 갔다온 것을 맹인에게 설명해 보십시오. 봄이 되면 눈이 풀리면서 맑은 물이 흐르기 시작하고 나뭇가지에는 연하디 연한 싹이 움트고 땅 위에서는 아지랑이가 피어오른다고 설명해 주면 맹인이 이해하겠습니까. 대번에 거짓말한다고 할 것입니다. 맹인이 알아듣지 못한다고 해서 우리가 보고 온 것이 거짓일 리가 없고 더더구나 설악산이 없는 것이 아닙니다.

그 설악산을 알아 듣지 못하는 맹인을 보면 우리들은 답답해 죽을 지경일 것입니다. 마찬가지로 깨달음의 세계를 먼저 본 사람이 그 세계를 그대로 그려 놓은 경의 말씀을 읽고도 믿지 못하고 알아 듣지 못하는 우리들을 보았을 때 느끼는 그 안타까움은 또 얼마나 되겠습니까. 그러므로 경에 있는 이 세계는 정말로 존재하는 세계라고 하는 것을 확신하고 거기에 맛을 느끼도록 해야 합니다. 그 세계는 절대로 과장이 아닙니다.

그래서 흔히들 『화엄경』은 방대하기만 하고 세상을 살아 가면서 도움이 되는 빛나는 교훈이나 구절 같은 것도 없어서 밋밋하다고도 하지만, 이런 방대한 깨달음의 세계를 여실하게 그려놓은 『화엄경』에 재미를 느끼게 되면 다른 말씀이 시시하게 느껴집니다. 어떠한 방편도 붙이지 아니하고 순수하게 진리의 세계, 깨달음의 세계를 그대로 나타낸 것이기 때문에 마치 맹인이 세상 이야기를 듣는 것처럼 우리들에게 얼른 와 닿지 않는 것이지 절대 이 세계는 과장이 아닙니다. 오히려 이 설명이 부족한 것입니다. 그래서 '불가설(不可說)'이라는 말이 자주 나오는 것입니다.

이 불가설의 세계는 결코 부처님만의 세계가 아닙니다. 바로 우리들의 마음의 세계인 것입니다. 아직 우리들이 미처 발견하지 못하고 또 사용하지 못하는 그런 마음의 세계인 것입니다. 『화엄경』을 통해서 거기에 나타나 있는 장엄이나 불보살들의 명호와 국토 이름을 통해서 우리들의 마음 작용의 여러 면들을 발견하고 실천해 가는 것이 『화엄경』을 읽는 우리들의 보람입니다.

4. 새로운 대중들이 시방(十方)에서 모이다

(1) 동방의 대중

爾時에 東方으로 過不可說佛刹微塵數世界海外하야 有世界하니 名金燈雲幢이요 佛號는 毘盧遮那勝德王이어든 彼佛衆中에 有菩薩하니 名毘盧遮那願光明이라 與不可說佛刹微塵數菩薩로 俱하야 來向佛所하사 悉以神力으로 興種種雲하시니 所謂天華雲과 天香雲과 天末香雲과 天鬘雲과 天寶雲과 天莊嚴具雲과 天寶蓋雲과 天微妙衣雲과 天寶幢旛雲과 天一切妙寶諸莊嚴雲이 充滿虛空이라 至佛所已하야 頂禮佛足하고 卽於東方에 化作寶莊嚴樓閣과 及普照十方寶蓮華藏師子之座하사 如意寶網으로 羅覆其身하고 與其眷屬으로 結跏趺坐하니라

그때 동방으로 말할 수 없는 세계의 티끌 수 세계해를 지나서 그 밖에 세계가 있으니, 이름이 금등운당(金燈雲幢)이요, 부처님 명호는 비로자나승덕왕(毘盧遮那勝德王)이며, 그 대중 가운데 보살이 있으니 이름이 비로자나원광명(毘盧遮那願光明)이었다. 말할 수 없는 세계의 티끌 수 보살들과 함께 부처님 계신 데 오면서, 신통한 힘으로 여러 가지 구름을 일으키니, 이른바 하늘 꽃 구름 · 하늘 향 구름 · 하늘 가루향 구름 · 하늘 화만 구름 · 하늘 보배 구름 · 하늘 장엄거리 구름 · 하늘 보배 일산 구름 · 하늘의 미묘한 옷 구름 · 하늘 보배 깃대 · 번기 구름 · 하늘의 모든 보배 장엄 구름이 허공에 가득하였다.

부처님 계신 데 이르러 부처님 발에 절하고, 동방에서 보배로 장엄한 누각과 시방을 두루 비추는 보배 연화장 사자좌를 변화하여 만들고는, 여의주 보배 그물을 몸에 두르고 권속들과 함께 가부좌하고 앉았다.

「입법계품」이 설해지는 법회에 500명의 보살과 500명의 성문 대덕과

한량없는 세간의 주인과 그 권속들이 운집하여 부처님께 법을 청하고 부처님께서는 법회 청중들의 생각을 아시고는 사자빈신삼매에 들었습니다. 삼매에 드니 서다림에 온갖 장엄이 일어났습니다. 이 세계는 멀리 있는 것이 아니고 바로 깨달음의 세계인 것이고 진리의 세계인 것이고 우리들 마음의 세계라고 설명을 하였습니다.

그런데 지금부터 또 시방에서 새로운 대중들이 무어라 설명할 수 없을 만큼 많이 모여듭니다. 모여드는 데에 하나의 정형구가 있습니다. '말할 수 없는 부처님 세계의 티끌 수 세계해를 지나서 그 밖에 있는 세계의 이름이 나오고 부처님 명호와 보살 이름'이 각각 소개되고 있습니다. 이 때 세계의 이름, 부처님 명호와 보살의 이름을 하나하나 새겨보는 것이 좋을 것입니다. 또 『화엄경』에서는 바다 '해(海)'자가 자주 나옵니다. 이것은 바다라는 뜻 이외에도 '많다', '풍부하다'는 의미도 있습니다.

먼저 동방으로부터 대중들이 모여 듭니다. 동방의 금등운당(金燈雲幢) 세계의 부처님은 비로자나승덕왕(毘盧遮那勝德王)이고 보살의 우두머리는 비로자나원광명(毘盧遮那願光明)입니다.

비로자나가 무엇입니까. 흘러가고 변천하고 작용하는 것은 무상하지마는 그 너머에 영구 불변하게 있는 진리 당체인 것입니다. 이 본체적인 비로자나에다가 부처님의 이름에는 '승리 승(勝)'자와 '덕 덕(德)'자와 '임금 왕(王)'을 더 붙였고, 보살의 이름에는 '바랄 원(願)'자와 '광명(光明)'자가 함께하고 있습니다. 이러한 이름 하나하나의 의미를 천천히 시간을 갖고 새겨 보시는 게 좋겠습니다.

동쪽 하늘로부터 커다란 구름을 일으켜 서서히 오고 있는 것을 한 번 상상해 보십시오. 이 구름에도 전부 열 가지의 이름이 있습니다. 하늘 꽃, 하늘 향, 하늘 가루향, 하늘 화만, 하늘 보배, 하늘 장엄거리, 하늘 보배 일산, 하늘의 미묘한 옷, 하늘 보배 깃대 번기, 하늘의 모든 보배 장엄 구름이 가득합니다. '하늘[天]'이라는 뜻에도 '훌륭하다', '최고다'하는 의미가 내포되어 있습니다. 이런 훌륭한 구름으로 허공을 가득 채우면서 이 법회에 와서는 먼저 부처님께 예배하고 동쪽에 자기들이 있을 누각과 자리를 만들고 여의주 보배 그물로 몸을 두르고 난 뒤 가부좌를 틀고 앉았습니다.

(2) 남방의 대중

南方으로 過不可說佛刹微塵數世界海外하야 有世界하니 名金剛藏이요 佛號는 普光明無勝藏王이어든 彼佛衆中에 有菩薩하니 名不可壞精進王이라 與不可說佛刹微塵數菩薩로 俱하야 來向佛所하사 持一切寶香網하며 持一切寶瓔珞하며 持一切寶華帶하며 持一切寶鬘帶하며 持一切金剛瓔珞하며 持一切摩尼寶網하며 持一切寶衣帶하며 持一切寶瓔珞帶하며 持一切最勝光明摩尼帶하며 持一切師子摩尼寶瓔珞하야 悉以神力으로 充徧一切諸世界海하야 到佛所已에 頂禮佛足하고 卽於南方에 化作徧照世間摩尼寶莊嚴樓閣과 及普照十方寶蓮華藏師子之座하사 以一切寶華網으로 羅覆其身하고 與其眷屬으로 結跏趺坐하나니라

남방으로 말할 수 없는 세계의 티끌 수 세계해를 지나서 그 밖에 세계가 있으니, 이름이 금강장(金剛藏)이요, 부처님 명호는 보광명무승장왕(普光明無勝藏王)이며, 그 대중 가운데 보살이 있으니 이름이 불가괴정진왕(不可壞精進王)이라, 말할 수 없는 세계의 티끌 수 보살들과 함께 부처님 계신 데 오면서, 모든 보배 향 그물과 모든 보배 영락 그물과 모든 보배 꽃 띠(帶)와 모든 보배 화만 띠와 모든 금강 영락과 모든 마니 보배 그물과 모든 보배 의대(衣帶)와 모든 보배 영락 띠와 모든 훌륭한 광명마니 띠와 모든 사자 마니 보배 영락을 가지고 신통한 힘으로 모든 세계해에 가득하였다.

부처님 계신 데 이르러 부처님 발에 절하고, 남방에서 세간에 두루 비추는 마니 보배로 장엄한 누각과 시방을 두루 비추는 보배 연화장 사자좌를 변화하여 만들고는, 모든 보배꽃 그물을 몸에 두르고 권속

들과 함께 가부좌하고 앉았다.

동방에서 구름을 일으키고 오니 남방에서도 가만히 있을 수가 없습니다. 여기서는 갖가지의 그물[網]과 띠[帶], 영락(瓔珞)을 가지고서 이 법회에 동참을 합니다. 역시 남쪽 방향에 와서는 부처님께 예배하고는 자리를 만들어 앉았습니다.

(3) 서방의 대중

西方으로 過不可說佛刹微塵數世界海外하야 有世界하니 名摩尼寶燈須彌山幢이요 佛號는 法界智燈이어든 彼佛衆中에 有菩薩하니 名普勝無上威德王이라 與世界海微塵數菩薩로 俱하야 來向佛所하사 悉以神力으로 興不可說佛刹微塵數種種塗香燒香須彌山雲과 不可說佛刹微塵數種種色香水須彌山雲과 不可說佛刹微塵數一切大地微塵等光明摩尼寶王須彌山雲과 不可說佛刹微塵數種種光焰輪莊嚴幢須彌山雲과 不可說佛刹微塵數種種色金剛藏摩尼王莊嚴須彌山雲과 不可說佛刹微塵數普照一切世界閻浮檀摩尼寶幢須彌山雲과 不可說佛刹微塵數現一切法界摩尼寶須彌山雲과 不可說佛刹微塵數現一切諸佛相好摩尼寶王須彌山雲과 不可說佛刹微塵數現一切如來本事因緣하며 說諸菩薩所行之行摩尼寶王須彌山雲과 不可說佛刹微塵數現一切佛坐菩提場摩尼寶王須彌山雲하사 充滿法界하야 至佛所已에 頂禮佛足하고 卽於西方에 化作一切香王樓閣하사 眞珠寶網으로 彌覆其上하며 及化作帝釋影幢寶蓮華藏師子之座하사 以妙色摩尼網으로 羅覆其身하며 心王寶冠으로 以嚴其首하고 與其眷屬으로 結跏趺坐하나니라

서방으로 말할 수 없는 세계의 티끌 수 세계해를 지나서 그 밖에 세계가 있으니, 이름이 마니보등수미산당(摩尼寶燈須彌山幢)이요, 부처님 명호는 법계지등(法界智燈)이며, 그 대중 가운데 보살이 있으니 이름이 보승무상위덕왕(普勝無上威德王)이라. 세계해의 티끌 수 보살

들과 함께 부처님 계신 데 오면서, 신통한 힘으로 말할 수 없는 세계의 티끌 수인 갖가지 바르는 향·사르는 향·수미산 구름과, 말할 수 없는 세계의 티끌 수인 갖가지 빛 향수 수미산 구름과, 말할 수 없는 세계의 티끌 수와 같은 모든 땅의 티끌과 같은 광명 마니왕 수미산 구름과, 말할 수 없는 세계의 티끌 수 갖가지 불꽃 바퀴로 장엄한 깃대 수미산 구름과, 말할 수 없는 세계의 티끌 수 갖가지 빛 금강장마니왕으로 장엄한 수미산 구름과, 말할 수 없는 세계의 티끌 수 모든 세계를 두루 비치는 염부단금 마니 보배 깃대 수미산 구름과, 말할 수 없는 세계의 티끌 수 모든 법계를 나타내는 마니 보배 수미산 구름과, 말할 수 없는 세계의 티끌 수 모든 부처님의 상호(相好)를 나타내는 마니 보배왕 수미산 구름과, 말할 수 없는 세계의 티끌 수 모든 여래의 본생(本生)일의 인연을 나타내고 보살들의 행하던 행을 말하는 마니 보배왕 수미산 구름과, 말할 수 없는 세계의 티끌 수 모든 부처님이 보리도량에 앉으심을 나타내는 마니 보배왕 수미산 구름을 일으키어 법계에 가득하였다.

부처님 계신 데 이르러 부처님 발에 절하고, 서방에서 모든 향왕으로 된 누각을 변화하여 만드니, 진주 보배 그물이 위에 덮이었고, 또 제석의 그림자 깃대 보배 연화장 사자좌를 변화하여 만들고는, 묘한 빛 마니 그물을 몸에 두르고 심왕보배 관으로 머리를 장엄하고 권속들과 함께 가부좌하고 앉았다.

이 서방에서도 역시 갖가지 구름이 나옵니다. 구름의 거대함을 수미산에다 비유하여 이야기하고 있습니다. 수미산(須彌山:Sumeru-Parvata)은 세계의 중앙인 금륜(金輪) 위에 우뚝 솟아 있는 높은 산입니다. 이 산 중턱에는 사천왕이 살고 있고 산 꼭대기에는 제석천이 살고 있다고 하는 산입니다. 수미산운이라는 것은 이런 거대한 수미산과 같이 크고 큰 구름덩어리라는 뜻입니다. 이 구름들의 이름은 매우 긴데 아주 장엄스럽고 신기한 일도 많습니다. 부처님이 갖추고 계신 거룩한 모습, 즉 32상 80종호를 나타내어 보이는 구름도 있고, 부처님께서 살아오신 과거생을 이야기하기도 합니다.

이러한 말들은 다른 게 아닙니다. 구름을 전부 부처님으로 보는 것입니다. 불격시(佛格視)하는 것입니다. 항상 말씀드리지만 삼라만상이 그대로 진리이다, 진리는 그대로 부처이고 부처는 여기 나이고 너다라는 것입니다. 어떤 것은 취하고 어떤 것은 버리고 할 게 아니라는 입장입니다. 수행을 하여 얻었다고 해서 진리이고 수행을 하지 않았다고 해서 진리가 아니라는 그런 분별이 『화엄경』에는 없습니다.

(4) 북방의 대중

北方으로 過不可說佛刹微塵數世界海外하야 有世界하니 名寶衣光明幢이요 佛號는 照虛空法界大光明이어든 彼佛衆中에 有菩薩하니 名無礙勝藏王이라 與世界海微塵數菩薩로 俱하야 來向佛所하사 悉以神力으로 興一切寶衣雲하니 所謂黃色寶光明衣雲과 種種香所熏衣雲과 日幢摩尼王衣雲과 金色熾然摩尼衣雲과 一切寶光焰衣雲과 一切星辰像上妙摩尼衣雲과 白玉光摩尼衣雲과 光明徧照殊勝赫奕摩尼衣雲과 光明徧照威勢熾盛摩尼衣雲과 莊嚴海摩尼衣雲이 充徧虛空하야 至佛所已에 頂禮佛足하고 卽於北方에 化作摩尼寶海莊嚴樓閣과 及毘瑠璃寶蓮華藏師子之座하사 以師子威德摩尼王網으로 羅覆其身하며 淸淨寶王으로 爲髻明珠하고 與其眷屬으로 結跏趺坐하나니라

북방으로 말할 수 없는 세계의 티끌 수 세계해를 지나서 그 밖에 세계가 있으니, 이름이 보의광명당(寶衣光明幢)이요, 부처님 명호는 조허공법계대광명(照虛空法界大光明)이며, 그 대중 가운데 보살이 있으니 이름이 무애승장왕(無礙勝藏王)이라, 세계해의 티끌 수 보살들과 함께 부처님 계신 데 오면서, 신통한 힘으로 모든 보배 옷 구름을 일으키니, 이른바 황색 보배 광명 옷구름·갖가지 향을 풍기는 옷 구

름·해 깃대 마니왕 옷 구름·금빛 치성한 마니 옷 구름·모든 보배 불꽃 옷 구름·모든 별 모양 훌륭한 마니 옷 구름·백옥 빛 마니 옷 구름·광명이 비추어 매우 찬란한 마니 옷 구름·광명이 비추어 위세가 치성한 마니 옷 구름·장엄 바다 마니 옷 구름들이 허공에 가득하였다.

부처님 계신 데 이르러 부처님 발에 절하고, 북방에서 마니 보배 바다로 장엄한 누각과 비유리 보배 연화장 사자좌를 변화하여 만들고는, 사자 위덕 마니왕 그물을 몸에 두르고 청정한 보배왕으로 상투의 밝은 구슬로 삼고 권속들과 함께 가부좌하고 앉았다.

북방의 보살들은 각종 장엄한 옷 구름을 일으키며 오고 있습니다. 이 북방에서 온 보살들은 옷만 걸치는 것이 아니고 청정한 보배왕으로 상투 위를 올립니다. 이 구슬을 계명주(髻明珠)라고 합니다.

『법화경』의 「안락행품(安樂行品)」에도 이 계명주(髻明珠)의 비유가 나옵니다. 전쟁에서 승리한 후 유공자들에게 왕이 밭이나 성읍이나 보물은 상으로 주지마는 전륜왕(轉輪王)의 계명주(髻明珠)는 결코 주지 않는다는 이야기가 있습니다. 왕의 권위를 상징하는 이런 계명주를 북방으로부터 온 보살들이 다 가지고 있습니다. 이 보살들의 권위가 그만큼 크다는 것을 알려주는 것이 되겠습니다.

(5) 동북방의 대중

東北方으로 過不可說佛刹微塵數世界海外하야 有世界하니 名一切歡喜淸淨光明網이요 佛號는 無礙眼이어든 彼佛衆中에 有菩薩하니 名化現法界願月王이라 與世界海微塵數菩薩로 俱하야 來向佛所하사 悉以神力으로 興寶樓閣雲과 香樓閣雲과 燒香樓閣雲과 華樓閣雲과 栴檀樓閣雲과 金剛樓閣雲과 摩尼樓閣雲과 金樓閣雲과 衣樓閣雲과 蓮華樓閣雲하사 彌覆十方一切世界하야

至佛所己에 頂禮佛足하고 卽於東北方에 化作一切法界門大摩尼樓閣과 及
無等香王蓮華藏師子之座하사 摩尼華網으로 羅覆其身하며 着妙寶藏摩尼王
冠하고 與其眷屬으로 結跏趺坐하나니라

동북방으로 말할 수 없는 부처님 세계의 티끌 수 세계해를 지나서
그 밖에 세계가 있으니, 이름이 일체환희청정광명망(一切歡喜淸淨光
明網)이요, 부처님 명호는 무애안(無礙眼)이며, 그 대중 가운데 보살
이 있으니, 이름이 화현법계원월왕(化現法界願月王)이라. 세계해의 티
끌 수 보살들과 함께 부처님 계신 데 오면서, 신통한 힘으로 보배 누
각 구름·향 누각 구름·사르는 향 누각 구름·꽃 누각 구름·전단
누각 구름·금강 누각 구름·마니 누각 구름·금 누각 구름·옷 누각
구름·연꽃 누각 구름을 일으켜 시방의 모든 세계를 덮었다.

부처님 계신 데 이르러 부처님 발에 절하고, 동북방에서 모든 법계
문 큰 마니 누각과 짝할 이 없는 향왕 연화장 사자좌를 변화하여 만
들고는, 마니꽃 그물을 몸에 두르고 묘한 보배창고 마니왕관을 쓰고
권속들과 함께 가부좌하고 앉았다.

동·서·남·북에서 몰려온 보살 대중들의 소개가 끝나고 이제 네 간방
(間方)에서 몰려오는 보살들의 소개가 있습니다. 이 보살들은 각종 진귀
한 '누각 구름'을 일으키면서 오는데 이 보살들은 관(冠)을 쓰고 앉았습
니다. 이토록 선재동자의 성불을 위해서 거창하게 준비를 하는 이유는
선재동자는 혼자만의 선재동자가 아니고, 모든 중생을 대표하는 선재동
자이기 때문입니다. 실제로 선재동자가 구법행각을 떠날 때 6000명의 비
구와 500명의 우바새와 500명의 우바이, 500명의 동자와 500명의 동녀
모두 8000명이 함께 남행에 나섭니다. 이 정도로 선재동자의 성불 과정
은 거창하고 중요하기 짝이 없는 것입니다.

여기서 한 번 더 진지하게 생각해 볼 것은 법을 얻어서 성불하는 것
도 중요합니다마는 이렇게 빠짐없이 준비하는 것 자체도 바로 부처의

세계이고 진리의 세계라는 것입니다. 불교는 진리로 출발하여 진리로 끝나는 것이지, 진리 아닌 것으로 시작하여 진리에 도달하는 것이 아닙니다.

우리가 초파일이 되면 여러 가지 준비를 며칠 전부터 합니다. 우선 도량을 정비하고 장을 봐 오고 등을 마련합니다. 이런 준비를 할 때에 우리들의 마음가짐이 어떻습니까. 준비하는 모든 일들이 다 초파일의 정신에 입각하여 준비를 하게 됩니다. 초파일의 행사는 단 몇 시간에 끝나더라도 그 준비하는 과정은 무척이나 길고 또 그 정신도 부처님께서 이 세상에 오신 것을 축하하는 마음으로 합니다. 그러므로 준비하는 것도 그 행사 못지 않게 매우 중요한 것입니다.

또 다른 예를 들어 보자면 생일 잔치나 결혼식도 그 자체는 얼마나 간단합니까. 그러나 그 예식을 치루기 위해서 몇 달 전부터 계획을 짜고, 또 번거롭기 짝이 없는 준비도 설레이는 마음으로 하게 됩니다. 몇 달 전부터가 아니라 이 세상에 몸을 받고 태어나면서부터 반려자를 맞아 들이기 위해 준비해 왔다고 해도 과언이 아닐 것입니다. 공부를 하고 인격을 닦아가고 직장에 나가 돈을 벌고 하는 것 전부가 다 나의 반려자에 대한 의무이고 배려인 것입니다.

결혼식이라는 짧은 순간을 위해 온 정성을 다하여 준비하는 것처럼 선재동자의 성불을 위한 준비도 이렇게 거창하고 장엄하기 짝이 없는 것입니다. 선재동자의 성불을 위해서 온 우주가 동원되어 출발부터 정비를 하고 있는 것입니다. 이런 입장에서 이 경을 보면 이렇게 화려하고 찬란한 밑거름이 충분히 이해가 될 것입니다.

(6) 동남방의 대중

東南方으로 過不可說佛刹微塵數世界海外하야 有世界하니 名香雲莊嚴幢이요 佛號는 龍自在王이어든 彼佛衆中에 有菩薩하니 名法慧光焰王이라 與世

界海微塵數菩薩로 俱하야 來向佛所하사 悉以神力으로 興金色圓滿光明雲과 無量寶色圓滿光明雲과 如來毫相圓滿光明雲과 種種寶色圓滿光明雲과 蓮華藏圓滿光明雲과 衆寶樹枝圓滿光明雲과 如來頂髻圓滿光明雲과 閻浮檀金色圓滿光明雲과 日色圓滿光明雲과 星月色圓滿光明雲하사 悉徧虛空하야 到佛所已에 頂禮佛足하고 卽於東南方에 化作毘盧遮那最上寶光明樓閣과 金剛摩尼蓮華藏師子之座하사 衆寶光焰摩尼王網으로 羅覆其身하고 與其眷屬으로 結跏趺坐하나니라

동남방으로 말할 수 없는 부처님 세계의 티끌 수 세계해를 지나서 그 밖에 세계가 있으니, 이름이 향운장엄당(香雲莊嚴幢)이요, 부처님 명호는 용자재왕(龍自在王)이며, 그 대중 가운데 보살이 있으니, 이름이 법혜광염왕(法慧光焰王)이라. 세계해의 티끌 수 보살들과 함께 부처님 계신 데 오면서, 신통한 힘으로 금빛 원만한 광명 구름·한량없는 보배빛 원만한 광명 구름·여래의 백호상 원만한 광명 구름·여러 가지 보배빛 원만한 광명 구름·연화장 원만한 광명 구름·뭇 보배 나뭇가지 원만한 광명 구름·여래의 정수리 상투 원만한 광명 구름·염부단금빛 원만한 광명 구름·햇빛 원만한 광명 구름·별과 달빛 원만한 광명 구름을 일으켜 허공에 가득하였다.

부처님 계신 데 이르러 부처님 발에 절하고, 동남방에서 비로자나 최상 보배 광명 누각과 금강 마니 보배 연화장 사자좌를 변화하여 만들고는, 뭇 보배빛 불꽃 마니왕 그물로 몸을 두르고 권속들과 함께 가부좌하고 앉았다.

동남방으로부터 오는 보살들은 여러 가지 '광명 구름'을 일으키면서 나타납니다. 구름 자체가 광명이므로 무한한 빛을 발할 것인데 거기에다 햇빛, 달빛, 별빛까지 가세하여 강하고 부드럽고 은은한 빛까지 발하고 있습니다. 참으로 황홀하기 그지 없습니다.

(7) 서남방의 대중

西南方으로 過不可說佛刹微塵數世界海外하야 有世界하니 名曰光摩尼藏이요 佛號는 普照諸法智月王이어든 彼佛衆中에 有菩薩하니 名摧破一切魔軍智幢王이라 與世界海微塵數菩薩로 俱하야 來向佛所하사 於一切毛孔中에 出等虛空界華焰雲과 香焰雲과 寶焰雲과 金剛焰雲과 燒香焰雲과 電光焰雲과 毘盧遮那摩尼寶焰雲과 一切金光焰雲과 勝藏摩尼王光焰雲과 等三世如來海光焰雲호대 一一皆從毛孔中出하야 徧虛空界라 到佛所已에 頂禮佛足하고 卽於西南方에 化作普現十方法界光明網大摩尼寶樓閣과 及香燈焰寶蓮華藏師子之座하사 以離垢藏摩尼網으로 羅覆其身하며 着出一切衆生發趣音摩尼王嚴飾冠하고 與其眷屬으로 結跏趺坐하니라

서남방으로 말할 수 없는 부처님 세계의 티끌 수 세계해를 지나서 그 밖에 세계가 있으니, 이름이 일광마니장(日光摩尼藏)이요, 부처님 명호는 보조제법지월왕(普照諸法智月王)이며, 그 대중 가운데 보살이 있으니 이름이 최파일체마군지당왕(摧破一切魔軍智幢王)이라, 세계해의 티끌 수 보살들과 함께 부처님 계신 데 오면서, 모든 모공에서 허공계와 같은 꽃·불꽃 구름·향 불꽃 구름·보배 불꽃 구름·금강 불꽃 구름·사르는 향 불꽃 구름·번개빛 불꽃 구름·비로자나 마니 보배 불꽃 구름·모든 금빛 불꽃 구름·승장마니왕 광명 불꽃 구름·삼세 여래 바다와 같은 광명 불꽃 구름을 내니, 하나하나가 다 모공에서 나와 허공에 가득하였다.

부처님 계신 데 이르러 부처님 발에 절하고, 서남방에서 시방 법계의 광명 그물을 나타내는 큰 마니 보배 누각과 향등불꽃 보배 연화장 사자좌를 변화하여 만들고는, 때 여읜 광 마니 그물로 몸에 두르며 일체 중생을 떠나 나아가는 음성을 내는 마니왕으로 잘 꾸민 관을 쓰고 권속들과 함께 가부좌하고 앉았다.

서남방에서 오는 보살의 이름이 '최파일체마군지당왕(催破一切魔軍智幢王)', 일체 마군을 모두 꺾어 버리고 깨뜨려 버리는 지혜의 깃발들 중의 왕이라는 뜻입니다. 참으로 의미가 깊습니다. 이 보살과 그 대중들의 모공에서는 한량없이 기묘한 '불꽃 구름'들을 가지고서 허공에 가득 채우면서 오고 있습니다.

(8) 서북방의 대중

西北方으로 過不可說佛刹微塵數世界海外하야 有世界하니 名毘盧遮那願摩尼王藏이요 佛號는 普光明最勝須彌王이어든 彼佛衆中에 有菩薩하니 名願智光明幢이라 與世界海微塵數菩薩로 俱하야 來向佛所하사 於念念中에 一切相好와 一切毛孔과 一切身分에 皆出三世一切如來形像雲과 一切菩薩形像雲과 一切如來衆會形像雲과 一切如來變化身形像雲과 一切如來本生身形像雲과 一切聲聞辟支佛形像雲과 一切如來菩提場形像雲과 一切如來神變形像雲과 一切世間主形像雲과 一切淸淨國土形像雲하사 充滿虛空하야 至佛所已에 頂禮佛足하고 卽於西北方에 化作普照十方摩尼寶莊嚴樓閣과 及普照世間寶蓮華藏師子之座하사 以無能勝光明眞珠網으로 羅覆其身하며 着普光明摩尼寶冠하고 與其眷屬으로 結跏趺坐하니라

서북방으로 말할 수 없는 부처님 세계의 티끌 수 세계해를 지나서 그 밖에 세계가 있으니, 이름이 비로자나원마니왕장(毘盧遮那願摩尼王藏)이요, 부처님 명호는 보광명최승수미왕(普光明最勝須彌王)이며, 그 대중 가운데 보살이 있으니, 이름이 원지광명당(願智光明幢)이라, 세계해의 티끌 수 보살들과 함께 부처님 계신 데로 오면서, 잠깐잠깐에 모든 잘 생긴 모습·모든 모공·모든 몸의 부분에서, 삼세 모든 여래의 형상 구름·모든 보살의 형상 구름·모든 여래의 대중 형상 구름·모든 여래의 변화한 몸 형상 구름·모든 여래의 본생 몸의 형상 구름·모든 성문과 벽지불의 형상 구름·모든 여래의 보리장 형상

구름·모든 여래의 신통 변화 형상 구름·모든 세간 임금들의 형상 구름·모든 청정한 국토의 형상 구름을 내어 허공에 가득하였다.

부처님 계신 데 이르러 부처님 발에 절하고, 서북방에서 시방에 두루 비추는 마니 보배로 장엄한 누각과 세간을 두루 비추는 보배 연화장 사자좌를 변화하여 만들고는, 이길 이 없는 광명 진주 그물로 몸에 두르며 보광명 마니 보배 관을 쓰고 권속들과 함께 가부좌하고 앉았다.

경전에 나오는 모든 여래의 행적은 다 석가모니 부처님을 모델로 합니다. 석가모니 부처님의 본생과 가문과 출가와 수행 과정과 성도와 교화와 상수 제자들과 열반을 모델로 하여 과거·현재·미래의 삼세 제불을 그리고 있음을 알 수 있습니다.

여기 서북방에서 오는 보살 대중들은 '형상 구름'을 내어 이 법회에 참석을 하는데 그 구름이 나타내 보이는 것은 여래의 모든 부분들입니다. 여래의 과거생을 나타내기도 하고 여래를 따르는 성문과 벽지불, 대중들과 세간 임금들의 형상을 보이기도 합니다. 여래의 보리장과 신통 변화도 보입니다. 이 모든 것들은 다 석가모니 부처님의 행적에서 딴 것입니다. 또한 이러한 표현에서 당시 사람들이 수행을 하여 구하고자 한 내용도 추측할 수가 있습니다.

(9) 하방의 대중

下方으로 過不可說佛刹微塵數世界海外하야 有世界하니 名一切如來圓滿光普照요 佛號는 虛空無礙相智幢王이어든 彼佛衆中에 有菩薩하니 名破一切障勇猛智王이라 與世界海微塵數菩薩로 俱하야 來向佛所하사 於一切毛孔中에 出說一切衆生語言海音聲雲하며 出說一切三世菩薩修行方便海音聲雲하며 出說一切菩薩所起願方便海音聲雲하며 出說一切菩薩成滿淸淨波羅蜜

方便海音聲雲하며 出說一切菩薩圓滿行徧 一切刹音聲雲하며 出說一切菩薩成就自在用音聲雲하며 出說一切如來의 往詣道場하야 破魔軍衆하고 成等正覺한 自在用音聲雲하며 出說一切如來轉法輪契經門名號海音聲雲하며 出說一切隨應敎化調伏衆生法方便海音聲雲하며 出說一切隨時隨善根隨願力하며 普令衆生證得智慧方便海音聲雲하사 到佛所已에 頂禮佛足하고 卽於下方에 化作現一切如來宮殿形像衆寶莊嚴樓閣과 及一切寶蓮華藏師子之座하며 着普現道場影摩尼寶冠하고 與其眷屬으로 結跏趺坐하니라

하방으로 말할 수 없는 부처님 세계의 티끌 수 세계해를 지나서 그 밖에 세계가 있으니, 이름이 일체여래원만광보조(一切如來圓滿光普照)요, 부처님 명호는 허공무애상지당왕(虛空無礙相智幢王)이며, 그 대중 가운데 보살이 있으니 이름이 파일체장용맹지왕(破一切障勇猛智王)이라. 세계해의 티끌 수 보살들과 함께 부처님 계신 데로 오면서, 모든 모공 속으로 일체 중생의 말 바다를 말하는 음성 구름을 내며, 모든 삼세 보살의 수행하는 방편 바다를 말하는 음성 구름을 내며, 모든 보살이 일으킨 원과 방편 바다를 말하는 음성 구름을 내며, 모든 보살 청정한 바라밀다를 성취하는 방편 바다를 말하는 음성 구름을 내며, 모든 보살의 원만한 행이 모든 세계에 두루함을 말하는 음성 구름을 내며, 모든 보살이 자재한 작용 이룸을 말하는 음성 구름을 내며, 모든 여래가 도량에 나아가 마의 군중을 파하고 정각을 이루는 자재한 작용을 말하는 음성 구름을 내며, 모든 여래가 법륜을 굴리던 경전의 이름 바다를 말하는 음성 구름을 내며, 모든 마땅한 대로 중생을 교화하고 조복하는 법의 방편 바다를 말하는 음성 구름을 내며, 모든 때를 따르고 선근을 따르고 원력을 따라서 중생들로 하여금 지혜를 증득하게 하는 방편 바다를 말하는 음성 구름을 내었다.

부처님 계신 데 이르러 부처님 발에 절하고, 하방에서 모든 여래의 궁전 형상을 나타내는 여러 보배로 장엄한 누각과 모든 보배 연화장 사자좌를 변화하여 만들고는, 도량의 그림자를 나타내는 마니 보배

든 보살이 관을 쓰고 권속들과 함께 가부좌하고 앉았다.

동·서·남·북의 사방과 동북·동남·서남·서북의 네 간방에 이어 하방으로부터 또 보살들이 운집을 합니다. 이 보살들의 모공에서는 모든 '음성 구름'을 냅니다. 구름에서 말소리가 들린다는 것은 설법을 끊임없이 하고 있다고 보아야겠습니다. 일체 보살들이 닦은 수행과 방편과 원을 말하기도 하고, 또 십바라밀과 원만한 행을 말하기도 합니다. 또한 여래의 위신력을 말하기도 하고 중생을 교화하고 원력을 따라서 중생들로 하여금 지혜를 증득하게 하는 방편 바다를 말하기도 합니다.

뜻은 이렇지만 이 세상에서 듣게 되는 모든 소리를 법음(法音)으로 본다는 입장입니다. 부처님의 말씀은 물론이거니와 아이들이 칭얼거리는 소리, 새 소리 · 물 소리 · 바람 소리, 심지어는 시장에서 다투는 소리, 바쁜 도시 생활 가운데에 짜증스럽게 들려 오는 자동차 소리, 기계 소리, 그 모든 것을 부처님의 설법으로 듣고 있는 우리들의 마음 자세를 그리고 있다고 보아야겠습니다. 어떤 것은 아름다운 소리이고 어떤 것은 소음이라고 취사 선택할 것이 없고 모든 소리를 부처님의 법음으로 알아 듣는 경지를 가르치고 있습니다.

(10) 상방의 대중

上方으로 過不可說佛刹微塵數世界海外하야 有世界하니 名說佛種性無有盡이요 佛號는 普智輪光明音이어든 彼佛衆中에 有菩薩하니 名法界差別願이라 與世界海微塵數菩薩로 俱하사 發彼道場하야 來向此娑婆世界釋迦牟尼佛所하사 於一切相好와 一切毛孔과 一切身分과 一切肢節과 一切莊嚴具와 一切衣服中에 現毘盧遮那等過去一切諸佛과 未來一切諸佛의 已得授記未授記者와 現在十方一切國土에 一切諸佛과 幷其衆會하며 亦現過去에 行檀那波羅蜜과 及其一切受布施者의 諸本事海하며 亦現過去에 行尸羅波羅蜜諸本

事海하며 亦現過去行屬提波羅蜜에 割截肢體호대 心無動亂諸本事海하며 亦現過去行精進波羅蜜에 勇猛不退諸本事海하며 亦現過去에 求一切如來禪波羅蜜海하야 而得成就諸本事海하며 亦現過去에 求一切佛의 所轉法輪과 所成就法에 發勇猛心하야 一切皆捨諸本事海하며 亦現過去에 樂見一切佛과 樂行一切菩薩道와 樂化一切衆生界諸本事海하며 亦現過去所發一切菩薩大願의 淸淨莊嚴諸本事海하며 亦現過去菩薩所成力波羅蜜의 勇猛淸淨諸本事海하며 亦現過去一切菩薩所修圓滿智波羅蜜의 諸本事海하사 如是一切本事海가 悉皆徧滿廣大法界하야 至佛所已에 頂禮佛足하고 卽於上方에 化作一切金剛藏莊嚴樓閣과 及帝靑金剛王蓮華藏師子之座하사 以一切寶光明摩尼王網으로 羅覆其身하며 以演說三世如來名摩尼寶王으로 爲髻明珠하고 與其眷屬으로 結跏趺坐하시니라

상방으로 말할 수 없는 부처님 세계의 티끌 수 세계해를 지나가서 그 밖에 세계가 있으니, 이름이 설불종성무유진(說佛種性無有盡)이요, 부처님 명호는 보지륜광명음(寶智輪光明音)이며, 그 대중 가운데 보살이 있으니, 이름이 법계차별원(法界差別願)이라, 세계해의 티끌 수 보살들과 함께 저 도량에서 떠나 이 사바세계의 석가모니 부처님 계신 데로 오면서, 모든 잘 생긴 모습과 모든 모공과 모든 몸의 부분과 모든 손·발가락과 모든 장엄거리와 모든 의복에서 비로자나 등 과거의 모든 부처님과 미래의 모든 부처님들로서 수기를 받기도 하고 못 받기도 한 이와 현재 시방 국토에 계신 모든 부처님과 그 대중들을 나타내었다.

또 과거에 단나 바라밀다를 행하기도 하고 모든 보시를 받은 이의 본생일들을 나타내며, 또 과거에 시라 바라밀다를 행하던 본생일들을 나타내며, 또 과거에 찬제 바라밀다를 행하면서 온몸을 도려내어도 마음이 흔들리지 않던 본생일들을 나타내며, 또 과거에 정진 바라밀다를 행하면서 용맹하게 물러가지 않던 본생일들을 나타내며, 또 과거에 모든 여래의 선정 바라밀다를 구하여 성취하던 본생일들을 나타

내며, 또 과거에 모든 부처님의 굴린 법들을 구하여 성취한 법과 용맹한 마음을 내어 온갖 것을 모두 버리던 본생일들을 나타내며, 또 과거에 모든 부처님 뵈옵기를 좋아하고 모든 보살의 도를 행하기를 좋아하고 모든 중생들을 교화하기를 좋아하던 본생일들을 나타내며, 또 과거에 내었던 보살의 큰 서원을 청정하게 장엄하는 본생일들을 나타내며, 또 과거에 보살이 이루던 힘 바라밀다를 용맹하게 깨끗케 하는 본생일들을 나타내며, 또 과거에 모든 보살이 지혜 바라밀다를 닦아 원만케 하던 본생일들을 나타내어, 이와 같은 모든 본생일 바다들이 광대한 법계에 모두 가득하였다.

부처님 계신 데 이르러 부처님 발에 절하고, 상방에서 모든 금강장으로 장엄한 누각과 제청 금강왕으로 된 연화장 사자좌를 변화하여 만들고는, 모든 보배 광명 마니왕 그물로 몸에 두르며 삼세 여래의 이름을 연설하는 마니 보배왕으로 상투에 빛나는 구슬을 삼고 권속들과 함께 가부하고 앉았다.

이제 시방의 마지막 방향인 상방에서 법계차별원보살이 티끌 수와 같이 많은 보살들과 함께 이 사바세계(娑婆世界)의 교주이신 석가모니 부처님께로 옵니다. 저 앞의 보살들도 모두 석가모니 부처님께로 왔었지만 그런 표현은 없었습니다. 이제 마지막으로 여기서 석가모니 부처님이라고 확실하게 밝혀 놓았습니다.

사바세계(娑婆世界)는 석가모니 부처님이 나신 이 세상을 말합니다. 이 땅의 중생들은 여러 가지 번뇌를 참고 나가야 하고, 또 성자들은 여기서 피곤함을 참고 교화를 펴야 하므로 이 세상을 '감인토(堪忍土)', 또는 '인토(忍土)'라 합니다. 이 사바세계를 교화하는 교주가 바로 석가모니 부처님입니다. 여기서 우리들이 유의해 볼 것은 마지막 상방에 있는 세계 이름이 설불종성무유진(說佛種性無有盡)입니다. '설(說)·불종성(佛種性)·무유진(無有盡)'인 것입니다. 부처님의 성품을 설하는 데에 끝이 없다는 뜻입니다. 늘 말씀드린 것이지만 불성인간에 대한 설명인 것입니다. 인간이 바로 부처 성품을 다 가지고 있다고 누누이 설명하는 그것이 다함이 없다는 뜻이 바로 세계 이름인 것입니다. 이런 것에 안목이 트여야 합니다.

여기서는 십바라밀(十波羅蜜)을 설명하고 있습니다. 과거에 부처님께서 행하였던 십바라밀을 낱낱이 보여 줍니다. 대개는 육바라밀을 닦고 있지만 『화엄경』에서는 완전 무결함을 나타내는 십이라는 수에 맞추고자 십바라밀(十波羅蜜)을 이야기합니다. 보시(布施)·지계(持戒)·인욕(忍辱)·정진(精進)·선정(禪定)·지혜(智慧)의 육바라밀에다 방편(方便)·원(願)·력(力)·지(智)를 더하여 십바라밀이라고 합니다.

그러면 여기서 십바라밀에 대하여 정리를 하고 가도록 하겠습니다.

① 단나(檀那:Dāna)바라밀은 보시바라밀이라고 합니다. 보시는 보살들이 행하여야 하는 첫째가는 덕목입니다. 재보시·법보시·무외시를 남에게 베풀면서도 그 행하였다는 의식마저도 가지고 있지 않아야 참된 보시입니다.

② 시라(尸羅:Sīla)바라밀은 지계바라밀입니다. 재가자는 5계, 10계를 지키고 출가자는 비구 250계, 비구니 348계를 지키면서 몸과 마음의 청정을 닦는 것입니다.

③ 찬제(羼提:Kṣānti)바라밀은 인욕바라밀입니다. 바깥으로부터 갖은 고통을 당하면서도 그것을 잘 참고 원한을 없애서 제법을 밝게 관찰하여 마음이 안주하는 것입니다.

『금강경』에 보면 유명한 인욕 선인(忍辱仙人) 이야기가 소개됩니다. 부처님께서 과거생에 인욕 선인으로서 산 중에서 홀로 수행을 하고 있을 때에 가리왕이 사냥을 나왔습니다. 가리왕이 낮잠을 자고 나니 주위에 아무도 없었습니다. 가만히 보니 궁녀들이 어느 초라한 수행자 앞에서 열중하여 법을 듣고 있는 것을 보게 되었습니다. 왕은 교만한 마음에서 너무나도 화가 나서 수행자에게 따졌습니다.

"그대는 누구이길래 감히 나의 궁녀들을 희롱한단 말인가?"

"나는 오로지 인욕을 닦는 수행자이지 대왕의 궁녀를 가까이 한 적이 없습니다."

"이렇게 내가 직접 보고 있는 데도 거짓말을 하는 게냐? 그대가 그렇게 참기를 잘 한다니 어디 한번 시험해 보자."

이렇게 하여 가리왕은 칼을 빼내어 그 선인의 팔을 잘랐습니다. 그러나 그 선인은 조금도 흐트러지지 않았습니다. 그 부동한 모습을 본 왕은 더욱 더 자존심이 상하여 팔, 다리를 마디마디 베어 내었습니다.

"대왕이시여, 그대가 아무리 나를 마디마디 벤다고 하여도 나는 아픔을 느끼지 않습니다. 나라고 하는 것은 텅 텅 빈 존재인데 거기에 무슨 아픔이라는 감정이 붙을 수가 있겠습니까."

이 모습을 하늘에서 제석이 보고서는 돌비를 퍼부어 가리왕을 벌 주고 선인의 몸을 본래대로 환원시켜 주었다는 이야기입니다. 그러나 인욕선인은 자기 자신을 공(空)으로 보았기에 극도의 아픔을 주는 가리왕에게서 미움을 느끼지 못하였고, 제 몸을 환원시켜 준 제석천에게서도 고마워할 것이 없었다는 이야기입니다. 사실 수행에 있어서 이처럼 인욕(忍辱)은 중요한 관건으로 대두됩니다. 이렇게 인욕을 실천한 이야기로는 2대 조사이신 혜가 대사께서 팔을 끊어 보이고서야 보리달마로부터 법을 배우게 된 이야기, 화롯불을 머리에 이고서 법을 구한 왕화상 이야기 등 불교에는 이러한 것이 너무나도 많습니다.

④ 정진(精進:Virya)바라밀은 여러 바라밀을 실천해 가는 데에 있어서 게으르지 않는 것을 말합니다. "무거운 바위를 뚫는 것은 큰 소낙비가 아니라 끊임없이 떨어지는 물방울이다." 라는 격언처럼 잠시도 부처님 곁을 떠나지 않고 열심히 공부하는 것이 너무나도 중요합니다.

우리 중생들은 자꾸만 이것을 잊어 버리려고 합니다. 또 조그만 장애에도 굴복해 가지고서는 신심을 굽히기도 잘 합니다. 게으르지 않고 한 걸음 한 걸음 걷다 보면 어느 새 우리들은 부처님 가까이서 놀고 있는 자기 자신을 알게 되고, 또 더 정진하면 성불이라는 어마어마한 보물을 캐낼 수가 있게 됩니다.

⑤ 선정(禪定:Dhyāna)바라밀입니다. 마음이 바깥 경계에 흔들려 산란해지는 것을 멈추고 평정을 유지하는 것을 말합니다. 깊고 깊은 본래로 공적한 자리로 들어 가는 것이 제대로 된 선정이지마는 현실을 살아가면서 갖가지 외적 조건에 자기 자신이 흔들리지 않는 것도 훌륭한 일입니다.

⑥ 지혜(智慧:Prajñā)바라밀입니다. 번뇌 망상을 그치고 모든 진리를 여실(如實)하게 아는 것을 말합니다.

⑦ 방편(方便:Upāya)바라밀입니다. 보살이 중생을 능숙하게 교화하기 위하여 수단과 방법으로써 여러 가지 형상을 나타내어서 교화하는 것입니다.

⑧ 원(願:Praṇidhāna)바라밀입니다. 보살이 깨달음을 얻고자 원하고, 일체 중생을 제도하고자 원하는 것입니다. 이 원(願)은 우리들이 인생을 살아 가면서 참으로 놓쳐서는 아니되는 것입니다.

자주 말씀드리지마는 부처님도 이 원(願) 하나로 온 인류에 대하여 자비의 실천자가 될 수 있었습니다. 자기 자신은 벌써 오래 전에 성불하였습니다. 그냥 열반에 들어 버릴까도 생각하였지만 중생들의 사연이 너무나도 애처롭기에 "저 가슴 아파하는 중생들을 내가 다 건네 주리라." 하는 원력에서 49년이라는 긴 세월 동안 교화에 나섰던 것입니다. 자연 환경이 위험하고 교통도 불편하던 시절, 하루도 빠짐없이 한 사람도 빼놓지 않으시고 다 제도를 하셨습니다.

우리 불자들도 원력을 갖고 무엇인가를 꼭 해야만 합니다. 자기 자신의 발전을 위해서는 기본이고 남을 위해서 무엇인가 한 모퉁이를 밝혀 주어야만 합니다.

⑨ 역(力:Bala)바라밀입니다. 바르게 수행하여 얻은 완전한 힘을 얻었기에 일체의 이론(異論)이 있거나 수행에 마(魔)의 방해가 있지 못합니다.

육조 스님께서도 이런 말씀을 하셨습니다.

"바르게 깨달은 사람이 삿된 소견을 이야기하여도 그것은 바른 견해가 되고, 바르게 깨닫지 못한 사람이 바른 소견을 이야기하여도 그것은 삿된 소견이 된다."

바르게 수행하여 완전무결한 힘을 얻은 사람에게 있어서는 이론(異論)이나 사견(邪見)이 있을 수가 없기 때문입니다. 마치 부처님 세계에는 극락뿐이지 지옥이 없는 것과 같은 이치입니다.

⑩ 지(智:Jñāna)바라밀입니다. 만법의 실상(實相)을 여실하게 아는 지혜입니다. 그렇게 함으로써 깨달음의 지극한 즐거움을 얻게 되고 그리하여 중생을 깨달음에 인도하는 완전한 지혜를 말합니다.

이렇게도 열 가지의 완벽한 과거 수행을 낱낱이 다 나타내며 상방으로부터 온 보살 대중들은 삼세 여래의 이름을 연설하는 마니 보배왕으로 계명주를 삼고 자리에 앉았습니다. 여기에서도 재미있는 표현이 있습니다. 계명주로 삼은 마니 보배왕은 과거·현재·미래의 삼세 여래의 이름을 끊임없이 부른다는 것입니다. 이 말이 무엇입니까. 부처님 법의 영원함을 표현한 것입니다. 과거에도 부처님이 계셨고 오늘날에도 부처님이 함께 하시고 먼 훗날에도 부처님이 우리들의 곁에 있을 것을 확신하는 말입니다.

과거에 부처님께서는 수많은 생을 거듭하면서 한없이 십바라밀을 닦아서 현세에 정각을 이루었습니다. 마찬가지로 현생에 우리들은 부처님 법을 이어받고 수행을 하고 있으므로 다음 생에서의 성불을 보장받고 있는 것이나 다름없습니다. 이렇게 해서 삼세 여래가 끊이지 않아 영원 무진하도록 삼세 이름을 부를 수가 있는 것입니다.

지금까지 시방의 아름다운 불국토로부터 수많은 보살 대중들이 갖가지의 신통을 나타내 보이며 석가모니 부처님의 법회에 동참을 하였습니다. 모두 선재동자의 성불을 마련하는 입장에서 또 우리들도 모두 성불할 수 있다는 증거로 이토록 화려하고도 원대한 법회가 열리고 있는 것입니다.

지금까지 이 『화엄경』을 읽어 오면서 이제는 어느 정도 『화엄경』의 참된 재미를 느꼈으리라 생각됩니다. 원융하고 광대무변한 이 우주 법계의 진리를 밝히고 있는 『화엄경』은 제대로 숨을 쉴 여유를 주지 않습니다. 우주의 한 호흡이 끝나기 전에 단숨에 읽어 내려 보면 얼마나 재미가 있고 심오한지 이루 다 말할 수가 없습니다. 그래서 『화엄경』을 일러 "인류가 남긴 최대의 걸작이다." 하는 찬사를 토해내는 것입니다. 이 이상의 걸작은 결코 있을 수가 없습니다.

이런 『화엄경』을 숙독하는 우리들의 공덕을 생각해 보면 그 복의 크기를 잴 수가 없고 또 그 공덕에 어울리게끔 항상 『화엄경』을 가까이 하여 우리들의 인생의 진실을 환하게 밝혀 가기를 권하는 바입니다.

(11) 대중들의 덕을 찬탄하다

如是十方一切菩薩과 幷其眷屬이 皆從普賢菩薩行願中生이라 以淨智眼으로 見三世佛하며 普聞一切諸佛如來所轉法輪修多羅海하며 已得至於一切菩薩自在彼岸하며 於念念中에 現大神變하야 親近一切諸佛如來하며 一身이 充滿一切世界一切如來衆會道場하며 於一塵中에 普現一切世間境界하야 敎化成就一切衆生호대 未曾失時하며 一毛孔中에 出一切如來說法音聲하며 知一切衆生이 悉皆如幻하며 知一切佛이 悉皆如影하며 知一切諸趣受生이 悉皆如夢하며 知一切業報가 如鏡中像하며 知一切諸有生起가 如熱時焰하며 知一切世界가 皆如變化하야 成就如來十力無畏하며 勇猛自在하야 能師子吼하며 深入無盡辯才大海하며 得一切衆生言辭海諸法智하며 於虛空法界에 所行無礙하며 知一切法이 無有障礙하며 一切菩薩神通境界가 悉已淸淨하며 勇猛精進하야 摧伏魔軍하며 恒以智慧로 了達三世하며 知一切法이 猶如虛空하야 無有違諍하고 亦無取着하며 雖勤精進이나 而知一切智가 終無所來하며 雖觀境界나 而知一切有가 悉不可得하며 以方便智로 入一切法界하며 以平等智로

入一切國土하며 以自在力으로 令一切世界로 展轉相入하며 於一切世界에 處處受生하며 見一切世界의 種種形相하며 於微細境에 現廣大刹하며 於廣大境에 現微細刹하며 於一佛所一念之頃에 得一切佛威神所加하야 普見十方하야 無所迷惑하며 於刹那頃에 悉能往詣하나니 如是等一切菩薩이 滿逝多林하니 皆是如來威神之力이러라

　이러한 시방의 모든 보살과 그 권속들은 다 보현보살의 행과 서원 가운데서 났으니, 청정한 지혜의 눈으로 삼세 부처님을 보고, 모든 부처님 여래의 굴리신 법륜인 경전(經典)의 바다를 다 들었으며, 모든 보살의 자유자재한 저 언덕에 이미 이르렀고, 생각생각마다 큰 신통변화를 나타내어 모든 부처님 여래에게 친근하며, 한 몸이 모든 세계 모든 여래의 대중이 모인 도량에 가득하였다.

　한 티끌 속에 모든 세간의 경계를 나타내어 모든 중생을 교화하고 성취하되 때를 놓치지 아니하며, 한 모공에서 모든 여래의 법을 말하는 음성을 내며, 모든 중생이 다 환상과 같음을 알며, 모든 부처님이 그림자 같음을 알며, 모든 길에 태어남이 꿈과 같음을 알며, 모든 업을 지어 과보를 받는 것이 거울 속의 영상과 같음을 알며, 모든 생사의 일어남이 더울 적의 아지랑이 같음을 알며, 모든 세계가 변화함과 같음을 알아, 여래의 열 가지 힘과 두려움 없음을 성취하였고, 용맹하고 자재하게 사자후하여 그지없는 변재의 바다에 깊이 들어갔으며, 모든 중생의 말을 아는 모든 법의 지혜를 얻었고, 허공과 법계에 다님이 걸림 없으며 모든 법이 장애가 없음을 알았다.

　모든 보살의 신통한 경계를 이미 청정케 하였고, 용맹하게 정진하여 마(魔)의 군대를 꺾어 굴복시키며, 항상 지혜로 삼세를 통달하며, 모든 법이 허공과 같음을 알아 어김이 없고 집착이 없으며, 비록 부지런히 정진하나 온갖 지혜가 마침내 온 데가 없음을 알고, 비록 경계를 보나 온갖 것이 얻을 수 없음을 알며, 방편의 지혜로 모든 법계에 들어가고 평등한 지혜로 모든 국토에 들어갔다.

자유자재한 힘으로 모든 세계가 차례차례 서로 들어가게 하며, 모든 세계의 곳곳마다 태어나서 여러 세계의 갖가지 형상을 보며, 미세한 경계에 광대한 세계를 나타내고 광대한 경계에 미세한 세계를 나타내며, 한 부처님 계신 데서 잠깐 동안에 모든 부처님의 위신력이 가피(加被)되어 시방 세계를 보는 데 미혹이 없이 잠깐 동안에 다 나아갈 수 있었다. 이러한 모든 보살이 서다림에 가득 찼으니, 이것은 모두 여래의 위엄과 신통한 힘이었다.

시방에서 모여든 모든 보살과 그 권속들이 지닌 덕을 찬탄합니다. 어떻게 해서 뛰어난 덕을 갖추게 되었느냐하면 모두 보현보살의 행(行)과 서원(誓願)을 따라서 났다는 것입니다. 바로 보현보살(普賢菩薩)의 십대원(十大願)입니다.

불교의 결론이 『화엄경』이고 『화엄경』의 결론이 뭔고 하니 바로 '보현행원'입니다. 그래서 『화엄경』의 맨 마지막에 「보현행원품」으로 배치하여 보현행원을 상세하게 가르치고 있습니다. 역시 『화엄경』의 도리에 맞게 열 가지 원을 가르치고 있습니다. 깨달아 알았다면 그것을 혼자서만 갖고 있지 말고 원력을 갖고서 남을 향해 행동으로 보여 주어야만 합니다. 이 역할을 보현보살이 주로 담당하고 있다고 해서 보현보살을 일러 대행(大行)이라고 하는 것입니다. 그래서 이 보살 대중들도 모두 보현의 원과 행을 실천하여 훌륭한 인격이 되었습니다. 보현십대행원(普賢十大行願)을 원 중에서 가장 크고 힘차다고 하여 원왕(願王)이라고 합니다.

'예경제불원(禮敬諸佛願)' 모든 부처님께 예경하기 원이옵니다.
'칭찬여래원(稱讚如來願)' 여래를 칭찬하기 원이옵니다.
'광수공양원(廣修供養願)' 시방의 모든 부처님께 공양하기 원이옵니다.
'참제업장원(懺除業障願)' 업장을 참회하여 남김없이 소멸하기 원이옵니다.
'수희공덕원(隨喜功德願)' 다른 이가 지은 공덕을 따라 기뻐하기 원이옵니다.

'청전법륜원(請轉法輪願)' 부처님께 법문을 설해 주십사고 청하기 원이옵니다.
'청불주세원(請佛住世願)' 부처님께 이 세상에 항상 계셔 주십사고 청하기 원이옵니다.
'상수불학원(常隨佛學願)' 부처님을 따라 항상 불법 배우기 원이옵니다.
'항순중생원(恒順衆生願)' 중생의 뜻에 항상 따라주기 원이옵니다.
'보개회향원(普皆廻向願)' 널리 일체 중생들에게 회향하기 원이옵니다.

이 열 가지 보현행을 잘 실천하면 보살이 될 것이고, 또 나아가 부처를 이룰 것입니다. 알고 보면 간단합니다. 열 가지를 모두 다 실천하지 않아도 됩니다. 이 중에서 하나만 찾아 행하여도 충분합니다.

'예경제불!', 모든 사람을 부처님으로 존경하고 예배드려도 훌륭한 보살행입니다. 『법화경』을 보아도 이 예경제불을 잘 실천한 보살이 나옵니다. 바로 상불경보살(常不輕菩薩)입니다. '항상 남을 가벼이 여기지 않는다'는 이름처럼 만나는 사람에게 항상 예배하고 찬탄을 보냅니다.

"저는 감히 당신을 가벼이 여기지 않습니다. 당신들 모두는 마땅히 부처를 이룰 것입니다."

"네까짓 게 뭔데 감히 수기를 주느냐."

그 말을 들은 사람들이 화를 내고 심지어는 때리기까지 하면 멀리 도망을 가서도 큰소리로 예배를 드렸다는 보살입니다. 이 상불경보살의 가르침은 바로 이것입니다. 우리들 내부에는 이미 불성이 있으므로 언젠가는 부처를 이룰 것입니다. 중생들이 이 사실을 모르고 있으니 너무나도 안타까워서 부처를 이룰 것이라고 하면서 공경하면서 일러 주고 있는 것입니다.

또한 '청전법륜'도 좋은 인연이 됩니다. 법문 들려주기를 계속 청하고 법문 듣기를 끊임없이 즐겨하는 것도 불성 계발에 참으로 도움이 됩니다. 부처님의 육성이 담겨 있는 경도 좋고 그 경을 바르게 해석한 조사

(祖師)와 스님들의 법문에 심취하여 우리들이 미처 모르고 있던 인간성의 여러 가지 측면을 발견해 내는 것도 좋은 보살도입니다.

사람들은 알면 실천하게 되어 있습니다. 우리들의 내부에 이러이러한 작용이 한없이 있다는 것을 법문을 통해서 알게 되면 가만히 있으려고 해도 그 쪽으로 행하게끔 되어 있습니다. 우리들 속에 이만큼이나 큰 자비가 있는데 어찌 실천하지 않을 수가 있겠습니까. 그러므로 바르게 안다고 하는 것은 반 이상으로 성불한 것이나 다름없습니다.

'참제업장'도 얼마나 우리를 시원하게 해주는지 모릅니다. 살다보면 뭔지 모르게 속이 답답하고 무엇이 터질 것 같은 감정으로 차오를 때가 있습니다. 그럴 때에는 아무 생각도 하지 말고 하염없이 염불을 하거나 온 몸이 닳도록 절을 하는 것도 좋은 방편이 될 수가 있습니다.

그리고 우리들이 쉽게 실천할 수 있고 남에게 실제로 도움을 줄 수 있는 것으로는 '광수공양'도 있습니다. 아무런 차별없이 널리 공양을 올리는 것, 이것은 바로 보살이나 부처가 할 수 있는 행동이지 아무나 할 수 있는 게 아닙니다. 남에게 베풀지 않고서는 배기지 못하는 성품을 가진 사람들은 그대로 부처입니다. 좋은 것이 있으면 자기가 쓰기보다는 '아 이것은 누구누구에게 더 필요하겠다'고 하여 갖다 주기가 바쁜 사람들은 생각보다 주위에 많습니다.

언젠가 절 입구의 언덕길에서 노보살님을 태우고 온 일이 있습니다. 그분은 땀을 뻘뻘 흘리면서 커다란 비닐 봉지를 몇 개나 들고 있었습니다.

"보살님, 새벽부터 웬 짐입니까?"

"스님, 우리 집 건너편 밭에 있는 상추를 보니 너무 탐스러웠습니다. 그것을 보니 스님들 생각이 제일 먼저 나길래 싱싱할 때 잡수시게 하려고 바쁘게 들고오는 길입니다. 저는 좋은 것만 보면 스님들 생각이 제일 먼저 납니다."

그 말을 듣고 그분의 진심이 느껴져 와 가슴이 뭉클해진 적이 있었습니다.

다른 덕목도 우리들이 전부 실천할 수 있는 것들입니다. 시방에서 운집한 보살들이 이 십대행원을 잘 실천하여 보살이 된 것처럼 우리들도 이것을 실천하면 그대로 부처가 되고 보살이 된다는 근거로 삼을 수 있는 경의 말씀입니다.

이 분들은 보현행원으로 보살이 되었는데 그 경지와 인격이 부처님과 거의 맞먹습니다. 먼저 이들은 청정한 지혜를 갖추었기 때문에 삼세 부처님을 보고, 부처님의 마음이 담겨 있는 경전을 열심히 공부하며, 온갖 번뇌가 사라진 열반의 저 언덕에 다 도달하였으며, 생각만 하면 모든 부처님 처소에 갈 수 있으며, 한 몸이 모든 세계 모든 여래의 대중이 모인 도량에 가득합니다. 또 이 분들은 한 미진 속에서 모든 세간의 경계를 나타냅니다. 그야말로 일미진중함시방인 것입니다. 그리고 중생을 교화하는 데에 시기를 놓치지 아니합니다. 적절한 시기에 중생이 필요로 한 것을 설해 줍니다. '때를 안다'는 것은 부처님 법을 전하는 데에 있어서 상당히 중요한 사항입니다. 지금 당장 가슴이 아픈 사람에게 있어서는 위로가 필요한 것이지, 사제 팔정도가 어떻고 육근이 저떻고 하는 복잡한 교리 설명은 소용없습니다. 애통해하는 이를 만나면 간단한 것을 일러주어야 합니다.

"관세음보살을 불러 보세요. 열심히 부르면 자비가 철철 넘쳐 흐르는 그분이 듣고서 모든 걸 다 해결해 주십니다. 아무 생각말고 관세음보살님만 부르세요."

이러다가 그 사람이 어느 정도 진정이 되고 나면 그 때에 차근차근 불교를 설명해도 늦지 않습니다.

또한 한 모공에서 모든 여래의 법을 말하는 음성을 냅니다. 『화엄경』에서는 모공(毛孔)이라는 말을 특히 많이 쓰고 있습니다. 우리들 몸에는 모공이 수를 셀 수 없이 많으면서 눈에 잘 띄지 않을 정도로 또 미세합니다. 이 작은 것 속에 온 우주가 다 포함되어 있다는 의미에서 경전에서는 늘 모공을 이야기합니다. 왜냐하면 이 우주라는 것도 내가 있음으로 해서 존재하기 때문입니다. 내가 이 세상에서 제일입니다. 나는 무엇입니까. 몸이 바로 나입니다. 몸을 근거로 해서 모든 것이 이루어져가고 있기 때문에 세계를 이야기할 때에는 항상 몸과 연관을 지어 이야기하는 것입니다. 나는 곧 세계요, 세계는 바로 나입니다. 이 몸에 두루 원만해 있는 것이 모공입니다. 그러므로 이 모공 하나의 가치와 온 우주의 가치가 같고 또 모공에서 온갖 것을 나툴 수가 있는 것입니다.

또 이 시방에서 모여든 보살들은 공(空)의 도리에 명철하였기에 그 어떠한 것에도 걸리거나 매이지 않습니다. 제법이라는 것은 잠깐 동안 인연이 있는 곳에 머물다가 사라진다는 원리를 알기에 모든 중생을 환상으로 알고, 모든 부처님을 그림자로 알고, 모든 길에 태어남도 꿈과 같음을 알고, 업을 지어 과보받음도 거울 속의 영상과 같음을 알고, 모든 생사의 일어남도 아지랑이 같음을 알아 결코 집착하지 않습니다.

공(空)이라는 낱말은 한 번도 사용하지는 않았지만 공(空)의 지혜를 밝히는 『금강경』의 마지막 분인 응화비진분(應化非眞分) 제32에 유명한 사구게가 있습니다.

    일체유위법(一切有爲法)   일체의 함이 있는 법은
    여몽환포영(如夢幻泡影)   꿈과 같고 환상과 같고 물거품과 같고
                                 그림자와 같으며
    여로역여전(如露亦如電)   이슬과 같으며 또한 번개와도 같으니
    응작여시관(應作如是觀)   응당 이와 같이 관찰할지니라.

꿈, 환상, 물거품, 그림자, 이슬, 번개를 『금강경』의 육유(六喩)라고 합니다. 잠깐 동안만 존재하는 것들을 모아 놓았습니다. 여기서는 열시염, 즉 아지랑이까지 언급합니다. 또 소화엄경이라고 하는 『유마경』에서는 열 가지 비유로써 몸에 대한 무상을 가르치고 있습니다. 열 가지 무상한 것은 취말(聚沫), 포(泡), 염(炎), 파초(芭蕉), 환(幻), 몽(夢), 영(影), 향

(響), 부운(浮雲), 전(電)입니다.

　이 보살들은 그 어디에도 한정적으로 매이는 법이 없으므로 한량없는 능력을 자유자재로 발휘합니다. 여래의 열 가지 힘과 무외를 성취하였고, 사자후를 토설할 수가 있으며, 모든 중생의 말을 다 알아 듣는 법의 지혜를 얻었고, 공간에 걸리지 않고 허공을 마음대로 다 날아다닐 수가 있으며 모든 법이 장애가 없음을 압니다.
　또한 보살의 신통한 경계를 이미 깨끗하게 하였고, 마의 군대도 조복시켰으며, 항상 지혜로 삼세를 통달하며, 모든 법이 허공과 같음을 알아 어기고 다투지도 않으며, 부지런히 정진을 하나 온갖 지혜가 어디로부터 온 데가 없음을 압니다. 본래 우리들 안에 갖추고 있으니 다시 어디로부터 오는 것이 아닙니다. 다만 확인할 뿐입니다.
　또한 갖가지 경계를 보지마는 온갖 것을 얻을 수 없음을 압니다. 사실 우리들의 눈에 많은 것이 잡힙니다. 산이 있으면 산을 보고, 강이 흘러가면 강을 따라가고, 사람이 있으면 또 사람을 봅니다. 그런데도 가히 얻을 것이 없습니다. 고정불변한 실체가 없기 때문입니다. 또 방편이라는 지혜를 써서 모든 법계에 들어가게 하고, 평등한 지혜로 모든 국토에 들어가게 합니다.
　그리고 이 보살들은 자유자재한 힘으로 모든 세계가 차례차례 서로 들어가게 합니다. 그야말로 상즉상입(相卽相入)인 것입니다. 이 우주에 존재하고 있는 모든 삼라만상은 대립하지 않습니다. 한 쪽을 무력화시키지도 않습니다. 서로 융합하고 작용을 주고 받으면서 무한히 밀접한 관계를 유지하고 있습니다. 그러므로 우주에 존재하고 있는 일체는 하나도 취사선택할 것이 없는 모두가 다 장엄한 존재들인 것입니다.
　또 이 보살들은 세계 곳곳에 마음대로 태어나 여러 곳의 신기한 형상을 다 보며, 미세한 경계에 광대한 세계를 나타내고, 따라서 광대한 경계에 미세한 세계를 나타내며, 한 부처님 계신 데에서 잠깐 동안에 모든 부처님의 위신력이 가피되어서 시방 세계를 보는데 미혹이 없어서 순식간에 다 나아갈 수가 있습니다. 그야말로 일념즉시무량겁(一念卽是無量劫)인 것입니다. 이런 수승한 경지를 다 성취한 보살들이 서다림에 가득 찼는데 그것은 모두 여래, 즉 진리의 위엄과 신통한 힘 때문이라는 것입니다.

5. 잃은 것으로 얻을 것을 나타내다

(1) 여래의 경계를 보지 못하는 사람

于時에 上首諸大聲聞인 舍利弗과 大目犍連과 摩訶迦葉과 離婆多와 須菩提와 阿㝹樓馱와 難陀와 劫賓那와 迦栴延과 富樓那等의 諸大聲聞이 在逝多林하니라

이 때에 큰 성문들의 상수(上首)인 사리불・대목건련・마하가섭・이바다・수보리・아누루타・난타・겁빈나・가전연・부루나들의 여러 큰 성문들이 서다림에 있었으니라.

부처님 당시에는 상수중(常隨衆)이라고 하여 항상 1250명의 대중이 함께 하였습니다. 바로 앞에서 훌륭한 인격을 성취한 보살들이 시방에서 구름같이 모여 왔는데 이「입법계품」을 설할 때만 특별히 모여든 대중들이라고 하여 내집중(來集衆)이라고 합니다. 두말할 것도 없이 부처님 당시의 역사적인 인물들은 아닙니다.

선재동자가 성불의 길로 나아가는 거창한 출발을 축하하는 의미에 있어서 우리들이 알고 있는 역사적인 인물로는 부족하다는 감이 들기 때문에 거의 성불에 이르러간 보살 대중들이 운집하여 기틀을 마련해 주는 입장입니다. 그분들이 지닌 뛰어난 덕과 능력은 우리들이 이미 다 갖추고 있는 것이고, 수행을 통해서 그것을 드러내야 할 불성이라는 관점으로 이해하면 되겠습니다.

불교의 경전은 이 세상 어느 종교의 경전보다도 많습니다. 혼히 팔만대장경이라고 하고 거기에다가 조사나 선사들의 논(論)과 소(疏)를 합하면 더 많은 양이 됩니다. 이렇게도 많고 많은 경전에서 밝히고 있는 부처님의 가르침은 한결같습니다. 어느 경을 보든지간에 그 통일성은 너무나도 뛰어납니다.

무릇 생로병사가 있다고 하는 가르침이나 또 모든 있는 것은 무상하니 상에 집착하지 말라는 가르침과 상 너머를 보면 고요하여 항상하다고 하는 가르침은 같습니다. 무상의 경계를 뛰어 넘어서 보면 영원불변하고 불생불멸한 것이 있습니다.

무엇이 불생불멸(不生不滅)한 것이냐고 한다면 부처님의 수명이 그러하고 또 우리들의 마음이 그러하고 중생의 세계가 그러합니다. 삼라만상이 그렇습니다. '항상한 것은 불변하는 것이요, 불변하는 것은 진리이다.' 그렇게 보았을 때 불변하는 것은 삼라만상입니다. 그러므로 삼라만상은 그대로가 순수한 진리라고 하는 것입니다.

이 순수한 진리를 하나도 빠뜨리지 않고 나타내고자 하는 것이 『화엄경』이기 때문에 소승 교리에만 빠져 있는 성문들은 이 『화엄경』이 설해지는 법회에 참석을 하고 있으면서도 하나도 알아듣지 못합니다. 그래서 벙어리와 같고 소경과 같다고 하는 것입니다. 눈에 아무 것도 보이지 않고, 또 바라 보았자 그것이 무엇인지 분별해 내지 못하고, 귀에 소리는 들리지만 그것이 무엇을 뜻하는지 모르니 소경이나 다름없고 귀머거리와 같은 것입니다. 그럴 수밖에 없습니다. 법은 하나이지만 그 법을 이해하는 근기는 사람에 따라 차별이 있기 때문입니다.

도(道)는 누구에게나 똑 같고 우리들이 갖추고 있는 마음의 세계는 하나도 차별이 없다고 하더라도 이 마음을 작용시키는 데에 있어서는 천차만별입니다. 말하자면 인연의 도리와 업의 도리가 걸리는 것입니다.

'심불급중생 시삼무차별(心佛及衆生 是三無差別)'이지마는 그것을 운용하는 데에 있어서는 엄청나게 차이가 납니다.

예를 들어 보면 자식들에게 똑같이 백만원을 나누어 준 뒤 일 년 뒤에 가져와 보라고 한다면 그 결과는 다를 것입니다. 한 푼도 남기지 않고 없애버린 경우가 있을 것이고 그대로 두었다가 원금만 가져오는 자식도 있을 것이며 재투자를 활발히 하여 훨씬 많은 돈을 가지고 오는 자식도 있을 것입니다. 원금은 누구에게나 똑같은 돈이었지마는 운용에 따라서 그 결과는 이렇게 달라질 수 있습니다.

그러므로 우리들이 다 가지고 있는 만행 만덕을 어떻게 쓰느냐 하는 것이 관건이 되겠는데 그러기 위해서는 가만히 있어 가지고는 아무 것도 되지 않습니다. 우리들이 스스로 공부를 통해서, 또 인격을 자꾸 쌓아가는 정진에 의해서 그 작용과 표현이 달라지는 것입니다. 절실하게 기도를 올려야 하고 염불을 해야 하고 경을 자꾸 보아서 우리들의 마음의 창을 자꾸 두드려야 하는 것입니다. 이런 노력을 자꾸 기울이다 보면 나의 인연이 달라지게 되고 업이 바뀌게 됩니다.

창문은 두드리면 열리게 되어 있습니다. 창문이 열리게 되면 거기서 무한한 묘용이 쏟아져 내리게 되는 것입니다. 이 무한한 마음의 힘을 증거하기 위해서 지금까지 갖가지의 장엄이 펼쳐졌고 또 보살들의 위신력이 소개되었습니다. 그러나 지금부터는 아직도 수행이 부족하여 활짝 열린 마음의 무한한 묘용에 대한 확신이 부족한 부처님의 제자들이 거명됩니다. 우리들이 알고 있는 십대 제자와는 약간 차이가 나지마는 부처님의 제자 열 명이 소개됩니다.

사리불과 목건련은 부처님의 오른팔·왼팔과 같은 그런 인물들입니다. 부처님에게 귀의하기 전까지 그들도 나름대로 한 종교의 지도자들이었습니다. 회의론자 산자야 문하에 있다가 각각 100명의 무리를 이끌고 부처님께 귀의하였습니다. 경전에 보면 1250인이라는 상수중이 늘 나오는데 이 대중들의 구성은 다음과 같습니다.

제일 먼저 녹야원에서 교화한 5명의 비구와 부호의 아들인 야사와 그의 친구들 50인과 외도를 섬기던 가섭 3형제가 이끌던 1000명의 무리와 사리불과 목건련을 따르던 200명 이렇게 해서 정확하게는 모두 1255명이 됩니다.

부처님의 제자 중 지혜 제일의 사리불과 신통 제일인 목건련과 두타행이 가장 뛰어난 마하가섭과 이바다와 해공제일인 수보리도 동참을 하였습니다. 또 천안제일인 아누룻다와 부처님의 이복 동생인 난다와 지성수(知星宿)제일인 겁빈나와 논의제일인 가전연과 설법제일인 부루나도 모였습니다.

여기서는 성문이라고 하여 여래의 경계를 보지 못한다고 하지만 실제로는 우리들보다 근기가 훨씬 뛰어납니다. 또 이 제자들에 의해서 불(佛)·법(法)·승(僧) 삼보가 성립하여 불교라는 조직이 갖추어지게 된 계기가 되고 부처님의 가르침을 이 제자들이 이어왔기 때문에 우리들도 불법을 믿고 따를 수 있게 되었습니다.

이 뛰어난 제자들에게는 수행에 얽힌 남다른 이야기가 전해 오고 있습니다. 부처님의 제자들 중에 가장 똑똑하여 지혜제일이라는 사리불과 뛰어난 신통력으로 부처님과 교단을 해치려는 자들을 물리친 목건련과 의식주에 집착하지 않고 언제나 고된 수행을 잘 견뎌내고 또 부처님의 입멸 후에는 교단의 중심 인물이 되어 부처님 말씀을 결집한 마하가섭 같은 분이 있었기에 오늘날까지 불교가 전수될 수가 있었습니다.

『장로게(長老偈:Theragāthā)』라는 부처님 당시의 비구스님들이 직접 읊은 시를 모아놓은 시집이 있습니다. 264명의 비구스님이 등장하여 그들의 수행과 부처님에 대한 흠모와 그 당시 교단의 모습 등을 노래하였는데 사리불과 목건련, 마하가섭이 직접 지은 노래도 있습니다. 그것을 읽어 보면 사리불의 열렬한 구도심을 볼 수 있는 구절이 있습니다.

"진리를 보는 눈을 가진 거룩한 스승 붓다는 한 사람만 있어도 진리를 말씀하신다. 설법하시는 동안, 도를 구하던 나는 귀를 바짝 기울였다."

또 목건련은 선우(善友)인 사리불과 자기 자신을 두고 스스로 이렇게 읊었습니다.

"사리불은 지혜와 계행과 내적인 평안을 통하여 피안에 이른 수행자이며, 참으로 가장 빼어난 분이시다."

"나는 수억만의 다른 모습을 한 순간에 나투리라. 나는 온갖 형태로 내 모습을 바꾸는 재주가 있어 신통력이 뛰어나다."

마하가섭의 두타행을 잘 보여주는 구절도 있습니다.

"성자(聖者)는 부유한 집안을 가까이 해서는 안 된다. 그렇게 되면 마음이 산란해져 내심 안정을 이룰 수가 없다. 걸근거리며 맛에 탐닉하는 사람은, 행복을 가져다 주는 애초의 목적을 이룰 수가 없다."

"나는 침상에서 내려와 시내로 탁발을 나갔다. 밥을 먹고 있는 한 문둥병자에게 가, 그의 곁에 가만히 섰다. 그는 문드러진 손으로 한 덩이의 밥을 주었다. 발우 안에 밥을 담아줄 때, 마침 그의 문드러진 손가락이 '툭'하고 그 안에 떨어졌다. 담벽 아래에서 나는 그가 준 밥을 먹었다. 그것을 먹고 있는 동안, 그리고 식사를 마치고 나서도, 내게는 혐오스러운 마음이 일어나지 않았다."

"문전에 서서 탁발로 얻은 것을 양식으로 삼고, 소 따위의 냄새나는 오줌으로 만든 것을 약으로 삼으며, 나무 밑을 침상으로, 누더기 기운 것을 옷으로 삼아, 그것만으로 만족해하는 사람, 그 사람이야말로 사방(四方)의 사람이다."

또한 공의 도리에 밝았지만 언제나 중생들과 함께 한 수보리와 졸지 않고 정진을 하여 천안통을 얻은 아누룻다와 불교 교리의 문답과 논의에 뛰어났던 가전연 같은 큰스님들의 행적과 수행도 참으로 향기롭습니다. 그 중에서도 설법제일이라는 부루나의 순교 정신은 더욱 더 빛을 발하고 우리들의 마음을 숙연하게 해 줍니다.

부루나의 아버지는 정반왕의 국사(國師)이고 어머니는 교진여 비구의 여동생으로 부처님과 같은 날에 바라문의 집안에 태어났습니다. 어려서부터 매우 총명하여 4베다와 5명(明)에 통철하였습니다. 그러다가 부처님의 성도 소식을 듣고서는 부처님께 귀의하였습니다.

언변이 뛰어나기 때문에 설법제일일 것이라고 생각하겠지마는 그보다는 부루나를 설법제일로 칭송하는 데는 다른 이유가 있습니다. 부루나는 전도를 나가서 순교를 하였기 때문입니다. 그것도 자진하여 그 지방으로 나갔던 것입니다.

"부처님, 아직도 부처님의 감로법이 전해지지 않은 수로나국으로 가고 싶습니다. 허락해 주시옵소서."

"듣자 하니 그 지방 사람들은 매우 성품이 거칠다고 하는데 그 사람들이 만약에 너를 욕보인다면 어떻게 하겠느냐?"

"부처님이시여, 저는 그 나라 사람들을 참으로 인자한 사람으로 알겠나이다. 그 사람들이 저를 욕하기만 하였지 때리지는 않았기 때문입니다."

"만약에 그 사람들이 너를 때린다면 어떻게 하겠느냐?"

"그래도 그 사람들은 자비심이 많은 사람으로 여기겠습니다. 비록 저를 때리기는 하였지만 죽이지는 않았기 때문입니다."

"이번에는 죽인다면 어떻게 하겠느냐?"

"그래도 그 사람들을 고마운 사람들이라고 하겠습니다. 이 몸이라는 것은 때가 되면 먹여 주어야 하고 입혀 주어야 하는 귀찮은 존재일 뿐인데 그 사람들이 열반을 저에게 베풀어 주니 얼마나 고마운 일인지 모르겠습니다."

"그 정도의 각오라면 그 먼 나라에 가서 나의 법을 전하도록 하여라."

이렇게 하여 변방의 거친 수로나국으로 전도를 하러 갔습니다. 일 년 동안에 500명의 사람을 불교에 귀의시킨 후 반대하는 사람의 돌에 맞아 보살이 입적하였습니다. 이같은 숭고한 정신으로 목숨을 맞바꾸어 가며 부처님의 법을 널리 전하였기에 설법제일이라고 하는 것입니다. 그러나 부처님의 제자들 중에서 역사적으로 빛나는 이런 큰스님들도 아직은 마음의 작용이 부족하여 여래의 경계와 보살의 경계를 알지 못한다는 것입니다.

(2) 여래의 경계

皆悉不見如來神力과 如來嚴好와 如來境界와 如來遊戲와 如來神變과 如來尊勝과 如來妙行과 如來威德과 如來住持와 如來淨刹하니라

그러나 그들은 모두 여래의 신통한 힘·여래의 잘 생긴 모습·여래의 경계·여래의 유희·여래의 신통 변화·여래의 높으심·여래의 묘한 행·여래의 위덕·여래의 머물러 지니심·여래의 청정한 세계들을 보지 못하였다.

부처님의 뛰어난 열 명의 제자들은 몸은 비록 이 서다림 법회에 참석하고 있으나 아직은 마음의 세계에 대한 확신이 부족하여 마음의 문을 활짝 열어제낀 여래의 갖가지 경계를 보지 못합니다. 즉 여래의 신통한 힘과 여래의 잘 생긴 모습과 여래의 경계와 여래의 유희와 여래의 신통 변화와 여래의 존승, 즉 존귀함과 여래의 묘행과 여래의 위덕과 여래의 주지(住持), 즉 부처님의 관심사와 부처님의 청정한 세계를 보지 못합니다.

여래가 무엇입니까. 바로 이것입니다. 우리들의 마음의 꽃을 가장 밝고 환하게, 또 향기롭고 아름답게, 그리고 힘차게, 마지막으로 화려하게 피운 상태가 바로 여래인 것입니다. 이 꽃잎 하나하나마다 지혜(智慧)와 자비(慈悲), 원력(願力)과 교화(敎化)라고 이름을 붙여줄 수가 있습니다. 즉, 마음의 꽃을 가장 밝고 환하게 피운 것을 부처님의 지혜(智慧)라고 하고, 마음의 꽃을 가장 아름답게 꽃피운 것을 부처님의 자비(慈悲)라고 하고, 마음의 꽃을 가장 힘차게 꽃피운 것을 원력(願力)이라 하고, 마음의 꽃을 가장 화려하게 피운 것을 교화(敎化)라고 할 수가 있습니다. 지혜가 있어야 자비가 나올 수 있고, 자비가 있음으로 해서 원력도 생겨서 교화도 하게 됩니다. 뿌리는 하나입니다. 우리들의 마음의 가치와 그 무한한 능력인 것입니다.

여기 소개된 성문 대덕들도 뿌리는 부처님과 동일하고 보살과도 같지마는 아직은 운용에 있어서 미치지 못합니다. 마음 작용에 있어서는 차이가 벌어져서 여래의 신통 묘용한 경계를 알지 못하는 것입니다.

(3) 보살의 경계

亦復不見不可思議菩薩境界와 菩薩大會와 菩薩普入과 菩薩普至와 菩薩普詣와 菩薩神變과 菩薩遊戱와 菩薩眷屬과 菩薩方所와 菩薩莊嚴師子座와 菩薩宮殿과 菩薩住處와 菩薩所入三昧自在와 菩薩觀察과 菩薩頻伸과 菩薩勇猛과 菩薩供養과 菩薩受記와 菩薩成熟과 菩薩勇健과 菩薩法身淸淨과 菩薩智身圓滿과 菩薩願身示現과 菩薩色身成就와 菩薩諸相具足淸淨과 菩薩常光衆色莊嚴과 菩薩放大光網과 菩薩起變化雲과 菩薩身徧十方과 菩薩諸行圓滿하니라

그리고 또 불가사의한 보살의 경계·보살의 대회·보살의 두루 들어 감·보살의 널리 모여 옴·보살의 널리 나아감·보살의 신통 변화·보살의 유희·보살의 권속·보살의 방소·보살의 장엄한 사자좌·보배의 궁전·보살의 계신 곳·보살의 들어 간 삼매의 자재함·보살의 관찰·보살의 기운 뻗음·보살의 용맹·보살의 공양·보살의 수기 받음·보살의 성숙함·보살의 건장함·보살의 청정한 법의 몸·보살의 원만한 지혜의 몸·보살의 원하는 몸으로 나타남·보살의 색신을 성취함·보살의 모든 모습이 구족히 청정함·보살의 늘 있는 광명이 여러 빛으로 장엄함·보살이 놓는 큰 광명의 그물·보살이 일으키는 변화하는 구름·보살의 몸이 시방에 두루함·보살의 행이 원만

함을 보지 못하였다.

  부처님의 제자들은 여래의 경계는 물론이고 보살의 경계도 보지 못합니다. 보살의 경계와 보살의 모임과 보살의 널리 들어감, 즉 보살의 정신과 행동이 곳곳에 스며드는 것과 보살의 널리 이르는 것, 즉 보살의 활동 상황과 보살이 부처님 앞에 나아가는 것과 보살의 신통 변화와 보살의 유희와 보살이 함께 데리고 온 권속들과 보살이 살고 있는 방향과 장소와 보살의 사자좌를 알지 못합니다.
  사자가 백수의 왕이듯이 부처님도 만인의 왕이라는 의미에서 부처님을 자주 사자에 비유하여 말합니다. 그래서 부처님이 앉으시는 법상(法床)을 사자좌라고 합니다.
  영가현각 대사도 「증도가(證道歌)」에서 다음과 같이 읊었습니다.

> 사자후 무외설(獅子吼 無畏說)
> 백수문지개뇌열(百獸聞之皆腦裂)
> 향상분파실각위(香象奔波失却威)
> 천룡적청생흔열(天龍寂聽生欣悅)
> 사자의 큰 울음 두려울 것 없는 소리여
> 뭇짐승이 듣고서 모두 다 뇌가 찢어지네.
> 거대한 코끼리도 위신을 잃고서 분주히 도망치고
> 하늘용이 고요히 듣고서 기쁨에 잠겨 있네.

  사자의 거침없는 울음 소리에 백수들이 다 벌벌 떱니다. 심지어는 거룩하다는 코끼리마저 그 큰 울음 소리에 위신을 잃고서 허둥댑니다.
  다만 하늘의 용만 고요히 듣고서 흔쾌히 기쁨에 잠겨 있을 정도로 사자의 도도한 울음 소리는 뭇 짐승을 외경케 합니다.
  여기서 말하는 보살들의 사자좌라고 하는 것은 단순하게 의자만을 나타내는 것이 아닙니다. 의자라는 물체를 말하는 것이 아니고 그 보살들이 그러한 인격을 갖추기까지의 밑거름이 된 수행으로 이해하면 틀림이 없을 것입니다. 앉을 자격이 있는 사람이 앉아야 사자좌이지, 자격도 없는 사람이 앉아 가지고서 사자좌라고 해 봤자 그게 보살이 앉은 사자좌가 되는 게 아닙니다. 그러나 충분한 덕성을 갖춘 사람이 앉으면 그 자리는 언제 어디서나 사자좌가 됩니다. 맨 땅에 앉았든, 거적에 앉았든, 보석으로 호화찬란하게 꾸며 놓은 의자에 앉았든 그 자리는 틀림없이 그 사람의 사자좌가 됩니다.

부처님이 앉으시는 자리는 어떻습니까. 바로 연꽃으로 받치고 있습니다. 또 부처님이 탄생하여 한 걸음 한 걸음 걸을 때마다 연꽃이 받쳐 주었다고 하였습니다. 이것은 바로 부처님의 덕성을 말하는 것입니다. 땅에서 연꽃이 솟아 올라가지고 순식간에 피어난다 하는 그런 불가사의한 기적도 부정할 수는 없습니다. 그러나 부처님의 완성된 인격을 연꽃을 빌어와서 표현하는 것, 그게 더 멋이 있습니다. 만약 땅에서 연꽃이 피어 올라 가지고 실제로 받쳐주고 금방 시들고 말았다면 그게 무슨 소용이 있겠습니까. 그건 사실 별 게 아닌 겁니다.

또 우리들이 그렇게 할 수도 있습니다. 연꽃을 들고 있다가 걸을 때마다 연꽃을 착착 받쳐줄 수도 있습니다. 그러나 그렇게 하는 것은 별 의미가 없습니다. 걸을 때마다 연꽃으로 받들었다라고 할 정도의 고귀한 인격이 중요한 것입니다. 그래서 지금까지 사자좌에 대한 장엄이 수차 나왔지만 형식적으로 만들어진 그런 사자좌가 아닌 것입니다.

요즈음 큰 법당에 가보면 사자좌를 아주 근사하게 꾸며 놓은 경우를 자주 볼 수 있습니다. 몇천만원씩 들여서 법상을 만들어 놓고 거기에 주지가 턱 올라가는 경우도 가끔 있습니다. 부처님을 대신하여 올라가는 것이니까 가능할 수도 있고, 또 법당을 아름답게 꾸미기 위하여 사자좌를 장엄하게 꾸몄다고 생각할 수도 있지만 자기가 올라갈 자리를 너무 찬란하게 꾸미는 것은 좀 곤란하지 않나 하는 느낌이 듭니다.

사자좌의 의미는 외형적인 것에 있는 것이 아닙니다. 어디 부처님이 화려하게 꾸며 놓고 거기에 앉았겠습니까. 그렇게 했다면 부처님이 아니고, 우리가 존경할 필요도 없을 것입니다. 실제로 기원정사에 가보면 부처님께서 앉았던 자리는 대중들이 볼 수 있도록 딱딱한 벽돌을 조금 높여 놓은 정도입니다. 영축산에 가보아도 마찬가지입니다. 그렇기 때문에 천하의 부처님이라고 하는 것입니다. 『화엄경』에 자주 나오는 사자좌는 바로 부처님의 덕과 연관을 지어서 생각하면 되겠습니다.

또 성문들은 보살의 궁전과 보살의 계신 것과 보살이 들어간 삼매의 자재함을 모릅니다. 삼매가 자재하다는 것은 상당한 경지입니다. 우리 같은 중생들은 화두 하나 챙기거나 법당에 가서 기도 한 번 하려고 해도 시간이 한참 걸립니다. 처음에는 온갖 망상이 들어 가지고 마음을 모으기가 참으로 힘이 듭니다. 그러나 이 보살들은 그런 게 아닙니다. 생각을 딱 하기만 하면 그 순간에 바로 삼매에 몰입해 버릴 수가 있습니다.

부처님의 제자들은 또한 보살의 관찰과 기지개 켜는 것, 즉 활동을 기운차게 전개하는 첫순간과 용맹과 공양과 수기받는 것과 성숙함과 건장함과 청정한 법의 몸[法身]과 원만한 지혜의 몸[智身]과 원하는 몸[願身]으로 나타남, 즉 원력의 몸으로 나타남과 색신(色身)을 성취함을 알지 못합니다. 여기서 법신(法身)과 지신(智身)과 원신(願身)과 색신(色身)이라는 말을 썼습니다. 대구가 되면서 그 의미도 참으로 멋이 있습니다. 글을 보는 재미를 한껏 느끼게 해 주는 대목들입니다.

우리들 육신 자체가 바로 법 덩어리이고, 지혜 덩어리이고, 원력 덩어리이고 그 자체로 모든 것이 아름답다는 뜻입니다. 우리들의 육신이라는 것은 지(地)·수(水)·화(火)·풍(風) 사대가 잠깐 동안 모인 결합체이긴 하지만 또 이 몸을 근거로 해서 모든 것이 벌어집니다. 이 몸 떠나서 달리 다른 것이 법이 될 리가 없고 지혜를 따로 구할 것이 없으며 원력을 발휘할 능력이 있는 것이 아니고 모든 모양 하나하나가 다 아름답기 짝이 없다는 것입니다. 또 우리들은 화신(化身)이라는 표현을 쓰는 경우가 있습니다. 어떤 사람이 혼신의 노력을 기울여서 거기에만 열중하고 또 그것으로써 많은 사람에게 공헌하였을 때 '무엇무엇의 화신이다'하는 표현을 합니다. 그것은 다 불교적인 표현입니다.

부처님의 뛰어난 제자들은 또 보살의 모든 모습이 구족히 청정함, 즉 32상 80종호를 갖춤과 늘 있는 광명[常光]이 여러 빛으로 발하는 것을 모릅니다. 이 상광은 어느 순간에 빛을 발하는 방광하고는 다른 것으로 몸 테두리에서 항상 빛을 발하는 것입니다. 이것을 배광(背光)이라고 하여 불상을 보면 부처님의 몸 가장자리를 불꽃으로 장식하는 경우가 있습니다. 이게 상광입니다. 또 보살이 놓는 큰 광명의 그물과 보살이 일으키는 변화하는 구름과 보살의 몸이 시방에 두루함과 보살의 온갖 행이 원만함도 모릅니다. 여기서 중요한 관점이 나옵니다. 온갖 수행이 원만하다는 것입니다. 물론 한 가지만 잘 탐구하여도 다른 것에 다 통할 수가 있기는 있습니다. 그러나 구경에는 모든 행을 다 갖추어야 한다는 입장입니다.

그러기 위해서는 처음에는 낱낱이 다 닦을 필요도 있지마는 어느 한 곳에 집중하여 그것에 통달함으로 해서 다른 것까지 함께 성취하는 그런 입장으로 우리가 생각하는 것이 좋을 것입니다. 부처님도 처음에는 보리도량에서 참선만 하였잖습니까. 그런 후 깨닫고 나서는 여러 행이 다 구족되고 원만해졌습니다. 그것처럼 각자의 근기와 취미에 맞는 수행을 선택하여 열심히 정진하다 보면 다른 방면도 저절로 따라가게 되어 있습니다.

보살이 갖추고 있는 이토록 큰 위덕을 성문들은 같이 법회에 참석하고 있어도 이해하지 못합니다. 한 편의 드라마를 보거나 소설을 읽어도 전체적인 줄거리는 비슷하지만 거기에서 감동을 받는 부분이 다 다릅니다. 또 어떠한 행사가 이루어지고 사건이 생겨도 보는 사람도 있고 보지 못하는 사람도 있습니다. 또 다같이 본다고 하지마는 이해하는 정도도 천차만별입니다. 이와 마찬가지로 부처님의 제자들은 안목이 부족하여 여래와 보살과 함께 있어도 그들이 갖추고 있는 덕성과 경지를 보지 못하는 것입니다.

(4) 여래의 경계를 보지 못하는 이유

① 과거의 인연

如是等事를 一切聲聞諸大弟子가 皆悉不見하니 何以故오 以善根不同故며 本不修習見佛自在善根故며 本不讚說十方世界一切佛刹淸淨功德故며 本不稱歎諸佛世尊種種神變故며 本不於生死流轉之中에 發阿耨多羅三藐三菩提心故며 本不令他로 住菩提心故며 本不能令如來種性으로 不斷絶故며 本不攝受諸衆生故며 本不勸他하야 修習菩薩波羅蜜故며 本在生死流轉之時에 不勸衆生하야 求於最勝大智眼故며 本不修習生一切智諸善根故며 本不成就如來出世諸善根故며 本不得嚴淨佛刹神通智故며 本不得諸菩薩眼所知境故며 本不求超出世間不共菩提諸善根故며 本不發一切菩薩諸大願故며 本不從如來加被之所生故며 本不知諸法如幻하고 菩薩如夢故며 本不得諸大菩薩의 廣大歡喜故니 如是가 皆是普賢菩薩智眼境界라 不與一切二乘所共일새 以是因緣으로 諸大聲聞이 不能見하며 不能知하며 不能聞하며 不能入하며 不能得하며 不能念하며 不能觀察하며 不能籌量하며 不能思惟하며 不能分別하나니 是故로 雖在逝多林中이나 不見如來諸大神變이니라

이러한 일들을 모든 성문 제자들이 다 보지 못하였나니,

왜냐하면 선근이 같지 않은 연고며, 부처님을 뵈옵는 자재한 선근을 본래 익히지 않은 연고이니라. 시방 세계 모든 부처님 국토의 청정한 공덕을 찬탄하지 않은 연고며, 부처님 세존들의 갖가지 신통과 변화를 본래 칭찬하지 않은 연고라.

본래부터 생사에서 헤매는 가운데서 아뇩다라삼먁삼보리심을 내지 않은 연고며, 본래부터 다른 이를 보리심에 머물게 하지 못한 연고며, 본래부터 여래의 종자를 끊이지 않게 하지 못한 연고며, 본래부터 중

생들을 거두어 주지 못한 연고며, 본래부터 다른 이를 권하여 보살의 바라밀다를 닦게 하지 못한 연고이니라.

본래부터 생사에서 헤매면서 중생에게 권하여 가장 훌륭한 큰 지혜의 눈을 구하게 하지 못한 연고며, 본래부터 온갖 지혜를 내는 선근을 닦지 아니한 연고며 본래부터 여래의 출세하는 선근을 성취하지 못한 연고며, 본래부터 부처님 세계를 장엄하는 신통과 지혜를 얻지 못한 연고이니라.

본래부터 보살의 눈으로 아는 경계를 얻지 못한 연고며, 본래부터 세간에서 뛰어 나는 함께 하지 않는 보리의 선근을 구하지 않은 연고며, 본래부터 모든 보살의 큰 서원을 내지 않은 연고이니라. 본래부터 여래의 가피로 좇아 나지 아니한 연고며, 본래부터 모든 법이 환상과 같고 보살이 꿈 같음을 알지 못한 연고며, 본래부터 여러 큰 보살의 광대한 환희를 얻지 못한 연고이니라.

이런 것이 다 보현보살의 지혜 눈의 경계로서 모든 이승(二乘)과 함께 하지 않는 것이니, 이런 인연으로 여러 큰 성문들이 보지도 못하고 알지도 못하고 듣지도 못하고 들어가지도 못하고 얻지도 못하고 기억하지도 못하고 관찰하지도 못하고 요량하지도 못하고 생각하지도 못하고 분별하지도 못하느니라. 그래서 비록 서다림에 있으면서도 여래의 여러 가지 큰 신통 변화를 보지 못하였다.

수행이 뛰어나서 기록으로 남을 만큼 되는 큰스님들이 어찌하여 여래의 경계와 보살의 경계를 보지 못하는 것인가 하는 그 이유를 밝힙니다. 이것은 바로 우리들이 닦아야 할 수행을 가르치고 있다고 보아야겠습니다.

먼저 선근(善根)이 같지 않기 때문이라는 것입니다. 여기서 선근이라고 못박았지마는 수행이 다르고, 업이 다르고, 인연이 다르다는 뜻입니다. 선근은 타고 나는 게 아닙니다. 여기 이 자리에서 쌓은 수행이고 공덕이고 정진인 것입니다. 이런 것들이 여래와 보살과 다르기 때문에 당연히 보지 못합니다. 이건 우리들이 살아가는 이치 그대로입니다. 또 부처님을 뵈옵는 자재한 선근을 본래 익히지 않은 까닭에 보지 못한다는 것입니다. 부처님을 보려면 부처님을 볼 수 있는 그런 선근과 공부와 정진이 되어 있어야 가능합니다.

부처님 당시 바카리 비구는 부처를 석가모니 부처님 한 분에만 가두어 생각하고 있었습니다. 훌륭한 가문의 출신에다 거룩한 32상 80종호를 갖추시고 인격도 매우 원만하신 그런 석가모니 부처님 한 분만을 부처라 여기고 있었던 것이었습니다. 그런 상(相)에 떨어져 가지고서 눈에 잡히고 귀에 들리는 외형적인 모습을 보고 부처로 여기지 말라는 가르침을 아직도 이해하지 못한 바카리 비구를 보고 부처님은 호되게 꾸중을 하셨습니다.

『금강경』은 시종일관 이 가르침을 펴고 있습니다.

"약이색견아(若以色見我)　만약 색신으로 나를 보거나
　이음성구아(以音聲求我)　음성으로써 나를 구하면
　시인행사도(是人行邪道)　이 사람은 사도를 행함이라.
　불능견여래(不能見如來)　능히 여래를 보지 못하리라."
　　　　　　　　　　　　－『法身非相分 제 26』

눈에 들어오고 귀에 들려오는 그것을 부처로 여기지 말고 그것을 떠나 초월했을 때 비로소 부처를 볼 수 있는 선근이 쌓인다는 것입니다. 그러기 위해서는 훈련을 해야 되고 계속 앞으로 나아가야 합니다. 또한 이 성문들은 부처님 나라의 청정한 공덕을 찬탄하지 못한 연고와 부처님 세존의 갖가지 신통 변화를 본래 칭찬하지 않은 연고로 보지 못하는 것입니다. 설사 부처님의 세계를 실제로 보지는 못하였다고 하더라도 경전에 묘사된 모습을 읽고서는 '아 부처님의 세계는 정말로 이런가 보다. 너무나도 아름답고 장엄하구나.' 하고 입이 마르도록 칭찬을 하여야 하는데 그러지 못하였기 때문에 여래의 경계를 보지 못합니다.

　이것은 그대로 우리들의 일상 생활에도 적용되는 도리입니다. '남을 찬탄해 주는 것', 이것은 대단히 중요합니다. 그 누구에게라도 몇 가지의 장점과 아름다움이 있습니다. 그것을 간과하지 않고 잘 포착하여 제 때에 칭찬을 해 보십시오. 기분 나빠할 사람은 아무도 없습니다. 말이 통하지 않는 동물도 자꾸 칭찬해 주면 예쁜 짓만 하기 마련인데 하물며 사람은 오죽하겠습니까.

　대체로 우리 나라 사람들은 칭찬하는 데에 인색한 편이라고 합니다만 예쁘게 미소 지으면서 아무리 작은 것이라도 칭찬을 해 보십시오. 칭찬을 받은 사람은 그 방면으로 자꾸 노력하게 되고, 또 찬탄하는 나의 마음도 편안해지고 맑아집니다.

　또한 본래부터 생사(生死)에서 헤매는 가운데서 아뇩다라삼먁삼보리심을 내지 않은 연고로 여래의 경계를 보지 못합니다. 이 가르침도 참으로 소중합니다. 우리들은 불법이다, 열반이다, 깨달음이다 하면 어디 먼 곳에 있는 것으로 착각을 합니다. 또 법당이나 참선방이나 경전에만 있는 것으로 한정을 지웁니다. 그게 아니라는 것입니다. 세속의 일상적인 삶 속에서 보리심을 발견해야 된다는 것입니다. 밥먹고 일하고 잠자고 노는 가운데에서 깨닫는 마음을 찾아야 합니다. 이런 훈련이 되어 있지 않았고 또 다른 사람에게 보리심에 머물도록 하는 그런 정진이 없었기 때문에 여래의 경계를 보지 못합니다.

　또 여래의 종자를 끊이지 않게 하지 못한 연고 때문에 여래를 보지 못한다고 하였습니다. 이 말이 무슨 뜻인가 하면 우리들이 한 번 보리심의 종자를 심으면 거기에 계속 물을 주고 빛을 비추어 주어서 여래종성(如來種性)에서 움이 트게 하고 잎이 자라게 해야 할텐데 그런 지속성이 없다는 것입니다.

　본래부터 중생들을 거두어 주지 못한 연고로 여래의 경계를 보지 못합니다. 보현의 열 가지 서원에도 섭수할 사람은 섭수해야 된다고 합니다. 그렇지만 대개 우리들은 사람을 가려가며 위해 주고 좋아합니다. 그러나 여래나 보살은 가리거나 차별하는 게 없습니다. 오히려 더 못나고 더 악한 중생일수록 훨씬 더 보살핌을 많이 베풀어 줍니다. 그러나 여기 이 성문들은 보통 우리들의 자비와 같았기에 모든 중생을 변함없이 섭수해 주는 그런 정진이 일찍이 없었다는 것입니다.

또한 이 성문들은 다른 사람들에게 바라밀다를 닦도록 권하지 않았습니다. 좋은 일을 하도록 권하는 일은 참으로 귀한 일입니다. 남에게 권하다 보면 자기 자신도 같이 하게 됩니다. 또 그러한 일이 깊어지면 이번에는 반대로 남들이 나 자신에게 권하게 되어 같이 바람직하고 선량한 일들을 많이 하게 됩니다.

좋은 부처님의 말씀이 있으면 자꾸 권해야 하고, 법회가 열리면 차비도 내 주고 회비도 대신 내 주고 하는 행위를 자꾸 해야 부처님 법을 접하는 선지식들이 늘어납니다. 혼자서 남몰래 선행을 베푸는 것도 겸손한 일입니다. 하지만 그것은 남에게 선행에 대한 씨앗을 심어 주지는 못합니다. 상을 내지 않는 이상 나는 선우(善友)에게 권하고, 선우는 또 나를 권하여 서로서로 적덕(積德)을 이루어 가는 것이 참으로 좋겠습니다. 또한 이 성문들은 본래부터 생사에서 헤매면서 중생에게 권하여 가장 훌륭한 큰 지혜의 눈을 구하지 못하였습니다. 중생들에게 자꾸 들려 주어야 합니다.

"그렇게 집착하지 말고 지혜의 눈을 뜨시오. 지혜의 눈이 잘 안 떠지거든 『반야심경(般若心經)』이라도 읽으세요. 지금 못견디겠거든 아무 생각 말고 관세음보살님만 찾으세요. 지장보살님을 애타게 불러 보세요."

이런 노력을 과거에 하지 않았기에 이 성문들은 여래의 경지를 보지 못합니다. '이 성문들이 하지 않았다'고 하는 이러한 구절구절들은 역으로 우리들이 반드시 닦아야 할 내용으로 이해하면 됩니다. 이미 역사적으로 지나가 버린 부처님 제자들이 닦지 못한 것이 중요한 것이 아니고, 이러한 경의 말씀을 통해서 우리들이 지향하여야 할 수행의 목표로 삼는 것이 현명한 판단입니다. 앞으로 계속하여 과거에 심어 놓지 못한 인연들을 한참 이야기하는데 모두 다 우리들이 최종적으로 성취해야 할 그런 내용으로 보면 되겠습니다.

본래부터 모든 지혜를 내는 선근을 닦지 아니한 연고로 여래의 경지를 보지 못합니다. 모든 지혜를 내는 선근, 즉 어떻게 하면 눈이 밝아질까, 어떻게 하면 지혜가 생겨서 슬기롭게 삶을 꾸려갈 것인가, 여기에 대한 관심을 놓지 않고 살아야겠습니다.

또 부처님께서 이 세상에 나온 선근을 성취하지 못하여 그 나온 데에 대해 동참할 수가 없었고, 본래부터 부처님 세계를 장엄하는 신통과 지혜를 얻지 못한 연고로 보지 못합니다. 부처님 세계를 장엄하려면 특히 인간의 사고로는 도저히 미치지 못할 대부사의경(大不思議經)인『화엄경』을 장엄하려면 최소한 보살은 되어야 부처님 세계를 장엄할 수 있습니다. 인간의 사변으로 이해하는 성문이나 연각들, 사리불 수보리가 있다고 해서 부처님 법회의 격이 높아지는 것이 아닙니다.

간단한『금강경』이나 아함부 계통의 경전을 설할 때에는 그런 수준의 장엄이라면 충분하다고 할 것입니다. 그것은 마치 학술 모임을 열었을 때 그 발표 내용에 신빙성을 줄 수 있는 권위있는 분이 참석하면 그 모임에서 토의된 내용 전체의 신뢰성(信賴性)이 높아지는 것과 같은 원리인 것입니다. 또 어떠한 모임이건 그 모임을 반짝 빛나게 하는 그런 사람이 있습니다. 이런 말들을 하잖습니까.

"그 사람 온댔어요? 그 사람 빠져 버리면 영 재미가 없는데······."

마찬가지로 경(經) 중의 왕(王)이라고 하는『화엄경』을 설하는 데에 갖가지의 능력을 성취한 보살들이 그것도 부처님 법석(法席)을 한 방향도 빠짐없이 시방을 완벽하게 둘러싸 주어야 비로소 완전한 장엄이 된다는 의미로 이해하여야 합니다.

본래부터 보살의 눈으로 아는 경계를 얻지 못한 까닭과 세간에서 뛰어나는 함께하지 않는 보리의 선근을 구하지 않은 까닭과 보살의 큰 원력을 내지 않은 까닭으로 보지 못합니다. 보살의 원력은 대단히 중요합니다. 사람들마다 제각기 욕심이 있습니다. 이 욕심을 좀 더 많은 사람에게 이익이 되는 방향으로 발휘해 갈 때 보살의 원력이 되는 것입니다. 이런 원력을 발하지 않았으므로 이 법회에 동참은 했으되 볼 수가 없는 것입니다.

또한 이 성문들은 부처님의 가피를 입어서 난 게 아닌 까닭에, 제법이 환과 같고 보살이 꿈 같음을 알지 못한 까닭에 여래의 경지에 대해 무지합니다. 모든 법이 헛것인 줄 알고, 보살보살 하고 우리들이 받들지마는 그 보살이라는 것도 결국에는 꿈과 같음으로 알아야 제대로 여래를 본다는 것입니다. 사실 어렵고 지겨운 것을 꿈과 같이 여기고 잊어 버리기는 쉽습니다. 또 빨리 잊어 버리려고 노력도 하고, 잊어 버려도 하나도 아깝지 않습니다. 그러나 좋았던 기억은 내내 떠올리고 싶고, 언제까지나 힘이 되어 주기를 바라는 것도 아름다운 추억인 것입니다.

그러므로 제바라밀을 갈고 닦아야 얻게 되는 보살을 꿈과 같이 여긴다는 것은 대단히 어렵습니다.

또한 이 성문들은 본래부터 여러 큰 보살의 넓고 큰 환희를 얻지 못하였기 때문에 여래의 경계를 알지 못합니다. 불·보살의 경지에서 광대한 기쁨이라는 것은 성문승들이 느끼는 큰 기쁨과는 격이 다를 것입니다. 사람들도 마찬가지입니다. 저 사람은 여기서 기뻐하는데 반대로 나는 하나도 기쁘지 않고, 다른 데서 더 즐거워할 수가 있는 것입니다. 이런 도리가 있듯이 성문과 보살들의 차이는 환희에 있어서도 큰 차이가 나는 법입니다.

위에서 말한 모든 경지는 다 보현보살의 지혜눈의 경계라는 것입니다. 이 지혜눈의 경계는 성문, 연각의 이승(二乘)의 수준이 아닌 것입니다. 자 보십시오. 또 보현보살의 지혜가 나왔습니다. 팔만대장경의 결론이자 『화엄경』의 결론이 결국은 뭔고 하니 보현행원(普賢行願)이라는 것입니다. 보현보살이 닦아야 하는 열 가지 덕목인 것입니다. 그래서 경전 사이사이에서 그것을 반복하여 언급하고 있습니다.

앞에서 한참 동안 나열한 경지는 결국은 보현보살의 원력과 지혜에 의해서야 가능하다는 결론인 것입니다. 보현보살의 열 가지 원력이 참다운 지혜없이 행할 수가 있겠습니까. 참으로 슬기롭게 살고 현명하게 사는 사람은 원력이 무한히 있는 사람입니다. 그 원력을 남에게 베풀면서 살아가는 사람은 바로 보현보살입니다.

어리석은 사람은 이렇게 말합니다.

"우리보다 험한 일 하는 사람에게 먼저 절하고 친절을 베풀 게 뭐가 있어요?"

그러나 한 번 더 생각해 보십시오. 기사에게, 아파트 경비하는 분에게 예의차리고 깍듯이 인사할 줄 안다는 것은 웬만큼의 인격을 갖추어야 할 수 있는 일인 것입니다. 그런 사람은 진실로 지혜로운 사람이고, 넓은 눈을 가진 보살입니다.

"뭐 그런 험한 일을 하는 사람에게까지 체면없이 굴 필요가 있겠어?"

하는 사람은 한 마디로 어리석은 사람입니다. 작디 작은 체면에 사로잡혀 가지고서 캄캄한 것입니다. 소견이 잘못 들었고, 불교인이 갈 길이 아니고, 보현보살의 행함이 아닌 것입니다.

보현보살의 넓은 지혜를 가지고서 사람과 사물을 바라보면 예경(禮敬)이 나오기 마련입니다. 이승(二乘)에 떨어진 사람들, 즉 아집(我執)에 떨어져 있고, 아견(我見)에 집착하는 사람들은 좁은 울타리에 갇혀 있기 때문에 제대로 인간의 무한한 진실 생명을 바르게 이해하지 못하여 시시한 행동밖에 못하는 것입니다. 참된 지혜의 눈을 갖추면 어리석음으로부터 벗어날 수 있습니다. 보현보살의 행(行)은 자기 아집에 갇혀 있는 사람들과 같지 않아서 허공계가 다하고 중생계가 다할 때까지 해도 해도 다함이 없는 것입니다.

부처님의 제자들인 성문들은 보현보살의 지혜눈의 경계와 같지 아니하므로 비록 법이 설해지는 서다림에 함께 있으면서도 앞에서 세세하게 설명한 여래의 경지를 알아 듣지 못한다는 말을 장대화엄답게 열 가지로 반복하고 있습니다. 무엇을 이야기하든지 간에 하나도 빠뜨리지 않고 완벽을 기하겠다는 의도인 것입니다.

지금까지 이 성문들이 여래의 갖가지 경지를 알지 못하는 이유로 과거의 원인을 살펴 보았습니다.

② 현재의 인연

復次諸大聲聞이 無如是善根故며 無如是智眼故며 無如是三昧故며 無如是解脫故며 無如是神通故며 無如是威德故며 無如是勢力故며 無如是自在故며 無如是住處故며 無如是境界故라 是故로 於此에 不能知하며 不能見하며 不能入하며 不能證하며 不能住하며 不能解하며 不能觀察하며 不能忍受하며 不能趣向하며 不能遊履하며 又亦不能廣爲他人하야 開闡解說하며 稱揚示現하며 引導勸進하야 令其趣向하며 令其修習하며 令其安住하며 令其證入이니 何以故오 諸大弟子가 依聲聞乘하야 而出離故로 成就聲聞道하며 滿足聲聞行하며 安住聲聞果하며 於無有諦에 得決定智하며 常住實際하며 究竟寂靜하며 遠離大悲하며 捨於衆生하며 住於自事일새 於彼智慧에 不能積集하며 不能修行하며 不能安住하며 不能願求하며 不能成就하며 不能清淨하며 不能趣入하며 不能通達하며 不能知見하며 不能證得이라 是故로 雖在逝多林中하야 對於如來나 不見如是廣大神變이니라

또 여러 큰 성문들은 이런 선근이 없고 이런 지혜의 눈이 없고 이런 삼매가 없고 이런 해탈이 없고 이런 신통이 없고 이런 위덕이 없고 이런 세력이 없고 이런 자재함이 없고 이런 머물 곳이 없고 이런 경계가 없기 때문이니라. 그러므로 이것을 알지 못하고 보지 못하고 들어가지 못하고 증득하지 못하고 머물지 못하고 이해하지 못하고 관찰하지 못하고 견디어 받지 못하고 나아가지 못하고 다니지 못하며, 또 다른 이들을 위하여 열어 보이고 해설하고 칭찬하고 나타내 보이

고 인도하여 나아가게 하지 못하며, 향하여 가게 하고 닦아 익히게 하고 편안히 머물게 하고 증득하게 하지 못하였다.

왜냐하면 큰 제자들이 성문승을 의지하여 벗어 났으므로 성문의 도를 성취하고 성문의 행을 만족하고 성문의 과보에 머무르며, '없다 있다'하는 진리에 결정한 지혜를 얻고 실제에 항상 머물러서 끝까지 고요하며, 크게 가엾이 여김을 떠나서 중생을 버리고 자기의 일에만 머무르고, 저 지혜는 쌓아 모으지도 못하고 닦아 행하지도 못하고 편안히 머물지도 못하고 원하여 구하지도 못하고, 성취하지도 못하고 청정케 하지도 못하고 들어가지도 못하고 통달하지도 못하고 알아 보지도 못하고 증하여 얻지도 못하였으므로, 비록 서다림 안에 있으면서도 여래를 대하여 이렇게 광대한 신통 변화를 보지 못하였다.

이 성문승들은 과거의 인연도 별 뚜렷한 것이 없었고, 현재의 노력도 미흡하다는 조건으로 또 열 가지를 나열합니다. 이런 선근과 지혜의 눈과 해탈과 신통과 위덕과 세력과 자재함과 머물 곳과 경계가 없기 때문에 여래의 경지를 모릅니다. 이 '모른다'는 것은 열 가지가 넘게 열거하고 있는데 간단하게 정리하면 그들 스스로가 알지 못하므로 남에게도 영향을 미칠 수가 없다는 내용입니다.

왜냐하면 부처님 제자들은 성문승에 의지하고 있기 때문입니다. 성문승은 바로 성문의 법입니다. 성문의 법이라고 하는 것은 어디까지나 자기 중심입니다. 수행을 통하여 자기 자신의 번뇌와 고통을 제거하여 열반에 다다르는 것을 목표로 하는 것입니다. 자기 자신의 문제 해결만을 지상의 목표로 할 뿐입니다.

그런데 불교는 자기 자신만의 문제 해결을 목표로 하지 않습니다. '자리이타(自利利他)', 자기 자신을 이롭게 함과 동시에 남도 이롭게 하는 것을 불교의 이상으로 하고 있습니다. 자기 자신만의 해탈을 꾀하는 것을 '부불법외도(附佛法外道)'라고 합니다. 불교라는 이름을 빌어서 자기 자신만의 이익을 보는 외도라는 뜻입니다. 그렇습니다. 부처님의 정신에 입각해서 보면 그것은 불자가 아닙니다. 자기 자신만의 번뇌 소멸만을 취하는 이런 소승적인 교리에 젖어 있는 사람들은 온전한 불자가 아닌 것입니다.

언젠가 승려 출신의 교수님으로부터 이런 강의를 들은 적이 있습니다.
"나도 승려 출신이지마는 우리 나라 승려들에 대하여 평소에 못마땅하게 생각하고 있었습니다. 그런데 태국에 갔을 때 그 쪽 나라 스님들의 수행 모습을 보고서는 '우리 나라 스님들은 부처님이구나'하는 생각이 들었습니다."

태국 사찰은 대개가 깨끗하고 또 아름답게 잘 꾸며 놓았습니다. 그런데 시골에 있는 어느 사찰을 가 보니 담장이 무너지고 마당 정리도 잘 되어 있지 않았기에 이렇게 권하였답니다.
"스님, 저렇게 무너지게 내버려두지 말고 담장이라도 고치고 마당 청소라도 좀 하시지요."
"어디에 그런 법이 있습니까? 스님이 무슨 담장을 고치고 마당 청소를 해요? 그런 것은 신도들이나 하고 우리들은 그저 수행만 하면 됩니다. 스님들이 일을 하면 지옥에 떨어집니다."

그 쪽 교리가 그렇게 되어 있습니다. 수행은 스님들만 할 수 있는 것이고, 신도들은 마냥 스님들 외호(外護)나 하여야 된다는 그런 입장이더라는 것입니다. 신도들은 일을 하다가 벌레나 곤충들을 죽이는 업을 지어서 지옥에 가도 되지마는 우리 스님들은 절대로 그렇게 되어서는 안 된다는 생각이더라는 것입니다.

신도들은 스님들 외호나 잘 하다가 재수있으면 극락가고, 스님들은 손끝 하나도 움직이지 않고 공부만 해가지고 천상에 가든지 극락에 가야 한다는 의식이고, 날씨가 더워서 그런 지는 몰라도 일이라고는 아침에 나가서 탁발해 오는 것밖에 아무 것도 없더라는 것입니다. 그런 모습을 보고서는 우리 나라 스님들에 대해서 새삼 다른 생각을 하게 되었다는 것입니다.

 남방 불교 계통 나라에 가 본 분은 아시겠지만 스님들과 신도들은 절대로 같이 식사를 하지 않습니다. 심지어는 같이 다니지도 않습니다. 버스에도 '스님석'은 언제나 비워놓고, 또 스님들이 타면 신도들이 전부 일어섰다가 스님이 자리에 가서 앉고난 뒤에야 다시 제자리에 앉을 정도로 스님과 신도들의 격이 다릅니다. 오늘날처럼 사회가 밝아졌는데도 이런 전통이 잘 고쳐지지가 않습니다.

 물론 대승불교권에서도 문제가 있기는 있습니다.

 "일체중생(一切衆生)이 개유불성(皆有佛性)이다. 마음만 잘 깨우치면 그대로 부처이다."

 이렇게 스님이고 속인이고 간에 똑같이 부처된다고 하니까 누가 누구를 위하고 존경할 게 뭐가 있느냐하는 태도가 많습니다. 신도들이 스님들 무시하기가 예사이고, 비구니들이 비구들의 의견을 묵살하기도 예사입니다. 위계 질서가 없는 것, 이게 대승 불교의 폐단이라면 폐단이라고 할 수가 있습니다.

 모든 사람을 평등하게 가르치고 모든 사람을 성불의 길로 나아가게 가르치는 대승 불교의 교리는 참으로 우수합니다. 이런 바탕을 바르게 공부했더라면 철이 제대로 들어서 신도는 스님을 존경하고, 스님들은 신도들을 존중해줄 줄 알고, 비구와 비구니는 서로서로 협조하고 양해를 할 것입니다. 이런 풍토가 이상적인데 서로가 설익어 가지고서 자기 자신들의 고집을 내세우고 양보하지 않는 미성숙한 모습이 또 우리 나라에서는 문제인 것입니다.

 어느 신도분의 글을 읽고 고개를 끄덕였던 적이 있습니다.

 "처음에 절이나 하고 기도하러 사찰에 갈 때에는 절에서 만나게 되는 모든 스님들의 모습이 한없이 거룩하게 보였습니다. 그러다가 차츰 교리를 공부하게 되고, 또 개인적으로도 스님들과 이야기를 나누는 기회를 많이 갖게 되다 보니까 스님들에 대한 존경심을 자꾸 잃게 되고 심지어는 나보다도 공부를 하지 않는다는 생각이 들어서 스님들을 만나면 피하기까지 하였습니다.

그러던 11월의 어느 토요일 오후 혼자 절에 들어섰습니다. 초겨울이 감싸고 있는 절 마당에는 빗질의 자국이 남아 있고 큰 고목에는 마지막으로 몇 개의 낙엽만이 달려 스산함을 더하고 있었습니다. 법당에 들어가지 않고 이리저리 거닐고 있는데 한 젊은 스님의 모습이 눈에 들어왔습니다. 저 쪽에서부터 고개를 숙이고 천천히 걸어오고 있었는데, 입고 있는 회색빛 옷자락이 바람에 휙 날리는 모습을 보고 나는 크게 깨달았습니다.

'아, 그렇다. 스님들이 있다는 저 모습만으로도 충분하다. 스님들께 강요하지 말자. 이 세상에서 수행하는 저 모습을 볼 수 있는 것으로도 족하다. 모두들 가족과 함께 보내는 이 주말 오후에도 산 속에서 찬바람과 함께 살고 있는 저런 스님들이 계시다는 것만으로 충분한 것이다. 우리들이 좋아서 공부를 해 놓은 것은 우리들이 간직할 문제이지 자랑하거나 남에게 강요할 문제는 아니다.'

이런 생각이 들면서 저는 편안한 마음이 되었습니다. 그리고는 그 젊은 스님의 사색을 방해하지 않으려고 멀리서 허리 숙여 크게 절을 하였습니다."

이런 요지의 글에 공감을 하고 나름대로 생각을 깊이 하였습니다. 정말로 공부를 깊이 하면 이런 생각을 하게 됩니다. 제대로 숙성이 안 되어 있는 사람들은 신도건 스님들이건 간에 잘못된 것은 남에게 떠넘기고 또 남이 자기에게 잘해줄 것을 기대도 합니다. 자기 자신의 직분만 잘 하면 되는 것이지 남에게 기대할 것도 없고 실망할 것도 없습니다.

여기서 지적하고 있는 성문의 편협한 점은 꼭 사리불이나 수보리 같은 부처님 제자들이 행하는 것을 말하는 것이 아닙니다. 일반적으로 소승의 무리들이 좁은 소견에 사로잡혀 편협된 것에 떨어진 것을 가리키고 있습니다.

부파 불교 시대에 외형적이고 형식적인 것에 치우치는 그런 무리들을 보수파라고 하는데 경전상으로는 장로파(長老派)라고 합니다. 그래서 남방 계통 사람들은 자기들 스스로 소승불교라고 하지 않고 장로파, 또는 상좌부(上座部)라고 합니다. 반면에 정말 깨어있는 부처님의 본래 정신으로 돌아가자는 대승 불교 운동을 대중부(大衆部)라고 합니다. 여기 성문을 이야기하면서 역으로 대승 불교의 나아갈 길을 드러내고 있습니다.

부처님의 큰 제자들은 성문승을 닦았으므로 성문의 도를 얻고 성문의 행을 만족하고 성문의 과보에 머무릅니다. 지금까지 말씀드린 '자기 자신만을 위하는 것'이라는 이 한 마디로 다 나타낸다고 하겠습니다.

또한 이 성문들은 '무유제(無有諦)'라고 하는 흑백논리(黑白論理)에 빠져 있습니다. 불교는 어디까지나 중도(中道)이지 흑백논리가 아닙니다. 그 어디에도 있기도 하고 없기도 하고, 그러면서 있는 것도 아니고 없는 것도 아닌 것이 불교의 중도관입니다. 그러나 이 성문승들은 있는 것 아니면 반드시 없는 것이다하는 양극단의 소견에 머물러 있습니다.

그리고 이 성문승들은 번뇌 망상은 소멸되어 고요한 실제의 자리에만 끝내 머물고만 있지 그것이 작용으로 나오지는 않습니다. 적멸한 바로 그 자리에는 천 개의 태양보다도 더한 에너지가 있음에도 불구하고 거기에 가만히 멈추어 있지, 그것이 다시 보살의 작용으로 행해지지가 않습니다. 크나큰 자비를 멀리 떠났기 때문입니다. 그리하여 결과적으로는 중생을 버리는 것이 됩니다.

소승 불교에서 보듯이 신도는 절 짓고 도량 청소나 하면서 갖가지 업을 지어서 지옥엘 가든지 말든지 수행자들하고는 상관이 없는 일이고, 자기들은 탁발 외에는 꼼짝도 않는 게 바로 중생을 버리는 것입니다. 자기의 일에만 머물러 있고 자기 해탈에만 관심을 가지고 중생 제도에는 아랑곳하지 않는 것은 부처의 정신이 아닙니다.

부처님을 보십시오. 어디 그렇게 살았습니까. 자기 자신은 이미 오래 전에 성불하였습니다. 그만 열반에 들어 버릴까 하다가 중생들의 아픔을 도저히 모른 체할 수가 없었습니다. 중생이 병들면 같이 아파하고 그것을 치유해 주기 위하여 얼마나 동분서주하였습니까. 49년이라는 세월 동안 하루도 편한 날이 없이 가르침을 베풀었습니다.

그러나 성문승들은 여래의 지혜와 보살의 지혜를 알지도 못하고 쌓지도 못하고 닦아 행하지도 못하고 원력으로 구하지도 못하고 증득하지도 못하였습니다. 그렇기 때문에 비록 몸은 서다림에 같이 있으되, 여래의 광대한 신통 변화를 보지 못합니다.

성문승들이 여래를 보지 못하는 까닭의 결론이 뭐고 하니 결국 지혜(智慧)라는 것입니다. 우리들은 지혜라는 데에 늘 관심을 가져야 합니다. 불교는 깨달은 사람에 의하여 깨닫도록 가르치는 것입니다. '깨닫는다'는 것이 무엇입니까. 마음이 환하게 밝아졌을 때를 깨달았다고 하고 그것을 지혜라고 합니다. 그래서 지혜는 현실적으로 밝음을 뜻합니다. 광명(光明)입니다. 이 지혜의 광명이 우리들 자신 내부에서 타오를 때에 우리들의 삶의 질과 폭이 엄청나게 달라집니다. 그래서 부처님 명호 하나하나도 전부 다 지혜의 빛을 나타내고, 불교 행사에서 등(燈)을 다는 것도 지혜의 광명을 형상화시키는 것입니다. 앞에서도 살펴 보았지만 보살의 이름에도 빛, 지혜, 원력 같은 낱말이 많이 있습니다.

법신 비로자나불은 '광명변조(光明邊照) 부처님'이고 보신불인 아미타불은 '무량광(無量光) 부처님'입니다. 석가모니 전생의 스승이신 부처님의 명호도 연등불(燃燈佛)이고『법화경』에도 '일월등명불(日月燈明佛)'이 이만 번이나 계속하여 태어났습니다.

경전 곳곳에 빛이야기가 나옵니다. 우리들의 자성을 환하게 밝혔을 때에 나오는 이익은 쉽게 짐작이 되지 않는다고 하여도 우리들의 현실 생활에서 얻게 되는 이익과 불편함은 당장 느낄 수 있습니다. 밤에 정전이 되어 보십시오. 우선 갑갑하기 짝이 없을 것입니다. 낮과 하나도 다름없이 활동할 수 있었던 것이 모두 중단이 되고 조금만 움직이더라도 어딘가에 가서 부딪쳐 다치게 되어 손해가 이만저만이 아닙니다.

금광에 들어가서도 마찬가지입니다. 등불이 있을 때에는 금덩이만 골라서 집어올 수가 있지마는 불이 없어 보십시오. 우선 더듬거려야 되고 울퉁불퉁한 벽에 이리저리 부딪쳐서 몸이 상하게 됩니다. 겨우 손에 잡히는 것이 있어서 집어 갖고 나와도 금덩이일 확률이 거의 없습니다. 잡철일 수도 있고 돌덩이일 수도 있는 것입니다. 괜히 수고만 한 셈이 됩니다.

마음의 세계를 가장 밝게 열어 보이는 것이 지혜이기 때문에 육바라밀의 마지막이 지혜이고, 십바라밀의 마지막도 지(智)인 것입니다. 부처님 오신 날에 등을 달고 법당에 인등을 켜고 하는 것이 전부 다 이 지혜를 밝히고자 하는 바람인 것입니다. 반면에 어둠은 바로 어리석음입니다. 자기 분별 능력이 없고, 판단력이 없어서 참된 이익과 손해를 알지 못합니다. 우리 삶에 있어서 엄청난 차이를 모르고 작은 것에만 만족하며 살고 있는 것입니다.

자기 판단력이라는 것은 결국 지혜입니다. 자기 안에 무한한 가능성을 다 가지고 있으면서 그것을 몰라서 한정적으로만 살아가고 있습니다. 이 무한한 능력과 지혜를 일러주는 교육이 참으로 필요합니다. 교육(Education)의 본 뜻도 가르치는 것이 아닙니다. '밖으로(ex) 끌어낸다(ducare)'는 어원에서 시작되었습니다. 없는 것을 바깥에서 다져 넣는 것이 아니고, 자기 내부에 있는 능력을 일깨워서 발휘하도록 하는 것이 교육입니다.

지식(知識)은 변하지만 지혜(智慧)는 항상합니다. 지식은 망각되어지고 변하기도 하지만 지혜는 남으로부터 침범당하지 않고 손상을 입지도 않습니다. 온전히 자기 자신의 것으로 영원토록 활용할 수 있습니다. 이런 지혜를 일깨우지 못하였기에 이 성문들이 여래와 함께 있어도 여래의 광대한 신통 변화를 보지 못합니다. 보살의 경계와 성문의 경계와의 차이는 결국 지혜로부터 비롯됩니다. 참된 지혜를 아느냐 알지 못하느냐에 따라 대승과 소승의 길이 달라지고, 남을 위해서 살 수 있는지 아니면 자기의 좁은 울타리에만 갇혀 있는지 하는 관건이 됩니다.
　우리 나라에서는 불자들을 보고 항상 '보살님'이라고 부릅니다. 관습적으로 여성 불자에게 더 친밀하게 부릅니다. 그것은 이미 우리들은 성문은 지났다는 의미가 되겠습니다. '보살님'이라고 불릴 만한 자격이 있는지는 각자가 한 번 생각해 보시기 바랍니다.

③ 열 가지 비유로써 나타내다

　佛子야 如恒河岸에 有百千億無量餓鬼가 裸形饑渴하며 擧體燋然하며 烏鷲犲狼이 競來搏撮하며 爲渴所逼하야 欲求水飮하며 雖住河邊이나 而不見河하며 設有見者라도 見其枯竭하나니 何以故오 深厚業障之所覆故인달하야 彼大聲聞도 亦復如是하야 雖復住在逝多林中이나 不見如來廣大神力하나니 捨一切智하야 無明翳膜이 覆其眼故며 不曾種植薩婆若地諸善根故니라
　"불자여, 마치 항하의 언덕에 백천억 한량없는 아귀가 있으니, 맨몸뚱이에 굶주리고 목마르고 온몸에 불이 타며, 까마귀·독수리·승냥이·이리들이 다투어 와서 할퀴며, 기갈에 시달리어 물을 먹으려 하지마는, 강가에 있으면서도 물을 보지 못하고 설사 보더라도 물이 말랐으니, 왜냐하면 두터운 업장이 덮인 것과 같느니라.
　저 성문들도 그와 같아서 서다림에 있으면서도 여래의 광대한 신통의 힘을 보지 못하고 온갖 지혜를 버리었으니 무명의 어두운 막이 눈을 덮은 탓이며, 일찍이 온갖 지혜의 선근을 심지 못한 탓이니라."

　성문승들이 서다림에 있으면서도 지혜가 없어서 여래의 광대 무변한 신통의 힘을 보지 못하는 것을 지금부터 열 가지 비유로써 나타냅니다.
　여기서 우리들이 알아차려야 할 것은 성문들이라고 할 때 반드시 부처님 제자들이나 그 당시의 초기 불교의 수행자나 오늘날 소승 불교가 행해지고 있는 나라의 스님들만이라고 생각해서는 안 됩니다. 비록 대승

불교를 공부하고 있는 나라의 신도들이라도 아직 마음의 원리를 깨우치지 못하여 편협되게 살아가고 있으면 성문에 불과합니다. 그러므로 오늘을 살아 가면서도 자기 자신의 이익만을 추구하는 중생 모두를 가리키고 있다고 생각하면 됩니다.

그러므로 "이러이러하기 때문에 여래의 경계를 모른다."고 경에서 말하고 있으면 빨리 이러이러한 것을 버리고 그 반대의 것을 체득해 가야합니다. 다시 말해서 수행의 목표를 경전의 이러한 글귀들에서 찾아야합니다.

첫째 비유는 아귀를 빌어다가 업장에 대한 비유를 합니다. 아귀(餓鬼:Preta)는 삼도(三途)나 육도(六道)의 하나입니다. 전생에 악업을 많이 짓고 탐욕을 부린 자가 아귀로 태어나서 항상 기갈(飢渴)에 시달린다고 합니다. 전혀 아무 것도 먹을 수가 없는 무재아귀(無財餓鬼)와 고름이나 피만을 먹을 수 있는 소재아귀(少財餓鬼)와 사람이 남긴 음식이나 사람이 주는 것만을 먹을 수 있는 다재아귀(多財餓鬼)의 세 종류가 있다고 합니다.

지금 기가 찬 광경이 벌어지고 있습니다. 갠지스 강가에 수많은 아귀들이 떼를 지어 모여 있는데 옷은 벗었고 목은 마르고 온 몸에 불은 타오르고 있습니다. 얼마나 물이 필요하겠습니까. 게다가 사나운 짐승들이 다투어 와서 물고 뜯습니다. 이런 것을 한꺼번에 시원하게 해결해 줄 수 있는 것은 큰 강물인데 마침 바로 눈 앞에 갠지스 강이 펼쳐져 있습니다. 우리들 같으면 당장에 "풍덩"하고 물에 뛰어 들어가 모든 것을 해결할 것입니다. 물을 마셔서 기갈을 해결하고 온 몸에 붙은 불을 끄고 승냥이 이리로부터도 피할 것입니다.

그런데 이게 무슨 일입니까. 아귀의 눈에는 강물이 보이지 않습니다. 아귀의 업장이 그러하기 때문에 강물을 볼 수가 없습니다. 다른 이의 눈에는 넘실대는 강물이 쫙 펼쳐져 있는데 유독 아귀의 눈에는 강물이 보이지 않습니다. 설사 강이 보인다고 하더라도 물이 말라 보일 뿐입니다. 그러니 온갖 고통을 그대로 당할 수 밖에 없습니다. 남들이 본다면 그것처럼 기가 찬 일이 어디 있겠습니까. 철철 넘치는 강물을 바로 눈앞에 두고서도 그것을 보지 못하여 온갖 고통을 당하고만 있으니 참으로 통탄할 일인 것입니다.

여기서 '넘쳐 흐르는 강물을 보지 못하는 아귀들'이라는 말의 의미를 한 번 뜻깊게 생각해 봅시다. 인간에게는 누구나 상승 욕구가 있습니다. 우선 의(衣)·식(食)·주(住)가 안정이 되고 나면 다음에는 여러 가지 정신적인 작용이 일어납니다. 남들과의 사교 모임에도 가고 싶고, 좀 더 높은 지위와 명예도 얻었으면 좋겠고, 더 많은 재산이 모아졌으면 하는 욕구를 가지게 됩니다. 그래서 그 방향으로 노력을 하게 됩니다. 그러한 것들을 얻기 위하여 노력을 하면 당연히 조금씩은 성취해 가게 됩니다. 그때 아주 조심을 하여야 합니다. 자칫 잘못하면 욕구를 조절하지 못하고 과욕을 부리게 됩니다. 무엇이 잘 되어 나갈 때 반드시 자기 자신을 돌아 보아야 합니다. '일일삼성(一日三省)'은 못 되더라도 적어도 하루 한 번씩은 아침에 눈을 뜰 때라든지 잠들기 전에 자기 자신을 살펴 보아야 합니다.

"이 소망은 나에게 인연이 있는 것인가. 진정으로 나는 이것을 필요로 하는가. 남에게 보이기 위하여 노력하고 있는 것이나 아닌가?"

이런 지혜 있는 사량분별을 하지 못하고 마냥 물질이나 명예를 향하여 치닫고 있는 것이 우리들의 모습이 아닌지나 모르겠습니다. 보통 때도 굶주린 아귀처럼 마구 설쳐대는 사람들을 보면 한심한 생각이 드는데 선거철 같은 때가 되면 한심함이 지나쳐 가엾은 생각마저 듭니다. 정말 한 회사의 사장자리도 굉장한 것인데도 내팽개쳐 버리고 국회의원을 하려고 합니다. 한 대학의 총장자리나 장관자리도 또 어떤 자리입니까. 그런데도 시장 하려고 하고 국회의원 하려고 합니다. 꼭 국회의원이니 시장이니 하는 지위까지는 아니더라도 자기 그릇이 아닌 데도 발버둥치는 꼴을 너무나도 많이 봅니다.

자기 것과 남의 것을 기본적으로 구별하지 못하여 일어나는 어리석음을 얼마나 많이 보는지 모릅니다. 사람에게는 누구나 다 자기 그릇이 있고 각자와 꼭맞아 떨어지는 인연이 있습니다. 이런 도리를 헤아릴 줄 몰라서 이리 기웃, 저리 기웃 하는 것이 바로 기갈 들린 아귀들인 것입니다.

자, 갠지스 강물이 넘쳐나고 있다고 하였습니다. '넘쳐 흐르는 강물'이 무엇입니까. 우리들의 주위를 둘러보면 행복할 거리뿐이라는 의미입니다. 눈을 뜨고 가슴을 열고 보면 주위에는 온통 생명의 법칙으로 출렁이고 있는 것입니다. 꽁꽁 얼어 있던 대지가 풀리면서 활짝 피어오르는 새봄의 소식은 생명의 탄생을 그대로 노래하는 것입니다. 저 하늘 끝이 열리면서 훈훈한 바람을 실어다 주는 대기는 그대로 기다림의 보람이고 환희인 것입니다. 맑은 물과 어울리면서 움트는 새싹을 보고 다시금 희망을 가지고 미래를 노래하게 됩니다.

따스한 봄날만이 행복을 주는 것이 아닙니다. 작열하는 태양 아래에서 짙어가는 녹음은 녹음대로, 그 사이에서 울어대는 매미 소리는 그 소리대로, 철썩이는 파도는 파도대로, 달아 오르는 아스팔트는 또 아스팔트대로 행복을 주는 거리입니다. 더운 여름날에 지쳐 있는 우리들의 모습도 그대로가 생명의 법칙이지 짜증거리가 아닌 것입니다. 자연에 순응하는 살아갈 수 밖에 없는 우리들을 보여 주는 것입니다. 우리들이 살아 있기에 뜨거운 여름에 지쳐 있을 수도 있고 그러다가 한 줄기 비껴 지나가는 바람에 다시 힘을 얻어 도전하는 모습에서 인간의 의지도 볼 수 있습니다.

타오르던 여름이 쓰러져가며 조용히 불어오는 가을 바람은 또 어떻습니까. 투명하게 높아가는 하늘 아래에서 겸허하게 주인을 기다리는 열매들을 바라보는 것도 행복입니다. 산책길에서 낙엽을 한 장 집어들고 한참 대화를 나눌 수 있는 것도 가을에 누릴 수 있는 행복입니다.

"너, 지난 여름을 어떻게 보냈는지 참 궁금하구나. 구태여 말하지 않아도 나는 잘 알 수 있겠네. 이토록 곱게 물들은 것을 보니 참으로 선하게 보냈구나."

 그리고 온 산하 대지가 회색에 잠겨서 다음 생명을 준비하는 추운 계절도 알고 보면 행복입니다. 따뜻한 방에서 가족끼리 차를 한잔씩 들며 오순도순 얘기를 나누는 것도 애틋한 행복이고, 홀로 찬바람 소리를 들어가며 밤이 깊어가도록 생각에 잠기고 책을 뒤적이는 것도 그 무엇과도 바꿀 수 없는 행복입니다. 그러다가 창문을 열고 하늘을 올려다 보았을 때 은빛으로 빛나고 있는 별이 차디찬 공기를 가르며 우리들 눈동자에 다 담길 때에는 정말 울고 싶을 정도입니다. 이처럼 춘(春)·하(夏)·추(秋)·동(冬) 어느 한 시절이라도 행복 아닌 것이 없으며, 하늘 나라·인간 나라·동물 나라 어느 한 세계도 그대로가 극락 아닌 곳이 없습니다.

 그러나 이 모든 행복을 뛰어넘은 절대의 행복이 하나 있습니다. 그것은 바로 '살아 있다'는 사실입니다. '살아 있다'는 사실 하나만으로도 무한한 행복입니다. 가족 중에 사고를 당해서 심하게 다쳐도 아무도 빨리 없어져라고 하지 않습니다.

 "아! 온전한 몸이 되지 못하여도 좋으니 제발 제발 숨만 쉬어다오."

 이럽니다. 삶과 죽음의 갈림길을 최근에 극명하게 경험하지 않았습니까. 큰 백화점이 무너져 생존의 가망이 거의 없는 데도 실종자 가족들이 결코 그 자리를 떠나지 못하는 것을 온 국민이 애통해하며 함께 보았습니다. 죽음과 같은 암흑더미에서 극적으로 구출될 때에 온 국민이 기뻐하였습니다. 이것은 바로 생명에 대한 찬미인 것이고 그 자체로 충분합니다. 한 생명을 놓고 그토록 축제를 벌였던 적이 없었을 것입니다. 아무 조건도 없습니다. '생명(生命)'이라는 것만으로 온 우주와 견줄 만하고 그 무엇과도 바꿀 수가 없습니다. 이 필요충분한 생명이 있으면 되었지 거기에 무슨 각색을 꾸밀 일이 있겠습니까.

 그런데도 아귀와 같이 마음이 굶주려 있는 사람은 넘쳐나는 물을 보지 못합니다. 세상 곳곳에 행복의 법이 충만해 있는데도 아무 재미가 없다는 것입니다. 그래서 이리저리 이끌려 다니며 행복을 찾느라고 시간

낭비만 하는 것입니다. 가정은 돌보지 않고 바깥으로 돌면서 수영하고 볼링 치러 다니는 것은 자기를 찾는 것이 아닙니다. 그것은 그것대로 자기 자신을 거기에 내다 파는 것입니다.

"무슨 재미로 절에 다녀? 차라리 집에서 낮잠이나 자겠어.『화엄경』을 왜 봐? 그 시간에 비디오나 보고 말지."

이게 바로 아귀의 모습인 것입니다. 하기 싫으면 혼자 안 하면 될 터인데 남에게까지 못하게 합니다. 이런 모습은 다른 게 아니라 영혼이 굶주린 아귀의 모습입니다.

행복은 절대 명예나 부가 가져다 주는 것이 아닙니다. 분에 넘치는 것을 채우려고 온갖 부정 부패를 저지르고 술수를 부리는 것은 행복을 포기하고 불행을 향하여 나아가는 것입니다. 업이 치성하여 그런 행위밖에 못하는 것입니다. 업은 인연에 의하여 지어지는 것이니 자꾸 선업을 지어야 합니다. 기도를 하고 보살행을 하고 언제나『화엄경』을 독송하여 하늘을 우러러 보았을 때 한 점 부끄러움이 없고, 땅을 향해 굽어 보았을 때 한 점 뉘우침이 없도록 하여야 합니다.

업장이 두터워 물을 보지 못하는 아귀에다 성문을 비유하고 있습니다. 성문들은 무명의 막이 눈에 끼어 가지고서 일체 지혜를 버리었고, 또 과거에 지혜의 선근을 심지 못하였기 때문에 여래의 신통 변화를 보지 못한다는 것입니다. 지혜를 얻으려면 인연을 지어 놓아야 됩니다. 부처님 세계를 이해하고 인연을 맺는 데에 무슨 명예가 있어야 하는 것도 아닙니다. 무슨 큰 돈이 들어야 하는 것도 아닙니다. 아무 것도 없어도 얼마든지 부처님 안에서 기쁨을 누리고 행복을 거두어 갈 수가 있습니다.

譬如有人이 於大會中에 昏睡安寢이라가 忽然夢見須彌山頂에 帝釋所住善見大城의 宮殿園林이 種種嚴好하며 天子天女의 百千萬億이 普散天華하야 徧滿其地하며 種種衣樹가 出妙衣服하며 種種華樹가 開敷妙華하며 諸音樂樹가 奏天音樂하며 天諸婇女가 歌詠美音하며 無量諸天이 於中戲樂하고 其人이

自見着天衣服하고 普於其處에 住止周旋호대 其大會中一切諸人은 雖同一處나 不知不見하나니 何以故오 夢中所見이 非彼大衆의 所能見故인달하야 一切菩薩世間諸王도 亦復如是하야 以久積集善根力故며 發一切智廣大願故며 學習一切佛功德故며 修行菩薩莊嚴道故며 圓滿一切智智法故며 滿足普賢諸行願故며 趣入一切菩薩智地故며 遊戲一切菩薩所住諸三昧故며 已能觀察一切菩薩智慧境界無障礙故라 是故로 悉見如來世尊의 不可思議自在神變호대 一切聲聞諸大弟子는 皆不能見하며 皆不能知하나니 以無菩薩淸淨眼故니라

"비유하자면 어떤 사람이 여럿이 모인 데서 편안히 자다가 꿈을 꾸는데, 수미산 꼭대기에 제석천왕이 있는 선견성(善見城)을 보니, 궁전과 동산 숲이 갖가지로 훌륭하고 천자와 천녀 백천만억인들이 하늘꽃을 뿌려 땅에 가득하며, 여러 가지 의복나무에서는 묘한 의복이 나오고 갖가지 꽃나무에는 아름다운 꽃이 피고, 음악 나무에서는 하늘 음악을 연주하고, 하늘아씨들은 아름다운 음성으로 노래하고 한량없는 하늘들이 즐겁게 놀며, 자신도 하늘옷을 입고 그곳에서 오고 가는 것을 보지마는, 회중에 있는 사람들은 비록 한 자리에 있으나 알지도 못하고 보지도 못하나니, 왜냐하면 꿈에 보는 것은 그 대중들의 볼 수 있는 것이 아닌 연고와 같느니라.

모든 보살과 세간의 임금들도 그와 같아서 본래부터 선근을 쌓은 힘과, 온갖 지혜의 광대한 원을 내었음과 모든 부처 공덕 닦음과, 보살의 장엄하는 도를 수행함과, 온갖 지혜의 지혜 법을 원만케 함과, 보현의 행과 원을 만족케 함과, 모든 보살의 지혜에 들어감과, 모든 보살의 머무는 삼매에 유희함과, 모든 보살의 지혜의 경계를 관찰하여 걸림이 없는 연고로, 여래 세존의 부사의한 자유자재하는 신통 변화를 모두 보거니와, 성문인 제자들은 보지 못하고 알지 못하나니, 보살의 청정한 눈이 없는 연고이니라."

불교는 참으로 논리 정연합니다. 어느 방면을 살펴 보아도 일목요연하게 정리가 되어 있습니다. 하늘은 하늘대로 지옥은 지옥대로, 마음은 마음대로 수행 과정은 수행 과정대로, 하나도 빠뜨리지 않고 전부 다 체계적으로 전개하고 있습니다. 마침 선견성이 나왔으니 불교에서 다루고 있는 하늘을 한 번 정리해 보기로 합시다. 욕계(欲界)·색계(色界)·무색계(無色界)의 삼계마다 하늘[天:Deva]이 각각 다 다르게 있습니다.

이 중 욕계(欲界)에 해당되는 하늘은 육천(六天)입니다. 그래서 간단하게 육욕천(六欲天)이라고 합니다. 맨 아래로부터 사왕천(四王天), 삼십삼천(三十三天) 또는 도리천(忉利天), 야마천(夜摩天), 도솔천(兜率天), 화락천(化樂天), 타화자재천(他化自在天)의 여섯 하늘입니다. 「입법계품」에 들어 오면서 살펴본 하늘들입니다.

색계(色界)의 하늘은 초선천(初禪天)·제이선천(第二禪天)·제삼선천(第三禪天)·제사선천(第四禪天)의 사선천(四禪天)으로 대별되며 모두 17천이 되는데 때로는 16천, 18천으로 분류하기도 합니다.

하나하나 살펴 보면 다음과 같습니다. 초선천에는 범중천(梵衆天), 범보천(梵輔天), 대범천(大梵天)의 삼천(三天)이 있고, 제이선천에는 소광천(少光天), 무량광천(無量光天), 극광정천(極光淨天)의 삼천(三天)이 있으며, 제삼선천에는 소정천(少淨天), 무량정천(無量淨天), 변정천(徧淨天)의 삼천(三天)이 있습니다. 마지막 제사선천에는 무운천(無雲天), 복생천(福生天), 광과천(廣果天), 무번천(無煩天), 무열천(無熱天), 선현천(善現天), 선견천(善見天), 색구경천(色究竟天)의 팔천(八天)이 있습니다.

16천설에는 초선천에 있는 대범천을 범보천에 포함시키고 18천설에서는 제사선천의 광과천 위에 무상천(無想天)을 설정하기도 합니다. 이 하늘들은 위로 올라 갈수록 하늘 나라 대중들의 신체와 수명이 증대되고 육체적인 모습도 거룩하게 됩니다.

무색계(無色界)의 하늘은 공무변처천(空無邊處天), 식무변처천(識無邊處天), 무소유처천(無所有處天), 비상비비상처천(非想非非想處天) 또는 유정천(有頂天)의 사무색천(四無色天)입니다. 이것은 모두 물질을 초월한 무색의 하늘이므로 주처(住處)가 없습니다.

　욕계 6천 중 제석이 머무르는 하늘은 제2천인 도리천이며 삼십삼천이라고도 합니다. 이 하늘은 수미산 꼭대기에 있는데 사방에 각각 8개의 성이 있어 모두 32성이 됩니다. 여기에 제석이 거하는 선견성을 합하여 33천이라고 하는 것입니다. 수미산 중턱에 있는 제1천인 사왕천과 함께 땅에 있는 하늘이라는 뜻으로 지거천(地居天)이라고 합니다. 이 도리천을 다스리는 주인이 제석(帝釋)입니다. 제석은 선견성(善見城) 안에 있는 수승전(殊勝殿)에 거하면서 아래 4천왕과 사방 32천을 통솔하여 불법과 불법에 귀의하는 사람을 보호하며, 또 아수라의 군대를 정벌한다는 하늘 나라 임금입니다.

　제2의 비유는 꿈의 비유입니다. 어떤 사람이 큰 모임에 참석했다가 잠이 들어서 제석이 다스리는 도리천의 선견성에 올라 갔습니다. 그 곳의 광경은 사뭇 이 지상의 세계와는 다릅니다. 궁전과 숲이 아름답고 하늘 나라 사람들이 꽃을 뿌려 땅에 가득 합니다. 나무에서 의복과 꽃과 음악이 나오고 하늘 아씨들은 한량없는 음성으로 노래하고 한량없는 하늘들이 즐겁게 놀며, 꿈을 꾸는 사람 자신도 하늘 옷을 입고 그 곳에서 오고 갑니다. 이런 묘사에서 그 당시 사람들의 하늘 나라에 대한 동경심을 엿볼 수도 있습니다.

　그러나 그 모임에 참석한 다른 사람들은 그 사람이 하늘 나라에 가서 아름다운 그 곳에서 거니는 지를 알지 못합니다. 왜냐하면 그들은 꿈 속에 들어가지 못했기 때문입니다. 그래서 저 꿈을 꾸는 사람이 어떠한 경계에서 노니는지를 같은 회상에 있으면서도 알지 못하는 것입니다.

　보살과 세간의 임금들은, 꿈 속으로 들어간 사람만이 그 꿈의 내용을 아는 것처럼, 선근을 쌓은 힘과 일체 지혜의 지혜를 원만케 함과 보현행원을 만족케 함과 걸림이 없는 연고로 여래 세존의 자유자재하는 신통변화를 모두 봅니다. 그러나 성문들은 보살의 청정한 눈이 없는 까닭에 이러한 경지를 보지 못하고 알지 못합니다. 두 번째 비유였습니다.

譬如雪山에 其衆藥草하니 良醫詣彼하야 悉能分別이어니와 其諸捕獵放牧之人은 恒住彼山호대 不見其藥인달하야 此亦如是하야 以諸菩薩은 入智境界하야 其自在力일새 能見如來廣大神變이어니와 諸大弟子는 唯求自利하고 不欲利他하며 唯求自安하고 不欲安他일새 雖在林中이나 不知不見이니라

"비유하자면 마치 설산에는 여러 가지 약초가 많이 있는데, 의사가 거기 가면 모두 잘 알지만 사냥꾼이나 목동들은 그 산에 항상 있으면서도 약초를 보지 못하는 것과 같느니라. 이것도 그와 같아서 보살들은 지혜의 경계에 들어가서 자유자재한 힘을 갖추었으므로 여래의 광대한 신통 변화를 보지마는, 큰 제자들은 자기만 이익하고 다른 이는 이익케 하려 하지 않으며 자기만 편안하려 하고 다른 이는 편안케 하려 하지 않으므로 서다림 속에 있으면서도 알지도 못하고 보지도 못하느니라."

제 3의 비유는 약초의 비유입니다. 설산(雪山)은 히말라야 산입니다. 일 년 내내 흰 눈에 덮여 있는 높은 산입니다. 예로부터 많은 이들이 그 곳에서 수행을 하였고, 부처님도 그 곳에서 6년 동안 고행을 하였다는 산입니다. 인도인들이 매우 신성시하는 산이기도 합니다. 사냥꾼이나 목동들은 설산에 매일 갑니다. 짐승을 잡으러 가고 가축에게 풀을 먹이러 하루도 가지 않는 날이 없습니다. 그러나 그들은 매일 설산에 가면서도 우리 중생들에게 이익이 되는 약초를 분별해 내지 못합니다. 그러나 훌륭한 의사가 설산에 가면 약초를 대번에 찾아 냅니다. 약초라고 해서 어디 신령한 풀이 따로 있는 게 아닙니다. 바르게 공부한 의사가 바라보면 약초 아닌 풀이 없습니다. 주위에 널려 있는 게 약초입니다.

실제로 이 이야기의 주인공이 있습니다. 부처님 당시에 인도 전역에서 가장 뛰어난 명의로 기바(耆婆)라는 의사가 있었습니다.

그는 마가다 국 빔비사라 왕의 아들인 무외 왕자와 아름다운 유녀 바라발제 사이에서 태어났습니다. 낳자 마자 길에 버린 것을 아버지인 무외 왕자가 데려다가 기바(耆婆)라고 이름을 짓고 궁중에서 길렀습니다. 주웠을 때 목숨이 붙어 있었다고 해서 '목숨'이라는 뜻인 기바라고 하였던 것입니다. 기바가 자라 어느덧 열다섯 살의 아름다운 소년이 되었습니다. 무외 왕자는 기바를 불러서 이렇게 말하였습니다.

"너도 이젠 제법 컸다. 그러니 언제까지 궁중에서 놀기만 해서야 되겠느냐?"

"예, 저도 무슨 기술을 배울까 하고 궁리 중입니다."

이리 대답은 하였으나 처음에는 막막하였습니다. 한참을 생각한 끝에 의술(醫術)을 배우기로 하였습니다. 득차시라 국에 빈가라라는 유명한 의사가 있었습니다. 기바는 그를 찾아가서 스승으로 모시고 7년 동안 의술을 익혔습니다. 열심히 하였지만 앞으로 얼마나 더 의술 공부를 하여야 하는지 궁금하여 스승을 찾아가서 여쭈어 보았습니다.

그러자 빈가라 명의는 대바구니 한 개와 약초 캐는 도구를 주면서 말씀하였습니다.

"너는 이 득차시라 국의 사방 백 리의 땅을 두루 다니면서 약이 되지 않는 풀만을 캐어 오너라."

기바는 스승의 분부를 받고 온 땅을 두루 돌아 다녔으나 모두가 약이 되는 풀뿐이고, 약이 되지 않는 풀은 하나도 없었습니다. 어떠한 풀을 캐 보아도 그 풀의 어느 한 부분에는 약이 되는 부분이 있었습니다. 한 푼어치라도 쓸모가 없는 풀은 없었습니다. 그래서 하는 수 없이 빈 대바구니를 들고 스승에게 되돌아올 수밖에 없었습니다.

"스승님, 분부대로 사방 백 리의 땅에 나는 풀이란 풀은 모조리 살펴보았지만 약이 되지 않는 풀은 하나도 없었습니다. 어떠한 풀이라도 그 속에는 약이 되는 성분이 들어 있었습니다."

빈가라 명의는 이 말을 듣고서는 무릎을 치며 칭찬을 하였습니다.

"너는 이제야말로 참된 의사가 될 안목을 얻었다. 너는 의술의 전부를 터득했으니 내 곁을 떠나도 좋다. 모두들 나보고 인도에서 제일가는 의사라고 하지마는 내 뒤를 이을 사람은 너밖에 없구나."

이렇게 하여 기바는 스승님께 깊이 감사의 예를 올리고, 고향 마가다국으로 왔습니다. 고향으로 돌아오는 길에 어느 장자 부인의 병을 고쳐 주기도 하고 고향에 와서는 빔비사라 왕의 치질도 고쳐 주고 그 밖에도 많은 사람들의 병을 고쳐 주었습니다. 그는 머리를 갈라 두개골 속에서 벌레를 잡아내고 배를 열어 창자를 바로 하는 등 오늘날과 같으면 섬세한 외과 수술이라고 할 수 있는 어려운 의술도 펼치기도 하였습니다.

무엇보다도 그는 부처님께 귀의하여 부처님의 풍병과 아나율의 귀머거리와 아난의 창병을 고쳐 주어서 의왕(醫王)이라고까지 칭송되었습니다. 특히 아사세가 아버지 빔비사라 왕을 살해한 뒤 뉘우치는 모습을 보고 부처님께 귀의시키기도 한 분입니다.

그렇습니다. 이 세상에 있는 만물은 어느 하나라도 존엄하지 않은 것이 없으며 어떠한 것이라도 하나의 효용성이라도 없는 것은 없습니다. 그러므로 의술에 도통한 사람의 눈에는 약이 되지 않는 풀이 없는 것이며, 심지어는 독을 가지고서도 약으로 활용할 수 있습니다. 설산에 매일 왕래하는 사냥꾼이나 목동들은 짐승이나 잡고 소만 배불리 먹이는 작은 목적만 가지고 있으니 약초가 눈에 들어올 리가 없는 것입니다. 온 백성의 목숨을 구하겠다는 큰 자비심을 가지고 있는 참된 의사의 눈에는 풀 한 포기라도 버릴 게 없습니다. 갖가지의 병에 알맞는 갖가지의 처방을 생각하면 그 어떤 풀이라도 다 쓸모가 있는 것입니다.

이와 같이 보살들은 지혜의 경계에 들어가 자유자재한 힘을 갖추었으므로 여래의 광대한 신통 변화를 봅니다. 그렇지만 부처님의 큰 제자들은 자기만 이익하려 하고 편안하려 하고 남을 위하려 하지 않기 때문에 서다림의 법회에 참석은 하고 있으되 여래의 경계를 알지도 보지도 못합니다.

우리들이 세상을 살아 가면서 받는 느낌이 여러 가지가 있는데 그 중에서 이상한 계산 원리가 있습니다. 자기 자신에게 이롭도록 실컷 일을 해 놓고 보니까 그만 남이 이로워지는 경우가 아주 많습니다. 또 남을 위한다고 일을 처리해 놓고 보니까 자기 자신에게도 굉장한 이익이 돌아오는 경우를 많이 봅니다.

특히 불교를 공부하는 사람들은 이 계산법에 머리를 좀 써야 합니다. 정확하게 더하고 빼고 하는 계산으로는 설명이 잘 안 되는 부분이 있습니다. 내 주머니를 채우려고 온갖 수단과 방법을 가리지 않고 내 주머니를 채웠다고 해서 꼭 내 것이 되지 않는 경우가 흔히 있습니다. 반면에 내 주머니에서 먼지 하나 남기지 않고 다 나갔는 데도 불구하고 그것이 소롯이 내 것이 되는 그런 계산법이 있습니다.

한 눈을 더 뜨고 보면 그 계산법이 보입니다. 안목과 소견이 확대되어 가면 그 계산법이 환하게 보입니다. 그렇게 되면 마음이 참 편안해집니다. 방금 나의 주머니에서 좀 빠져 나갔다 싶더라도 그게 빠져 나간 것이 아니라는 사실을 아니 참으로 편안하죠. 손에 들어오는 것이 많으면 실제로 눈 앞에 많이 와 있으니까 기분좋고, 부당하게 나갔다 싶은 것은 실제로 나간 게 아니라 잠시 남에게 맡겨놓은 것이니까 안전하고 그렇습니다. 잃어버리게 될까봐 걱정할 게 없습니다. 남에게 맡겨놓은 것은 은행에 맡긴 것보다 더 안전합니다. 금융 사고같은 것이 터질 리가 없습니다. 왜냐하면 그 사람의 마음에 저축해 놓은 것이기 때문입니다. 내가 무겁게 다 가지고 있을 필요가 없습니다. 그 사람의 마음 속에 저축해 놓았다가 필요할 때에 꺼내쓰면 되니까 얼마나 편안하고 넉넉한지 모릅니다.

우리 불자들은 계산기를 두 개 가지고 있어야 합니다. 단순하게 더하기 빼기만 하는 처음의 계산기를 버리고 두 번째의 계산기로 살 수 있을 때에 참다운 보살이 되고 오히려 그때는 이 세상 모든 것이 내 것으로 됩니다. 첫번째의 계산기를 가지고 있는 한은 아직은 넉넉하지 않을 것입니다. 늘 부족하고 불만이 있을 것입니다. 그 계산기 가지고는 그렇게 되어 있습니다. 아무리 많아도 부족하게 되어 있습니다. 성질상 그렇게 되어 있습니다. 나머지 다른 쪽 계산기를 작동시킨다면 그때는 아무 것도 필요없고 아주 넉넉하고 풍요롭기만 합니다. 이런 원리를 성문들은 모르기 때문에 아직은 남을 위하는 마음이 부족하다는 것입니다.

譬如地中에 有諸寶藏하야 種種珍異가 悉皆充滿이어든 有一丈夫가 聰慧明達하야 善能分別一切伏藏하며 其人이 復有大福德力하야 能隨所欲하야 自在而取하야 奉養父母하고 賑卹親屬하며 老病窮乏에 靡不均贍호대 其無智慧無福德人은 雖亦至於寶藏之處나 不知不見하야 不得其益인달하야 此亦如是하야 諸大菩薩은 有淨智眼하야 能入如來不可思議甚深境界하며 能見佛神力하며 能入諸法門하며 能遊三昧海하며 能供養諸佛하며 能以正法으로 開悟衆生하며 能以四攝으로 攝受衆生이어니와 諸大聲聞은 不能得見如來神力하며 亦不能見諸菩薩衆이니라

"비유하자면 마치 땅 속에 여러 가지 묻힌 보물과 귀중한 보배가 가득 찼는데, 어떤 사람이 총명하고 지혜가 있으며 모든 묻힌 보물을 잘 알고, 또 큰 복력도 있으므로 마음대로 가져다가 부모를 봉양하고 친족들에게 나누어주고 병들고 늙고 곤궁한 이들을 구제하지마는, 지혜가 없고 복덕이 없는 사람은 비록 보물이 묻힌 곳에 가더라도 알지 못하고 보지 못하여 이익을 얻지 못하는 것과 같으니라.

이것도 그와 같아서 큰 보살들은 깨끗한 지혜의 눈이 있으므로 여래의 부사의한 깊은 경계에 들어가서 부처의 신통한 힘을 보며 여러 가지 법문에 들어가 삼매의 바다에 놀면서 부처님께 공양하고 바른 법으로 중생들을 깨우치고 네 가지 거두어 주는 법으로 중생들을 거두어 주거니와 큰 성문들은 여래의 신통한 힘을 보지도 못하고 보살 대중을 보지도 못하느니라."

네 번째 비유는 보물의 비유입니다. 땅 속에 보물이 들어 있는 줄 아는 사람은 마음대로 보물을 가져다가 유익하게 씁니다. 부모도 공양하고 곤궁한 이들도 도와줍니다. 그러나 지혜가 없고 복덕이 없는 사람은 비록 보물이 묻힌 산에 갔으면서도 보물이 있는 줄을 몰라서 보물을 활용하지 못합니다. 그 사람에게는 어마어마하게 값이 나가는 보물이 있으나 마나한 것입니다.

'땅 속에 묻힌 여러 가지 보배'가 과연 어디에 묻혀 있는 무엇을 말하는 것일까요. 바로 우리들 마음 속에 있는 엄청난 지혜와 복덕을 말하는 것입니다. 이것을 아는 보살들은 마음껏 캐내어 이웃에게 막 씁니다. 보시(布施)·애어(愛語)·이행(利行)·동사(同事)의 사섭법(四攝法)을 마음껏 발휘해도 하나도 모자라지 않고 피곤하지도 않습니다. 우리 마음에는 무궁무진한 보물이 있기에 퍼내어도 퍼내어도 마르지 않습니다. 사섭법은 보살이 꼭 갖추어야 할 네 가지 조건입니다. 보시·애어·이행·동사로써 중생을 다 포섭한다는 것입니다.

세간의 계산과 다른 계산법으로 남에게 척척 갖다 맡겨 버리십시오. 그러고는 그냥 잊어 버리십시오. 제일가는 보시(布施)는 하고도 했다는 생각을 하지 않는 것입니다. 그냥 남에게 맡겨 놓으면 언젠가는 내가 다른 이로부터 맡을 경우가 생깁니다. 간탐심은 일종의 병입니다. 아까워서 주지 못하고 자기가 다 챙겨야만 직성이 풀리는 것은 큰 병통입니다. 무거운 짐을 내려 놓고서 가뿐하게 살지 무엇하려고 꼭 붙들고 있습니까.

그리고 무조건 남을 향하여 웃으십시오. 또 칭찬하는 말만 하십시오. 이게 애어(愛語)입니다. 칭찬을 들으면 꽃도 아름답게 피어나고, 짐승도 일을 잘 합니다. 이런 이치를 알기에 우리 조상들은 누런 소가 일을 더 잘한다는 말도 귓속말로 하였고, 절름발이라고 하지 않고 한 쪽 다리가 좀 더 짧은 편이라고 둘러 말하였습니다.

부처님께서도 초기 경전에 이런 말을 남겨 놓았습니다.

"절대로 남을 비난해서는 안 된다. 그것은 마치 입에 피를 품어서 남을 향해 뿌리는 것과 같다."

입에 피를 가지고 있다가 어떤 사람을 향해 뿌린다고 해봤자 그 해악은 이미 자기 자신이 당하고 있습니다. 그 피가 상대방에 닿기 전에 벌써 자기 입 안을 적시고 있습니다.

말에 관한 가르침은 어느 성자, 어느 종교에도 다 있습니다. "세 치의 혀는 만 가지 화(禍)의 근원이다."라고 하였고, 유태인의 가르침도 그러합니다. "많이 보고 많이 듣되, 적게 말하라."는 의미에서 눈과 귀는 둘이지만 입은 하나라는 것입니다.

이런 교훈적인 가르침을 실천하는 의미뿐만 아니라, 다른 이들에게 부처님의 가르침을 전하는 데는 일차적으로 말을 할 수 밖에 없습니다. 그러므로 마음 상해 하고 답답해 하는 이들에게 따뜻한 위로의 말 한 마디로 부처님의 자비를 전하도록 합시다.

그 다음 상대방에 이롭도록 하는 행위가 바로 이행(利行)입니다. 목마른 사람에게는 물을 떠다 주고, 아픈 사람에게는 약을 지어 주고, 외로운 사람 옆에 같이 있어 주는 것입니다. 사람들에게 가장 큰 이로움을 주는 것은 두말할 것도 없이 불사의 감로법을 전해 주는 것입니다. 각자 자기 능력껏 남을 향하여 뭔가 이익되는 행을 하는 것은 보람된 일이라고 하겠습니다. 동사(同事)는 같이 하는 것입니다. 같이 놀자면 같이 놀아 주고, 같이 울자고 하면 같이 울어 주는 것입니다. 방편으로 온갖 것을 다 해 줍니다. 그리하여 최종적으로 마음을 부처님께로 돌려 놓는 것입니다.

성문들은 보살들이 갖추고 있는 이 사섭법으로 중생을 깨우쳐 주지 않으므로 여래의 신통한 힘을 보지 못합니다.

譬如盲人이 **至大寶洲**하야 **若行若住**하며 **若坐若臥**호대 **不能得見一切衆寶**하나니 **以不見故**로 **不能採取**하며 **不得受用**인달하야 **此亦如是**하야 **諸大弟子**가

雖在林中하야 親近世尊이나 不見如來自在神力하며 亦不得見菩薩大會하나니 何以故오 無有菩薩無礙淨眼하야 不能次第悟入法界하며 見於如來自在力故니라

"비유하자면 마치 눈먼 사람이 보배가 많은 섬에 가서 다니고 서고 앉고 누우면서도 모든 보배를 보지 못하며, 보지 못하므로 가져다가 사용하지 못하는 것과 같느니라. 큰 제자들도 그와 같아서 서다림 속에서 세존께 친근하면서도 여래의 자유자재한 신통을 보지 못하며, 보살 대중도 보지 못하나니, 왜냐하면 보살의 걸림없는 깨끗한 눈이 없어서 차례차례로 법계에 깨달아 들어가지 못하고 여래의 자재한 힘을 보지 못하는 탓이니라."

여기 맹인의 비유가 나왔습니다. 『화엄경』에서 그려지고 있는 화장 세계에 대한 이해를 돕기 위하여 맹인을 가지고서 비유를 자주 합니다. 거듭 말하지만 맹인 앞에 아무리 휘황 찬란한 보배가 있어도 그것을 보지 못합니다. 따라서 집어 오거나 가져다가 쓸 수가 없습니다.

부처님의 큰 제자들이라고 하는 이들이 서다림에서 부처님과 함께 있으면서 친견을 하기는 하지만 부처님의 자재 신력을 알지 못합니다. 걸림이 없는 청정한 눈이 없어서입니다. 말하자면 진리의 세계에 깨달아 들어가는 일이라든지 부처님의 위대한 힘, 그것을 보지 못한다는 것입니다. 우리들 마음 속에는 온갖 만행·만덕이 다 있다고 하여도 잘 믿지를 않고, 깨달으려고 하지를 않습니다. 그토록 힘주어 말하여도 도대체 확신이 부족하여 쓰지를 않는 것입니다. 아니 쓰기는 커녕 알아보려는 노력도 하지 않습니다.

먼저 깨달은 사람이 그토록 우리들 마음 속에는 위대한 힘이 있다고 하면 한 번이라도 용맹 정진하여서 알아 내려고 노력해야 할 터인데 믿지도 않고 참 어중간합니다. 하긴 어중간한 것도 전혀 아무 것도 하지 않는 것보다는 훨씬 낫습니다. 미미한 행이라도 지어 놓으면 그게 인

(因)이 되어서 언젠가는 싹이 틀 때가 있습니다. 다 잊어 버리고 있다가도 어느 순간, "아, 바로 이것이구나!"하고 확 개안을 할 때가 있습니다. 그러므로 비록 이 순간에는 이해가 잘 되지 않는다 하더라도 자꾸 가까이 하고 꾸준히 들어 두어야 합니다.

『화엄경』과 같은 대승 법문은 마치 다이아몬드를 삼킨 것과 같습니다. 다이아몬드라는 것은 어느 곳에 있더라도 그 가치가 변하지 않습니다. 비록 시궁창에 굴러 다니고, 설사 거름더미에 떨어진다고 하더라도 다이아몬드의 영롱함과 그 값어치는 하나도 변하지 않습니다.

이와 같은 이치로 대승 법문을 한 번 듣고서 이해를 잘 하지 못하여도 그 값어치는 하나도 떨어지지 않습니다. 나이가 들어서 잘 잊어 버린다고 걱정하는 소리를 듣게 되는데 그것은 하나도 문제가 되지 않습니다. 싹 다 잊어 버려도 좋습니다. 한 번 인(因)을 맺어 놓으면 그게 언젠가는 빛을 발하게 되어 있습니다. 금생에 안 되면 다음 생에 발해도 발합니다. 거름더미에 떨어진 금강석과 같이 그 가치는 하나도 손상되지 않고 그 값을 할 때가 있는 것입니다.

부처님은 이것을 믿습니다. 한 사람도 남김없이 그렇게 된다는 것을 압니다. 그래서 씨앗을 중요시 여기고 한 알이라도 더 심기 위하여 팔만사천법문이나 남기신 것입니다. 씨앗이 제대로 들어가기만 하면 기억을 못해도 상관없습니다. 농부들이 밭에 씨앗을 뿌려놓고 전부 다 기억하고 있지 않습니다. 까마득하게 잊어 버리고 있어도 저절로 다 싹이 틉니다. 때가 되면 다 싹이 나기 마련입니다. 이게 바로 불법(佛法)입니다. 참 편안합니다.

구태여 경을 보지 않아도 좋고, 참선을 하지 않아도 좋습니다. 우리들의 8식, 저 장식(藏識) 속에 한 번 종자를 심어 놓으면 하나도 사라지지 않고 시절이 돌아오면 싹을 틔울 때가 있습니다. 그게 바로 우리들이 심어 놓은 씨앗이 힘을 발하는 것입니다. 그 씨앗을 근거로 하여 우리들의 가능성을 한껏 표출하게 되는 것입니다.

譬如有人이 得淸淨眼하니 名離垢光明이니 一切暗色이 不能爲障이라 爾時彼人이 於夜暗中에 處在無量百千萬億人衆之內하야 或行或住하며 或坐或臥할새 彼諸人衆의 形相威儀는 此明眼人이 莫不具見이어니와 其明眼者의 威儀進退는 彼諸人衆이 悉不能覩인달하야 佛亦如是하야 成就智眼淸淨無礙하사 悉能明見一切世間이나 其所示現神通變化와 大菩薩衆의 所共圍遶는 諸大弟子가 悉不能見이니라

"비유하자면 어떤 사람이 때가 없는 광명이라는 청정한 눈을 얻으면 모든 어두움이 장애하지 못하므로, 캄캄한 밤중에 백천만억 사람이 있는 곳에서 가고 서고 앉고 누우면서 여러 사람의 형상과 위의를 이 눈 밝은 사람은 능히 보지만 이 눈 밝은 이의 오고 가는 행동은 저 여러 사람들이 보지 못하는 것과 같느니라.

부처님도 그와 같아서 지혜눈을 성취하여 청정하고 걸림이 없으므로 모든 세상 사람들을 보지만, 부처님이 나투시는 신통 변화와 큰 보살들이 둘러 모시는 것을 큰 제자들은 보지 못하느니라."

여섯 번째의 비유는 청정안에 대한 비유입니다. 어떤 사람이 모든 때를 다 떠난 광명의 청정한 눈이라는 훌륭한 눈을 얻었습니다. 이 사람의 눈은 모든 것을 다 볼 수 있습니다. 아무리 캄캄한 밤이라도 그 사람은 자기 몸을 자유자재로 움직이면서, 다른 사람의 행동거지를 전부 분별합니다.

그러나 다른 사람들은 그를 알아 보지 못합니다. 그는 행동을 마음대로 하면서 다른 사람의 행동은 낱낱이 보는데, 다른 사람은 그를 전혀 볼 수가 없습니다.

한 번 생각해 보십시오. 내 행동거지는 전부 다 남에게 공개가 되는데, 나는 남을 볼 수가 없다고 하면 어떤 기분이 되겠습니까. 누워 자고 옷을 입고 밥을 먹고 하는 모든 모습을 그는 다 들여다 보고 있는데, 나는 그 사실을 까맣게 모르고 있다고 한다면 얼마나 답답하고 부끄러운

노릇인지 모릅니다. 행동 하나에만 그치면 별 상관이 없습니다만 우리들이 본래로 가지고 있는 보물을 우리들이 보지 못하고 있다고 한다면 그것은 참으로 통탄할 노릇입니다. 왔다 갔다 하는 행동을 엿보이게 되는 것은 조금 부끄러울 뿐이지 별 손해 나는 일은 아닙니다.

그러나 눈이 밝은 이는 자기 속에 있는 무량한 보물을 꺼내어서 좋은 집도 사고 부모도 공양하고 친구에게도 나누어 주고 있을 때, 자기는 그것을 몰라서 계속해서 옹색하고 쪼들리는 생활을 하고 있다면 그 손해가 얼마나 큰지 모릅니다. 실로 가슴을 칠 일인 것입니다. 나에게없는 것이라면 또 몰라도 내게도 똑같이 보물덩어리가 있는데 가난하게 산다는 것은 말이 되지 않는 것입니다. 이 보물을 꺼내는 것은 간단합니다. 먼저 깨달으신 부처님께서 있다고 하시니까 우리들은 거기에 확신을 갖고 꺼내어 쓰기만 하면 됩니다. 쓰고 싶을 때 쓰면 됩니다. 쓸 수 있는 모든 자원이 다 내게 있고, 또한 내 손이 있으니 꺼내지 못할 까닭이 없습니다.

이 열 가지 비유만 가지고도 한 권의 책을 엮을 수 있을 정도로 구절구절이 다 주옥과 같이 아름답고 또 심오합니다. 여기 이 대목, "부처님이 나투시는 신통 변화와 큰 보살들이 둘러 모시는 것을 큰 제자들은 보지 못하느니라" 하는 대목을 우리들이 다시 한 번 생각해 보도록 합시다.

바로 옆에서 부처님이 신통을 부리고 있는 데도 그것을 보지 못하고, 보살이 곁에 있는 데도 보살인 줄 모릅니다. 그것을 알아 보는 안목이 없기에 그렇습니다. 이 말에서 한 걸음 더 나아가면 부처고 보살이 곁에 있는 것이 아닙니다. 바로 부처를 찾아 다니는 저 자신이 부처인 것이고, 보살을 닮으려는 저 자신이 보살 그 자체인 것입니다. '보지 못한다'는 것은 이런 번연한 사실을 모르고 어디 따로 다른 곳에 가서 부처를 찾고 보살을 구한다는 말입니다.

부처님께서 신통을 보이시고 보살들이 성문 대덕들을 에워싸고 있음에도 불구하고 성문들은 눈이 떠지지 않아서 그것을 보지 못합니다. 아직도 무명의 막에 가리워져 있는 바로 우리들의 이야기인 것입니다.

譬如比丘가 在大衆中하야 入徧處定하나니 所謂地徧處定과 水徧處定과 火徧處定과 風徧處定과 靑徧處定과 黃徧處定과 赤徧處定과 白徧處定과 天徧處定과 種種衆生身徧處定과 一切語言音聲徧處定과 一切所緣徧處定이라 入此定者는 見其所緣하나니 其餘大衆은 悉不能見이요 唯除有住此三昧者인달하야 如來所現不可思議諸佛境界도 亦復如是하야 菩薩은 具見호대 聲聞은 莫覩니라

"비유하자면 어떤 비구가 대중들 가운데서 온갖 곳에 두루한 선정[徧處定]에 들었으니, 이른바 땅 온갖 곳에 두루한 선정[地徧處定]·물 온갖 곳에 두루한 선정[水徧處定]·불 온갖 곳에 두루한 선정[火徧處定]·바람 온갖 곳에 두루한 선정[風徧處定]·푸른 색 온갖 곳에 두루한 선정[靑徧處定]·누른 색 온갖 곳에 두루한 선정[黃徧處定]·붉은 색 온갖 곳에 두루한 선정[赤徧處定]·흰 색 온갖 곳에 두루한 선정[白徧處定]·하늘 온갖 곳에 두루한 선정·갖가지 중생의 몸 온갖 곳에 두루한 선정·모든 말과 음성 온갖 곳에 두루한 선정·모든 반연할 온갖 곳에 두루한 선정들이라. 이 선정에 든 이는 그의 반연함을 보지만, 다른 대중은 모두 보지 못하나니, 오직 이 삼매에 머무른 이는 제외되는 것과 같느니라.

여래가 나타내는 부사의한 부처님의 경계도 그와 같아서 보살들은 보지만 성문은 보지 못하느니라."

일곱 번째 비유는 선정(禪定)에 관한 이야기입니다. 선정은 바로 삼매(三昧)입니다. 한 비구가 있는데 그는 모든 장소에서 정에 듭니다. 따로 선방에 가서 선정에 드는 것이 아니라 일체처에서 선정에 들 수가 있습니다. 온갖 곳에 두루한 선정을 낱낱이 분석하여 설명을 해 주고 있습니다. 즉, 우리 몸을 이루는 지(地)·수(水)·화(火)·풍(風)의 사대 변처정과

청(靑)·황(黃)·적(赤)·백(白)의 사대 색변처정에 들었습니다. 또한 하늘에서, 중생의 온갖 몸을 나투는 곳에서, 모든 말과 음성에서, 모든 인연할 온갖 곳에서 그냥 선정에 듭니다.

우리들은 마음을 한 곳에 집중하려면 잘 되지 않습니다. 한 순간이라도 마음을 집중시키기 위해서 가부좌를 틀고 앉았으되, 마음은 온갖 곳을 돌아 다닙니다. 이런 것은 제대로 삼매가 된 것이 아닙니다. '온갖 곳에 두루한 선정'이라는 말에 주의를 기울일 필요가 있습니다. 좀 더 차원이 높아지면 움직이면 움직이는 대로, 일하면 일하는 대로, 그 자리에서 즉시에 삼매에 들 수 있다는 것입니다. 일체처, 일체행이 삼매가 되어야 제대로 된 삼매라는 것입니다. 이렇게 되기 위해서는 물론 한 곳에 앉아서 수행하는 연습이 필요합니다. 훈련이 깊어지면 일거수 일투족이 전부 삼매가 될 수 있습니다. 이런 자유자재한 선정에 드는 비구는 그가 인연한 바를 다 보지만 이 선정에 들지 못한 이는 보지 못하는 것처럼 성문들은 여래의 경지를 보지 못합니다.

성문은 바로 우리들입니다. 원대하고 자유자재하고 심오하고 거룩한 여래의 경지를 알지 못한다고 거듭거듭 말하고 있습니다. 그렇다고 해서 실망하고 포기할 것이 아니라, 우리도 어서 마음의 밭을 경작하여 저 알짜배기 열매를 거두어야겠습니다. 참으로 분발심 나게 해놓았습니다.

譬如有人이 **以翳形藥**으로 **自塗其眼**하고 **在於衆會**하야 **去來坐立**에 **無能見者**로대 **而能悉覩衆會中事**인달하야 **應知如來**도 **亦復如是**하야 **超過於世**하사 **普見世間**하나니 **非諸聲聞**의 **所能得見**이요 **唯除趣向一切智境諸大菩薩**이니라

"또 비유하자면 어떤 사람이 몸 숨기는 약을 눈에 바르면, 대중 가운데서 오고 가고 앉고 서고 하여도 보는 이가 없지마는, 대중의 하는 일은 모두 보는 것과 같느니라.

여래도 그와 같아서 세간을 초월하고서도 세간일을 두루 보거니와, 성문들은 보지 못하나니, 온갖 지혜의 경계에 나아가는 대보살들은

제외하느니라."

제 8의 비유는 투명 인간의 비유입니다. 신기한 약이 있습니다. 그 약을 눈에 척 바르면 그 사람은 눈에 띄지 않습니다. 만화에 나오는 투명 인간이 되는 것입니다. 투명 인간이 된 그는 마음대로 왔다 갔다 앉았다 섰다 하여도 다른 사람의 눈에 잡히지 않습니다. 그러나 그는 나머지 대중들이 하는 일을 다 볼 수 있습니다. 눈을 뜨고 사는 사람과 눈을 뜨지 못한 사람과의 차이를 갖가지로 재미있는 비유를 가지고서 백방으로 보여 주고 있습니다.

부처님도 이와 같아서 세상의 일을 다 뛰어 넘었으면서도 세간일을 다 보고 다 압니다. 대보살들도 지혜를 다 갖추었기 때문에 세간일을 두루 볼 수 있습니다만 성문들은 보지 못합니다.

如人이 **生已**에 **則有二天**이 **恒相隨逐**하나니 **一曰同生**이요 **二曰同名**이라 **天常見人**호대 **人不見天**인달하야 **應知如來**도 **亦復如是**하야 **在諸菩薩大集會中**하사 **現大神通**하사대 **諸大聲聞**은 **悉不能見**이니라

"마치 사람이 태어나면 두 하늘이 항상 따라다니나니, 하나는 '같이 남[同生]'이요, 하나는 '같은 이름[同名]'이라. 이 하늘은 항상 사람을 보아도 사람은 이 하늘을 보지 못하는 것과 같느니라.

여래도 그와 같아서 보살들 가운데서 큰 신통을 나타내는 것을 큰 성문들은 모두 보지 못하느니라."

아홉 번째 비유는 하늘입니다. 여기서의 하늘을 신(神)이라고 생각하면 되겠습니다. 동생(同生)과 동명(同名)은 하늘의 이름들입니다. 이 두 신이 항상 따라 다니며 신은 사람을 보지만 사람은 신을 보지 못합니다. 성문도 이와 같아서 보살들이 나타내는 큰 신통을 보지 못합니다.

譬如比丘가 得心自在하야 入滅盡定에 六根作業이 皆悉不行하며 一切語言을 不知不覺호대 定力持故로 不般涅槃인달하야 一切聲聞도 亦復如是하야 雖復住在逝多林中하야 具足六根이나 而不知不見不解不入如來自在菩薩衆會諸所作事하나니라

"또 비유하자면 어떤 비구가 마음이 자유자재함을 얻어 의식이 없어진 선정[滅盡定]에 들면 육근(六根)으로 짓는 업이 모두 행하지 않고 모든 말을 알지도 못하고 깨닫지 못하지만, 선정의 힘으로 유지되는 연고로 열반에 들지 않는 것과 같느니라.

모든 성문도 그와 같아서 비록 서다림 속에 있으면서 여섯 감관을 갖추었지만 여래의 자재하심과 보살 대중들이 짓는 일을 알지 못하고 보지 못하고 이해하지 못하고 들어가지 못하느니라."

마지막 열 번째의 비유는 멸진정(滅盡定)입니다. 멸진정은 삼매 가운데에서도 그야말로 철저하게 망상이 끊어져 버린 그런 삼매입니다. 그리하여 아무 것도 움직이지 아니 합니다. 안(眼)·이(耳)·비(鼻)·설(舌)·신(身)·의(意)의 육근이 작용하지를 않습니다. 따라서 말소리가 들리지 않습니다. 아무리 고함을 치고 옆에서 천둥 번개가 쳐도 꼼짝하지 않습니다. 그렇다고 해서 죽은 것은 아닙니다. 왜냐하면 선정에 머무르는 힘이 있기 때문입니다.

이와 마찬가지로 성문들은 서다림 속에 있으면서 육근을 다 갖추고 있지만 육근이 작용하지 않아서 그 숲에서 벌어지는 여래의 자재하심과 보살들이 짓는 일을 알지도 못하고 보지도 못하고 이해하지도 못하고 들어가지도 못합니다.

지금까지 성문들이 여래의 위신력과 보살의 자재하심을 알지 못하는 것을 열 가지의 비유를 가지고서 설명을 하였습니다. 「입법계품」이 설해지는 이 서다림 법회에 부처님의 큰 제자들이 참석은 하였으되 부처님과 보살의 경지를 보지 못하고 알지 못한다는 것을 왜 이토록 길게 비

유를 하였을까요.

　사실 부처님의 큰 제자들도 상당한 경지입니다. 보통의 스님들보다는 근기가 훨씬 뛰어나고 수행도 쉬지 않고 하였음에도 불구하고, 여래와 보살의 경지를 알지 못하다는 것은 그만큼 이 법회의 격이 높고 훌륭하다는 것을 강조하기 위해서입니다.

　이 격조높은 법회에서 설해지는 수승한 법을 따라서 공부를 하면 확실하게 성불할 수 있다는 입장에서 이야기되어지는 것입니다. 이 점을 잘못 이해하여 이렇게 포기하는 말을 해서는 안 됩니다.

　"아이구 부처님의 큰 제자들도 잘 모르는데 우리 중생들이야 말할 것도 없겠지. 일찌감치 그만 두어야겠다."

　이런 식으로 생각하여 포기하라는 것이 아닙니다.

　「입법계품」에서는 한 인간의 성불을 그리고 있습니다. 우리 인간이 가지고 있는 내면의 세계를 마음껏 표출하는 것이 성불입니다. 우리들 속에 있는 무한한 가능성을 한껏 꽃피우고 발휘하는 일이고, 또한 우리들 마음 속에 잠재되어 있는 소원을 남김없이 성취하는 것입니다.

　완전한 성공인 성불을 가르쳐 주는 서다림 법회는 불보살과 세간의 주인들도 참석하여 법회의 격을 보장해 주었습니다. 그런데, 또 시방에서도 무수히 많은 보살들이 장엄을 일으키며 몰려와 법회의 품위를 더욱 더 보장해 주고 있습니다. 그러니 이 여래와 보살들을 따라 배워가면 완벽하게 성불할 수 있다는 입장에서 갖가지의 비유로써 우리들이 닦아야 할 경계를 보여 주는 것입니다.

(5) 맺다

何以故오 如來境界가 甚深廣大며 難見難知며 難測難量이며 超諸世間이며 不可思議며 無能壞者며 非是一切二乘境界일새 是故如來의 自在神力과 菩薩衆會와 及逝多林이 普徧一切淸淨世界한 如是等事를 諸大聲聞이 悉不知

見이니 非其器故니라

 "왜냐하면 여래의 경계는 매우 깊고 광대하여 보기 어렵고 알기 어렵고 측량하기 어렵고 헤아리기 어려우며, 모든 세간을 초월하여 부사의하고 파괴할 이가 없어서 모든 이승(二乘)의 경계가 아니니라. 그러므로 여래의 자유자재하신 신통한 힘과 보살 대중의 모임과 서다림이 모든 청정한 세계에 두루하였지만, 이러한 일을 여러 큰 성문은 모두 알고 보지 못하나니, 그 그릇이 아니기 때문이니라."

 여래의 경계는 성문과 연각의 이승들이 이해할 경지가 아닙니다. 쉽게 생각해 봅시다. 아무리 유치원 어린이가 우수하다고 해도 대학생이 공부하는 과목을 알지 못합니다. 눈 앞에 펼쳐 주어도 볼 수가 없고, 알 수가 없고, 측량하지 못합니다.
 중학생도 대학생이 보는 교재를 관찰해 들어 가지 못합니다. 옆에 아무리 심오한 책이 있어도 그들에게는 아무 소용이 없습니다. 그림책을 보면 반색할 것입니다. 똑똑한 유치원 아이는 그림책 중에서는 내용이 어려운 책을 이해할 것입니다만 대학생들이 보는 책과는 그 격에 있어서 천지 차이인 것입니다.
 이와 마찬가지로 자기 해탈만을 목표로 하는 성문이나 연각 같은 이승들은 널리 중생을 이익되게 하는 여래나 보살의 대신통력과 부사의한 위신력을 알지도 보지도 못하는 것입니다. 성문 연각은 여래의 신통력 그 자체를 알지 못하는 것뿐만 아닙니다. '여래의 신통력과 보살 대중의 모임과 서다림이 모든 청정한 세계에 두루하였음'도 알지 못합니다.
 그렇습니다. 여래의 신통력은 석가모니 부처님만이 가지고 있는 힘이 아닙니다. 모든 세계에 두루 있습니다. 내 안에도 있고 그대 안에도 있고, 이 세상에 오고 가는 저 모든 사람들 속에 다 신통력이 있습니다. 그러니 모든 대중이 다 그대로 보살입니다. 기도를 하고 있든 싸우고 있든 그대로 보살 대중들입니다. 아무런 차별이 없습니다. 각자가 다 똑같은 가치를 가지고 있는 보살들입니다.

인도의 어느 지역만이 서다림이 아닙니다. 오늘 우리가 범어사에서 법을 듣고 있으면 그 자리가 서다림이 되는 것이고, 가정에서 법을 구하고 있으면 바로 우리집이 법당이 되는 것입니다. 오고 가는 길거리가 그대로 법당이 되고 저자거리가 그대로 살아 있는 법당이 되는 것입니다.

살아 있는 생명 하나하나는 모두가 여래이고 보살입니다. 또한 우주 어느 한 자락도 법당 아닌 곳이 없습니다. 그러나 눈 앞에 보이는 형상만을 보고 여래라고 하고 자기 자신만의 행복에만 급급한 성문 연각들은 이것을 모릅니다. 왜냐하면 '그릇[器]'이 아니기 때문입니다. 아직도 보이는 모습과 들리는 소리에 매여 있는 이승들에게는 부처님은 한 분뿐일 것이고, 남을 위하는 마음은 헛되게 보일 것이고, 살아가는 자리자리마다는 괴로운 삶의 현장일 뿐일 것입니다.

그러나 눈을 더 뜨고 바라보면 이 우주에 존재하고 있는 삼라만상 전부는 다 존엄한 부처들이고 자비스러운 보살들입니다. 온 우주 법계는 다 깨달음을 주는 법석인 것입니다.

이러한 것을 다 수용하려면 그 그릇이 어지간해서는 곤란합니다. 아니 잴 수 없을 정도로 무한정 커야 합니다. 그 그릇은 어디 양이 정해져 있는 것이 아니고, 얼마든지 크게 했다 작게 했다 할 수 있습니다. 다 자기 노력 여하에 달려 있습니다. 좋은 나무를 구해다가 깎고 다듬어서 모양을 만들어야 합니다. 거기에다 그림도 그리고 색도 칠해서 아름답게 만들어 가야 합니다.

옛날 당송팔대가의 한 사람인 소동파(蘇東坡)라는 거사가 불법을 알게 되었습니다. 대덕 스님들을 찾아 다니며 법을 구할 뿐만 아니라 만나는 스님마다에게 법문을 들려 달라고 졸라댈 정도로 열심히 공부하였습니다.

하루는 상총(常聰) 스님을 찾아 갔습니다.

"스님, 오늘도 좋은 법문 하나를 들려 주십시오."

"허허, 거사님, 소승의 법문은 그만 듣고 이제부터는 무정설법(無情說

法)에 귀를 좀 기울이도록 하시지요."

그 말을 들은 소동파는 깜짝 놀랐습니다. '무생물이 설법을 한다?' 그 때부터 이것이 화두가 되어 머리에서 잠시도 떠나지 않았습니다. 자나깨나 '무정설법'에 대하여 골똘히 생각에 잠겨 있었습니다.

그날도 무정설법이라는 말에 일념이 되어 가지고 산길을 가고 있었습니다. 간다는 것도 잊어 버리고서 걸어 가고 있는데 갑자기 옷이 차가워지는 것이었습니다.

어느 폭포(瀑布) 밑을 지나는데 마침 폭포의 물이 바람에 나부껴 가지고 자기 옷을 적시었던 것입니다. 그래서 고개를 들고 위를 바라보니 자기가 어느 폭포 밑을 지나고 있었고, 폭포에서 웅장하게 물이 떨어지는 소리가 들려오는 것이었습니다. 그 순간 '무정설법'의 도리를 깨닫고 오도송(悟道頌)을 읊었습니다.

계성변시광장설(溪聲便是廣長舌)
산색기비청정신(山色豈非淸淨身)
야래팔만사천게(夜來八萬四千偈)
타일여하거사인(他日如何擧似人)
시냇물 소리가 그대로 부처님의 광장 설법인데
산빛 또한 어찌 청정 법신 비로자나 부처님이 아니겠는가.
밤이 되니 8만 4천 게송이나 되는 것을
다른 날, 다른 사람에게 어찌 들어 보일 수가 있으리오.

시냇물이 흘러 내리는 소리를 부처님의 설법으로, 또 시냇물을 흘러 보내고 있는 산을 우주의 주인이며 진리의 청정한 몸인 청정 법신 비로자나 부처님으로 보았습니다. 내용으로도 손색이 없고, 시의 짜임으로도 빼어난 게송입니다.

이 세상의 모든 소리는 전부가 부처님의 설법이고, 이 세상에 존재하는 모든 삼라만상 그대로가 전부 진리 그 자체, 법신인 것입니다. 바로 경의 이 대목 '모든 청정한 세계에 두루하였다'하는 대목과 잘 맞는 부분입니다.

부처님께서 일생을 두고 하신 법문을 하룻밤 사이에 한 것으로 시적으로 훌쩍 건너 뛰어서 재미있게 나타내었습니다. 깨달으면 바로 그 자리에서 부처된다는 입장에서 하룻밤이라는 말로 표현하였습니다. 소동파 저 자신이 그러하였습니다. 그토록 알고자 했고 듣고자 하였던 무정 설법이 멀리 있는 것이 아니었습니다. 물방울이 튕기는 순간 올려다 본 폭포 소리가 그대로 부처님의 법문이었습니다.

어디 폭포 소리만 부처님의 설법이겠습니까. 새 소리, 바람 소리, 물소리 이런 깨끗한 부처님의 법문을 다음에 다른 사람들에게 어떻게 이해시키겠는가 뜻입니다. 꼭 경에 씌어져 있어야만 부처님 말씀이라고 고집하고 있는 옹색한 사람들에게 어찌 이 넓고 너른 경지를 이해시킬 수가 있겠는가 하는 그런 이야기입니다.

내친 김에 이 시의 구절이 나타나 있는 우리 나라 스님이 지은 시도 한 수 감상하도록 하겠습니다. 고려 때의 원감 국사(圓鑑國師)께서 정혜사(定慧寺)에 들어가 승려들에게 지어 보였다는 시입니다.

계족봉전고도량(雞足峯前古道場)
금래산취별생광(今來山翠別生光)
광장자유청계설(廣長自有淸溪舌)
하필남남갱거양(何必喃喃更擧揚)
계족봉 그 밑의 옛도량
이제사 찾아오니 유달리 푸른 산빛
맑은 냇물 그대로 광장설이니
내 굳이 나불거려 무얼 다시 설하랴.

6. 시방에서 온 보살들이 게송(偈頌)으로 덕을 찬탄하다

(1) 동방의 비로자나원광명보살

爾時에 **毘盧遮那願光明菩薩**이 **承佛神力**하사 **觀察十方**하고 **而說頌言**하사대
이때에 비로자나원광명(毘盧遮那願光明)보살이 부처님의 신력을 받들어 시방을 살펴 보고 게송으로 말하였다.

   汝等應觀察하라
   佛道不思議하여
   於此逝多林에
   示現神通力이로다
   그대들은 마땅히 살펴 보라
   부처님의 도는 부사의하여
   이 서다림에서
   신통한 힘을 보이시네.

   善逝威神力으로
   所現無央數라
   一切諸世間이
   迷惑不能了로다
   잘 가신 이의 위신력
   나타내심이 다함이 없어
   모든 세간들이
   미혹하여 알지 못하네.

法王深妙法이
無量難思議라
所現諸神通을
擧世莫能測이로다
법왕의 깊고 묘한 법
한량이 없고 헤아릴 수 없어
이 나타내시는 여러 가지 신통
온 세상이 측량할 이 없네.

以了法無相일새
是故名爲佛이나
而具相莊嚴하니
稱揚不可盡이로다
법이 모양 없음을 알았으므로
부처라 이름하거니와
모양으로 장엄하심을
칭찬하여도 다할 수 없네.

今於此林內에
示現大神力이
甚深無有邊하야
言辭莫能辯이로다
지금 이 서다림 속에서
큰 신통의 힘 보이시는 일
깊고 깊어 가이 없으며
말로는 능히 설명할 길 없네.

汝觀大威德
無量菩薩衆하라
十方諸國土에
而來見世尊이로다
큰 위덕을 갖춘
한량없는 보살 대중을 보라
시방의 여러 국토로부터
와서 세존을 뵈옵네.

所願皆具足하며
所行無障礙하니
一切諸世間이
無能測量者로다
소원이 다 구족하고
행하시는 일 장애 없으매
모든 세간 사람들
아무도 측량할 이 없네.

一切諸緣覺과
及彼大聲聞은
皆悉不能知
菩薩行境界로다
모든 연각이나
큰 성문들은
보살의 행하는 경계를
누구도 알지 못하네.

菩薩大智慧가
諸地悉究竟하고
高建勇猛幢하니
難推難可動이로다
보살의 큰 지혜
모든 지위를 끝까지 마치고
용맹한 깃대 높이 세우니
꺾을 수도 흔들 수도 없네.

諸大名稱士의
無量三昧力으로
所現諸神變이
法界悉充滿이로다
소문이 널리 퍼진 보살들
한량없는 삼매의 힘으로
나타내는 신통과 변화
법계에 모두 충만하였네.

이 「입법계품」은 선재동자라는 한 인간이 모델로 등장하여 완전한 인격을 꽃피워가는 과정을 우리 앞에 직접 보여 주고 확신시켜 주는 그런 중요한 품입니다. 우리들이 가지고 있는 내면의 세계를 한껏 표출해내어 완전한 인격을 갖추어 가는 성불이라는 엄청난 성공을 거두기 위해서 온갖 과정이 다 동원되고 있습니다. 먼저 부처님이 계시고, 부처님의 법을 듣기 위해서 서다림 숲에 많은 대중들이 모여 있습니다. 500명의 보살 대중들과 500명의 성문들과 500명의 세간 주인들과 그 권속들이 법회에 참석하고 있습니다. 그러나 여기서 끝나지 않습니다. 우리들도 큰 행사를 치르기 위해서는 몇 년을 두고 철저하게 계획하고, 또 되도록이면 웅장하고 화려하게 차비를 합니다.

 마찬가지로 '성불(成佛)'이라는 우주적인 성공을 거두기 위해서 엄청난 장엄이 벌어집니다. 부처님께서 삼매에 들고 그 삼매 속에서 누각과 서다림 숲이 갖가지의 보배와 온갖 깃발로써 장엄되어집니다. 그러나 그것만으로도 부족하여 시방에서 수많은 보살들이 갖가지의 장엄을 지으면서 이 서다림의 법회에 동참합니다. 시방에서 모여온 보살들이 서다림 숲을 완전히 감싸면서 장엄하고 있습니다. 그러니까 장엄을 이중 삼중으로 하고 있는 것입니다.

 이 말은 다른 뜻이 아닙니다. 한 인간의 성불은 온 우주가 다 동원되어서 아름답게 꾸며주어도 하나도 손색이 없을 만큼 중요하고 거창한 사업이라는 것입니다. 그렇기 때문에 선재동자가 등장하기 위해서는 아직도 더 많은 전조가 꾸며집니다. 시방에서 모여온 보살들이 서다림 숲을 아름답게 꾸민 것도 부족하다고 느꼈는지 지금부터는 대표되는 보살이 나와서 시(詩)를 한 수씩 읊으면서 축하를 더하고 있습니다.

 먼저 동방의 비로자나원광명보살(毘盧遮那願光明菩薩)이 자기쪽에서 온 일행을 대표하여 게송을 읊습니다. 앞 부분은 부처를 찬탄하는 내용이고, 뒷부분에서는 보살을 칭찬하고 있습니다.

 내용을 가만히 음미해 보면 그냥 단순하게 찬탄하는 데에 끝나지 않고 불법(佛法)을 다 이야기하고 있습니다. 부처님을 '잘 가신 이(善逝)'와 '법왕(法王)'이라는 다른 이름으로도 표현하고 있습니다. 법으로써 무상(無相)을 요달하였기 때문에 부처라고 합니다. 만상 너머에 있는 본래로 적적하고 움직이지 않는 자리를 깨우쳐서 부처가 되었지마는, 그렇다고 해서 상을 무시하는 것도 아닙니다. 거룩하신 32상 80종호라는 상장엄(相壯嚴)을 또 다 갖추고 있습니다. 상을 무시하면서도 또 형상을 거룩하게 다 갖추었다는 말입니다.

 우리들이 불법을 배울 때에 겉으로 드러나는 모습에 현혹되어 수행을 하면 진실에 들어갈 수 없습니다. 형식에 매여서 수행을 하면 그것밖에 얻을 수가 없습니다. 기도는 꼭 사찰에 가서 해야 된다, 어느 경이 좋다, 어느 절이 아주 영험하다, 어느 스님 법문이 유익하다 이런 식으로 한정을 지어 가지고서 불교를 닦아 가면 진실상으로부터 멀어집니다. 한정지어 놓은 그 부분밖에 얻어듣지 못하는 것입니다. 그 나머지에 있는 불법은 하나도 가질 수가 없습니다.

그렇다고 해서 형식을 깡그리 무시할 것도 아닙니다. 처음에는 많은 선배들이 걸어간 길을 밟아 가는 것이 안전합니다. 혼자 공부하다가는 소견이 잘못될 수가 있습니다. 그렇게 되어도 고칠 수가 없고 무엇보다도 편협되었다는 것을 알 수가 없는 것입니다. 좋다고 하는 절이 있다면 부지런히 쫓아 다니는 열성이 있어야 합니다. 만사 제쳐놓고 법문을 들으러 다녀야 합니다. 형식을 무시하면서도 형식에 철저하게 매이는 자세도 필요합니다. 그래야만 제대로 기초를 다질 수가 있습니다.

이런 이치로 변화 무쌍한 만상을 뛰어넘은 그 자리에 본래로 적적하고 여여한 이치를 깨달아서 부처님이 되었지만, 그렇다고 해서 상을 부정하지는 않습니다.

왜냐하면 상에도 부처가 있기 때문입니다. 그리하여 부처님께서는 상을 초월하여 부처가 되었으면서 또한 거룩한 32상 80종호의 길상을 나투시어 우리 중생들을 교화하는 방편으로 삼으십니다. 상을 무시하면서도 상을 제대로 갖추고, 상을 갖추면서도 상에 매이지 않는 그런 길이 있습니다. 불교에서는 이런 논리가 비일비재합니다. 상과 본질 사이를 자유자재로 넘나들어야 성숙한 불자의 모습이라 하겠습니다.

이런 초논리적인 여래의 신통력이 서다림 속에서 나타나지만 미혹한 우리들은 잘 분별하지 못하고 알지 못합니다. 시방에서 구름떼같이 운집한 수많은 보살들을 한 번 보십시오. 세존께 예배하고 앉은 그 보살들은 온갖 소원을 다 이룰 수가 있고 하는 일마다 장애가 없습니다. 큰 지혜를 갖추고 깃발을 세우니 아무도 꺾을 수가 없습니다. 보살의 위신력은 온 우주 법계에 가득 차 있습니다.

(2) 남방의 불가괴정진왕보살

爾時에 不可壞精進王菩薩이 承佛神力하사 觀察十方하고 而說頌言하사대
이때 불가괴정진왕(不可壞精進王)보살이 부처님 신력을 받들어 시방을 살펴 보고 게송을 말하였다.

汝觀諸佛子하라
智慧功德藏과
究竟菩提行으로
安隱諸世間이로다
모든 불자들의 지혜와
공덕의 창고[藏]를 그대는 보라
보리의 행을 완성하여
온 세간을 편안케 하나니

其心本明達하야
善入諸三昧하며
智慧無邊際하니
境界不可量이로다
그 마음 본래 통달하였고
모든 삼매에도 잘 들어가
지혜는 가이 없고
경계는 측량 못하네.

今此逝多林이
種種皆嚴飾하니
菩薩衆雲集하야
親近如來住로다

지금 이 서다림이
갖가지로 장엄되었고
보살 대중이 구름처럼 모여 와
여래를 친근히 모시나니

汝觀無所着인
無量大衆海하라
十方來詣此하야
坐寶蓮華座로다
집착이 없고 한량이 없는
대중 바다를 그대가 보라
시방으로부터 여기에 와서
보배로 된 연꽃 자리에 앉았네.

無來亦無住하며
無依無戲論하며
離垢心無礙하야
究竟於法界로다
온 데도 없고 머무름도 없고
의지함도 없고 희론도 없으며
때를 떠난 마음 걸림이 없어
법계의 끝까지 이르네.

建立智慧幢하야
堅固不動搖하며
知無變化法호대
而現變化事로다

지혜의 깃대 세우니
견고하여 동요할 수 없고
변화가 없는 법을 알지만
변화하는 일을 나타내도다.

十方無量刹
一切諸佛所에
同時悉往詣호대
而亦不分身이로다
시방의 한량없는 세계
모든 부처님 계신 데를
한꺼번에 모두 나아가지만
몸은 나누지 아니하네.

汝觀釋師子의
自在神通力하라
能令菩薩衆으로
一切俱來集이로다
그대가 또 석가 사자의
자재하신 신통을 보라
여러 보살들을
모두 모여 오게 하나니

一切諸佛法이
法界悉不等호대
言說故不同을
此衆咸通達이로다

모든 부처님 법은
법계가 다 평등하거니와
말로 하는 것이 같지 않은 것을
이 대중은 모두 통달하였네.

諸佛常安住
法界平等際나
演說差別法에
言辭無有盡이로다
모든 부처님 언제나
법계의 평등한 경계에 머물러
차별한 법을 연설하시니
그 말씀 다하지 않네.

　동방에서 온 보살은 부처님과 보살의 위신력을 노래하고 이 남방에서 온 불가괴정진왕(不可壞精進王)보살은 이제 모든 불자(佛子)들의 덕을 찬탄합니다. 부처님, 보살, 불자 이런 순서로 찬탄하고 있는 것입니다. 정말『화엄경』은 그 어떤 것도 소홀히 취급하지 아니하고 치밀하게 구성되어 있습니다. 깨달음을 하나도 남김없이 드러내어 놓은 경, 인류가 남긴 최대의 걸작품이라는 칭찬에 조금도 손색이 없습니다. 경전의 내용뿐만 아니라 그 내용의 안배와 문장의 품격에 있어서 더 이상의 가감이 필요없을 정도로 완벽합니다.
　모든 불자들은 지혜와 공덕을 본래로 이미 갖추고 있습니다. 그래서 여기에 '지혜와 공덕의 광[藏]'이라고 하였습니다. 무한한 보물을 가진 창고가 있으니 온 세간을 편안케 할 수가 있습니다. 자기 자신이 풍족하므로 아등바등해지지 않고 한없이 너그러워지므로 어디에도 걸림이 없이 잘 통달할 수가 있습니다. 삼매에도 잘 들어갈 수가 있고 지혜는 한량없고 그 끝없는 경계를 측량할 길이 없습니다.

 성불이라는 최고의 성공을 설하는 이 서다림의 법석은 그 자리에 어울리게 최고의 보배로 장엄되었고, 또 시방에서 구름같이 보살 대중들이 모여 와서 여래 가까이에 앉았습니다. 그러나 그들은 집착하는 바가 없습니다. 아름답기 그지없는 연화좌에 앉았으나 그 자리를 고집하지 않습니다. 자리뿐만 아닙니다. 그 어느 것에도 마음의 때를 가지지 않습니다.

　　"須菩提若有人 言如來 若來若去若坐若臥 是人 不解我所說義
　　수보리야, 만약 어떤 사람이 말하기를 '여래는 오기도 하고 가기도 하며 앉기도 하고 눕기도 한다.'하면 이 사람은 나의 설한 바 뜻을 알지 못함이니라.
　　如來者 無所從來 亦無所去 故名如來
　　여래란 어디로부터 온 바도 없으며 또한 가는 바도 없으므로 여래라 이름하느니라."　　　　-『金剛經』「威儀寂靜分 제29분」

 그렇습니다. 여래뿐만 아니라 집착이 없는 바다와 같은 보살 대중들은 온 데를 고집하지 않고 머물러 있지도 않습니다. 어디에 집착하면 마음에 때를 가지는 것입니다. 그것밖에 알 수가 없으니 마음의 반점이고 병통인 것입니다. 이러한 집착이 없으니 법계를 모두 다 알 수가 있습니다.
 또한 이들은 참된 지혜를 알았으니 지극히 작고 삿된 것에 흔들리지 않습니다. 그리하여 당당하게 지혜의 깃발을 날리는 것입니다. 그러면서 기둥은 동요하지 않고 서 있어도 깃발은 펄럭이는 것이 또 깃발이 가진 속성처럼 변화하지 않는 법을 알기는 하면서도 그 변화하는 일을 나타내 보입니다. 변화하는 가운데에서 변화하지 아니해야 하고, 변화하지 아니하는 가운데에서 변화를 잘 해야 한다는 것입니다. 말하자면 융통성(融通性)을 잘 발휘하는 것이고 조화를 이루어 간다는 것입니다. 또한 이 보살들은 모든 깨달은 분을 향하여 나아가지만 몸을 하나도 나누지 않습니다. 그냥 온 몸으로 부처님 계신 데로 한꺼번에 다 나아갑니다.

또 부처님의 자재하신 신통력은 보살들을 모두 모여 오게 합니다. 부처님의 법은 같더라도 그 표현이 다른 것을 잘 알아 듣습니다. 우리 나라 말, 중국말, 일본말 해서 각 지방마다 나라마다 다른 말을 다 분별합니다. 뿐만 아니라 같은 내용이라고 해도 상황에 따라서 그 표현이 달라지는 것을 다 알아 차립니다. 법계의 평등함 가운데에서 차별한 법을 설하시는 모든 부처님의 말씀은 결코 다함이 없습니다.

우리들이 허공을 날아 다니는 새를 잡는다고 합시다. 어떠한 그물코에라도 새는 '덜커덕'하고 걸리게 됩니다. 그래서 실제로 새를 잡는 데에는 한 개의 그물코만 있으면 됩니다. 그렇다고 해서 허공을 향하여 한 코의 그물만 던져서는 새를 결코 잡을 수가 없을 것입니다. 요행히 새가 딱 하나의 그물코에 걸릴 수도 있겠지마는 아마도 그런 일은 거의 일어나지 않을 것입니다. 한 마리의 새를 잡기 위해서는 무수히 많은 그물코를 던져야만 합니다. 그래야 그 많고 많은 그물코 중에서 하나의 그물코에 목적하는 새가 걸리게 되는 것입니다.

이와 같은 이치로 부처님의 법문은 '성불(成佛)'이라는 한 가지 목적에는 평등합니다. 그러나 우리 중생들이 구비구비 돌아가는 인생길에서 겪게 되는 갖가지의 사연을 해결해 주기 위해서는 한 그물코, 즉 한 가지 법문만 가지고는 되지 않습니다. 개개인에게 필요한 법문을 다 해 주시니 차별한 법문이 다하지 않는 것입니다. 모든 중생의 '성불'이라는 목적은 평등하지만, 또 중생들이 당면하고 있는 갖가지의 문제 해결을 위해서는 그 치료는 차별해야 하는 것입니다. 불교의 중심 골격은 이렇습니다. 평등하면서도 차별하고 차별하면서도 평등하고, 형상이 없는 가운데에서 형상을 말하고 형상 가운데에서도 형상이 없는 도리를 가르칩니다.

다시 말해서 우리들의 마음자리는 우리들이나 보살들이나 부처님이나 똑같이 평등합니다. 그러면서 우리들의 안목과 그 지혜의 운용은 부처나 보살과 비교해서 너무나도 차이가 납니다. 실제에 있어서 이 차별이 너무나도 뚜렷하여 무시할 수가 없습니다. 평등의 입장에서 보면 부처님이

나 우리들이나 같지마는 차별의 입장에서 보면 또 엄격한 차이가 있는 것입니다. 이런 양면성을 소상하게 알고 있어야 불교의 도리가 소화되는 것입니다. 이 차이를 바로 눈을 환히 뜨고 있는 사람과 봉사와의 관계로 비유해서 나타내는 것입니다.

(3) 서방의 보승무상위덕왕보살

爾時에 普勝無上威德王菩薩이 承佛神力하사 觀察十方하고 而說頌言하사대
이때 보승무상위덕왕(普勝無上威德王)보살이 부처님의 신력을 받들어 시방을 살펴 보고 게송을 말하였다.

汝觀無上士의
廣大智圓滿하라
善達時非時하야
爲衆演說法이로다
그대는 가장 높으신 분의
크고 넓은 지혜가 원만함을 보라
때와 때 아님을 잘 알아
대중들을 위하여 법을 연설하네.

摧伏衆外道와
一切諸異論하고
普隨衆生心하야
爲現神通力이로다
모든 외도의 여러 가지 희론을
다 꺾어 굴복시키고
중생들의 마음을 따라
신통한 힘을 나타내시네.

正覺非有量이며
亦復非無量이니
若量若無量을
牟尼悉超越이로다
바른 깨달음 한량이 있지도 않고
한량이 없는 것도 아니니
한량 있는 것과 한량없는 것을
모니(牟尼)께서 다 초월하였네.

如日在虛空에
照臨一切處인달하야
佛智亦如是하야
了達三世法이로다
태양이 허공에 떠서
온갖 곳에 비치듯
부처님 지혜 그와 같아서
삼세의 법을 통달하였네.

譬如十五夜에
月輪無減缺인달하야
如來亦復然하야
白法悉圓滿이로다
마치 보름달이
조금도 모자람 없듯이
여래도 그와 같아서
희고 밝은 법이 원만하였네.

譬如空中日이
運行無暫已인달하야
如來亦如是하야
神變恒相續이로다
마치 허공에 뜬 해가
운행하여 쉬지 않듯이
여래도 그와 같아서
신통과 변화 항상 계속하시네.

譬如十方刹이
於空無所礙인달하야
世燈現變化도
於世亦復然이로다
마치 시방의 세계가
허공에 걸림 없듯이
세간을 밝히는 등불의 변화를
세상에 나타냄도 역시 그러하네.

譬如世間地가
群生之所依인달하야
照世燈法輪도
爲依亦如是로다
세간에 있는 땅덩이에
모든 생물이 의지했듯이
세상을 비추는 등불이
법륜을 의지함도 역시 그러하네.

譬如猛疾風이
所行無障礙인달하야
佛法亦如是하야
速徧於世間이로다
마치 맹렬한 바람이
부는 데 장애 없듯이
부처님 법도 그와 같아서
온 세상에 빨리 두루하네.

譬如大水輪이
世界所依住인달하야
智慧輪亦爾하야
三世佛所依로다
마치 큰 물둘레대[大水輪]를
세계가 의지했듯이
지혜의 바퀴도 그와 같아서
삼세의 부처님이 의지하였네

 부처님을 여러 가지로 표현하고 있습니다. 여래 십호에서는 무상사(無上師)로 합니다만 이 시에서는 '무상사(無上士)'로 쓰고 있습니다. '스승 사(師)'나 '선비 사(士)'나 별 차이가 없습니다. 다른 시에서도 마찬가지이지만 이 시에서는 비유하는 재미를 더욱 더 느낄 수가 있습니다. 해와 달, 세계, 땅덩이, 바람을 빌어다가 법의 내용과 멋지게 대입시키면서 가르침을 쉽게 펴고 있습니다.
 다시 한 번 강조합니다. 앞에서 성문들이 여러 가지 인연을 심어 놓지 않았기 때문에 이러이러한 경지를 모른다고 한 것이 많이 나왔습니다. 성문들이 모른다는 그 경지들은 바로 우리들이 닦아야 할 목표라고 설명하고 있습니다. 마찬가지로 여기서 찬탄하고 있는 수승한 여래의 경지 또한 우리들이 최종적으로 거두어 들여야 할 열매인 것입니다. 항상 우리들의 수행과 연관지어 생각하면서 하나하나씩 살펴 보도록 하겠습니다.

부처님의 지혜는 광대하여 때와 때 아님을 잘 통달하고 있습니다. 그리하여 시기에 맞게 중생들에게 법을 설하십니다. 때와 때가 아닌 것을 잘 알아서 시기적절하게 설법한다는 것은 쉬운 일이 아닙니다. 사실 우리들의 현실에서 보면 옆의 사람이 눈치를 주는지도 모르고 자기 생각에 빠져서 끝없이 자기 이야기만 하는 사람들이 많습니다. 분위기에 맞는지 맞지 않는지 헤아려 보지 않고 서야 할 때 앉고, 앉아야 할 때 일어서는 사람들이 참으로 많습니다.

우리들도 가까운 동료에게 부처의 역할을 할 때가 있습니다. 너무나도 마음아파할 때 옆에 앉아 들어만 주는 공덕도 훌륭한 것입니다. 무슨 신통한 해결력을 주지 않아도 좋습니다. 애통해 하는 그가 내뱉는 말을 같이 들어주고 고개만 끄덕여 주어도 그에게는 한없는 위로가 되는 것입니다.

무조건 맞장구쳐 주어야 합니다.

"그래 그래, 응응, 당신이 옳습니다. 참으로 잘 하였습니다."

그러다가 조금 진정이 되면 거기에 맞는 말을 들려 줍니다

"자비하신 관세음보살님을 불러 보세요. 그분은 귀도 크고 눈이 밝아서 당신의 모든 소리를 다 듣고, 다 보고서 해결해 주십니다."

하고 시기에 맞게 위로를 해 주는 것입니다.

많은 시간이 흐르고 나면 틀림없이 그 쪽에서 찾으실 것입니다.

"정말 고맙습니다. 부처님의 다른 법문이 없습니까?"

이 시기를 놓치지 말고 법회 장소나 경을 안내해 주는 것이 좋을 것입니다. 부처님께서는 중생들을 교화하실 때 이런 것을 잘 구별하여 능숙하게 하셨습니다. 또한 부처님은 여러 외도들을 꺾어서 항복받았습니다. 부처님 재세시의 인도에서는 여러 가지 철학과 종교 사상을 모두 62

종의 견해로 구분하였습니다. 그 중에서 가장 강력하였던 것은 육사외도(六師外道)와 불교 사상이었습니다. 이 육사외도의 사상을 간단하게 정리해 보면 다음과 같습니다.

단멸론적인 아지타의 쾌락주의와 파쿠다의 상주론과 인과응보를 부정하는 푸라나의 도덕부정론과 마칼리의 극단적인 운명론과 산자야의 회의론과 니간타의 윤리적 엄숙주의입니다. 그러나 바른 깨달음을 이루신 부처님께서는 이러한 극단적이거나 허무주의인 외도들의 사상을 물리치고 항복받아서 일체 중생을 행복으로 이끌었습니다.

오늘날에도 제각기 자기가 최고라고 하는 이론과 사상과 주의·주장이 얼마나 많은지 모릅니다. 또 종교도 얼마나 많습니까. 부처님께서는 이 모든 논리와 종교들을 다 항복받고서는 중생의 마음을 따라서 신통력을 나타내십니다. 이토록 부처님의 바깥으로 나투시는 능력이 무궁무진합니다. 바른 깨달음은 양이 정해져 있는 것이 아닙니다. 또 한량이 없는 것도 아닙니다. 양이 있다 없다 하는 제한을 할 수가 없습니다. 유무의 한계를 초월해 있는 것이 정각인 것입니다.

바른 깨달음! 우리들이 막연하게 생각하더라도 정말 우주와 내가 하나가 되고, 어떠한 사물과도 괴리되지 아니하고 혼연히 하나가 되는 그런 경계가 된다는 것은 경계가 있다 없다, 양이 얼마만큼 된다 안 된다 하고 따질 수가 없는 것입니다. 우주와 하나되는 깨달음의 크기가 어느 정도냐, 부처님의 깨달음은 또 얼마만한 양일까 하고 헤아릴 대상이 아닌 것입니다.

여기 정각을 이야기하고 있지만 정각은 바로 마음에 바탕을 두고 이루어진 사실입니다. 또한 우리들도 무한하고도 광대한 마음의 세계를 축으로 하여 존재하고 있습니다. 그러므로 사람들 개개인의 마음의 세계가 정각의 본바탕인 것입니다. 그것을 알고 있느냐, 모르고 있느냐 하는 그 차이일 뿐입니다. 그래서 '빙산일각'이라는 말로 자주 비유합니다. 우리들이 밖으로 쓰고 있는 마음은 물 표면에 떠올라 있는 조그만 빙산의

한 조각이라면 우리들 내면에 감추어져 있는 진실의 세계는 물 속에 잠겨 있는 거대한 얼음 덩어리와 같은 것입니다. 사실은 이 표현 가지고도 부족합니다.

보십시오. 한량이 없다고 하였습니다. 정말 한량이 없는 게 우리들 마음인 것입니다. 빙산일각이라고 하는 것은 마지 못해서 표현하는 것이고, 우리가 그렇게 거대한 마음을 가지고 있으면서도 조금밖에 쓰지 못한다 하는 뜻에서 하는 소리이고 사실에 있어서는 이런 표현이 맞는 것이 아닙니다. 마음의 본체는 절대 양으로 잴 것이 아닙니다.

"공생대각중(空生大覺中)이 여해일구발(如海一漚發)이라."

허공이 참으로 크지요. 어느 정도로 큰가 하면, 우주의 모든 별들이 허공에 달려 있습니다. 수많은 별들은 마치 허공에 점 하나 찍어 놓은 것처럼 작습니다. 지구는 말할 것도 없고 거대한 태양계도 그보다도 몇 억만 배 더 큰 은하계도 허공에 비하면 점 하나 찍어 놓은 것처럼 허공은 거대한 것입니다. 그런데 그렇게 온갖 별을 다 포용하고 있는 거대한 허공은 또 우리의 마음에 대하면 역시 점 하나에 불과합니다. 태평양같이 더없이 넓은 바다에 물거품 하나 '뽀롱'하면서 떠오른 것과 같습니다. 우리들의 마음은 넓은 바다와 같고 허공은 물거품 한 방울과 같은 것이라는 말입니다.

그렇다면 우리 눈에 보이는 이 현상계하고 우리 마음하고는 아예 비교를 할 수가 없습니다. 지구라는 것, 아니 태양이라고 하더라도 우리 마음과는 도저히 비교할 상대가 안 되는 것입니다. 그런데도 이런 거대한 마음자리를 무시하고 답답하게 사는 것이 보통 우리들의 살림살이입니다. 그래서 우리들은 부처님의 가르침을 통해서 이 무한한 마음의 세계를 엿볼 수도 있고 설명을 들으면서 우리들의 참생명의 세계는 그와 같이 거대하다고 짐작이라도 하고 있습니다.

마음이 참으로 갑갑하고 답답할 때는 그것을 치료하는 방법으로 '큰 대(大)' 자를 쓴다고 합니다. 낙서로 '큰 대(大)' 자를 자꾸 쓴다는 것입니다. 그게 관세음보살을 부르는 것보다 낫느냐고 할 지도 모르겠습니다마는 어떤 종교적인 의미보다는 일반적인 심리 요법으로 갑갑한 마음의 치유가 가능하다고 합니다.

그런데 심리적인 요법으로 '큰 대(大)'를 쓰는데 가만히 보면 거기에 지극히 불교적인 정신이 가미되어 있습니다. '답답하다', '속상한다', '일이 잘 안 풀린다'라고 하는 것은 알고 보면 결국에는 마음이 좁아서 그렇습니다. 마음이 작아서 더 큰 것을 보지 못하고 비어 있는 공간을 보지 못하기 때문에 속이 답답하고 뭔가 제대로 일이 풀리지 않고 그런 것입니다.

그런데 우리 인간의 마음이라는 것은 본래로 넓은 것입니다. 광대한 허공도 우리 마음에 비하면 점 하나에 지나지 않을 정도로 너무나도 큽니다. 그렇기 때문에 조금이라도 커지고자 하는 것이 인간의 본능입니다. 좀 더 지식이 더 축적되었으면 싶고, 좀 더 부자가 되었으면 싶고, 사업도 좀 더 번창했으면 싶은 것이 인간의 본질에 맞습니다. 단순히 욕심이라고만 할 게 아니고 그게 인간의 본능입니다. 그런 거대한 내면의 세계를 본질로 삼고 살아가기 때문에 자꾸 발전하려 하고 커지려는 것입니다. 그걸 도외시하고 사는 것은 우리 본질을 잘못 이해한 것입니다. 죽는 시간까지 발전해야 됩니다.

그런데도 불구하고 우리들은 지금까지 살아온 경험과 업과 여러 가지 인연들이 얽혀서 아주 왜소하게 살아가고 있는 것도 또한 현실입니다. 너르디 너른 마음의 본질과 좁아 터진 현실이 맞지 않으니까 자꾸 마음이 답답해지고 뭔가가 안 풀리는 것처럼 느끼게 되는 것입니다.

그런데 이 '큰 대(大)' 자를 자꾸 반복하여 쓴다는 의미는 본래의 큰 마음에다 충동질을 하는 것입니다. 본질적으로 양을 잴 수 없는 우리들의 큰 마음에 불을 지피는 것입니다. 종이가 미처 준비되지 않았으면 마룻바닥이건, 허공이건 간에 손으로 자꾸 써 보는 것입니다. 한없이 그렇게 하다가 보면, 어느 순간 본래로 크고자 하는 마음과 딱 통하게 됩니다. 그러면 '아, 공연히 아무 것도 아닌 것에 내가 속을 끓이고 있었구나'

하면서 시원스럽게 좁고 답답한 마음에서 벗어나게 되는 것입니다.

'큰 대(大)' 자 자체에 무슨 신비한 힘이 있어서가 아니라 본래로 우리들이 가지고 있는 마음의 세계를 일구어 내는 불성요법(佛性療法)인 것입니다. 본래로 우리에게는 크고자 하는 마음이 있기 때문에 그 순간에 커지는 것입니다. 마음이 본래의 큰 상태를 되찾으면 그런 사소한 문제에 마음을 끓이지 않게 됩니다. 이렇게 심리 요법이라고 하는 '큰 대(大)'를 하염없이 쓰는 것도 알고 보면 불교 정신을 기본으로 하고 있습니다.

우리들이 기도를 하는 원리도 마찬가지입니다. 우리들의 마음에는 온갖 속성이 다 있습니다. 한없이 자비로울 때는 부처가 따라올 바가 못되고, 또 한없이 악한 마음을 품을 때에는 아귀 나찰에 비할 바가 못됩니다. 이런 온갖 속성을 가지고 있는 우리들이 일심으로 관세음보살을 부르고, 지장보살을 부른다고 하는 것은 바로 그 보살들의 마음 작용을 닮아가고자 하는 것이라고 봅니다. 관세음보살의 넉넉하고 자비로운 마음을 닮고자 함이고, 지장보살의 그 크나큰 원력을 행하고자 하기 때문입니다.

일심으로 관세음보살을 생각하고 부르다 보면 우리들의 성품에 있는 여러 속성 중에서 관세음보살의 측면이 확연하게 드러나게 됩니다. 입으로는 관세음보살을 자꾸 부르면서 관세음보살을 닮아가지 않으면 곤란합니다. 그런데 관세음보살을 열심히 부르면 관세음보살을 닮아가게 되어 있습니다. '보살은 이런 지혜가 있는 분이고, 자비가 넘치는 분이다' 하는 평소에 가지고 있던 관세음보살에 대한 생각하고 자기 자신이 딱 만나져서 자기 자신이 진정으로 관세음보살이 될 수가 있는 것입니다. 그리하여 정확하지는 않더라도 자기 스스로가 관세음보살이 되어 작용을 펼치게 되는 것입니다. 마음 속에 있는 관세음보살과 만나지기 때문에 소소한 문제가 더 이상 짐스럽지 않게 되고, 모든 것이 다 자연스럽게 술술 풀려 버리게 되는 것입니다.

지금부터는 부처님 지혜의 작용을 해와 달을 빌어다가 명확하게 비유를 잘 하고 있습니다. 해라고 하는 것은 이 태양계에서는 절대적인 존재입니다. 태양계 안의 모든 물체의 중심이 되고 원동력이 됩니다. 뿐만 아닙니다. 해의 빛은 환하고 밝아서 일체처를 다 바르게 비추어 줍니다. 부처님의 지혜 또한 밝고 환한 것이라서 과거, 현재, 미래의 삼세를 환히 꿰뚫어 보고 있습니다. 불교에서는 지혜는 항상 빛과 밝음에 연관을 지어 생각합니다. 그래서 부처님의 지혜를 찬탄하는 여기에서 해를 빌어다가 적절하게 비유하고 있습니다.

길을 갈 때도 빛이 있으면 아무런 탈없이 지나갈 수 있습니다. 바른 지혜가 있으면 삶을 살아가는 데에 상처받지 아니하고 행복을 이루며 살아갈 수 있습니다. 개인개인의 삶의 질은 전적으로 지혜에 달려 있다고 하여도 과언이 아닐 것입니다.

또한 만월을 가져다가 부처님의 청정한 법의 원만함과 충만함을 노래하고 있습니다. 보름달은 그 원륜에 있어서 조금도 결감이 없습니다. 어느 한 부분이 이지러졌다거나 부족함이 있다거나 하질 않습니다. 이와 같이 부처님의 깨달은 법은 완전무결합니다. 실상 그 자체를 낱낱이 드러 내었기 때문에 더 이상의 가감이 필요하지 않습니다.

또한 부처님의 신통과 변화는 언제까지나 계속됩니다. 한 순간도 멈추지 않습니다. 이 영원한 부처님의 신통과 변화를 매일매일 동쪽에서 떠서 서쪽으로 지는 해의 운동에다 비유하였습니다. 부처님의 신통과 변화는 두말할 것도 없이 상속할 것이고, 우리들은 어떻습니까. 본질적으로 부처님과 우리들이 하나도 다르지 않습니다.

그러므로 우리들의 신통 변화도 끊임없습니다. 한 순간도 그냥 있지 못합니다. 참으로 인간이라는 것은 묘합니다. 잠시도 가만 있지 못하고 바둥댑니다. 마음을 잡아 두려고 참선을 하고 기도를 해 보아도 계속 달아나는 게 우리들의 신통 변화입니다. 이보다도 더 훌륭한 신통 변화가 어디 있습니까.

일용사무별(日用事無別)
유오자우해(唯吾自偶諧)
두두비취사(頭頭非取捨)
처처물장괴(處處勿張乖)
주자수위호(朱紫誰爲號)
날마다 하는 일 다른 것이 아니니
오직 나 스스로 어울려서 노네
어느 것이라도 취하거나 버릴 것이 아니고
어느 곳에서도 마음에 맞거나 어길 게 없네
높은 벼슬 부귀 영화 다시 일러 무엇하랴.

구산절점애(丘山絶點埃)
신통겸묘용(神通兼妙用)
운수급반시(運水及搬柴)
큰 산 작은 산이 모두가 먼지인 것을
신통과 묘용이여
물 긷고 나무 하는 것이로다.
　　　　　－「방거사(龐居士) 게송」

　그렇습니다. 신통이라고 해서 무슨 요술을 부리고 축지법을 쓰는 게 신통이 아닙니다. '나무하고 물길어 나르는 데에' 신통이 있는 것입니다. 참으로 이같은 신통이 또 어디 있습니까.
　무슨 물건이 있어서 해가 뜨면 일어나서 밥 먹고 옷 차려입고 문 열고 나갈 줄 아는 지 신기하기 짝이 없습니다. 시간되면 일하고 마치면 집에 오고, 오는 길도 하나도 틀리지 않습니다. 누가 가르쳐 주지 않아도 한 치의 오차없이 매일매일 잘 합니다. 이보다도 더한 신통은 없습니다. 전화 오면 전화 받을 줄 알고, 수도꼭지 틀 줄 알고, 불켤 줄 아는 것, 이게 바로 우주보다도 더한 신통인 것입니다.

이 신통은 잠잔다고 해서 멈추는 것도 아니고 죽었다고 해서 없어지는 것이 아닙니다. 우리들이 의식할 수 있는 표층의식만 잠들 뿐이고 육신만 사라질 뿐입니다. 저 깊숙이에 있는 제 8식, 장식(藏識)은 잠들지 않습니다. 신통을 계속 부리고 있습니다.

이같이 우리들 마음 속에 있는 여래가 한 순간도 멈추어 있지 않고 나부대는 것을 알았으니, 이왕 마음을 쓸 수 밖에 없다면 뭔가 바람직한 방향으로 움직이도록 해야겠습니다. 그 마음을 쓰는 대상이 바람직해야 하고 발전적인 방법으로 매일 한다는 것이 너무나도 중요합니다.

"저 많고 많은 사람들을 가정이라는 굴레에 가두어 놓지 않고 그냥 다 풀어 놓았다면 이 세상이 얼마나 혼란스러울까?"

결혼이라는 제도마저 없이 수좌가 걸망지고 돌아 다니듯이 이 세상 사람들을 전부 풀어 놓는다면 이 사회가 얼마나 시끄럽게 될까 하는 걱정어린 우스개입니다. 우리들의 원리가 가만히 있게끔 되어 있지 않으므로 가정이라는 굴레로 서로의 인연을 잘 엮어 놓았습니다.

또 이런 경우도 자주 봅니다. 나이가 들어서 퇴직하고 난 뒤 다른 사람의 꾐에 넘어가서 왕창 망하게 되는 일이 많이 일어 납니다.

"무슨 늙은이가 사업한다고 그래? 은행에 돈 넣어 놓고 이자나 받아서 편안하게 지내면 되지."

동정심에서 하는 소리이지만 이런 말은 우리들의 원리를 전혀 모르고 하는 말입니다. 사람들은 뭔가를 하지 않고서는 배기지 못하게 되어 있습니다. 가만히 있을 수 있는 사람은 굉장히 수양이 된 사람입니다. 삼매에 든 도인이나 가만히 있을 수 있지 보통 사람으로서는 항상 움직입니다. 연령에도, 남녀에도, 신분에도, 동서에도, 고금에도 관계없이 항상 뭔가를 해야 합니다.

이게 죽은 물건이 아니므로 가만 있으라고 한다고 해서 가만히 있어지지가 않습니다. 그러니까 뭔가를 하기는 해야 하는데 이 세상에 업이 좋지 않고 공부가 덜 된 사람들이 더 설쳐 대니까 이 세상에 좋지 않은 일들이 많이 생기는 것입니다. 그 사람들은 가만히 있는 게 다른 사람들을 도와주는 것인데 가만히 있지 않습니다. 그러니 바른 공부를 한다는 게 너무나도 중요합니다.

어떤 것이 바른 공부냐 하면 바로 이 불법(佛法)입니다. 철두철미하게 깨달은 부처님의 가르침이 이 세상에 널리 퍼져 가지고 이 공부를 많이 해야 합니다. 나이가 들어 갈수록 이 공부를 자꾸 해야 합니다. 경도 한 번 소리 높여 읽어 보고, 외워 보고, 베껴도 보고, 참선도 해 보고 방생도 해 보고 할 일이 너무나도 많습니다. 이처럼 인생에서 최고가는 일들이 수두룩한데 저급한 인연을 지을 필요가 조금도 없습니다. 우리 인생과 우주를 밝게 뚫어 보는 공부이기 때문에 이 공부가 참으로 좋은 공부입니다. 그래서 불교가 이 세상에 널리 퍼져야 합니다.

허공에는 해와 달이 달려 있습니다. 밤하늘의 무수한 별들도 하나도 걸리지 않습니다. 세간의 등불, 즉 부처님도 그러합니다. 부처님이 변화를 나타내는 것도 아무런 걸림이 없습니다. 부처님만 그런 능력이 있는 것이 아닙니다. 여기 이 책을 읽고 있는 우리들도 그러합니다. 몸은 한 자리에 앉아 있으면서 마음은 하나도 걸리지 않습니다. 미국에 다녀오든지 누구를 생각하든지 아무도 제약할 수 없고 또 제약을 받지도 않습니다. 몸은 구속할 수 있더라도 마음은 어찌하지 못합니다.

일제 때 일본 경찰이 독립 운동하던 우리 지사들을 잡아다가 혹독하게 매질하고 가두어 봤자 독립 운동하고자 하는 정신은 없애지 못하였습니다. 오히려 더 충동질시켜 놓았습니다. 몸을 구속시켜 놓으니까 정신은 그 쪽으로 더 달아났던 것입니다. 몸은 비록 구속시켜 놓았지만 마음은 걸림이 없었던 것입니다. 이 세상의 일체 유정·무정들이 다 이 땅에 의지하여 있습니다. 우리 중생들도 그렇습니다. 세상을 비추는 등불, 법륜에 의지합니다. 한없이 의지합니다. 부처님의 유명한 법문이 있습니다.

"자귀의 법귀의(自歸依 法歸依)" 자기 자신에게 의지하며 법의 의지하고, 다른 것에 의지하지 말라.

"자등명 법등명(自燈明 法燈明)" 자기 자신을 등불로 삼으며 법을 등불로 삼고, 다른 것을 등불로 삼지 말라.

"자주 법주(自洲 法洲)" 자기 자신을 안식처로 삼으며 법을 안식처로 삼고, 다른 것을 안식처로 삼지 말라.

바로 이것입니다. 이 세상의 모든 풀과 나무들은 전부 땅을 의지해서 성장하고 열매를 거두면서 살아 갑니다. 이와 같이 우리가 안전하게 의지할 곳은 우리들 자신과 진리뿐입니다. 물론 그 밖의 것도 있기는 있습니다. 말하지 않아도 잘 알 것입니다.

많고 많은 귀의처 중에 진실로 우리들이 귀의할 곳은 우리들 자신과 법뿐인데도 우리 중생들은 오히려 다른 것에 더 의지합니다. 돈과 명예에, 학벌과 지연에, 인정과 의리에 더 기댑니다. 그러다가 그것이 넘어지면 같이 넘어져서 심하게 다칩니다. 지팡이에 의지하여 안심하고 있다가 지팡이가 넘어지니 더 많이 다치게 되는 것입니다. 그러나 자기 자신에게 의지하고 있는 사람은, 기대는 지팡이도 애초에 없지만 다른 지팡이가 아무리 넘어져도 자기 자신과는 무관합니다. 그리하여 다칠 까닭이 하나도 없습니다. 마냥 꿋꿋이 서 있을 뿐입니다. 참 이렇게도 부처님 말씀은 똑 떨어집니다. 달리 토를 달래야 달 수가 없습니다.

그만큼 너 자신에게 의지하지, 다른 것에 의지하지 말라고 누누이 말하여도 우리 중생들의 업은 하도 두껍고 인연의 끈은 너무나도 질겨서 사실 잘 되지 않습니다. 지혜가 나서 눈이 밝아지면 공간이 환히 들어옵니다. 아무리 장애물이 많다고 하더라도 빛이 있고 눈이 있으면 조금도 부딪치지 않고 잘 다닐 수가 있습니다. 공간을 찾아서 그냥 '쓱' 지날 수 있습니다. 그게 지혜입니다. 하나도 다치지 않습니다.

마찬가지로 내 인연의 얽힘들이 아무리 많다 하더라도 그 얽힘 사이에는 빈 공간이 얼마든지 있습니다. 그러나 어딘가에 집착하여 미혹에 빠져 있으면 깜깜하여 그 공간이 보이지 않습니다. 그래 가지고서는 그만 거기에 걸려 넘어져서 다치게 되고 아프고 상처만 남게 되는 것입니다. 참된 지혜가 있으면 이런 일이 일어나지 않습니다. 조금도 상처를 받지 아니하고 온갖 산천 경계를 다 구경하며 즐겁게 살아갈 수 있습니다.

그래서 불교에서는 지혜를 늘 강조하고 그 지혜는 등(燈)을 빌어다가 밝음을 이야기합니다. 여기서도 해, 달, 세간 등불, 세상을 비추는 등불로 표현하는 것입니다. 또한 부처님의 법은 온 세상에 널리 퍼졌습니다. 마치 회오리 바람이 이 세상을 한꺼번에 쓸고 가듯이 부처님의 깨달음의 법이 세간에 순식간에 펼쳐졌습니다. 먼지가 쌓이고 낙엽이 뒤덮여 혼탁하기만 하는 세상에 질풍이 한 번 지나가고 나면 그 어둠의 흔적들은 깨끗하게 없어집니다. 그리하여 맑은 세상의 바탕에서 다시 새롭게 계획하여 새 세상을 건설할 수가 있습니다. 집착하여 애통해 하던 마음과 눈이 어두워서 부렸던 탐심과 진실에서 멀리 떨어져서 저질렀던 갖가지의 어리석음은 모두 부처님의 밝은 법 아래에서 하나도 남김없이 녹아 내립니다.

사실 이 세상에서 벌이는 사업치고 부처님 교화 사업만큼 성공한 사업도 없습니다. 맨 처음에는 지붕도 거적도 없는 들판에서 조촐하게 다섯 비구를 상대로 시작한 사업이었습니다. 곧 이어 야사의 귀의를 필두로 하여 수많은 왕들과 거부 장자와 그 권속들의 귀의가 있었고, 그 무엇보다도 아픔을 가지고 있는 많은 사람들의 안식처가 되었습니다. 전문적으로 수행만 하는 비구도 천이백 명을 넘어섰습니다. 하루가 다르게 빠른 속도로 부처님의 법이 전 인도로 퍼져 나갔습니다. 이 정도로 번성한 사업은 유사 이래 없습니다.

그뿐입니까. 부처님 열반 후에는 인도를 넘어서서 먼 나라로 퍼져가서 부처님의 법 속에서 중생들이 살 수 있는 복록을 누리게 해 주었습니다. 그 복이 세세생생을 이어와서 과학 문명 시대인 오늘날에도 조금도 어색하지 않고 납득이 되는 법을 깨우쳐 주고 있습니다. 철저하게 진실을 바로 보았고 또 진실만을 이야기하기에 시대를 뛰어넘고, 장소에 구애되지 않고 노도와 같이 이 세상에서 부처님의 법이 넘치게 되었습니다.

『화엄경』에서는 이 세계의 가장 아랫 부분에 허공이 있고, 그 위를 바람이 있는데 물을 받쳐주고 있다고 합니다. 또 이 물 위에 지구가 떠 있다고 봅니다. 그러니까 공(空)으로 시작하여 풍(風)·수(水)·지(地)의 순서로 이 우주가 이루어졌다고 봅니다. 그러므로 이 지구 땅덩어리는 큰 물둘레[大水輪]에 의지하고 있는 셈이 됩니다.

또 사실 육지는 대양 가운데에 떠 있으니까 이것이 맞는 말입니다. 이렇게 지구 땅덩어리가 거대한 물바퀴에 의지하고 있듯이 과거·현재·미래의 삼세 부처님 모두는 지혜에 의거하여 부처가 되었다고 분명하게 밝혀 놓았습니다.

땅 표면이 물보다도 높아야 우리들이 안심하고 살아갈 수 있듯이 지혜가 있어야만 부처라고 부를 수가 있습니다. 아무리 아름다운 32상 80종호를 갖추고, 자비가 뛰어나고, 원력이 넘치더라도 지혜가 바탕이 되어 있지 않으면 부처라 부를 수 없습니다. 그것은 인간의 인식 한계 내에서 이르러갈 수 있는 자리에 지나지 않습니다. 진실을 바로 볼 수 있는 지혜가 먼저 있어야만 부처라 이름할 수 있고 그 지혜의 바탕 위에서 자비행을 실천해야 제대로 된 자비인 것입니다. 텅 빈 밤하늘의 달빛 같은 자비행인 것입니다.

지금까지 서방에서 온 보승무상위덕왕(普勝無上威德王)보살이 부처의 온갖 지혜와 법을 해와 달과 허공과 땅과 바람과 물둘레에 비유하여 멋지게 게송을 읊었습니다.

(4) 북방의 무애승장왕보살

爾時에 無礙勝藏王菩薩이 承佛神力하사 觀察十方하고 而說頌言하사대
이때 무애승장왕(無礙勝藏王)보살이 부처님의 신력을 받들어 시방을 관찰하고 게송을 말하였다.

譬如大寶山이
饒益諸含識인달하야
佛智亦如是하야
普益於世間이로다
비유컨대 큰 보배 산이
여러 중생을 이익케 하듯이
부처님 지혜도 그와 같아서
세간을 두루 이익케 하네.

譬如大海水가
澄淨無垢濁인달하야
見佛亦如是하야
能除諸渴愛로다
비유컨대 큰 바닷물이
깨끗하고 때가 없듯이
부처님을 뵈옴도 그와 같아서
목이 타는 듯한 애착을 없애 주시네.

譬如須彌山이
出於大海中인달하야
世間燈亦爾하야
從於法海出이로다
비유컨대 수미산이
큰 바다에 솟았듯이
세간의 등불도 그와 같아서
법의 바다 가운데서 나오셨도다.

如海具衆寶에
求者皆滿足인달하야
無師智亦然하야
見者悉開悟로다
마치 바다에는 보배가 많아
구하는 이가 모두 만족하듯이
스승없이 얻는 지혜 그와 같아서
보는 이는 모두 다 깨달음 얻네.

如來甚深智가
無量無有數일새
是故神通力으로
示現難思議로다
여래의 깊고 깊은 지혜
한량이 없고 수가 없나니
그래서 신통한 힘을
나타내는 일이 불가사의하도다.

譬如工幻師가
示現種種事인달하야
佛智亦如是하야
現諸自在力이로다
마치 훌륭한 요술쟁이가
여러 가지 술법을 나타내듯이
부처님의 지혜도 그와 같아서
자유자재하는 힘을 나타내시네.

譬如如意寶가
能滿一切欲인달하야
最勝亦復然하야
滿諸淸淨願이로다

마치 여의주 보배가
모든 욕구를 채워 주듯이
가장 훌륭한 이도 그와 같아서
청정한 소원을 채워 주시네.

譬如明淨寶가
普照一切物인달하야
佛智亦如是하야
普照群生心이로다

마치 밝고 깨끗한 보배가
모든 사물을 두루 비추듯
부처님의 지혜도 그와 같아서
중생들의 마음을 두루 비추네.

譬如八面寶가
等鑒於諸方인달하야
無礙燈亦然하야
普照於法界로다

마치 팔면으로 된 보배가
여러 방위를 골고루 비추듯이
걸림없는 등불도 그와 같아서
온 법계를 두루 비추네.

譬如水淸珠가
能淸諸濁水인달하야
見佛亦如是하야
諸根悉淸淨이로다
마치 물을 맑히는 구슬이
흐린 물을 능히 맑히듯
부처님 뵈옴도 그와 같아서
여러 감관이 청정하여지네.

네번째 게송은 북방으로부터 온 무애승장왕보살이 읊은 게송입니다. '무애승장왕보살', 즉 '걸림없이 수승하고 그 수승한 것이 속에 다 갈무리되어 있는 그런 큰 보살'이 찬탄하고 있습니다. 여기서는 처음부터 비유를 씁니다.『화엄경』에 걸맞게 열 가지 비유입니다.

먼저 큰 보배산의 비유입니다. 여기 나온 제함식(諸含識)은 중생과 같은 뜻입니다. '인식하는 작용을 갈무리하고 있다'는 그런 의미에서 함식이라는 말로 중생을 나타내기도 합니다.

중생이 어디 가만히 있습니까. 항상 인식을 작동시켜 하나도 놓치지 않고 다 감지합니다. 조그마한 것이라도 보게 되면 검다 희다 다 분별하고, 춥다 덥다고 온갖 생각을 불러 일으킵니다. 그리하여 온갖 분별로 인하여 항상 문제를 발생시킵니다. 패를 가르고 비방을 하고 잠시도 그냥 있지 않습니다. 이렇게 온갖 것을 인식하는 작용을 갈무리하고 있다고 해서 중생을 함식(含識)이라고 하는 것입니다.

보배산에 수많은 보배들이 간직되어 있습니다. 그 광산에서 값진 옥도 캐내고, 금도 캐내면 중생들에게 큰 도움을 베풀 수가 있습니다. 부처님의 지혜도 이와 같아서 세간을 널리 이익되게 합니다. 우리들이 세상을 살아 가면서 조그만 슬기나 꾀가 있어도 세상사를 처리하는 데에 노력이 훨씬 덜 들고 편하게 할 수가 있습니다. 또 같은 노력을 들였더라도 그 성과가 더 큽니다. 또 곁에 있는 사람이 미련하게 일을 처리할 때 좋은 아이디어를 약간만 보태 주어도 굉장히 고마워합니다.

그런 세속적인 지혜도 옆의 사람에게 큰 이익을 주는데 하물며 부처님의 깨달음의 지혜를 가지고서 어리석은 사람에게 그 지혜를 일으켜 준다면 그 이익은 이루 말할 수가 없을 것입니다.

부처님께서도 이 세상에 무엇으로 공헌할 것인지 숙고를 많이 하셨을 것입니다. 어둡게 살아가는 사람들에게 무엇을 나누어 주고 갈 것인지 고려한 결과, '지혜', 즉 깨달음을 통해서 그 깨달음의 지혜를 가지고서 사람들에게 공헌하고자 했던 것입니다. 그 어떤 공헌보다 우리들에게 제일가는 것입니다. 왜냐하면 그 지혜는 무궁무진하기 때문입니다. 그것은 쓰면 쓸수록 더욱 빛나고 밑천이 하나도 들지 않습니다. 무궁무진한 지혜를 가지고서 인생에 대한 아이디어만 제공해 주니까 상대방에게 큰 이익을 주게 됩니다. 다시 말해서 고기를 직접 잡아다 주는 것이 아니고, 고기를 잡는 방법을 제공하는 것입니다. 고기잡는 원리만 알면 평생을 잡을 수가 있습니다.

지혜를 일깨워 주는 사람의 밑천은 들지 않고 상대방의 이익은 큰 게 바로 이 깨달음에 의한 완전한 지혜인 것입니다. 인생을 이렇게 살아라 저렇게 살아라하고 매일매일 가르쳐 주는 것이 아니라 인생을 살아가는 원리만 딱 가르쳐 주는 것입니다. 그러면 나머지는 자기가 알아서 사는 것입니다. 지혜를 일깨워 주는 사람도, 일깨움을 받는 사람도 평생을 사용하여도 다함이 없습니다. 쓸수록 더욱 빛이 나고 그렇습니다.

이 빛나는 지혜가 널리 전파되어서 모든 사람들의 참이익과 행복에 보탬이 되었으면 좋겠다는 부처님의 마음이 오죽이나 간절하였겠습니까. 정말 이 법을, 이 밝고 밝은 지혜를 일깨워 주고 싶은 충동을 스스로 이기지 못하였을 것입니다. 그러니까 깨달음을 얻은 부다가야에서 250km나 되는 그 먼 길을 달려갔던 것입니다. 자신의 깨달음이 완전무결한 것이어서 너무나도 자신이 있었기에 그 당시 종교의 집합 도시인 베나레스로 달려갔습니다. 그 도시에서 그 누구와 대적하여도 조금도 흔들림이 없었기에 자신의 깨달음을 펴기 위하여 갔던 것입니다. 그곳 가까이에 있는 녹야원에서 오비구를 교화한 후 오늘날 우리들에게까지도 부처님의 큰 법비가 흘러 내리게 된 것입니다. 참으로 무량무변한 중생들에게 큰 이익이 돌아가고 있습니다.

여기에서 또 불교가 사회 사업이 잘 안 되는 이유를 찾을 수도 있습니다.

"왜 불교에서는 사회 사업을 하지 않습니까. 복지 시설에 좀 더 눈을 돌려야 되지 않습니까?"

물론 그것도 필요한 일이지만 그런 외형적인 물질보다는 인생의 진실이 무엇인가하는 지혜를 일깨워 주는 것을 훨씬 더 크다고 보았기 때문에 복지 사업에 소홀해진 이유가 되기도 합니다. 사실 이 지혜를 불러 일으켜 주는 것이 그 어떤 사업보다 더 절실한 일이구요.

그래서 우리 불교인들이 군부대나 교도소에 포교를 나갈 때 보면 그냥 빈 손으로 가서 법문만 해 주고 옵니다. 그러나 타종교인들은 떡이다, 과일이다, 음료수다, TV다 해서 필요한 것을 잔뜩 가지고 갑니다. 그러고 난 뒤에 설교는 한 10분이나 20분 정도밖에 하지 않습니다. 누가 거기서 이야기 듣기 좋아합니까. 그런데 불교인들은 본래로 '공수래 공수거(空手來 空手去)'라서 그런지 아무 것도 안 갖고 그냥 갔다가 법문만 해 주고 빈 손으로 그냥 돌아옵니다.

불교인들이 인색해서 그런 게 아닙니다. 그런 바깥으로 드러나는 물질적인 것을 시답잖게 보기 때문입니다. '그 떡 한 조각 나누어 주고 오면 뭘 하느냐, 그렇다고 그 사람들이 굶는 것도 아닌데 진실에 눈을 뜨게 해 주는 것이 제일 중요한 것이지.' 하는 그런 입장인 것입니다. '조그만 웅덩이에 붕어가 빠져서 헐떡이고 있다고 해서 숟가락으로 물을 한두 번 퍼주고 말아서 되겠느냐, 당장에 붕어를 들어다가 강물에 넣어 주어야 바르게 한 것이야.'라고 여기는 게 불교의 시각입니다.

그러니까 불교는 시시하게 한 숟가락, 두 숟가락 부어주는 일에 신경을 쓰지 않는데 요즈음은 사정이 달라지고 있습니다. 저 쪽을 자꾸 닮아가서 법문을 별로 하지 않습니다. 먹을 것, 입을 것, 볼 거리만 잔뜩 가지고 가서 이 깨달음의 지혜는 주고 오지 않습니다. 크게 보면 별로 바람직한 것 같지는 않습니다. 그러다 보니까 주체성을 잃어가는 것 같습니다. 한두 번 그 쪽 흉내를 내다 보니까 아예 우리들의 가치관이 달라져서 시원한 강물보다는 째째한 한두 숟가락의 물로 졸아드는 것 같습니다. 작은 물질로 달래고 인생을 살아가는 참된 지혜는 막히는 것이나 아닌지 우려가 됩니다.

사실 사회가 발전하여 의·식·주가 크게 문제되지 않는 요즈음, 지혜의 중요성이 더욱 강조됩니다. 과거에 못 먹고, 못 입고, 못 살 때에는 의·식·주의 조달이 큰 문제였지만 요즈음은 그것이 별 문제가 되지 않습니다. 오히려 오늘날에는 넘쳐나는 물질 속에서 과거 헐벗었을 때보다도 더 큰 문제와 고통이 따르고 있습니다. 정신적인 고통이 더 심합니다.

그러면 오늘의 이 정신적인 고통을 어떻게 치유해야 될 것인가 하는 문제가 따릅니다. 옛날에는 물질로 되었습니다마는 지금은 그것 가지고는 통하지 않습니다. 물질로써는 더 이상 해결되지 않습니다. 지혜밖에는 달리 해결할 길이 없습니다. 그렇기 때문에 이제는 정신 문화를 가지고서 민중들을 선도해야 합니다. 정신 문화 중에서도 아주 고급 문화를 가지고서 사람들을 계도해야지 구호 물자를 앞세워서 해결되던 시대는 지나갔습니다. 인생의 본질을 바로 보고, 거기에서 깨달은 참다운 지혜와 가치를 가지고서 세상을 이익케 하는 일이야말로 그 어떤 교리나 논설보다도 수승하고 진실로 우리들이 행하여야 할 바입니다.

또한 큰 바닷물은 깨끗하고 때가 없습니다. 아무리 더러운 물이라도 거기에 합류되면 깨끗하게 정화가 됩니다. 채워도 채워도 채워지지 않는 온갖 애착과 갈애에 허덕이는 우리들이 부처님을 한 번 뵈옵기만 하여도 우리들의 마음에서 무명을 벗겨낼 수가 있습니다. 일체의 번뇌를 여의고서 평안함에 머무를 수가 있습니다.

수미산이 산 중에서 제일가고, 또 제일가는 산답게 큰 바다에서 우뚝 솟았습니다. 세간의 등불이신 그분도 또한 법의 큰 바다에서 우뚝 나셨습니다. 법에 귀의하고 법을 등불로 삼으라는 말을 한 번 더 새기시기 바랍니다. 출렁이는 바다 속에는 겉으로는 물밖에 보이지 않지만 그 속에는 온갖 보배가 다 감추어져 있습니다. 어떠한 사람이라도 그 바다에 들어가기만 하면 구하는 것을 얻어올 수가 있습니다. 해녀가 들어가면 전복을 따올 것이고, 금모래를 찾는 사람은 금모래를 한도 없이 캐내어 올 수가 있을 것입니다.

'스승 없는 지혜[無師智]'란 본래 지혜를 말합니다. 사람사람이 본래로 갖추고 있는 지혜입니다. 그게 바로 부처의 지혜입니다. 이건 누구나 다 가지고 있는 지혜입니다. 부처님이 아무리 우리에게 법문을 해주고 경을 설해 주었다고 하여도 그것은 하나의 보조적인 역할일 뿐이지 정작 내가 내 속에 본래로 있는 지혜를 깨닫고 그것을 밖으로 드러내었을 뿐입니다.

단지 부처님은 보물 상자의 열쇠를 가지고 문을 따주었을 뿐입니다. 그 보물을 꺼내는 수고는 우리들이 해야 하고 또 그 보물은 당연히 그 보물의 주인인 우리들이 써야 합니다. 그러므로 부처님은 아무 것도 한 일이 없다는 게 사실입니다. 그래서 49년간 팔만사천법문을 설하시고도 열반에 드시면서 "나는 한 마디도 설한 바가 없다. 나는 아무 것도 한 일이 없다."라고 하셨던 것입니다.

"我皆令入無餘涅槃 而滅度之 如是滅度無量無數無邊衆生 實無衆生得滅度者
내가 다 무여열반에 들어가게 해서 그들을 다 멸도하리라. 이와 같이 한량없고 셀 수 없고 가없는 중생을 멸도하되 실로는 멸도를 얻은 중생이 없느니라."   －『金剛經』「大乘正宗分 제3」

많은 중생들이 다시 없는 부처님의 제도를 받는 것이 사실임에도 불구하고, 이런 말을 경에다 남긴 까닭은 우리들이 본래로 가지고 있는 보물을 우리들이 쓰기 때문입니다. 어디 부처님으로부터 받아서 쓰는 게 아닙니다. 부처님께서는 단지 우리들이 가지고 있는 불성을 두드려 일깨워 주었을 뿐입니다. 여기에 대하여 인식이 자꾸 깊어져야 합니다. 이것이 중요합니다. 진정한 인간성을 회복하는 길이 바로 인간의 내면의 세계에 대한 인식인 것이고 주체성을 찾는 길입니다.

그리하여 올바른 인식을 통해서 확신을 가져야 합니다. 확신만 있다면 끝입니다. 더 이상의 고행이 필요하지 않습니다. 꼭 부처님처럼 6년간 고행을 할 필요가 없습니다. 우리들이 가지고 있는 내면의 보물을 먼저 보신 분이 "이러이러하다."고 일러 주시면 그렇게 알고 마음껏 쓰면 됩니다. 확신을 갖고 무진장한 보물을 활용할 일만 남았지 더 이상의 탐구는 필요가 없습니다.

우리들이 금을 가지고 있을 때 일일이 그 금을 연구하고 분석하지 않습니다. 시험해 보지 않아도 그냥 금이다 하면 의심하지 않고 자연스럽게 거래를 합니다. 아무도 금이 아니라고 우기지도 않고 어디에 가더라도 제대로 금값을 다 받습니다. 반지도 만들고 금부처도 만들어 우리 생활에 활용할 수 있습니다.

개개인이 다 고행을 거치지 않더라도 먼저 우리들의 진실을 보신 선각자가 "너는 부처다." 하면 부처인 줄 알고 부처 노릇만 하면 되는 것입니다. 우리도 따라서 우리 내면에 있는 본래의 훌륭한 지혜를 보게 되면 다 알게 되고, 알면 거침없이 다 쓸 수 있다는 말입니다. 마치 보배를 구하러 바다에 들어간 사람이라면 한 사람도 빠짐없이 보배를 얻어서 모두 만족하게 되는 것처럼 말입니다.

그러므로 절대로 밖에서 찾을 것이 아닙니다. 왜냐하면 원리가 밖에서 찾도록 되어 있지 않기 때문입니다. 우리 안에 모든 것이 다 갖추어져 있습니다. 마음의 세계를 너무 잘 표현하고 있습니다. 『화엄경』에서 이런 설명을 해주지 않으면 어느 경에서 이런 가르침을 주겠습니까.
 이 가르침을 시로 나타낸 구절은 법구경에도 있습니다. 널리 알려진 게송입니다.

> 활을 만드는 사람은 활을 다루고
> 뱃사공은 배를 다루며
> 목수는 나무를 다루고
> 지혜로운 사람은 자신을 다루네.
>
> 아무리 바람이 거세게 불지라도
> 반석은 흔들리지 않는 것처럼
> 지혜로운 사람은 그 뜻이 굳어
> 비난과 칭찬에도 흔들리지 않네.
>
> 깊은 못의 물은 맑고 고요해
> 물결에 흐리지 않는 것처럼
> 지혜로운 사람은 진리를 듣고
> 그 마음 저절로 깨끗해지네.
>   -『법구비유경(法句譬喩經)』

 또한 여래의 깊고 깊은 지혜는 양으로 잴 수도 없고 그리하여 숫자로 나타낼 길도 없습니다. 그 지혜에서 나오는 신통력도 우리들의 생각으로는 도저히 이르러 갈 수가 없습니다. 우리 마음의 크기는 물 속에 잠겨 있는 얼음덩어리만하다는 표현 가지고는 도저히 다 나타낼 수 없는 것입니다.
 요술쟁이들은 우리들 눈 앞에서 별의별 것들을 다 만들어 보입니다. 눈 깜짝할 사이에 꽃을 만들어 보였다가 새를 날렸다가 없앴다가 하는 등 자유자재로 여러 가지 일들을 다 만들어 보입니다. 부처의 지혜도 이와 같아서 여러 가지 자재한 힘을 다 나타내어 보입니다. 비가 내리면 비가 오는 줄 알고, 또 바람이 불면 바람이 부는 줄 알고 좋아하는 사람이 오면 좋아하는 사람이 가까이 오는 줄을 다 압니다. 괴로우면 괴로워할 줄 알고 즐거우면 즐거워할 줄도 압니다. 이 세상 크기만큼 자유자재하게 다 시현해 보입니다. 이게 우리들의 마음 속에 감추어져 있는 부처의 지혜입니다.

또한 '여의주 보배〔如意寶〕'는 말 그대로, '마음먹은 대로 되는 그런 보배'입니다. "밥 나오라." 하면 밥이 나오고, "떡 나오라." 하면 떡이 나오는 만능의 보배 구슬입니다. 그리하여 어떠한 욕망도 다 채워줄 수 있습니다. 이 여의주같이 '가장 훌륭한 이'도 우리들의 청정한 소원을 다 이루어 줍니다. '가장 훌륭한 이'가 누구입니까. 바로 부처님입니다. 또 우리들의 마음의 세계이기도 합니다. 이 세상에서 가장 훌륭하고 가장 수승한 것은 나뿐입니다. 나라고 하면 당연히 마음을 가리킵니다. 또 너라고 해도 마찬가지로 마음을 가리키는 것이고 사람이라고 해도 마음을 나타내는 것입니다.

이 세상에서 뭐니뭐니해도 사람이 최승(最勝)입니다. 사람이라고 하면 살아있는 우리들을 보고 하는 말이지 송장을 보고 하는 말이 아닌 것입니다. 마음을 가지고 살아있는 모습을 보고 사람이라고 합니다. 이 마음을 가진 사람이 가장 수승합니다. 내가 수승하고 네가 수승하고 모든 사람이 그러합니다.

이 수승한 사람 사람이 우리들의 온갖 원(願)을 채워 줍니다. 뭘 하겠다고 마음을 내면 무엇이라도 이룰 수가 있습니다. 발심(發心)이 중요하지 그 외 바깥의 조건들은 사실 큰 문제가 되지 않습니다. 마음의 힘에 대한 경험은 누구라도 하였을 것입니다. 크든 작든 누구나 마음의 힘이 지니는 불가사의한 감응에 감동을 받은 적이 있을 것입니다. 이 마음의 세계의 무한한 능력을 믿기에 우리들이 이렇게 정진을 하고 있는 것입니다.

또한 '밝고 깨끗한 보배[明淨寶]'가 있습니다. 이 보배를 방 안에 척 갖다 놓으면 환하게 빛이 나서 방 안의 모든 물체가 샅샅이 다 드러납니다. 광명을 발하기에 어둠을 싹 제거하여 방 안의 물체를 하나하나 다 비추어 내는 것입니다. 부처님의 지혜도 또한 이와 같이 밝고 깨끗하여 중생들의 마음 마음을 다 비추어 냅니다. 모든 중생들의 마음 씀씀이를 다 알아 내어 지혜의 세계로 이끌어 줍니다.

'8면으로 된 보배[八面寶]'도 있습니다. 균등하게 8면으로 되어 있으므로 어느 한 방향도 이지러짐이 없이 고르게 8방을 비추어 냅니다. 동·서·남·북의 사방과 북동·남동·남서·북서의 네 간방을 평등하게 비추어 줍니다. 걸림없는 등불, 즉 부처님도 그와 같이 법계를 고루 비추어 냅니다. 어디에 막히지 않는 등불은 비치지 않은 데가 없습니다. 부처님이 그렇고 우리 마음이 그렇습니다.

정확하게 팔면보(八面寶)는 아니지만 이것과 비슷한 것을 소재로 한 전설이 있습니다. 바로 '8면 거울'에 관한 이야기입니다. 중국 낙안에 가면 인도로부터 불교가 전해진 후 최초로 세웠다는 백마사가 있습니다. 당시 인도의 법사는 불경과 함께 12면 거울과 8면 거울을 가지고 들어와, 12면 거울은 중국 백마사에 8면 거울은 훗날 해동에 묻어 달라며 맡겨 두었다고 합니다.

마침 백마사에 들러 8면 보경(寶鏡)을 전해 받은 신라의 지명(智明) 법사는 우리 나라에 돌아온 뒤 묻을 곳을 찾던 중, 내연산 기슭에 서리가 내리고 백학이 나는 진경을 보게 되었습니다. 가까이 가서 보니 12척 깊이의 연못이 있어 지명 법사는 그 곳에 거울을 묻고 금당(金堂)을 지었다고 합니다. 바로 경상북도 영일군 내연산에 있는 보경사(寶鏡寺)의 창건에 얽힌 이야기입니다. 경에 나오는 낱말과 비슷하기에 소개해 보았습니다.

지금까지 살펴 보았다시피 부처님을 여러 가지 말로 표현하였습니다.

가장 쉽게는 '부처의 지혜[佛智]'라고 하였습니다. 이 시에서는 '세간 등불[世間燈]'이라고 했다가 '스승 없는 지혜[無師智]'로 또 '가장 훌륭한 이[最勝]'나 '걸림없는 등불[無礙燈]' 등 여러 가지 표현으로 부처님의 여러 작용을 다 나타내고 있습니다. 우리들의 마음에는 진실로 이와 같은 측면의 여러 작용이 있기 때문입니다.

'물을 맑히는 구슬[水淸珠]'은 경전에 자주 나오는 구슬입니다. 탁하고 흐린 물에 이 수청주를 넣어 놓으면 물이 깨끗하게 정화가 된다는 구슬입니다. 요즈음으로 치면 맥반석과 같은 기능이 있다고 할 수 있는 구슬입니다. 물에 넣어 놓으면 물을 맑게 하는 수청주와 같이, 부처를 바라보면 그 작용에 의해서 우리들의 6근이 청정해집니다.

정말 부처를 좀 보아야 합니다. 부처가 어디에 있는지 살펴야 합니다. 사방에 부처가 널려 있는 것이 사실이지만 그래도 마음을 집중시켜 부처를 보려고 노력하여야 합니다. 좌선(坐禪)을 한다는 것은 바로 '자기 자신의 부처를 보는 것'입니다. 사실 자기 자신을 보는 게 제일 바람직합니다. 본격적으로 참선을 할 때에는 화두(話頭)를 들거나 아니면 평소에 닦아오고 있는 참선법을 하고, 잠깐 동안 여유 시간이 있어서 입정에 들 때에는 자기 자신에 대해 생각하는 것이 제일 좋습니다.

'현재 내가 여기 있다고 하는 사실을 인식하자. 그래 나는 지금 여기에 앉아 있어. 그래 그래, 그렇지, 정말 내가 여기 있구나.'

본격적으로 공부를 시작하기 전에 잠깐 5·6분 정도 가만히 앉아 자기 자신을 비추어 볼 때에 '현재에 내가 여기 있다'고 하는 사실을 인식하는 것은 참으로 소중합니다. 공부할 준비가 잘 된 것입니다. 그냥 헐레벌떡 달려와 책을 펴고 무작정 시작하는 것하고 조용히 자기 자신을 반추하고 있다가 공부하는 것하고는 차이가 많이 납니다. 자기 자신의 부처에 매진하고 있다가 법문을 들으면 그 법문은 하나도 새지 않고 고스란히 자기 것이 됩니다. 그러므로 부처를 본다는 것은 매우 중요합니다.

지금까지 북방에서 온 무애승왕장보살이 열 가지의 비유를 가지고서 부처를 찬탄하였습니다. 명분은 부처를 찬탄하고 있지만 그 속에 담겨 있는 뜻은 온 우주를 다 에워싸고 낱낱의 중생을 전부 그 속에 다 포함시켜서 함께 설명하고 있습니다.

(5) 동북방의 화현법계원월왕보살

爾時에 化現法界願月王菩薩이 承佛神力하사 觀察十方하고 面說頌言하사대
이때 화현법계원월왕(化現法界願月王)보살이 부처님의 신력을 받들어 시방을 관찰하고 게송을 말하였다.

    譬如帝靑寶가
    能靑一切色인달하야
    見佛者亦然하야
    悉發菩提行이로다
    비유컨대 제청보배[帝靑寶]가
    모든 빛을 푸르게 하듯이
    부처님을 뵈온 이도 그와 같아서
    보리의 행을 내게 되느니라.

    一一微塵內에
    佛現神通力하사
    令無量無邊한
    菩薩皆淸淨이로다
    하나하나 티끌 속마다
    부처님이 신통을 나타내시어
    한량이 없고 그지없는
    보살들을 모두 청정케 하네.

甚深微妙力을
無邊不可知라
菩薩之境界니
世間莫能測이로다
깊고 깊은 미묘한 힘
그지없어 알 수 없나니
보살의 경계도
세상에서는 측량할 수 없네.

如來所現身이
淸淨相莊嚴하사
普入於法界하야
成就諸菩薩이로다
여래의 나투시는 몸
청정한 모양으로 장엄하시고
법계에 두루 들어가
보살들을 성취하도다.

難思佛國土에
於中成正覺하시니
一切諸菩薩과
世主皆充滿이로다
헤아릴 수 없는 부처님 국토
거기서 정각을 이루시니
모든 보살들과
세간의 임금들이 충만하였네.

釋迦無上尊이
於法悉自在하사
示現神通力하시니
無邊不可量이로다
가장 높은 석가모니 부처님
모든 법에 자유자재하사
신통한 힘을 나타내는 일
끝이 없고 헤아릴 수 없네.

菩薩種種行이
無量無有盡하니
如來自在力으로
爲之悉示現이로다
보살들의 갖가지 행
한량없고 끝이 없건만
여래의 자재하신 힘으로
모두 다 나타내시네.

佛子善修學
甚深諸法界하야
成就無礙智하야
明了一切法이로다
불자들이 깊은 법계를
잘 닦아 배우고
걸림없는 지혜 이루어
온갖 법을 분명히 아네.

善逝威神力으로
爲衆轉法輪하시니
神變普充滿하야
令世皆淸淨이로다
잘 가신 이[善逝]의 위신력으로
대중들에게 법륜을 굴리시니
신통과 변화가 두루 충만하여
세상을 모두 청정케 하네.

如來智圓滿하며
境界亦淸淨하니
譬如大龍王이
普濟諸群生이로다
여래는 지혜가 원만하시고
경계도 청정하여
마치 큰 용왕이
널리 중생들을 건지는 듯하네.

　동북방에서 온 화현법계원월왕보살은 부처님이 지니신 여러 가지 덕 중에서 중생들을 널리 이익케 하는 그런 덕을 찬탄하고 있습니다. 시방에서 온 보살들이 부처님의 여러 가지 덕 중에서 한 부분을 맡아서 노래하고 있는 셈입니다.
　'제청보배[帝靑寶]'는 다른 물건을 푸르게 하는 능력이 있습니다. 이 보배의 푸른 빛을 받으면 그 빛을 받는 물체도 전부 푸르게 된다고 합니다. 이와 같이 부처님을 뵈온 사람은 모두 부처님의 보리(菩提)에 닿게 되어 있습니다. 이 세상의 모든 사물이 제청보의 푸른 빛에 따라 가듯이, 이미 부처님의 깨달음의 빛을 한 번이라도 받은 우리들은 보리(菩

提)라는 색깔로 변할 수 밖에 없는 것입니다.

　우리들이 부처님을 가까이 하고 부처님을 친견하고 불법을 배우고 부처님을 믿는 그 일은 그대로 보리행, 깨달음의 실행을 하도록 하는 것입니다. 한번이라도 부처님과 인연을 맺은 사람은 전부 부처님의 빛 속에 들어가 있고 따라서 전부 깨달음의 길로 나아가게 되어 있습니다. 무슨 어려운 수행을 권하고 있는 것이 아닙니다. 부처님과 아무리 작은 인연을 맺더라도 전부 성불의 길로 나아간다는 것을 확실하게 보여주고 있습니다.

　또한 이 세계를 이루고 있는 가장 작은 단위인 한 미진(微塵)에서도 부처님의 큰 신통력을 보이시어 보살들을 청정케 합니다. 한 미진에서도 무량한 보살을 청정케 하시니 전 우주에서는 얼마나 많은 보살들을 청정케 하겠습니까. 이 말은 다른 게 아닙니다. 일체와 일체와의 관계를 가르치는 것입니다. 이 법계의 저 작은 미진에서부터 우주 전체에 이르기까지 어느 한 구석도 부처님의 신통력이 미치지 않은 데가 없다는 것입니다. 모든 인간과 인간의 관계에서 모든 인간과 모든 사물의 관계에까지, 또한 모든 사물과 모든 사물과의 관계에까지를 말하는 것입니다. 그래서 『화엄경』을 일러 '세계가 세계를 인식하는 것이다.'라고 하는 것입니다.

　『화엄경』의 입장에서는 두두물물(頭頭物物) 사사물물(事事物物), 사람은 말할 것도 없고 모든 생물과 무생물에 이르기까지 이 세상에 존재하는 그 모든 것은 그대로 진리라고 봅니다.

　"어느 것은 진리이고, 어느 것은 진리가 아니다."

　이렇게 취사선택(取捨選擇)을 하지 않습니다. 모든 것은 그대로 전부 존엄성과 그 가치를 가지고 있다, 또 존엄성을 가지고 있을 뿐만 아니라 전부가 다 불생 불멸의 영원한 존재이다, 깨달음의 세계에 있고 진리 법계에 있다고 하는 입장으로 이해하라는 것입니다. 그렇게 우리가 이해했을 때 어떤 것은 배척하고 어떤 것은 받아들여서 좋다 나쁘다 그렇게 분별할 필요가 없다는 것입니다.

우리들이 진실로 그러한 경지에 이르렀다면 이제는 우리에게 더 이상의 고통과 괴로움이 있을 까닭이 없습니다. 중생들의 문제는 전부 취사선택에서 비롯됩니다. 사랑하고 미워하는 데에 있습니다. 3조 승찬(僧璨)대사는 『신심명(信心銘)』의 제일 중요한 대목인 첫 구절에서 이렇게 읊었습니다.

"지도무난(至道無難) 유혐간택(唯嫌揀擇)
지극한 도(道)는 어려울 게 없다, 오직 간택하는 것을 싫어할 뿐이다."

진리라고 하는 것은 우리들이 가려내어 선택하고 가지는 것을 싫어합니다. 간택하는 그 마음을 버리라는 것입니다. 선별하는 마음을 왜 버려야 하는가 하면 본래로 진리라는 것은 간택하도록 되어 있지 않기 때문입니다. 간택이라는 것은 내 기준으로 볼 때 생기는 것입니다. 나의 잣대로 볼 때 선하고 악하고, 좋고 나쁘고, 가깝고 멀고 하는 상대가 생기는 것이지, 진리 그 자체에서 볼 때는 결코 이분법으로 나눌 게 없습니다.

쌀 속에 뉘가 섞여 있다면 쌀은 쌀대로 가치가 있고, 뉘는 뉘대로 또 충분한 가치가 있습니다. 그런데 쌀의 경우를 두고 볼 때 뉘는 좋지 않은 것이 됩니다. 반대로 뉘의 입장에서 보면 쌀이 좋지 않은 것이 됩니다. 아마도 나락을 찧기 전에 이미 쌀이 그 안에 섞여 있다면 쌀을 골라 내어야 할 것이고, 반대로 쌀로 찧고난 뒤에도 나락이 몇 톨 남아 있다면 그 때는 또 나락을 골라 내어야 할 것입니다. 나락과 쌀의 기준에서 서로를 분별하여 바라보니 간택의 문제가 대두되지만 하나하나의 기준에서 볼 때에는 엄연한 존엄성이 있는 것입니다. 둘 다 독립된 존재로 가려서 버리고 할 것이 아닙니다.

그런데도 우리들은 잣대를 가지고 편을 가르는 업이 치성하여 자꾸만 분별하고 재고 있습니다. 늘 말씀드렸지만 『화엄경』의 입장에서는 이 우주 삼라만상이 그대로 청정법신 비로자나 부처이고, 그 속에서 들려오는 모든 소리는 그대로 또 부처님의 설법 소리인 것입니다. 그러니까 쌀은 쌀대로 부처이고, 뉘는 뉘대로 부처라는 말입니다. 또 돌은 돌대로 부처고, 풀은 풀대로 부처입니다.

이러한 견해가 「화엄경 약찬게」에 너무너무 잘 나와 있습니다. 땅을 맡은 신이라고 해서 주지신(主地神), 수풀에 깃들여 있다고 해서 주림신(主林神), 물을 다스리는 주수신(主水神), 불을 조절하는 주화신(主火神), 바람은 바람을 맡은 신이라고 해서 주풍신(主風神), 농사를 맡은 신은 주가신(主稼神), 허공은 허공대로 신[主空神]이고, 밤도 신이고[主夜神], 낮도 신[主晝神]입니다.

어디 신 아닌 게 없습니다. 전부 신입니다. 전부가 다 하느님이에요. 사람은 사람대로 하느님이요, 소는 소대로 하느님이요, 꽃은 꽃대로 하느님이요, 비는 비대로 하느님인 것입니다. 또 이 인간 가운데에서 가장 높은 천자(天子)들입니다. 해도 천자요[日天子], 달도 천자[月天子]입니다. 있는 것은 있는 것대로, 없는 것은 없는 것대로 전부 신격화(神格化)한 것이고, 보살격화(菩薩格化)한 것이고, 불격화(佛格化)한 것입니다. 상황에 따라 신이라고도 하고 보살이라고도 하며 부처님이라고도 하는 것입니다. 무엇이라고 불러도 상관없습니다. 신이니 보살이니 부처니 하는 것은 최고의 가치를 나타내는 말입니다. 이 이상 더 높은 가치는 없습니다.

이 세상에서 가장 존귀하고 가장 값나가고 가장 가치있는 존재가 신이고 보살이고 부처입니다. 그것을 어떤 특정인에게만 붙이는 게 아닙니다. 사사물물 다 부처입니다. 어디 붙이지 않은 데가 없습니다. 심지어 양보하는 마음은 양보하는 부처요, 화내는 마음은 화내는 부처라, 신경질 부리는 사람은 신경질 부리는 신이요, 보살이라 하여 이렇게 나가는 것입니다.

이게 도의 본모습인데 우리들은 그냥 우리들의 잣대로 분별을 해댑니다. 선심(善心)은 선심의 보살이고, 또 악심(惡心)은 악심대로의 보살입니다. 이랬을 때만 선심이고 저랬을 때는 악심이다 하는 것은 있을 수가 없습니다. 정말 『화엄경』에서는 낱낱에다 신의 이름을 붙이고 일체처가 문수사리라고 그럽니다. 그리하여 모든 곳이 금색 세계일 따름입니다. 모든 곳곳이 찬란하게 금색으로 빛나는 세계인데 어디로 버려야 할 세계는 하나도 없습니다. 그러므로 간택하는 마음만 버리면 저 빛나는 우주 법계 전부가 다 나의 세계로 들어옵니다.

이렇게도 거침없이 방대하고 시원한 『화엄경』의 가르침을 공부하는 우리들의 복(福)은 그 무엇과도 바꿀 수가 없습니다. 세세생생 지어온 공덕이 있었기에 금색 화장 세계를 우리들의 팔로 감싸 안을 수가 있는가 봅니다. 이 세세한 말들은 다 '한 미진 속에 부처님이 신통을 나툰다.'는 관점에서 보아야 합니다.

부처님하면 뭔가 우리들보다 더 신통력이 뛰어날 것 같고, 또 우리들 가슴에 쉽게 와 닿기 때문에 신통이라는 말을 썼습니다. 그냥 "두두물물, 사사물물이 다 부처이고 일체처가 문수사리이다."라고 하는 것보다 "부처님께서 신통력으로 모든 곳에 다 나타나서 보살들로 하여금 전부 청결하게 한다, 극락 세계로 만든다."라고 하는 것이 훨씬 가슴에 와 닿기 때문에 이런 표현을 하였습니다. 그러나 본래로는 간택할 것이 없는 게 진리라는 것을 늘 염두에 두어야겠습니다.

또한 보살의 깨달은 경계는 깊고 깊은 미묘한 힘이기 때문에 미혹한 중생들은 그것을 능히 측량할 수가 없습니다. 아무리 『화엄경』에서 또 깨달은 선사가 간택할 것이 없고, 사랑하고 미워하고 할 것이 따로 없도록 되어 있다고 하지만 그래도 우리들은 어디까지나 미워할 게 있고 사랑할 게 있고 버릴 게 있고 취할 게 있습니다. 아직도 업이 남았고 인연의 사슬에 매여 있는 우리들은 온갖 것들을 차별합니다. 그러므로 지극히 깊고 미묘한 깨달음의 경계, 보살의 경계를 알지 못합니다.

여래의 나타내는 바 그 몸은 청정한 모양으로 장엄해 가지고 법계에 널리 들어가서 모든 보살들을 성취케 합니다. 다시 말하면 부처가 곳곳에서 이익(利益)의 덕을 나타내는 것이라 하겠습니다. 이 이익이라는 것도 일상 생활의 주고 받는 관계에서 생기는 바로 눈 앞의 이익이 아닙니다. '있는 그대로의 이익'인 것입니다.

그래서 이 『화엄경』을 일러 "세계(世界)가 세계(世界)를 설명하는 것이다."라고 하는 것입니다. 돌이 돌 자신을 설명하는 것이고, 하늘이 하늘 자신을 설명하는 것입니다. 어디 따로 견주고 취사 선택하는 그런 입장이 아닌 것입니다. 돌이 돌을 설명하려면 어떻게 해야겠습니까. 무슨 말을 붙일 게 없습니다. 말인즉슨 설명을 한다고 하지만 한 마디의 설명도 필요치 않습니다. 돌로 있는 그대로가 설명하는 것이고, 하늘은 하늘 그대로가 설명하는 것이며, 세계는 세계 그대로가 세계를 잘 설명하고 있는 것입니다. 있는 그것만으로 충분한 설명이 되는 것인데, 거기에 누군가가 또 다시 돌은 어떻느니 하늘은 이런 것이라느니 하는 말을 붙일 게 없습니다. 그렇게 하면 벌써 돌하고 천리 만리로 멀어집니다.

"있는 그대로가 진리이다."라고 하는 입장을 우리 생활에 이끌어다가 생각을 하면 좋은 교훈이 됩니다. 사람들과의 관계에 있어서 공연히 나의 잣대로 잘라서 좋은 사람이니 나쁜 사람이니 저 사람의 성격이 어떻느니 하지 말고 가만히 두고 보세요. 그대로 두고 그대로 봐버리는 것입니다.

성내는 것은 성내는 부처입니다. 성내는 하느님이고 성내는 보살입니다. 양보하고 베푸는 마음만이 부처가 아닙니다. 빼앗는 것은 빼앗는 그대로의 부처고 보살인 것입니다. 적어도 『화엄경』에서는 그렇습니다. 아무런 조건이 없습니다. 이런 요원한 것을 인간 관계에 끌어다가 해결하면 그렇게 못 견딜 정도의 심한 문제는 없을 것입니다. 사사가 다 부처고 진리라는데 하물며 사람은 더 말할 것이 없습니다. 백 번도 더 부처이지요. 괜히 내 상식 가지고서 옳으니 그르니 하지 말고 그대로 봐 주면 문제가 훨씬 가볍습니다. 부처로까지는 못봐 주더라도 그 나름의 존귀한 인격체를 인정하면 됩니다.

헤아릴 수 없이 많은 부처님 국토에서 정각을 이루시니 수많은 보살들과 세간의 왕들이 가서 친견을 합니다. 이 세상에서 가장 위대한 깨달음을 이루었기에 당연히 많은 중생들이 가서 예배하고 찬탄하는 것입니다.

이런 일차적인 의미에다가 그 깨달음의 자리에 함께하였다는 것은 우리들도 부처와 같이 정각을 이룰 바탕이 있다는 확신을 뜻하는 것입니다. 부처님 혼자 깨달음의 자리로 들어가는 것은 우리들하고 아무런 상관이 없습니다. 이런 구절 구절에서 정각을 이룰 능력과 가능성이 우리들에게도 있음을 확신하고 앞으로 앞으로 정진할 것을 다짐하는 계기로 삼아야 합니다.

석가모니 부처님은 모든 법에 자유자재합니다. 석가모니 부처님은 모든 부처의 대명사입니다. 두두물물이 부처라고 하는 것보다 어떠한 특정한 이름을 빌어다가 설명하면 이해하기가 아주 쉽습니다. 그렇기 때문에 우리들 앞에 왔었던 석가모니 부처님의 이름으로 부처를 대표하여 나타내는 것입니다.

정각을 이루어서 모든 법에 자재하고 걸림이 없는 분은 석가모니 한 분뿐인 것으로 생각하면 크게 잘못된 것입니다. 그분만이 정각을 이룰 수가 있다면 우리들이 이러고 시간을 보낼 필요가 없는 것입니다. 그러나 우리들에게도 석가모니 부처님과 똑같은 보편성이 있기 때문에 수행하고 매진하는 것입니다.

계속하여 세계가 세계를 인식하는 『화엄경』의 도리를 노래하고 있습니다. 『화엄경』에서 중요한 낱말 하나를 들자면 바로 '무애(無礙)'입니다. 걸림이 없다는 이 말은 모든 세상사를 다 해결해 주는 지름길이 되기도 합니다. 그래 걸림이 없어야 됩니다. 결국은 나와 너 사이에 걸림이 없어야 된다는 것입니다. 나의 잣대로 재니까 걸리게 되는 것입니다. 상대의 입장에서 100% 이해를 해 주면 아무 것도 걸릴 게 없습니다. 나는 나고 너는 너입니다. 나도 완벽하고 너도 완벽한 것입니다. 그렇게 해 버리면 걸릴 게 없어요. 간단합니다. 『화엄경』에서 추구하는 중요한 목표는 바로 이것입니다. 걸림없는 사람이 되는 것, 그야말로 대자유인(大自由人)이 되는 것입니다. 시원하게 벗어 던지는 사람이 되는 것입니다.

그런데 우리들은 곳곳에 걸려 있습니다. 감옥에 갇혀 있는 사람만 걸려 있는 것이 아니라 온갖 나의 상식과 관습과 잣대에 갇혀서 꼼짝달싹을 못하는 것입니다. 나의 관습과 기준에 맞지 않으면 못보아 주고 괴로워합니다. 내 마음이 자유롭지 못하게 되는 것입니다. 자유롭지가 못하니 그게 감옥인 것입니다. 나의 업이라고 하는 감옥, 나의 상식이라고 하는 감옥에 꽁꽁 갇혀서 부자유한 것입니다. 내가 쳐놓은 그물에 남이 걸려 들기도 전에 내가 먼저 걸려 들어 가지고서는 괴로워하게 됩니다. 내가 쳐놓고 내가 걸린 그 그물은 사실은 허망하기 이를 데 없는 것입니다. 있는 것도 아닙니다. 환상과 같은 것입니다. 그래서 『화엄경』 공부를 통해서 무애(無礙)라는 그 지혜를 이루어야 하는 것입니다.

어디에도 걸림이 없으려면 그대로 다 인정을 해주면 됩니다. 둥근 돌은 둥근 돌대로, 모난 돌은 모난 돌대로 다 좋은 것입니다. 그 나름대로 개성을 살려서 어딘가에 다 쓸모가 있습니다. 이렇게 생각해보면 조금도 걸리지 않습니다.

『장자(莊子)』에 이런 이야기가 있습니다.

"모장여희인지소미야(毛嬙麗姬人之所美也) 어견지심입(魚見之深入)
　옛날의 빼어난 미인인 모장과 진헌공(晉獻公)의 부인인 여희를 사람들은 아름답다고들 하지마는, 그 사람들을 물고기들이 보면 겁을 먹고 물 속 깊이 도망친다." 　　　　　　　　-『莊子』「齊物篇」

이 세상에 어떤 절대적인 기준은 없습니다. 미(美)를 가지고 보더라도 우리 나라는 우리 나라대로의 미의 기준이 있고 서양에는 서양대로의 미의 기준이 있습니다. 유럽에 통하는 미의 기준대로 우리 나라 여자들을 평할 수 없습니다.

그런데도 요즈음 보면 전부 미의 기준이 서양식으로 되어 가지고 머리 색깔도 바꾸고 온갖 짓을 다 합니다. 옛날 우리 조상들이 보았던 반달 같은 눈썹, 오동통하고 발그레한 뺨, 흑단 같은 머리카락은 찾아볼 수가 없습니다. 남자도 마찬가지입니다. 각 지역마다 용감한 기준이 다 다릅니다. 과거 아프리카에 통용되는 기준대로 용감한 사람을 뽑는다면 이 세상에 살아남을 사람은 아무도 없을 것입니다.

어떠한 절대적인 경계를 고집하지 않을 때에 모든 사람 사람, 사물 사물이 다 부처가 되고 그 모든 움직임은 모두가 부처의 신통이 되는 것입니다. 이런 경지가 되는 것은 바로 여래의 지혜를 얻은 것입니다. 그리하여 내 눈 앞에 보이고, 내 귀에 들리는 모든 것들이 청정해진다는 것입니다.

그러므로 내가 문제입니다. 내 마음이 주인입니다. 내 마음이 밝고 바르게 되어 있으면 바깥의 경계가 어떻든지 간에 상관이 없습니다. 우리들은 언제나 바깥을 바로잡으려고 하고, 바꾸려고 하는데 그건 끝이 없습니다. 무수히 널려 있는 바깥 경계를 어떻게 다 바꿀 수가 있겠습니까. 그것은 되지도 않고 끝도 없습니다.

차를 운전해 가다가 방향을 바꿀 일이 있으면 내가 잡고 있는 운전대만 돌리면 되지, 차를 통채로 들어서 옮길 필요가 없는 것입니다. 내 자신이 나의 주인이기 때문에 나의 마음을 바로 잡으면 바깥 것은 저절로 돌아가게 되어 있습니다. 정말 부처님이 바로 보신 것입니다.

(6) 동남방의 법혜광염왕보살

爾時에 法慧光焰王菩薩이 承佛神力하사 觀察十方하고 而說頌言하시니라
이때 법혜광염왕(法慧光焰王)보살이 부처님의 신력을 받들어 시방을 관찰하고 게송을 말하였다.

三世諸如來의
聲聞大弟子가
悉不能知佛의
擧足下足事하며
삼세 모든 여래의
성문인 큰 제자들이
부처님이 발을 들고 내리는 일을
모두들 알지 못하고

去來現在世에
一切諸緣覺도
亦不知如來의
擧足下足事어든
과거·미래·현재의
일체 모든 연각들도
여래의 발을 들고 내리는 일을
모두들 알지 못하는데

況復諸凡夫는
結使所纏縛이며
無明覆心識이어니
而能知導師아
하물며 범부들이
번뇌에 속박되고
무명이 덮였거늘
부처님[導師]을 어찌 알 수 있으리오.

正覺無礙智가
超過語言道하야
其量不可測이니
孰有能知見가
정각의 걸림없는 지혜는
말로 표현할 길을 초월하여
그 양을 알 수 없거든
누가 능히 알고 보리오.

譬如明月光을
無能測邊際인달하야
佛神通亦爾하야
莫見其終盡이로다
비유컨대 밝은 달빛은
그 끝을 측량할 수 없거니
부처님 신통도 또한 그러하여
그 끝을 볼 수 없네.

一一諸方便과
念念所變化를
盡於無量劫토록
思惟不能了로다
하나 하나 모든 방편과
잠깐 잠깐 변화하는 일을
한량없는 겁이 끝나도록
생각하여도 알지 못하네.

思惟一切智의
不可思議法하니
一一方便門이
邊際不可得이로다
일체 지혜의
불가사의법을 생각하니
그 낱낱 방편문의
끝닿은 데를 알 수 없네.

若有於此法에
而興廣大願이면
彼於此境界에
知見不爲難이로다
누구나 이 법에 대하여
광대한 서원만 일으키면
그 사람은 이런 경계를
알고 보기 어렵지 않네.

勇猛勤修習
難思大法海하면
其心無障礙하야
入此方便門이로다
생각하기 어려운 법의 바다를
용맹하게 닦아 익히면
그 마음은 장애가 없어
이 방편문에 들어가리라.

  心意已調伏하며
  志願亦寬廣하면
  當獲大菩提의
  最勝之境界로다
  마음은 이미 조복되었고
  소원도 크고 넓어서
  마땅히 큰 보리의
  가장 좋은 경계를 꼭 얻으리라.

 동남방에서 온 법혜광염왕보살은 부처님의 작용이 생각하기 어려울 정도로 상당하다는 내용을 중심으로 하여 찬탄을 하고 있습니다.
 부처님의 큰 제자들인 성문(聲聞)들은 부처님의 발 들고 내리는 일을 알지 못합니다. 부처님이 발을 들고 내린다는 것은 바로 부처님의 작용을 말하는 것입니다. 앞에서도 수보리, 사리불 같은 큰 제자들이 부처님과 함께 한 자리에 있어도 부처의 경계를 보지 못한다고 하였는데 여기서 한 번 더 언급하고 있습니다. 우리들은 전부 성문의 수준에 와 있습니다. '소리 성(聲)', '들을 문(聞)'이라. 부처님의 설법을 듣고 경전을 보아서 뭔가 조금이라도 눈을 뜨려고 하고 가슴을 틔우려고 하는 그런 수준에 와 있는 것이 바로 우리들입니다.
 이런 우리들은 전부 그 나름대로의 잣대가 있어서 좋고 나쁜 소리로 분별하여 좀 더 나은 소리를 들으려고 합니다. 그런데 부처님의 경우는 듣고 들려 주고 할 것이 없습니다. 본래로 다 완벽한 존재이기 때문에 설할 것도 없고 설할 필요도 없고, 다시 더 들을 것도 없고 들을 필요도 없습니다. 설하고 들어보았자 그건 다 군더더기에 지나지 않습니다.
 또 설해 보았자 그것은 정확하지도 않습니다. 돌이 돌을 설해야 정확한 것이지 남들이 아무리 돌을 설해 보았자 그건 정확하지 않습니다. 그러면 돌이 돌을 가장 잘 설명하려고 하면 어떻게 해야 합니까. 그냥 돌로 있으면 됩니다. 달리 특별한 방법이 없습니다.

 마찬가지로 아무리 변재가 뛰어난 사람이라도 꽃을 어찌 설명할 길이 없습니다. 꽃이 꽃을 설명하는 데에는 그냥 척 있으면 그것으로 완벽한 것입니다. 더 이상 필요없습니다. 말로써 나타내어 보았자 꽃 근처에 가지도 못합니다. 오히려 버려 놓게 됩니다. 꽃이 그대로 있는 것이 가장 설명을 잘하는 것입니다.

 그래서 우리들이 뭔가를 알려고, 꽃은 어떤 것이냐고 설명을 좀 하려고 하면 벌써 거리가 멀어지게 되는 것입니다. 우리들 성문은 그런 수준입니다. 그러나 부처의 경계에서는, 『화엄경』의 경계에서는 나무가 나무를 설명하는 데에 나뭇가지 하나도 까딱하지 않고 그냥 서 있으면 됩니다. 그래서 뭔가 알려고 하고 배우려고 하는 마음이 있는 우리들은 부처님의 발을 들고 내리는 일을 알지 못하는 것입니다.

 그렇다고 해서 게으르기만 하면 더 모르게 되는 것입니다. 그러니까 또 열심히 들어야 합니다. 열심히 들어야 '아 듣는 게 별 볼 일이 아닌 것이구나.'하는 것을 알게 됩니다. 들어 가지고는 내 것이 되지 않는 것을 알게 되는 것도 들어야 알지, 듣지 않으면 영원히 깜깜합니다. 듣는 것은 소용없는 것이라고 해서 듣지 않는다면 이것은, 또 듣지 않은 것에 걸린 것입니다. 그러므로 많이 듣되 거기에 걸리지 않아야 하는 것입니다. 우리 불자들은 듣고 보는 것은 다 헛것에 불과하고 진실이 아니라는 견해를 가지고 있으면서도 한편에서는 또 열심히 들을 줄 알아야 합니다. 또 열심히 들으면서도 거기에 집착하지 아니하고 걸리지 않아야 올바른 태도입니다.

 이것을 교리적으로 '항포(行布)가 원융(圓融)에 걸리지 않고, 원융(圓融)이 항포(行布)에 걸리지 않는다.' '평등(平等)이 차별(差別)에 걸리지 않고, 차별(差別)이 평등(平等)에 걸리지 않는다.'라고 합니다. 원융은 전체이므로 어디가 넘치거나 모자람이 없이 평등합니다. 항포는 개별이어서 낱낱이 다른 모습입니다. 차별합니다. 항포와 차별은 우리 중생들의 입장이고, 원융과 평등은 부처의 경계입니다. 그러므로 중생의 입장에 있으면서 부처님의 입장을 알고, 부처님의 입장을 알면서도 중생의 입장에도 걸리지 않아야 합니다. 우리들은 중생인 부처이고, 부처인 중생인 것입니다. 때로는 부처이고 때로는 중생인 것입니다. 부처와 중생의 경계를 서로 걸리지 않고 자연스럽게 넘나들어야 합니다.

이쯤되어야 경 중의 경인 『화엄경』을 공부할 자격이 있습니다. 그 정도의 경지가 된 사람을 대심중생(大心衆生)이라고 하는 것입니다. 어디에도 걸리지 않는 대심중생이 되면 여기에 소개되는 성문들보다 훨씬 앞서간 수준을 이루었다고 하겠습니다.

또한 연각(緣覺)도 여래의 발 들고 내리는 일을 알지 못합니다. 연각(緣覺:Pratyeka-Buddha)을 독성(獨聖)이라고도 하는데, 혼자 인연의 도리를 보고서 깨닫게 된 사람입니다. 그래서 적정한 것만 좋아하고 설법 교화는 하지 않습니다. 성문(聲聞)·연각(緣覺)·보살(菩薩)·불(佛)의 순서입니다. 가장 아래로는 중생(衆生)이 있습니다.

그러므로 맨 아래의 중생에서 한 생각을 일으켜서 뭔가 좀 알려고 하여 법문을 배우고 열심히 경을 공부하는 사람은 성문이고, 그 다음 남으로부터 배워서 알려고 하는 것이 아니라 생활 현장에서 또는 자연의 이치 속에서 그 인연의 도리를 깨닫는 것이 연각인 것입니다.

가끔 신도님들을 만나 그들의 이야기를 들어 보면 깜짝깜짝 놀랄 때가 있습니다. 불교 교리는 전혀 모르더라도 항상 삶에 대해서 늘 질문을 가지고 있고 진리에 대해 궁금하게 여기고 있는 사람들을 만나 보면 그 지견(知見)이 대단한 것을 알 수 있습니다. 10년 법회 쫓아다닌 것보다 훨씬 소견이 열려 있는 것을 볼 수가 있습니다. 특히 처사님들에게 그런 경향이 더 높습니다. 그분들을 보면 머리 속에는 항상 불교를 떠올리고 있습니다. 그렇다고 경전 한 권 본 적도 없고, 법문 한 조각 들은 적도 없습니다. 그러나 언제나 이런 생각은 품고 살아갑니다.

'과연 인생이란 무엇일까? 과연 도란 무엇이란 말인가?'

이렇게 늘 관심을 가지고 있다가 어떠한 경험과 그 관심이 딱 일치가 되면 '아 이것이구나.'하고 그 순간 깨달아 갑니다. 그럴 때의 그 깨달음과 이해에는 굉장히 힘이 있습니다. 책을 보아서 알게 된 것이나 남으로부터 들어서 알게 된 것하고는 전혀 다릅니다. 그것은 온전한 자기 것입니다. 자신이 체험한 것과 관심이 만나서 이루어진 깨달음이기 때문에 확실하여 자신이 있습니다. 그게 바로 연각인 것입니다.

그 다음 보살은 이렇습니다. 보살은 이미 실천하는 사람인 것입니다. 법문을 듣니 안 듣니, 살면서 깨닫고 안 깨닫고 할 것도 없이 그냥 살면 되는 사람입니다. 그냥그냥 몸으로 행(行)을 하는 사람입니다. 듣게 되면 듣고, 깨닫게 되면 깨닫고 "나는 마냥 이렇게 살아간다." 하면 이미 그 사람은 보살입니다.

그 다음 모든 것을 완벽하게 이룬 상태를 부처라고 한다면 어떠한 경험을 통해서 깨달아 가는 연각들은 아직도 깨달을 게 남아 있기 때문에 부처의 경계와 작용을 알지 못합니다. 이와 관계되는 이야기를 하나 들려 드리겠습니다.

옛날 한 농부가 성내에 들어갔다가 우연히 아름다운 왕녀의 모습을 보고는 그만 사모의 정을 품게 되었습니다. 밤낮으로 그리워하다가 나중에는 얼굴빛이 노래지며 심한 병이 들었습니다. 여러 친척들이 걱정스럽게 물었습니다.

"왜 이렇게 몸이 쇠약해졌느냐?"

"예, 지난 번에 우리 나라의 왕녀를 보았는데 한 번 만나보기가 소원이나 뜻을 이룰 길이 없습니다. 계속 이대로 가다가는 틀림없이 저는 죽을 것입니다."

"우리들이 너를 위해 좋은 방법을 써서 왕녀를 한 번 만나도록 해 보겠으니 너무 걱정하지 말아라."

며칠 뒤에 친척들이 농부의 집으로 와서 말하였습니다.

"우리들이 네 마음을 왕녀께 전달하고 한 법 뵙기가 소원이라고 여쭈었다. 그러나 왕녀가 만나고 싶지가 않다고 한다."

그러자 그 농부는 그 말을 듣고 크게 기뻐하며 외쳤습니다.

"되었습니다. 이제 왕녀는 내 것입니다."

세상의 어리석은 사람들은 조그만 불법(佛法)을 수행하고는, 그것으로 충분하다고 여겨 깨달음을 이룬 것이나 마찬가지라고 생각합니다.

그것은 농부가 여왕을 이미 얻었다고 생각한 정도와 같습니다.

-『백유경(百喩經)』

농부가 왕녀를 만나기가 소원이라서 왕녀에게 그 말을 건넸다면 그 말을 건넨 것만으로는 부족합니다. 실제로 농부와 왕녀가 만나야 소원을 이루었다고 할 것입니다. 그런데도 농부는 왕녀에게 말을 전한 것만으로도 기뻐하고 왕녀가 자기 것이 된 양 즐거워하였습니다. 성문, 연각의 수행에 만족하여 불보살의 경지를 알고자 하지 않는 것은 바로 이 농부의 경우와 같다고 하겠습니다.

성문 연각도 부처의 발 들고 내리는 일을 알지 못하는데 중생인 범부(凡夫)는 더 말할 것도 없습니다. 범부는 10결(結) 10사(使)의 번뇌에 이끌려 다니고 무명에 뒤덮여 진실상이 드러나지 않으므로 부처의 세계를 알지 못합니다. 다함이 없는 부처의 신통, 우리들 마음의 세계는 가이 없습니다. 그 끝을 알 수가 없습니다. 밤하늘을 요요하게 비춰주는 달빛의 가장자리가 없듯이 우리들의 무궁무진한 본마음의 세계를 능히 알 수가 없습니다. 이 마음에 대한 확신을 심어 주기 위해서 사람 사람에게 알맞는 온갖 방편을 들어 지혜에 대한 확신을 가르쳐 줍니다.

이 근본 마음자리는 깨달아 알아야지 우리들의 지식과 상식으로 이해될 자리가 아닙니다. 그렇다고 해서 아예 노력조차 하지 않으면 번뇌 망상에서 벗어날 길이 영원히 없습니다. '심불급중생(心佛及衆生) 시삼무차별(是三無差別)'이라, 나 또한 부처와 동일한데 이 마음을 드러내어야겠다고 광대한 서원을 내기만 하면 못할 것도 없습니다.

우리들이 누구나 다 가지고 있는 마음이므로 "내가 기어이 깨뜨려 내어 무궁무진한 마음의 세계를 내 것으로 만들어야겠다."고 하면 아무 것도 어려울 것이 없습니다. 왜냐하면 우리들이 이미 가지고 있기 때문입니다. 또한 우리들이 우리들 마음의 주인이기 때문입니다. 이렇기 때문에 발심하면 우리들의 마음은 항복 받아지고 정각을 이루겠다는 소원을 내면 깨달음이라는 가장 큰 성공을 거둘 수가 있는 것입니다.

(7) 서남방의 파일체마군지당왕보살

爾時에 破一切魔軍智幢王菩薩이 承佛神力하사 觀察十方하고 而說頌言하사대

그때 파일체마군지당왕(破一切魔軍智幢王)보살이 부처님의 신력을 받들어 시방을 살펴보고 게송을 말하였다.

智身非是身이라
無礙難思議니
設有思議者라도
一切無能及이로다

지혜의 몸은 몸이 아니니
걸림도 없고 생각하기 어려워
설사 생각하는 이 있어도
모든 것 미치기 어렵네.

從不思議業하야
起此淸淨身하니
殊特妙莊嚴이
不着於三界로다

부사의한 업으로부터
청정한 이 몸 생기었으니
유난히 묘하게 장엄한 것이
삼계에 집착이 없네.

光明照一切하야
法界悉淸淨하니
開佛菩提門하야
出生衆智慧로다
밝은 광명 온갖 것에 비치니
법계가 모두 청정해
부처님의 보리문을 열고
여러 가지 지혜를 내네.

譬如世間日하야
普放慧光明하사
遠離諸塵垢하고
滅除一切障이로다
마치 세간의 햇빛이
지혜의 광명을 널리 놓아
모든 먼지와 때를 멀리 떠나고
온갖 장애를 없애 버렸네.

普淨三有處하며
永絶生死流하고
成就菩薩道하야
出生無上覺이로다

삼계를 모두 깨끗이하여
생사의 물결 영원히 끊고
보리의 도를 성취하여
가장 높은 깨달음 내느니라.

示現無邊色하니
此色無依處라
所現雖無量이나
一切不思議로다
그지없는 빛깔 나타내니
이 빛이 의지한 데 없어
한량없는 것을 나투지만
일체가 다 불가사의하네.

菩薩一念頃에
能覺一切法이어니
云何欲測量
如來智邊際리오
보살이 잠깐 동안에
온갖 법을 다 깨닫지만
여래의 지혜 그 끝간 데를
어떻게 측량하리오.

一念悉明達
一切三世法일새
故說佛智慧가
無盡無能壞로다

온갖 삼세법을
한 생각에 통달할새
그러므로 부처님의 지혜는
끝도 없고 파괴할 수도 없네.

智者應如是
專思佛菩提니
此思難思議라
思之不可得이로다
지혜 있는 사람은 이와 같이
부처님의 보리를 생각하나니
이 생각을 생각하기 어려워
생각으로 얻을 수 없네.

菩提不可說이라
超過語言路니
諸佛從此生일새
是法難思議로다
보리는 설명할 수 없고
말로 할 길을 뛰어 넘었음이라
모든 부처님들 여기에서 났으매
이 법은 불가사의하네.

서남방에서 온 파일체마군지당왕(破一切魔軍智幢王)보살은 부처님의 지혜를 찬탄하고 있습니다. 보살의 이름에 벌써 이 내용이 다 담겨 있습니다. '일체의 마군을 깨뜨리는 지혜의 깃발', 즉 어두운 무명의 마음에 불을 밝히는 그런 보살이라는 뜻입니다.

지혜의 몸은 육신, 우리들이 알고 있는 이 몸이 아닙니다. 한정적인 이 육신에 가둘 수가 없습니다. 우리 안에 감추어져 있는 그 어마어마한 부처의 지혜는 이 몸뚱이 가지고 아는 그런 상식이 아닌 것입니다. 그리하여 부처님의 경지는 삼계(三界)를 다 초월하였습니다. 욕계·색계·무색계의 삼계라는 것은 우리들이 살아가는 현실 세계입니다. 이 현실 세계에 우리들이 매여 있지마는 사실은 우리들의 마음의 세계는 매여 있을 거리가 아닙니다. 그것을 단지 부처라는 이름으로 표현하고 있을 뿐입니다.

이 경전에 태양 비유가 많이 나오고 저도 태양 이야기를 자주 합니다. 부처님의 지혜는 태양과도 같은 것이라서 지혜의 광명을 온 세계에 두루 비추는 것이 됩니다. 지혜의 광명을 놓을 때면 어둠이 다 떠나게 되어 있습니다. 어둠은 하나도 남지 않게 됩니다. 그래서 일체 장애가 소멸됩니다. 우리들이 살아 가는 데에 온갖 어려움이 있고 온갖 아픔이 있는 것은 그건 일체 장애입니다. 그것은 결국 지혜가 없어서 그렇다고 누차 말씀드렸습니다. 어두우니까 의자에 걸리게 되는 것이고, 걸려 넘어지니까 또 다치게 되어 있고 다치면 아픈 것입니다.

그런데 눈을 멀쩡하게 뜨고 햇빛이 밝다면 의자에 무엇 때문에 가서 걸려 넘어지겠습니까. 아무리 의자가 많아도 옷도 하나 스치지 않고 쏙 빠져 나갈 수가 있으니 하등 걸릴 까닭이 없습니다. 넘어지고 상처받을 이유가 없는 것입니다. 넘어지고 상처받았다면 '아 내가 눈을 감고 이 길을 지나갔구나. 그러니 부딪칠 수 밖에 없지.' 하는 생각을 하면 그만입니다. 그 밖에 달리 어디 가서 원망할 데가 없습니다. 누구 탓하고 세월 탓할 이유가 하나도 없습니다.

인생사를 살아 가는 데에 어리석음이 꽉 뒤덮여 있으면 곳곳에 상처받을 것 투성입니다. 여러 분을 대하다 보면 간혹 모든 것을 부정적으로 보고 안 되는 방향으로만 생각하는 습관이 든 사람들이 많습니다. 불자들은 그런 생각을 하면 안 됩니다. 그것은 불교를 잘못 공부한 것입니다. 무엇이든지 긍정적으로 밝은 쪽으로 생각해야 합니다.

전에도 말씀드렸듯이 식물을 보아도 그렇습니다. 저 이름없는 가느다란 풀 한 포기에서부터 천 년의 세월을 이겨 내고 서 있는 낙락장송에 이르기까지 모두 태양을 향해 뻗어 갑니다. 밝은 쪽으로 성장을 하게 되어 있습니다. 사람도 마찬가지입니다. 긍정적인 생각을 하는 사람이 발전하게 되어 있습니다. 왜냐하면 긍정적인 사고는 밝은 생각이기 때문입니다. 부정적인 사고를 하는 사람은 어둡기 때문에 자꾸 장애가 생깁니다. 눈을 감고 어두운 강당을 빠져 나가는 일과 똑 같습니다. 인생을 그렇게 어둡게 살아서는 되지 않습니다. 눈을 뜨고 살아야 합니다. 밝아야 성장하게 되어 있고, 일이 이루어지게 되어 있습니다. 이것은 당연한 이치입니다.

  부처님은 당연한 이치를 늘 이야기합니다. 그러니까 우리들이 들을 가치가 있습니다. 부처님의 말씀이 요행수나 행운이나 억지를 이야기하는 것이라면 우리들이 배울 필요가 없는 것입니다. 우리들 마음의 지혜를 제대로 밝히기만 한다면 그 빛은 태양빛보다 밝습니다. 태양빛처럼 밝아서 지혜의 광명으로 모든 먼지와 때를 씻어 냅니다. 먼지와 때가 바로 부정적인 사고(思考)인 것입니다. 우리를 상처받게 하는 캄캄하고 어리석은 생각들입니다. 이 시간 이후로는 다시는 상처받을 까닭이 없습니다. 눈을 환히 뜨고 있어서 일체 세상과 인간사를 앞뒤로 다 아는데 상처를 받을 까닭이 있을 리가 없습니다. 마치 환하게 눈을 뜨고 통로를 찾아 다치지 않고 어디든지 얼마든지 행복하게 다닐 수가 있는 것과 같습니다.

  지혜에 이어서 보리(菩提)에 대한 찬미를 합니다. 부처의 깨달음, 즉 우리들의 마음에 불을 밝힌 것은 욕계·색계·무색계의 삼계를 모두 깨끗이 하여 생사의 물결을 영원히 끊습니다. 또한 불보리는 가히 말로써 설명이 되지 않습니다. 언필칭 '언어도단 심행처멸(言語道斷 心行處滅)'이라고 합니다. 깨달음은 말로써 설명되어질 수 없습니다. 언어를 초월해 있습니다. 말로써 설명할 수 없고 사량 분별로는 도저히 이르러 갈 수 없는 깨달음의 도리에 의해 모든 부처님이 출생하였습니다.

부처가 부처 노릇을 하는 것도 결국은 말로 설명할 수 없는 이 깨달음에 근거하였습니다. 말로 설명하면 벌써 진실에서 천 리 만 리나 벌어진 것입니다. 음성교체(音聲敎體)라고 하여 우리들이 의사 전달의 수단으로 말을 사용할 뿐이지 그 진실은 어떻게 나타낼 길이 없습니다.

꽃은 꽃으로 그냥 있으면 되었지, 거기에 뭐 다른 설명이 필요하지 않습니다. 사실은 꽃은 꽃으로 그냥 있다라는 소리도 군더더기입니다. 거기에도 집착해서는 안 되는 것입니다. 어떠한 말도 붙일 수가 없습니다. '인언견언(因言遣言), 말로 인해서 말을 보낸다.' 라고 해서 의사 전달에 필요한 최소한의 말은 할 수 밖에 없는 것이죠. 그래서 꽃 그대로 완벽한 것이니까 꽃 그대로 있으면 된다고 하는 것은 어쩔 수 없이 하는 것입니다.

(8) 서북방의 원지광명당왕보살

爾時에 願智光明幢王菩薩이 承佛神力하사 觀察十方하고 而說頌言하사대
　이때 원지광명당왕(願智光明幢王)보살이 부처님의 신력을 받들어 시방을 관찰하고 게송을 말하였다.

若能善觀察
菩提無盡海하면
則得離癡念하야
決定受持法이로다
보리의 끝없는 바다를
누가 능히 잘 관찰하면
어리석은 생각 여의고
결정코 법을 받으리.

若得決定心하면
則能修妙行하야
禪寂自思慮하야
永斷諸疑惑이로다
결정한 마음 얻기만 하면
묘한 행 능히 닦아서
고요한 경계를 스스로 생각하여
모든 의혹을 길이 끊으리.

其心不疲倦하면
亦復無懈怠하야
展轉增進修하야
究竟諸佛法이로다
그 마음은 피로하지 않고
게으른 생각도 없이
점점 더 닦아 나아가
부처님의 법을 끝마치리라.

信智已成就하고
念念令增長하야
常樂常觀察
無得無依法이로다
믿음과 지혜 성취하였고
생각생각에 더욱 증장해
항상 즐겁고 항상 관찰하나
얻을 것 없고 의지할 법도 없네.

無量億千劫의
所修功德行을
一切悉廻向
諸佛所求道로다
한량없는 억천 겁에
닦은 공덕의 행을
여러 부처님이 구하던 도에
모든 것을 다 회향하리라.

雖在於生死나
而心無染着하고
安住諸佛法하야
常樂如來行이로다
비록 생사 속에 있기는 하나
마음이 물들지 않고
불법에 편안히 머물러
여래의 행을 항상 즐기네.

世間之所有
蘊界等諸法을
一切皆捨離하고
專求佛功德이로다
이 세상에 있는
오온·십팔계 모든 법을
온갖 것을 모두 버리고
오로지 부처님의 공덕을 구함이로다.

凡夫嬰妄惑하야
於世常流轉일새
菩薩心無礙하야
救之令解脫이로다
범부는 의혹에 얽혀서
세상을 헤매며 흘러다닐새
보살의 마음은 걸림이 없어
그들을 구원하여 해탈케 하네.

菩薩行難稱이라
擧世莫能思니
徧除一切苦하고
普與群生樂이로다
보살의 행은 말할 수 없고
모든 세상이 생각도 못하나
온갖 괴로움 두루 없애고
중생들에게 즐거움 주네.

已獲菩提智하고
復愍諸群生일새
光明照世間하야
度脫一切衆이로다
보리의 지혜를 이미 얻었고
모든 중생들을 가엾이 여겨
밝은 빛으로 세간을 비추어
모든 중생들을 제도하느니라.

끝없이 펼쳐져 있는 보리의 바다에 이르면 모든 의혹을 완전히 끊습니다. 일체의 묘한 행을 닦아 나가면 피로하거나 싫어하는 생각도 없습니다. 더욱 더 정진하고 정진할 뿐입니다. 그리하여 믿음과 지혜를 성취하고 더욱 더 깊어집니다. 모든 의혹과 어리석음을 떠나 보내니 언제나 기쁨뿐입니다. 도대체 어두워야 괴롭지 광명뿐인데 즐겁지 않을 까닭이 없습니다.

신심이 지극한 이들의 신행담을 한 마디로 말해 보면 '기쁨'입니다. 남들은 다리가 아파서 어떻게 저렇게도 절을 많이 할 수 있느냐고 하지만 무한정 절을 하는 것이 즐겁고, 꼼짝않고 자리를 지켜 참선을 하는 것도 기쁨이고, 어려운 경을 한 자 한 자 깨쳐가는 것도 법열(法悅)입니다. 세상에서 가장 착하고 훌륭한 이름들인 불보살의 명호를 순간 순간마다 생각하는 것도 기쁨입니다.

여기서 한 걸음 더 나아가 생각해 보면 그냥 이 세상이 이런 모습으로 있는 것만으로 충분히 즐겁습니다. 화들짝 피어나는 봄은 봄대로 기쁨이고, 이글거리며 타오르는 여름은 여름대로 즐거움이며, 형언하기 어려운 갖가지의 색으로 물들어가는 가을은 가을대로 기쁨이며, 회색빛 공기가 차갑게 얼어붙는 겨울은 겨울대로 즐거움인 것입니다. 언제 어디서나 온통 즐거움을 주는 거리뿐입니다.

여기서 또 한 가지 아주 훌륭한 가르침을 주고 있습니다. 바로 진정한 회향(廻向)에 대한 바른 소견을 갖추게 해 주는 것입니다. 한량없는 겁에 닦아서 얻은 공덕을 어디로 회향해야 하느냐 하면 바로 여러 부처님 구하던 도에 회향해야 한다는 것입니다.

부처님의 구하는 도가 무엇입니까. 바로 마음을 깨치는 일입니다. 이 마음 하나 밝히는 것입니다. 이 마음 하나 밝히는 그 자리에 모든 노력을 경주해야 한다는 것입니다. 그랬을 때 우리들이 살아가는 가치를 비로소 발하게 됩니다. 이것을 잊고 사는 것은 근본 생명을 상실하고 사는 것이지 제대로 사는 것이 아닙니다.

0이 비록 한 개나 두 개만 있다 하더라도 그 앞에 실다운 수가 하나만이라도 놓이게 되면 그 0은 수로서의 가치를 발휘하게 됩니다. 10이든 100이든 수로서의 깜냥을 지니게 됩니다. 반면에 0이 천 개 만 개가 쭉 나열되어 있다 하더라도 실다운 수가 앞에 놓이지 않는다면 그것은 영원히 0일 뿐입니다. 거기에 실다운 수, 1이니 2니 3이니 하는 수가 놓였을 때 0이 하나가 있으면 10이 되고, 둘이 있으면 100, 200이 되고, 0이 셋 있을 때에는 1000이 되는 것입니다. 그러므로 무한히 뻗어가는 0도 중요하지만 실다운 수를 제자리에 놓을 줄 아는 것이 대단히 중요합니다. 그래야만 0의 가치가 충분히 발휘될 수 있기 때문입니다. 마찬가지로 어떤 세속적인 성공과 명예도 중요하지만 거기에다 실수를 놓는 작업이 필요합니다. 즉 진실한 인간에 대한 이해와 마음의 영원성에 대한 확신이 있고 나서야 그것들도 비로소 빛을 발한다는 것을 알아야 합니다.

우리들은 비록 죽고 사는 것에서 벗어날 길이 없지만 그것에 물들지는 않습니다. 오로지 부처님 법에 편안하게 머물러서 여래의 행을 즐겨 할 따름입니다. 그리고 5온과 18계의 무상한 법에 관심을 쓰지 않고 오로지 부처님의 공덕, 우리들이 본래로 가지고 있는 그 한량없는 공덕을 구하는 데에 매진합니다. 10결 10사의 온갖 의혹에 매여 세상에 물들어 있는 것을 보살의 걸림없는 마음으로 모두 해탈케 해 줍니다. 모든 괴로움을 제거시켜 여러 중생들에게 즐거움을 줍니다. 참된 지혜를 얻은 보살은 중생을 가엾이 여겨 밝은 빛으로 세간을 비추어 모든 중생을 해탈시켜 행복으로 이끌어 줍니다.

보살이 혼자 지혜를 얻고 해탈을 얻는 것이 아니라 중생을 향하여 보살행을 펼치는 덕을 찬탄하는 것으로 끝을 맺고 있습니다. 부처가 부처 되었다고 해서 부처 자리에 가만히 있어서는 우리하고 관계가 없고 또 존경받을 성현도 못 됩니다. 저 혼자 부처는 우리도 다 부처입니다. 부처행을 해서 뭔가 다른 사람에게 부처의 영향을 끼쳐야 안팎이 다 부처가 되는 것입니다. 우리들이 말하는 부처님은 보살행을 실천하는 부처를 일컫는 것입니다. 우리들 내부에는 부처가 다 있는데 그 안에 본래 있는 부처가 표현이 되지 못하여 중생 노릇밖에 안 하는 것입니다.

그러므로 바깥까지 다 부처 노릇을 하려면 부처행을 해야 합니다. 거기에 가치 척도가 있습니다. 마찬가지로 도인 도인해도 저 혼자만 도가 높은 것은 아무 소용이 없습니다. 높은 도가 무엇인가 남에게 영향을 주어야지, 혼자만 간직하고 있는 도는 우리들하고는 아무 관계가 없습니다. 그러면 도(道) 혼자 외로워 떨고 있을지도 모릅니다.

(9) 하방의 파일체장용맹지왕보살

爾時에 破一切障勇猛智王菩薩이 承佛神力하사 觀察十方하고 而說頌言하사대
이때 파일체장용맹지왕(破一切障勇猛智王)보살이 부처님의 신력을 받들어 시방을 관찰하고 게송을 말하였다.

　　　　無量億千劫에
　　　　佛名難可聞이어든
　　　　況復得親近하야
　　　　永斷諸疑惑가
　　　　한량없는 억천 겁 동안
　　　　부처님의 이름을 듣지도 못하거든
　　　　하물며 친근히 모시고
　　　　모든 의혹 끊을 수 있으랴.

　　　　如來世間燈이
　　　　通達一切法하사
　　　　普生三世福하야
　　　　令衆悉淸淨이로다

여래는 세간의 등불이라
모든 법을 다 통달하시고
삼세의 복을 두루 내어
중생들을 다 청정케 하네.

如來妙色身을
一切所欽歎이라
億劫常瞻仰호대
其心無厭足이로다
여래의 미묘한 육신은
모든 이의 존경하는 대상이라
오랜 세월에 항상 앙모하여도
그 마음에 싫은 줄 모르네.

若有諸佛子가
觀佛妙色身하면
必捨諸有着하고
廻向菩提道로다
만일 어떤 불자가
부처님의 육신을 본다면
반드시 모든 집착을 버리고
보리의 길에 회향하리라.

如來妙色身이
恒演廣大音하시니
辯才無障礙하야
開佛菩提門이로다

여래의 미묘한 육신이
광대한 음성을 항상 내시니
변재가 걸림이 없어서
부처님의 보리문을 여네.

曉悟諸群生이
無量不思議라
令入智慧門하야
授以菩提記로다
한량없고 불가사의한
모든 중생들을 깨우쳐서
지혜의 문에 들게 하고
보리의 수기 주시네.

如來出世間이
爲世大福田이라
普導諸含識하야
令其集福行이로다
여래가 세간에 나시어
세상에 큰 복밭 되시고
모든 중생들을 인도하여
복덕의 행을 모으게 하네.

若有供養佛이면
永除惡道畏하야
消滅一切苦하고
成就智慧身이로다

누구나 부처님께 공양하면
나쁜 길의 두려움은 없어지고
모든 피로움도 소멸하여
지혜의 몸을 성취하네.

若見兩足尊하고
能發廣大心이면
是人恒値佛하야
增長智慧力이로다
만약에 양족존을 뵈옵고
광대한 마음을 내기만 하면
이 사람은 부처님을 항상 만나서
지혜의 힘이 증장하리라.

若見人中勝하고
決意向菩提하면
是人能自知
必當成正覺이로다
만일 사람 중에서 수승한 이를 보고
뜻을 결단하여 보리에 향하면
반드시 정각을 이룰 것을
능히 스스로 알게 되리라.

이번에는 하방에서 온 '일체 장애를 다 깨뜨리는 용맹한 지혜의 왕보살'이 부처님의 갖가지의 덕과 이익을 노래하고 있습니다.

이 세상에서 참으로 어렵고도 귀한 일이 있습니다. '인신난득(人身難得) 불법난봉(佛法難逢)'이라, 수천만 가지나 된다는 많고 많은 생명체 중에서 사람몸 받기가 힘들고, 그리고 또 부처님 법을 만나기가 더 어렵다는 말입니다. 부처님의 이름을 듣는 것도 어렵거든 하물며 친근히 모시고 바른 법을 배워 의혹을 완전히 끊는 것은 얼마나 수승한 복인지 모릅니다.

정말 부처님을 만난 인연을 소중하게 여겨야 합니다. 이 세상에는 종교도 많고 사상도 다양하지만 바른 깨달음을 성취하여 인생을 바르게 이해하도록 가르치는 이런 가르침을 만나기가 쉬운 것이 아닙니다. 과거생에 많은 선행을 닦고 금생에도 선업을 지어 별 어려움 없이 만나졌는가 보다라고 생각할지 모르겠습니다마는 정말 이런 가르침은 쉽게 만나게 되는 것이 아닙니다.

이 세상의 어떤 만남보다도 부처님의 가르침과 맺어진 이 인연을 가장 소중하게 여겨야 합니다. 다음 생에서 다른 인연은 하나도 못 만나도 좋다, 단 이 부처님과의 인연은 만나야 한다, 세세생생 부처님과 함께해야 한다는 결의는 있어야 합니다.

부처님은 한마디로 사람을 바르게 살게 한 것입니다. 다른 것 없습니다. 부처님이 뭐를 주시는 게 아닙니다. 복을 갖고 있다가, 우리들이 빌면 인심좋게 마구 내려 주는 분이 아닙니다. 사람의 진실을 바로 이해하게 하고 세상을 바른 눈으로 보게 한 것입니다.

사람들을 가르친다고 해 놓고는 오도(誤導)하여 잘못된 구렁텅이로 빠뜨리는 경우가 얼마나 많은지 모릅니다. 바른 가르침에 의해 사람의 진실을 바르게 이해하면 무궁무진한 보고(寶庫)가 우리들 속에 있는 것을 자각하게 됩니다. 이 보배의 창고 열쇠를 가져다 주는 참스승과의 인연을 소중히 여기고 바르게 깨달아 가야겠습니다.

여래는 세간의 등불입니다. 절 행사에 등불을 밝히는 일이 참으로 많습니다. 초파일에 등을 달고 인등을 켜서 일년 내내 불을 밝힙니다. 이것은 바로 세상의 등불인 여래를 켜는 일이고, 내 마음 속에 있는 여래의 등불을 밝히는 일입니다. 우리들이 촛불 하나하나, 등불 하나하나를 켜는 것은 바로 내 속에 있는 여래의 등불을 밝히는 일인 것입니다.

여래가 갖추신 미묘한 육신[妙色身]은 모든 사람들이 우러러 존경하는 바이고, 아무리 보아도 싫어하는 마음조차가 일어나지 않습니다. 부처님의 묘한 상호를 보기만 하여도 모든 세속적인 집착을 버립니다. 무릇 '있다[有]'라고 하는 세속적인 한계를 떠나서 깨달음의 길로 나아갑니다. 물론 여기에 나오는 여래의 묘색신은 형상을 가지고 말하는 것이 아닙니다. 형상을 떠나 있기 때문에 각양각색의 몸을 나타낼 수가 있습니다. 이것을 일컬어 미묘한 육신이라고 하는 것입니다.

여래의 미묘색신은 갖가지의 음성으로 나투어 아무런 걸림없이 광대한 음성을 내어 모든 중생에게 보리의 문을 열어 보여 주고 깨우쳐 줍니다. 그리하여 모든 중생들에게 보리의 수기를 내립니다.

"너희들도 틀림없이 성불한다."

우리들도 깨닫는다하는 확증을 주는 것이 보리기(菩提記)입니다. 그런 수기를 모든 중생들에게 다 주셨습니다. 우리 모두가 부처님 앞에서 직접 수기를 받은 것은 아니지만 내용적으로 보면 모든 중생이 다 성불한다, 부처의 종자를 누구나 다 가지고 있고 부처의 성품이 있기 때문에 부처의 씨앗이 싹 트기만 하면 그대로 부처다라고 하는 것을 부처님의 말씀을 담아 놓은 경전을 통해서 배울 때 바로 보리기를 얻은 것입니다. 모두가 부처와 똑 같다라는 큰 가르침을 주시니까 여래는 세상의 큰 복밭이 됩니다. 업과 인연에 둘러 싸여 있는 중생에서 부처되게 하여 복덕의 행을 짓게 하시니 여래는 한량없는 복밭입니다.

또한 여래께 공양을 올리면 나쁜 길에 대한 두려움이 없어지고 모든 괴로움이 소멸합니다. 여래께 공양을 올리는 것이 바로 불공(佛供)입니다. 여기서 '어떻게 하는 것이 진정한 불공인가.' 하는 것을 한번 생각해 보도록 합시다. 정말 진지하게 한번 생각해 보아야 합니다. 우리들이 법당에 가서 등상불을 향해 정성을 다하여 불공을 올리는 것은 참으로 바람직한 것입니다. 그 불공을 올릴 때에 바로 내 부처님을 함께 포함하여 생각해야 합니다. 내가 내 안에 있는 부처를 인정하고 그 부처에게 먼저 공양을 할 수 있을 때 남에게도 가슴에서 우러나는 진정한 불공을 올릴 수 있습니다. 일상 생활에서 보아도 그렇습니다. 남에게 베풀기를 좋아하는 사람들을 가만히 보면, 주위에서 사랑과 격려를 많이 받으면서 자란 사람이 남을 향하여 베풀기도 잘 합니다.

또 한 가지 생각을 더 해야 할 것은 '과연 부처님이 좋아하는 공양은 무엇인가.' 하는 것입니다. 평소에는 중생인 우리들에게 이익되는 공양을 올렸지만, 부처인 우리들이 좋아하는 공양이 또 있습니다.

부처님께서는 당신의 식성에 맞는 공양을 법공양이라고 분명히 밝히셨습니다. "나는 법공양(法供養)을 좋아한다. 온갖 공양 중에 법공양이 제일이다."

지금 여러 불자들이 이 『화엄경』 「입법계품」의 강의를 읽고 있는 것이 바로 법공양을 올리는 것입니다. 다시 말하면 바로 우리들 속에 있는 내 부처가 나로부터 최상의 법공양을 받고 있는 것입니다. 바로 이렇게 생각해야 합니다. 이런 생각이 바른 주관으로 있고 난 연후에는 어떠한 불공을 올려도 좋습니다. 어디 가서 어떠한 공양을 하여도 그 때는 걸리지 않습니다.

이런 도리를 알고 등상불에다 대고 열심히 절할 줄 알고 공양을 올릴 줄 알아야 됩니다. 그게 걸리지 않는 것입니다. '내 마음이 부처인데 그까짓 것 등상불에 절할 게 뭐 있느냐.' 이러면 또 한 쪽에 떨어진 것입니다. 편협된 사람이고 걸린 사람이라는 것입니다. 그러므로 그런 것을 잘 넘나들어야 진정한 불공을 올릴 줄 아는 불자라고 하겠습니다.

이 게송에서는 부처님을 다각도로 표현하고 있습니다. 세간등(世間燈), 묘색신(妙色身), 양족존(兩足尊), 인중승(人中勝) 등, 갖가지 이름으로 나타내고 있습니다. 사실 이 세상의 가장 뛰어난 부처님을 찬탄하는 데에 천 가지 만 가지 이름으로도 부족할 것입니다.

인중승(人中勝), '사람 가운데에서 가장 수승한 이'라는 뜻입니다. 이

인중승을 보고는 저절로 감탄합니다.

"아, 부처님의 법은 조금도 의심할 바가 없는 것이로다. 됐어, 이제 내 남은 인생 전부를 던져도 조금도 아깝지 않아."

지금까지 껍질로 살아온 인생은 미련없이 날려 보내고 성불을 향하여 거룩한 발걸음을 내딛었으므로 정각(正覺)을 이룬 것이나 다를 바 없습니다.

(10) 상방의 법계차별원지신통왕보살

爾時에 法界差別願智神通王菩薩이 承佛神力하사 觀察十方하고 而說頌言하사대

이때 법계차별원지신통왕(法界差別願智神通王)보살이 부처님의 신력을 받들어 시방을 관찰하고 게송을 말하였다.

釋迦無上尊이
具一切功德하시니
見者心淸淨하야
廻向大智慧로다

석가모니 가장 높으신 세존이
모든 공덕 갖추시니
보는 이의 마음이 청정하여
큰 지혜에 회향하네.

如來大慈悲로
出現於世間하사
普爲諸群生하야
轉無上法輪이로다

여래의 크신 자비로
세간에 출현하시어
널리 중생들을 위하여
가장 높은 법륜을 굴리시도다.

如來無數劫에
勤苦爲衆生하시니
云何諸世間이
能報大師恩이리오
여래께서 수없는 겁 동안에
중생을 위해 애쓰시니
세상 사람들이 어떻게 하면
대사(大師)의 은혜 갚사오리까.

寧於無量劫에
受諸惡道苦언정
終不捨如來하고
而求於出離로다
차라리 한량없는 겁 동안에
나쁜 길에서 온갖 고통을 받을지언정
마침내 여래를 버리고
벗어나기를 구하지 않으리.

寧代諸衆生하야
備受一切苦언정
終不捨於佛하고
而求得安樂이로다

차라리 중생을 대신하여
온갖 고통을 받을지언정
마침내 부처님을 버리고
안락을 구하지 않으리.

寧在諸惡趣하야
恒得聞佛名이언정
不願生善道하야
暫時不聞佛이로다
차라리 나쁜 길에 있으면서
부처님의 이름을 항상 들을지언정
선한 길에 태어나 잠깐이라도
부처님의 이름 듣지 못함을 원치 않으리.

寧生諸地獄하야
一一無數劫이언정
終不遠離佛하고
而求出惡趣로다
차라리 지옥에 태어나서
낱낱이 수 없는 겁을 지낼지언정
마침내 부처님을 멀리 여의고
나쁜 길에서 벗어나지 않으리.

何故願久住
一切諸惡道오
以得見如來하야
增長智慧故로다

모든 나쁜 길에 오래 있기를
어쩌서 원하는가
여래를 뵈옵고
지혜를 증장하려 함이니라.

若得見於佛하면
除滅一切苦하고
能入諸如來
大智之境界로다
만일 부처님을 뵈오면
모든 고통을 소멸하고
여래의 지혜 경계에
들어가게 되느니라.

若得見於佛하면
捨離一切障하고
長養無盡福하야
成就菩提道로다
만일 부처님 뵈오면
온갖 장애 떠나고
다함없는 복덕 길러서
보리를 성취하리라.

如來能永斷
一切衆生疑하고
隨其心所樂하야
普皆令滿足이로다

> 여래께서는 영원히
> 모든 중생들의 의심을 길이 끊고
> 그들의 좋아하는 마음 따라서
> 모두 다 만족케 하시네.

마지막 열번째로 상방에서 온 법계차별원지신통왕(法界差別願智神通王)보살이 게송을 읊습니다. 이 세상은 전부가 차별합니다. 사람사람이 전부 다릅니다. 생각이 모두 다르고, 소견이 차별하고, 꿈이 다 다릅니다. 법계차별원지신통왕보살은 이름대로 법계의 차별함을 지혜로 다 꿰뚫는 신통을 얻게 되기를 원하는 보살입니다. 이 보살은 부처님의 은혜와 덕이 굉장히 깊다고 하는 노래를 부릅니다.

첫 게송에 석가모니불의 공덕을 부르고 있습니다. 『화엄경』의 주불은 비로자나불입니다. 여기 나오는 석가모니불은 화신불입니다. 그러나 거기에 전혀 걸리지 않습니다. 법신불과 화신불의 관계가 전혀 걸리지 않고, 어느 것 하나 법신불 아닌 것이 없고, 어느 것 하나 화신불 아닌 것이 없습니다. 그러므로 화신불의 이름인 석가모니불을 불러도 하등 문제 될 것이 없습니다.

진리 덩어리가 온 우주에 꽉 차 있다고 하더라도 우리들의 눈 앞에 보여지지 않고 우리들의 인식에 조여오지 않는다면 진리를 알 수 없습니다. 우리 중생들은 마냥 무명의 암흑에서 언제까지나 빛을 등지고 살아갈 수밖에 없을 것입니다. 그러기에 꽃피는 봄날 카필라 성의 왕자로 이 땅에 오시어 진리를 온 몸으로 보여주신 석가모니불은 모든 공덕을 갖추었으므로 보는 사람들의 마음에 청정함을 심어주고 지혜로 나아가게 합니다.

석가모니 부처님께서는 성도 후 그냥 열반에 들려고 하셨습니다. 이 높은 법을 아무도 믿으려 하지 않을 것 같아서였습니다. 그 때 제석이 나타나 간청하였습니다.

"무상의 도를 이루신 분이시여, 그대로 열반에 들지 마시고 제발 어리석은 중생들을 위하여 자비를 베푸소서! 감로의 법을 내려 주소서!"

그 간절한 소망을 들은 부처님은 어리석게 살아가고 있는 중생들을 생각하니 가슴이 뭉클해졌습니다. 무한한 자비심이 일어났습니다.

'그래, 이 중생들을 버릴 수가 없구나. 누군가 나의 법을 알아 듣는 이가 있겠지.'라는 대자비심을 일으켜 애통해 하는 중생들의 마음을 치유하는 길에 나섰습니다. 그리하여 49년 동안 아니 오늘날까지 또 앞으로도 영원히 중생들을 달래주는 그 자비심을 생각해 보면, 그 은혜를 어이하면 다 갚을 수 있을지 마냥 감격할 따름입니다.

부처님 은혜를 갚는 확실한 길이 있습니다.

  가사정대경진겁(假使頂戴經塵劫)
  신위상좌변삼천(身爲狀座徧三千)
  약불전법도중생(若不傳法度衆生)
  필경무능보은자(畢竟無能報恩者)
  가령 부처님을 머리에 이고 미진수겁을 지나고
  몸은 부처님이 앉는 자리가 되어 삼천대천세계를 덮어도
  불법을 전하여 중생을 제도하지 못하면
  끝내 부처님 은혜를 갚을 수 없네.

부처님의 은혜를 갚는다고 하여 부처님을 머리에 이고 아무리 오랜 세월을 지낸다고 해도 그것은 부처님의 은혜를 갚는 길이 아닙니다. 또 부처님께 봉사한다고 우리들의 몸뚱이로 의자가 되고 평상이 되어 부처님을 떠받들고 다닌다 하더라도 그것은 부처님의 은혜를 갚는 길이 아닌 것입니다. 법을 전해서 사람들의 마음을 깨우치는 일이 아니고서는 부처님의 은혜를 갚는 길이 아닙니다. 아무리 우리들이 부처님께 정성을 드리고 육체적인 고통을 감당한다 하더라도 그것은 부처의 은혜를 갚는 길이 아닌 것입니다. 지혜를 일구어 주는 그 일밖에 달리 부처의 은혜를 갚는 길이 없는 것입니다.

자, 지금부터 진정한 불자로서 원을 세웁시다.

"첫째, 차라리 한량없는 겁 동안 나쁜 길에서 고통받을지언정 여래를 버리고 여래로부터 벗어 나기를 구하지 않겠습니다."

"둘째, 저는 세상 사람들이 받는 일체 고통을 제가 다 받는 한이 있더라도 부처님을 버리고 안락함을 구하지 않겠습니다."

"셋째, 나쁜 길에 있으면서 부처님의 이름을 항상 들을지언정 부처님 이름을 듣지 못함을 원치 않습니다. 그것이 비록 선한 길에 있다고 하더라도."

"넷째, 저는 한량없는 세월 동안 지옥에 들어가서 악도의 고통을 받을지언정 여래를 버리고 지옥에서 벗어나는 일은 하지 않겠습니다."

만약에 나찰이 와서 천 번 만 번 묻더라도 우리들의 대답은 변함없습니다.

"부처님을 믿으면서 지옥에 있을래, 부처님을 버리고 지옥에서 나올래?"

"아닙니다. 저는 부처님만 계신다면 지옥이라도 상관없습니다. 영원히 지옥의 고통이 이어지더라도 부처님과 함께하겠습니다."

그런데 부처님 법을 제대로 알고 사는 사람에게는 이미 지옥이라는 게 없습니다. 말로써 말을 하자니까 지옥일 따름입니다. 이런 원을 되뇌이면서 더욱 더 결심이 굳어져야 합니다.

여래가 있는 곳이라면 나쁜 길에 더 있기를 원합니다. 왜냐하면 여래가 있기에 지혜를 증장할 수 있고 고통을 여읠 수가 있기 때문입니다. 또한 부처님을 뵈옵기만 하여도 모든 장애가 떠나고 다함없는 복덕을 길러 보리를 이룰 수가 있기 때문입니다. 여래께서는 영원토록 중생들의 의심을 끊게 하시고 중생들의 좋아하는 마음을 따라서 모두 다 만족케 해 주십니다. 여래는 생명입니다.

0이 아무리 많이 있더라도 실다운 숫자가 앞에 놓여야만 그 0이 비로소 생명을 갖게 되는 것처럼 우리가 인생을 살아 가면서 아무리 큰 사업을 하고 성공을 쌓아 가더라도 인생에 대한 참진실을 우리들이 놓쳐 버리면 그 모든 것이 다 무가치한 것이 되어 버립니다. 인생의 진실을 모르고 이 마음의 근본 자리가 무엇인지 모르고 아무리 사회적인 큰 성공을 거둔다 하더라도 그것은 근본이 없는 것입니다. 뿌리가 없는 것을 아무리 힘을 들여 해 보았자 그것은 실다운 숫자, 1이나 2가 없는데 0만 칠판에 가득 써 놓은 것하고 같은 것입니다. 천만 개의 0×천만 개의 0 해 보십시오. 역시 0밖에 되지 않습니다. 바로 이 이치입니다.

자기 자신의 진실한 생명을 모르고 아무리 거대한 성공을 거두어 봤자 그것은 아무런 영험이 없는 것입니다. 비록 구멍가게를 하더라도 자기의 생명력에 대한 이해를 하고 있는 사람은 정말 제대로 사는 사람입니다. 이런 것들이 얼마나 마음에 수긍이 가는지 참으로 미지수이지만 여기 경전의 말씀이 틀림없습니다.

여기에 대한 확신이 그 사람의 삶의 질을 높이는 일이 되는 것이고 그 사람의 가치를 가름하게 되는 것입니다. 철들게 되면 여기 이 말씀에 참으로 공감하게 됩니다. 불교에서는 지혜의 문제를 다루고 있습니다. 지혜를 순수한 우리말로 나타내면 철이라고 할 수 있습니다. '철들었다' 라는 말을 자주 하는데 그 사람은 참으로 인생에 대한 지혜가 있는 사람입니다.

지금까지 시방에서 구름떼처럼 운집한 대중들을 대표한 보살이 각기 자신들이 앉았던 방향에서 나와 부처님의 덕을 한 부분씩 맡아 찬탄을 하였습니다. 게송으로 읊었기 때문에 표현상의 재미도 있었고, 또 시의 내용은 모두 다 불교의 중요한 핵심을 가르치는 내용이 많았습니다. 한 구절 한 구절 음미하는 데에서 전에 몰랐던 것을 깨달아 가는 즐거움을 누릴 수 있었으리라 봅니다. 이러한 복덕은 아무나 누릴 수 있는 것이 아닙니다. 정말 과거에 선근을 지어 놓은 사람, 좋은 인연에 둘러싸인 사람들만이 누릴 수가 있는 것입니다. 이 무한한 복덕에 조금이라도 은혜를 갚는 길은 쉬지 않고 정진하고 또 정진하는 길밖에 없습니다.

모든 것이 다 이루어 진 것을 확인만 하면 되는 이 장엄한 꽃길에 모두들 기쁜 마음으로 나와서 향기를 맡으며 함께 걸어 갑시다.

7. 보현(普賢)보살이 삼매를 설하다

(1) 열 가지 법의 글귀

爾時에 普賢菩薩摩訶薩이 普觀一切菩薩衆會하고 以等法界方便과 等虛空界方便과 等衆生界方便과 等三世와 等一切劫과 等一切衆生業과 等一切衆生欲과 等一切衆生解와 等一切衆生根과 等一切衆生成熟時와 等一切法光影方便으로 爲諸菩薩하사 以十種法句로 開發顯示照明演說此師子嚬伸三昧하시니 何等이 爲十고 所謂演說能示現等法界一切佛刹微塵中에 諸佛出興次第와 諸刹成壞次第法句하며 演說能示現等虛空界一切佛刹中에 盡未來劫토록 讚歎如來功德音聲法句하며 演說能示現等虛空界一切佛刹中에 如來出世가 無量無邊하야 成正覺門法句하며 演說能示現等虛空界一切佛刹中에 佛坐道場菩薩衆會法句하며 演說於一切毛孔에 念念出現等三世一切佛數變化身하야 充滿法界法句하며 演說能令一身으로 充滿十方一切刹海하야 平等顯現法句하며 演說能令一切諸境界中에 普現三世諸佛神變法句하며 演說能令一切佛刹微塵中에 普現三世一切佛刹微塵數佛의 種種神變하야 經無量劫法句하며 演說能令一切毛孔으로 出生三世一切諸佛大願海音하야 盡未來劫토록 開發化導一切菩薩法句하며 演說能令佛師子座로 量同法界하야 菩薩衆會와 道場莊嚴이 等無差別하야 盡未來劫토록 轉於種種微妙法輪法句니라 佛子야 此十爲首하야 有十不可說佛刹微塵數法句하니 皆是如來智慧境界니라

그때 보현보살마하살은 모든 보살들의 모임을 두루 관찰하고, 법계와 같은 방편과 허공계와 같은 방편과 중생계와 같은 방편과 삼세와 같고 모든 겁과 같고 모든 중생의 업과 같고 모든 중생의 욕망과 같

고 모든 중생의 이해와 같고 모든 중생의 근성과 같고 모든 중생의 성숙한 때와 같고 모든 법의 그림자와 같은 방편으로써 여러 보살들을 위하여 열 가지 법의 글귀로 이 사자빈신삼매(師子頻伸三昧)를 열어 보이며 밝혀 연설하였다.

"무엇이 열인가. 이른바 법계와 같은 모든 세계의 티끌 속에서 부처님이 나시는 차례와 세계가 이루어지고 무너지는 차례를 나타내는 법의 글귀를 연설하며, 허공계와 같은 모든 세계에서 오는 세월이 끝나도록 여래의 공덕을 찬탄하는 음성을 나타내는 법의 글귀를 연설하며, 허공계와 같은 모든 세계에서 여래가 나시어서 한량없고 그지없는 바른 깨달음을 이루는 문을 나타내는 법의 글귀를 연설하며, 허공계와 같은 모든 세계에서 부처님은 도량에 보살들이 모인 가운데 앉으셨음을 나타내는 법의 글귀를 연설하며, 모든 모공에 잠깐잠깐마다 삼세 부처님의 변화한 몸을 나타내어 법계에 가득하는 법의 글귀를 연설하며, 한 몸이 시방의 모든 세계 바다에 가득하게 평등히 나타내게 하는 법의 글귀를 연설하였느니라.

모든 경계 가운데 삼세 부처님들의 신통변화를 나타내게 하는 법의 글귀를 연설하며, 모든 세계의 티끌 속에 삼세 모든 세계의 티끌 수와 같은 부처님의 갖가지 신통변화를 나타내어 한량없는 겁을 지나게 하는 법의 글귀를 연설하며, 모든 모공에서 삼세 모든 부처님의 큰 서원 바다에 음성을 내어 오는 세월이 끝나도록 모든 보살을 열어 교화하고 인도하는 법의 글귀를 연설하며, 부처님의 사자좌의 크기가 법계와 같으며 보살들의 모임과 도량의 장엄이 평등하고 차별이 없는데, 오는 세월이 끝나도록 갖가지 미묘한 법륜을 굴리는 법의 글귀를 연설함이니라.

불자여, 이 열 가지가 머리가 되어 열 가지 말할 수 없는 세계의 티끌수 법의 글귀가 있으니, 다 여래의 지혜의 경계니라."

그 동안 시방에서 모여온 보살들이 각각 게송을 읊어서 부처님의 덕을 찬탄하였습니다. 자기들이 알고 있는 부처님 덕의 한 부분씩을 담당하여 비유를 섞어가며 멋지게 노래를 불렀습니다.

지금부터는 보현보살의 여러 가지 행이 소개됩니다. 행이라고 해서 실제적으로 눈에 띄는 그런 행이 아니고, 진리를 나타내 보이는 보현보살의 역할을 말하는 것입니다. 먼저 보현보살이 삼매를 열 가지로 설합니다. 다시 그 내용을 게송으로 펴고 나서는 백호 광명으로 이익을 나타내는 이야기가 이어지고 있습니다.

보현보살마하살은 삼매나 백호 광명의 이익을 설하기 전에 보살 대중들의 모임을 두루 관찰합니다. 두루 살핀다고 하는 것은 꼭 고개를 돌려가며 눈으로 확인하는 절차가 있었다기보다는 대중과의 공감(共感)을 말하는 것입니다. 말하고자 하는 분과 듣고자 하는 분과의 공감을 말하는 것입니다. 그러니까 보현보살의 설하고자 하는 내용과 법계에 있는 모든 분들과의 공감과 공명을 이야기하고 있는 것입니다.

보현보살은 갖가지 방편으로써 여러 보살들을 위하여 열 가지의 글귀로 사자빈신삼매를 밝혀 주고 있습니다. 법계와 허공계와 중생계와 같은 방편입니다. 거기에다가 삼세와 모든 겁과 모든 중생의 업과 모든 중생의 이해와 모든 중생의 근성과 모든 중생의 성숙한 때와 모든 법의 그림자와 같은 방편들입니다. 하나같이 다 지혜가 넘치는 방편들이지만 이 '모든 중생의 성숙한 때'라는 것도 참으로 중요합니다.

공부라는 것은 제대로 되는 때가 있습니다. 공부를 2배, 3배 한다고 해서 반드시 깨달음도 2배, 3배 빨리 오는 것이 아닙니다. 아무리 열심히 공부하여도 될 때가 있는 것입니다. 그렇다고 해서 가만히 앉아서 될 때만 기다리고 있어도 아니 됩니다. 공부를 할 경우에 때가 있다는 것입니다. 곡식도 심고 가꾸는 과정을 거쳐야만 익는 시기가 있듯이, 아예 심고 가꾸지 않고 덮어놓고 가을이 되었다고 추수가 되는 것이 아닙니다. 역시 마음을 닦아가는 동안에 성숙하는 때가 있다는 것입니다. 성숙

(成熟)이라는 것을 다른 말로 표현하면 철이 난 것이라고 하고 지혜가 생긴 것이라고 하겠습니다. 인생을 살아가는 데에 바른 안목이 생긴 것이라고 하겠습니다.

『화엄경』에서는 '사자빈신삼매' 즉, '사자가 기지개 켜는 삼매' 또는 '사자가 기운 뻗는 삼매'를 자주 언급합니다. 이 말의 속뜻은 '어떤 깨달음의 힘이 밖으로 표출하는 그런 내용을 담고 있는 삼매'라는 것입니다. 다시 말하면 삼매를 통하여 깨달음의 내용이 밖으로 쫙 나타난다는 것입니다. 그러므로 이 삼매를 열 가지로 설명한다는 것은 바로 그 삼매 안에 깨달음의 내용이 다 담겨 있다는 것입니다.

삼매의 이름이, 즉 깨달음의 이름이 '사자빈신(獅子嚬伸)'이라고 하는 까닭은 이렇습니다. 사자가 조용히 있다가 기지개를 켜는 순간에 그동안 갈고 닦아 놓았던 용맹과 신속함과 무외함이 다 나타난다고 해서 삼매 이름을 사자빈신이라고 하는 것입니다.

보살이 삼매에 들어 있을 때에는 아무 것도 모릅니다. 자기 자신의 내부에 힘이 들어 있는 줄도 모르고 지혜가 있는 줄도 모르고 능력도 무궁무진한 줄을 모르지만 한번 기지개를 켜고 활동을 시작하면 그 순간부터 그 동안 쌓아 두었던 모든 힘과 지혜가 터져 나온다는 뜻에서 사자빈신삼매가 많이 나옵니다.

여러 가지 삼매 중에서 높이를 두고 깊이있게 취급하고 있는 삼매라고 보면 됩니다. 보살이 또는 수행자가 정(定)에 들어 있다가 그 정(定)을 털고 일어나서 그 정(定)에서 갈고 닦은 공부와 힘이 밖으로 표출되는 그런 의미인 것입니다. 어떠한 보살행을 하면 그동안 쌓아 두었던 정진의 힘이 총동원되어서 모든 것을 갖추어 가는 것입니다. 신중하면서도 힘이 있는 삼매이고 능력을 마음껏 발휘하는 보살행이라고 하겠습니다. 이와 같은 뜻을 지닌 사자빈신삼매를 열 가지 법구로써 열어 밝혀 보이는데,

첫째 법구는 이것입니다. 법계와 같은 모든 부처 세계의 티끌 속에서

부처님이 나시는 차례와 세계가 이루어지고 무너지는 차례를 나타내는 법의 글귀를 연설합니다. 이 세계는 말할 것도 없고 이 세상에 존재하고 있는 삼라만상은 전부 가만히 있지 못하고 흘러갑니다. 우리 사람들은 생(生)·로(老)·병(病)·사(死)를 거듭하고 있고 모든 삼라만상은 생(生)·주(住)·이(異)·멸(滅)합니다. 이 우주 또한 성(成)·주(住)·괴(壞)·공(空)을 면할 수가 없습니다. 이 우주 법계에 존재하고 있는 모든 것은 다 네 가지 단계를 거치는 것입니다. 하나도 빠짐없이 생성·변화·소멸하는 것입니다. 그러므로 첫째 법구는 온 우주와 똑같은 모든 세계에 모든 부처님이 거기에서 출현하는 그 차례와 우주가 생성 변화하는 차례를 시현하는 그런 법구들입니다.

그 다음 두 번째 법구는 허공계와 같은 모든 부처 세계에서 오는 세월이 다하도록 여래의 공덕을 찬탄하는 음성을 나타내는 법의 글귀입니다. 다음과 같은 우스개 이야기가 있습니다.

옛날에 빚쟁이가 있었는데 외출했다가 돌아오니 아들이 이렇게 말하는 것이었습니다.

"아버지, 빚 받으러 왔다 갔습니다."

"그래 언제 갚는다고 하였느냐?"

"한 달 뒤 몇 월 몇 일에 준다고 했습니다. 제가 잘 대답하였지요."

"잘하기는 뭘 잘했어? 그냥 내일 준다고 하면 될 일이지 왜 한 달 뒤인 몇 월 몇 일이라고 딱 잡아 놓았느냐."

"아버지, 내일 당장에 줄 돈이 어디 있습니까?"

"아 글쎄, 내일 되면 또 내일 준다고 하면 되지. 내일은 언제나 내일이 있잖느냐. 내일은 끝날 때가 없지."

만약에 언제 주겠다고 딱 날을 받아 놓으면 그 날이 되면 꼭 갚아야 하니까 그건 곤란하다는 것입니다. 내일 해 놓으면 내일은 영원토록 오니까 아무 문제가 없다는 것입니다.

이처럼 여기에서 보면 미래겁이 끝나도록이라고 했습니다. 미래라고 하는 것은 끝날 때가 없습니다. 그러니까 끝없는 세월 동안 여래의 공덕을 찬탄하는 음성을 시현하는 그런 법구를 연설하고 있다는 것입니다.

그리고 세번째는 허공계와 같은 모든 부처 세계에서 여래가 나시어 한량없고 그지없는 바른 깨달음을 이루는 문을 나타내는 법의 글귀입니다. 어느 세계라든지 어떠한 숫자를 써서 수천 만이나 수억 만이라고 하지 않고 아예 허공계와 같다고 합니다. 허공계가 어디 끝이 있습니까. 끝이 없는 허공과 같은 그런 부처 세계에서 여래가 출세하여 한량없고 그지없는 바른 깨달음을 이루는 문을 나타내는 법구를 연설합니다. 우리들이 알기로는 3000년 전에 석가모니 부처님이 나셨니 어쩌니 하고, 56억 7천만년 이후에 미륵불이 오시니 어쩌니 하지마는 여기를 보면 무량무변한 부처님이 출세하여 정각을 이루는 그런 모습을 법구로써 연설하는 것입니다.

그 다음 네 번째로는 허공처럼 한량없는 모든 부처 세계에서 부처님이 도량에 앉으시면 많은 보살들이 모여서 쭈욱 앉아 있는 모습을 나타내는 법구입니다. 모든 모공에서 삼세 부처님의 변화하는 몸을 나타내어 온 법계에 가득차는 것을 연설하는 것이 다섯 번째 법구이며 또한 한 몸으로 하여금 시방의 모든 세계에 가득차게 하는 것을 나타내는 것이 여섯 번째 법구입니다.

모든 경계 가운데에서 삼세 부처님의 신통 변화를 나타내게 하는 것이 일곱 번째 법구이고, 모든 부처 세계의 미진 속에 삼세 모든 부처의 미진과 같은 부처님의 갖가지 신통 변화를 나타내어 한량없는 겁을 지나도록 하는 법의 글귀가 여덟 번째 연설입니다.

모든 모공에서 삼세 모든 부처님의 큰 서원 바다에 음성을 내어 오는 세월이 끝나도록 모든 보살을 열어 교화하고 인도하는 것이 아홉 번째 법구이며, 마지막 열 번째는 부처님의 사자좌의 크기가 법계와 같으며 보살들의 모임과 도량의 장엄이 평등하고 차별이 없는데 오는 세월이 끝나도록 갖가지 미묘한 법륜을 굴리는 법의 글귀를 연설함입니다.

열 가지 법구를 연설한다고 하는데 거의가 다 비슷비슷한 이야기입니다. 늘 말씀드렸지만 『화엄경』은 열 번을 반복하는 데에 의미가 있습니다. 그 '열'이라는 것은 원만을 의미하는 것이고, 조금도 결함이 없다는 의미가 담겨 있는 것입니다. 그것은 왜 그런고 하니 늘 『화엄경』에서 보여 주듯이 그 어느 것도 완전 무결하여 진리 아닌 것이 없다는 것입니다. 그런 안목을 우리들이 가져야 한다는 것입니다.

사실 그런 안목을 가지는 것이 참으로 어렵습니다. 우리들이 보면 자꾸 부족한 것이 보이고 못마땅한 것이 보이고, 이렇게 했으면 좋겠고 저렇게 했으면 좋겠다는 생각이 자꾸 드는데 그런 생각이라는 것도 사실은 알고 보면 허망한 것이고 믿을 바가 못 되는 것입니다. 그러므로 완전무결한 것으로 이해해가는 그 안목, 그 자세가 모든 사사물물을 전부 진리로 존재하게 하는 또, 진리로 존재하고 있는 것을 바로 보는 그런 안목이 된다는 것입니다.

여기 문장에서 표현되고 있는 이 범위는 우리들의 상식으로서는 도저히 상상하지 못하는 거대하기 짝이 없는 범위가 나와 있습니다. 걸핏하면 '허공계와 같다', '법계와 같다', 항상 '무량무변이다', '미래세가 다함이 없도록' 언필칭 이렇게 표현하고 있습니다. 시간을 말하자면 시간이 끝이 없고, 공간을 이야기할 때는 공간이 무한합니다. 항상 무량무변이고 허공계와 같고 법계와 같고 미래세가 다하지 않다는 표현들이 예사로 나옵니다.

우리들은 시간 속에서 살고 공간 속에서 삽니다. 제한된 시간과 한정된 공간 속에서 살고 있기는 살고 있는데 그 제한된 시간과 한정된 공간이라는 것을 누가 그렇게 정해 놓았나 하는 것입니다. 우리들이 처음부터 다시 한 번 생각해 보면 누가 그런 제한을 두었느냐, 누가 그런 공간을 두었느냐하면 그것은 차별심 때문입니다.

차별심 때문에 시간이 정해져 있고, 차별심 때문에 한정된 공간이 있다는 것입니다. 차별심 때문에 여기는 공부하는 법당이고, 지금은 공부하는 시간이고, 이것이 끝나면 이 법당에서 집으로 돌아가야 한다는 그런 차별심이 있기 때문에 여기서는 오래 있을 것이 아니라는 생각을 하게 되는 것입니다. '오래다, 오래 아니다'하는 그런 시간의 문제들도 전부 차별심에서 나오는 것입니다.

여기 『화엄경』에서는 그런 차별심을 떨구어 버리면 어디에도 상관없고 언제라도 상관없게 됩니다. 시간과 공간에 대한 차별심을 벗어나게 되는 것입니다. 그랬을 때 비로소 자유로워집니다. 그 어디에도 걸리지 않게 되는 것입니다. 오래 산다 얼마 살지 못한다 하는 불안으로부터도 이미 벗어난 상태가 되는 것입니다. 우리들이 시간에 대한 제약 때문에 '오래 사느니 일찍 죽었느니 애석하느니' 하는 생각을 하지, 시간에 대한 그 관념이 우리에게서 사라졌다면 이미 '오래 산다 일찍 죽었다' 하는 시간에 대한 용어가 아예 없을 것입니다.

그래서 여기 화엄경에서는 시간에 대한 우리의 차별심, 또는 공간에 대한 한계성 이런 것들에 대하여 완전히 벗어난 모든 것의 진리인 본래의 그 모습 본연의 모습을 그대로 보여준 것이기 때문에 우리들이 지금 처해 있는 이 시간과 제한받은 이 공간의 좁은 틈에서 상식을 가지고 무한한 그것을 이해하려니까 잘 되지 않는 것입니다. 이해가 안 되는 이유가 바로 여기에 있습니다.

지금 우리들은 시간과 공간에 대해서 작은 제약 속에 사는데 여기서 무슨 미래세가 다하지 않는다, 무량무변이다, 허공계와 같다, 법계와 같다고 하는 것을 100% 이해하기는 어렵고, 하나의 힌트는 들 수 있습니다. 마음으로 돌아가서 마음을 가지고 가만히 생각해 보면 그런 대로 조금 이해가 갑니다. 마음은 시간도 공간도 없고 젊음도 늙음도 없고, 남녀의 차별도 없고 이 공간의 간격이나 장애도 없습니다. 또한 시간의 제약도 전혀 없습니다. 산하석벽무장애(山河石壁無障礙)라, 아무리 막아 놓았다 하더라도 소용이 없고 거리가 아무리 멀다 하더라도 아무런 관계가 없습니다.

예를 들어서 바로 곁에 앉아 있는 사람에게 가는 마음이나 저기 머나먼 미국에 있는 사람에게 가는 마음이나 걸리는 시간이 똑 같습니다. 하등의 차이가 나지 않습니다. 첩첩이 막아 놓아도 마음이 움직이는 데는 아무 상관이 없습니다. 그렇다고 터져 있다고 해서 특별히 편리한 것도 아닙니다. 마음을 가지고서 공간을 가로 질러 가는 데에는 막혀 있거나 트여 있거나 전혀 관계가 없습니다.

여기서 또 하나 우리들이 알아야 할 것은 『화엄경』에서 그리고 있는 세계가 반드시 마음에만 국한시킨 것이 아니라는 사실입니다. 현실을 그대로 두고 하는 소리입니다. 현실을 두고 하는 소리이지만 그것이 이해가 잘 안 된다는 데에 문제가 있는 것입니다. '이 몸뚱이를 근거로 해서 살아가고 있는 우리들은 그게 현실적으로 이해가 안 된다, 그러므로 그것을 이해하는 방법으로 우리에게 하나의 길이 있다면 그것은 마음을 가지고 한 번 이해를 해보자' 하면 그런 이해의 길이 나온다는 것입니다.

그러나 『화엄경』에서의 본래의 의미는 우리가 생각으로써 이해되어지는 그런 그 마음의 세계뿐만 아니고 지금 현실의 세계를 그대로 다 함께 합해서 하는 소리입니다. 왜냐하면 사사무애(事事無礙)가 본래의 목적이니까요. 사(事)와 사(事)가 걸림이 없는 데에 『화엄경』의 본래의 목표가 있습니다. 사물 하나하나 그대로 진리라는 데에까지 우리들이 이르러야 『화엄경』에서 가르치고자 하는 목표에 도달하게 되는 것입니다. 처음에는 사무애(事無礙), 이무애(理無礙), 이사무애(理事無礙), 사사무애(事事無礙) 그렇게 됩니다. 사사무애라고 하는 것은 눈에 보이는 현실 그대로가 아무 걸림이 없이 완전한 세계라는 것입니다.

다시 말해서 우리 마음이 미국 가는 데에 걸림이 없고 막혀 있는 것에도 걸림이 없는 것과도 똑같이 사물과 사물이 걸림이 없는 그런 상황에까지 이르러야 비로소 『화엄경』에서 목표로 하는 그런 세계인 것입니다. 전부 한데 섞어 두루뭉실이로 만들자는 것이 아니라 사실을 진리로 확연하게 깨닫는 데에 있습니다. 사물 하나하나가 완전무결한 진리로서 존재하고 있다는 사실을 깨닫는 데에 있습니다. 이것만 알면 됩니다.

어느 순간, 어느 때든지 사실 좋은 날이 아닌 때가 없습니다. 어느 하루가 기분 나쁜 날이라고 해서 그 날을 빼어 버리고 나면 내 인생 전체가 없는 것입니다.

즐거운 날이라고 해서 그 날 하루만 돋보이는 날이 결코 아닙니다. 어느 한 순간, 일 분 일 초도 내 인생에 있어서 똑같이 소중합니다. 그 값은 똑같습니다. 결혼하는 날이라고 해서 뭐 특별히 그 날만 다른 날보다 굉장히 값진 날이고, 헤어지는 날이라고 해서 값이 싼 날이 아닙니다. 그런 것은 없습니다. 시간은 똑같이 소중합니다. 어느 하루를 빼어버리면 다른 날도 같이 무너져 버립니다.

그렇기 때문에 사물도 마찬가지이고 시간도 마찬가지입니다. 그러므로 여기서 시간과 공간이라는 것이 결국은 어느 시간, 어느 공간 할 것 없이 전부 완전무결한 진리로서의 가치를 우리가 깨닫는 것, 그것만 요달해 버리면 '아! 사사무애구나. 사(事)와 사(事)가 걸림이 없이 모두 대자유, 대자유자재한 진리의 세계이구나.'하는 것을 인식하게 되고 그러면 여기에서 이야기되어지는 것이 아무 것도 문제될 것이 없습니다.

그래서 몇 가지를 제시하였습니다. 여기서 이야기한 것은 현실 그대로의 이야기이다, 그러나 제약이 많은 현실에 바탕을 두고 살아가는 우리들의 의식에 와닿지 않으므로 그것을 이해할 힌트는 없을까해서 소위 우리들이 말하는 '마음'을 가지고 생각해 보면 그런 대로 이해가 돌아간다는 것이고, 또 궁극적으로 『화엄경』에서 목표로 하고 있는 것은 결국, 모든 시간 모든 공간 모든 사물은 공히 똑같은 가치를 가지고 있고 또 똑같이 완전무결한 것이라는 사실을 재차 인식해야 하는 것입니다.

거듭 말하지만 쌀만 중요한 게 아니라는 사실입니다. 쌀을 만들고 난 뒤의 겨도 쌀과 똑같은 가치가 있습니다. 겨 입장에서 쌀을 보고 이런 자랑을 할 수도 있을 것입니다.

"이 녀석, 너는 내가 아니고서는 생기지도 못했다. 너는 살지도 못했어."

사실 아닙니까. 겨가 없었으면 쌀이 어떻게 있었겠습니까. 그런데 쌀 입장에서 보면 또 이렇게 말할 지도 모르겠습니다.

"네가 아무리 그래 보아라. 너는 나를 위해서 있는 것이다. 너는 나를 싸주기 위한 껍질밖에 안 된다."

그러나 겨가 없었으면 어떻게 쌀이 존재할 수 있었겠습니까. 그 안되는 것입니다. 우리들이 괜히 쌀 입장이다, 겨 입장이다 하고 있지 사실 그들은 그들 나름대로 다 고유한 영역을 지켜가고 있는 것입니다.

사실 알고 보면 어떤 경우라도 어떤 사물과 어떤 시간에도 자기의 가치관을 가지고 선을 그을 게 아니라는 것을 인식하는 게 너무나도 중요한 일입니다. 그렇게 하였을 때에는 아무런 문제가 없습니다. 우리들이 괜히 자기의 잣대를 가지고서 재니까 문제가 생기는 것입니다. 문제가 생긴다는 말입니다. 자기의 잣대를 단단하게 준비해 놓고 그어 버리고서는 금 바깥에 나가는 것은 아니라는 식으로 해왔잖습니까.

그러니까 괴로움이 생기고 문제가 생기고 자기가 그어놓은 잣대 안으로 집어 넣으려고 하니까 들어가지 않으려 하고 또 설령 마지 못해서 들어갔다 하더라도 그게 속이 편한 게 아닙니다. 억지로 들어갔기 때문에 속이 편안하지 않습니다. 그것은 아닙니다. 그렇게 들어가면 들어간 게 아닙니다. 그냥 있는 그 자리에서 우리들이 인정이 되어야 합니다. 그것을 우리들이 깨달아야 하는데 사실 그게 어렵습니다. 현실을 살아가는 우리들로서는 참으로 어려운 일입니다.

겨의 가치나 쌀의 가치가 같다고 하는 사실 그걸 우리들이 확연하게 깨달았을 때에 여기에 있는 모든 시간, 모든 공간 그 어디에도 걸릴 것이 없는 것이고 모두가 자유자재한 진리의 평등한 세계라는 것을 인식하게 되리라고 생각합니다.

이런 진실을 가르쳐 주는 열 가지 법구 중 한 가지도 제대로 소화가 잘 되지 않는데 십불가설 불찰미진수 법구가 또 있다고 합니다. 열 개의 말할 수 없는 부처님 세계를 갈아가지고 먼지를 만들었을 때 그 먼지 숫자와 같은 수효의 법구가 있습니다. 이 말은 앞에서도 살펴 보았듯이 이 세상에 존재하고 있는 것은 그대로 진리의 경계이다, 진리 아닌 것이 없다는 의미로 파악하면 되겠습니다.

(2) 게송으로 다시 펴다

爾時에 普賢菩薩이 欲重宣此義하야 承佛神力하사 觀察如來하며 觀察衆會하며 觀察諸佛難思境界하며 觀察諸佛無邊三昧하며 觀察不可思議諸世界海하며 觀察不可思議如幻法智하며 觀察不可思議三世諸佛이 悉皆平等하며 觀察一切無量無邊諸言辭法하고 而說頌言하사대

그 때에 보현보살이 이 뜻을 다시 펴려고 부처님의 신력을 받들어 여래를 관찰하고 모인 대중을 관찰하고 부처님들의 생각하기 어려운 경계를 관찰하고 부처님들의 그지없는 삼매를 관찰하고 부사의한 세계바다를 관찰하고 부사의한 환상과 같은 법의 지혜를 관찰하고 부사의한 삼세 부처님들이 다 평등함을 관찰하고 모든 한량없고 그지없는 여러 가지 말하는 법을 관찰하고 게송으로 말하였다.

一一毛孔中
微塵數刹海에
悉有如來坐하사
皆具菩薩衆이로다
하나하나 모공 속에
티끌 수의 세계바다가 있어
부처님들이 앉으셨는데
그곳에 다 보살대중들이 모이어 있네.

一一毛孔中에
無量諸刹海에
佛處菩提座하사
如是徧法界로다
하나하나 모공 속에
한량없는 세계바다가 있어
부처님이 보리좌에 앉으셨는데
이와 같이 법계에 두루하였네.

一一毛孔中에
一切刹塵佛이
菩薩衆圍遶어든
爲說普賢行이로다
하나하나 모공 속에
모든 세계 티끌 수의 부처님들을
보살대중이 둘러 모시었는데
그들을 위해 보현의 행을 말씀하시네.

佛坐一國土하사
充滿十方界하시니
無量菩薩雲이
咸來集其所로다
부처님은 한 국토에 앉으사
시방세계에 가득하신데
한량없는 보살구름이
그 곳으로 다 모여들었네.

億刹微塵數의
菩薩功德海가
俱從會中起하야
偏滿十方界로다.
억만 세계의 티끌 수 같은
보살의 공덕바다가
그 모임 속으로부터 일어나
시방세계에 가득하였네.

悉住普賢行하야
皆遊法界海하며
普現一切刹하야
等入諸佛會로다
모두 보현의 행에 머물러
법계바다에 노닐면서
모든 세계를 두루 나타내어
다 같이 부처님 회상으로 들어왔네.

安坐一切刹하며
聽聞一切法하야
一一國土中에
億劫修諸行이로다
모든 세계에 편안히 앉아
모든 법문을 들으면서
낱낱 국토에서
억 겁 동안 모든 수행을 다 닦네.

菩薩所修行이
普明法海行이라
入於大願海하야
住佛境界地로다
보살들의 닦는 행은
법의 바다를 두루 밝히는 행이라
큰 서원의 바다에 들어가
부처님의 경계에 머무르네.

了達普賢行하야
出生諸佛法하며
具佛功德海하야
廣現神通事로다
보현의 행을 잘 통달하고
부처님의 법을 내어
부처님의 공덕바다를 구족하고
신통한 일을 널리 나투네.

身雲等塵數하야
充滿一切刹이라
普雨甘露法하야
令衆住佛道로다
몸의 구름[身雲]이 티끌 수 같아서
모든 세계에 가득하였고
감로의 법을 널리 비내려
대중들을 부처님의 도에 머물게 하네.

지금까지 보현보살마하살은 삼매를 열어 보이며 열 가지로 밝혀 연설하였습니다. 이번에는 이 뜻을 게송으로 다시 읊습니다. 여기서 우리들이 한 번 더 생각해 보아야 할 점은 '부처님의 신력을 받자와'라는 구절입니다. '승불신력(承佛神力)'이라고 하여 다른 경에서도 이 말이 자주 나옵니다.

행이 그 누구보다도 뛰어나다는 보현보살마하살도 부처님의 신력(神力)을 받아서 관찰을 하고 설법을 합니다. 오로지 부처님의 넓고 깊은 진리에만 근거하여 법을 밝히지 자신의 좁고 나약한 소견은 없다는 것입니다. 이와 같이 우리들도 온전히 부처님께 귀의해야 합니다. 부처님의 모든 것에 우리들 자신을 내던져야 합니다. 그리하여 내 자신의 아집은 사라지고 부처님의 생각과 행동으로 우리들의 뼈가 되고 살이 되어야 합니다.

보현보살은 여래와 모인 대중과 부처님의 경계와 부처님의 삼매와 부사의한 세계바다와 부사의한 환상과 같은 법의 지혜와 삼세 부처님의 평등함과 여러 가지 말하는 법을 다 관찰하고나서는 게송을 말합니다. 이것을 잘 살펴보면 우리들은 직접 부처의 경계를 보지 못하니까 보현보살의 눈을 빌려서 갖가지의 부처의 경계를 보는 게 되겠습니다.

우리 몸에는 모공이 참으로 많습니다. 몸에 털이 나있든 없든 간에 모공은 쭉 돌아가며 다 있습니다. 피부 전체에는 전부 돌아가며 털구멍이 있기 때문에 그래서 인체에서 가장 숫자가 많은 것이 모공입니다. 그리고 사람이 이 세상에서 중심이기 때문에 일단은 사람에게다 기준을 두고 가장 많은 것을 거론할 때에 항상 떠올리는 것이 바로 모공입니다. 그래서 『화엄경』에서 늘 모공이라는 단어를 쓰는 이유가 여기에 있습니다.

그렇게 미세하면서도 많은 모공 안에 미진수와 같이 많고 많은 세계가 또 있습니다. 그 세계에는 다 부처님이 계셔서 보리좌에 앉았는데 거기에 수억만인의 보살 대중들도 동참하여 그 부처님을 다 에워싸고 있습니다. 보현보살이 보현보살의 안목으로 부처님 세계를 보니까 그렇더라는 것입니다. 참으로 신기할 따름입니다.

그러니까 낱낱 모공 속에 한량없는 세계가 있는데, 그 한량없는 세계마다 부처님께서 보리수 밑에 턱 앉아 계시는데 그것이 법계에 두루 찼다 이 말입니다. 그러고서는 부처님께서는 보살 대중을 위해서 보현행(普賢行)을 설하십니다.

자, 이것이 보현보살이 부처님의 경계를 관찰하고서 게송을 설한 것입니다. 다시 말해서 깨어있는 안목으로 부처님의 세계를 어디 따로 보았다기보다는 바로 우리들의 삶터인 이 세상을 보니 전부 부처 아닌 게 없다는 것입니다. '부처 아님이 없다'라는 말은 이 세상에 존재하는 삼라만상은 진리 아닌 게 없다, 완전무결한 진리 그대로라는 것입니다.

그래서 '계성변시광장설 산색기비청정신'이라는 감탄이 저절로 나오게 되어 있는 것입니다. 장중하게 솟아있는 저 산은 산색이 그대로 청정법신 비로자나불이고 이 우주는 그 자리 그대로가 전부 비로자나 법신불이더라, 그리하여 우주에서 흘러 내리는 소리는 그대로 부처님의 설법이더라고 하는 것이 언제나 빛나는 소리인 것입니다. 어디에도 다 해당되는 말입니다. 어디 하나 걸릴 게 없는 것입니다. 그런 안목을 갖고 보면 정말 보잘것 없는 미미한 세계에서도 한량없는 그 세계가 보여지고 그 세계의 많고 많은 존재들은 전부가 그대로 진리로서, 또한 부처로서 완전무결한 존재들로 가슴에 와 닿게 됩니다. 그러니까 어떠한 경우라도 차별심이나 간택하는 마음이 있어서는 안 됩니다.

그것만 없으면 지난 번에도 말하였지만 '지도무난(至道無難) 유혐간택(唯嫌揀擇)', 지극한 도는 어려울 게 아무 것도 없습니다. 간택(揀擇), 가려내고 선택하고 차별하는 것만 꺼릴 뿐입니다.

"단막증애(但莫憎愛) 통연명백(洞然明白)
다만 싫어하고 좋아함만 없으면 환하게 밝으리라."

다만 좋다 싫다, 옳다 그르다하는 그 생각만 우리들이 하지 않는다면 훤출하게 툭 트여 버립니다. 갑갑할 게 아무 것도 없습니다. 말 잘 들어서 좋고 말 안 들어서 갑갑할 것이 아무 것도 없습니다. 선택을 하지 않고 차별을 하지 않으면 전부 옳고 그것을 진리로 우리들이 포용할 수가 있게 됩니다. 내가 편하려고 해서가 아니라 정말 진리로서 우리 눈에 비쳐올 것인가 하는 것이 우리들이 이 공부를 하는 관건이 되는 것입니다.

8. 백호(白毫)광명으로 이익을 나타내다

(1) 광명을 놓다

爾時에 世尊이 欲令諸菩薩로 安住如來師子嚬伸廣大三昧故로 從眉間白毫相하야 放大光明하시니 其光이 名普照三世法界門이라 以不可說佛刹微塵數光明으로 而爲眷屬하야 普照十方一切世界海諸佛國土하시니라

이때 세존께서 모든 보살들을 여래의 사자빈신 광대한 삼매에 들게 하려고 미간의 백호로부터 큰 광명을 놓으니, 광명의 이름은 보조삼세법계문(普照三世法界門)이었다. 말할 수 없는 세계의 티끌 수 광명으로 권속을 삼아 시방의 모든 세계해의 여러 부처님 국토에 두루 비추었다.

지금까지 보현보살마하살이 등장하여 열 가지 법구로 사자빈신삼매를 열어 보이며 연설하였습니다. 다시 말하면 보현보살의 눈으로 부처님의 경계를 열어 보인 것입니다. 부처님께서 등장하도록 밑바탕을 마련해 놓았다고 하겠습니다.

그런 밑받침에서 드디어 부처님께서 등장하여 상서를 보이십니다. 미간에 있는 백호(白毫)로부터 큰 광명을 놓습니다. 그 광명을 놓아서 이익을 나타내고 또 광명에 의지해서 법을 보게 되는 것입니다. 또 서다림에 모인 대중들이 그 다음에 광명에 나타난 경계를 보게 됩니다. 그러니까 세존이 그 광명을 놓으니까 그 광명을 통해서 그 광명 속에 나타난 경계가 아주 휘황찬란하고 상당한 그런 모습들이 나타나는데 그 모습을 보게 되고, 또 시방에서 그 광명에 나타난 경계를 서다림에 있는 대중들만 보는 게 아니라 다른 세계에서도 그 광명에 나타난 경계를 보고 있습니다.

그 광명의 이름은 '보조삼세법계문(普照三世法界門)'입니다. 즉 '삼세의 법계를 널리 비추는 문'입니다. 과거·현재·미래의 모든 세계를 환하게 비추어 주는 광명입니다. 그러니까 이 삼매에서 나타나는 광명에 과거·현재·미래가 동시에 나타나는 것입니다. 그런데 그 광명은 한 줄기만은 아닙니다. 주된 광명이 있고, 거기에 권속 광명도 많이 있습니다. 이 말할 수 없는 부처 세계의 티끌 수와 같은 보조 광명도 시방의 모든 세계해의 여러 부처님 국토에 두루 비추고 있습니다.

그 다음에는 그것은 왜 그런가하는 옛날의 인연을, 그럴 만한 이유가 있다하는 인연을 증명하게 되는 이야기가 소개되고 있습니다.

(2) 광명을 의지하여 법을 보다

① 서다림(逝多林) 대중들이 광명에 나타난 경계를 보다

時에 逝多林菩薩大衆이 悉見一切盡法界虛空界一切佛刹一一微塵中에 各有一切佛刹微塵數諸佛國土의 種種名과 種種色과 種種淸淨과 種種住處와 種種形相이어든 如是一切諸國土中에 皆有大菩薩이 坐於道場師子座上하야 成等正覺하야 菩薩大衆이 前後圍遶하고 諸世間主가 而爲供養하며 或見於不可說佛刹量大衆會中에 出妙音聲하야 充滿法界하야 轉正法輪하며 或見在天宮殿과 龍宮殿과 夜叉宮殿과 乾闥婆와 阿修羅와 迦樓羅와 緊那羅와 摩睺

羅伽와 人非人等의 諸宮殿中하며 或在人間村邑聚落王都大處하야 現種種姓과 種種名과 種種身과 種種相과 種種光明하야 住種種威儀하고 入種種三昧하고 現種種神變하며 或時에 自以種種言音하며 或令種種諸菩薩等으로 在於種種大衆會中하야 種種言辭로 說種種法하니라

이때에 서다림에 있는 보살 대중이 모두 보니 온 법계 허공계에 있는 모든 세계의 낱낱 티끌 속에, 각각 모든 세계의 티끌 수 같은 부처님 국토들이 있는데, 갖가지 이름·갖가지 빛·갖가지 청정·갖가지 머무는 곳·갖가지 형상이며, 이러한 모든 국토마다 큰 보살들이 도량의 사자좌에 앉아서 등정각을 이루니, 보살 대중이 앞뒤로 둘러싸고 여러 세간 임금들이 공양하였다.

또 보니, 말할 수 없는 세계의 넓이와 같은 대중의 모인 가운데 아름다운 음성을 내어 법계에 가득 차게 바른 법륜을 굴리기도 하고, 혹은 하늘 궁전·용의 궁전·야차의 궁전과, 건달바·아수라·가루라·긴나라·마후라가·사람인 듯 아닌 듯한 여러 궁전 속에 있기도 하고, 인간의 마을과 도시와 도성 같은 대처에 있기도 하여, 갖가지 성·갖가지 이름·갖가지 몸·갖가지 모양·갖가지 광명을 나타내며, 갖가지 위의에 머물고, 갖가지 삼매에 들어, 갖가지 신통변화를 나타내며, 어떤 때에는 스스로 갖가지 말을 내기도 하고, 또는 여러 가지 보살들로 하여금 여러 가지 대중이 모인 데 있어서 갖가지 말을 하게도 하여, 갖가지 법을 말하였다.

부처님께서 미간 백호로부터 광명을 놓으니 그 속에 갖가지의 경계가 다 나타납니다. 그러자 서다림에 있는 보살 대중들이 그것을 다 봅니다.

일체 진법계 허공계에 있는 모든 불찰의 일일 미진 중에, 각각 모든 불찰의 미진수와 같은 부처님 국토가 있는데, 갖가지 이름과 갖가지 빛과 갖가지 청정과 갖가지 머무는 곳과 갖가지 형상입니다. 이러한 부처님 나라에 있는 큰 보살들이 사자좌에서 등정각을 이루니 보살 대중들이 둘러

싸고 여러 세간 임금들이 공양을 올리는 것이 광명 속에 보입니다.

또한 많은 대중이 모인 가운데에 바른 음성으로 법륜을 굴려서 법계에 가득 차게도 하고, 팔부 신중 속에 있기도 하고, 인간이 거하는 대처에 있기도 하고, 갖가지 성과 갖가지의 이름과 갖가지의 몸과 갖가지의 모양과 갖가지의 광명을 나타내기도 하고, 갖가지 위의에 머물고 갖가지 삼매에 들고 갖가지의 신통 변화를 나타내고 스스로 말을 내기도 하고 보살들로 하여금 여러 대중 앞에서 말을 하게도 하여 갖가지 법을 말하는 것이 모두 다 나타납니다.

② 시방에서 광명에 나타난 경계를 보다

如此會中菩薩大衆이 見於如是諸佛如來甚深三昧大神通力하야 如是盡法界虛空界東西南北과 四維上下의 一切方海中에 依於衆生心想而住하야 始從前際로 至今現在一切國土身과 一切衆生身과 一切虛空道히 其中一一毛端量處에 一一各有微塵數刹의 種種業起하야 次第而住하야 悉有道場菩薩衆會어든 皆亦如是見佛神力으로 不壞三世하고 不壞世間하야 於一切衆生心中에 現其影像하며 隨一切衆生心樂하야 出妙言音하며 普入一切衆會中하고 普現一切衆生前하야 色相有別이나 智慧無異하며 隨其所應하야 開示佛法하야 敎化調伏一切衆生호대 未曾休息하니라

이 회중에 있는 보살 대중이 이러한 부처님 여래의 깊은 삼매와 큰 신통의 힘을 보는 것같이, 온 법계 허공계의 동서남북과 네 간방과 상방·하방 모든 방향의 바다 가운데서 중생의 마음을 의지하여 머무르면서, 시작없는 과거로부터 현재에 이르는 모든 국토나 모든 중생의 몸이나 모든 허공 가운데 한 털 끝만한 곳마다 낱낱이 티끌 수 같은 세계가 있어 갖가지 업으로 생기어 차례로 머물거든, 그 세계마다 도량에 모인 보살 대중이 있었다.

이 보살들도 이렇게 부처님의 신력을 보되, 삼세를 헐지도 않고 세

간을 헐지도 않으면서, 모든 중생의 마음에 그 영상을 나타내며, 모든 중생의 마음을 따라 미묘한 음성을 내고, 모든 대중의 모인 데 들어가서 모든 중생의 앞에 나타나는데, 빛과 모양은 다르나 지혜는 다르지 않으며, 그들에게 마땅한 대로 불법을 보이며, 모든 중생을 교화하고 조복하기를 잠깐도 쉬지 아니하였다.

세존께서 모든 보살들을 여래의 사자빈신삼매에 들게 하려고 미간 백호로부터 '보조삼세법계문'의 광명을 나타내자 그 속에서 갖가지의 신통변화가 드러나서 서다림에 있는 대중들이 그 경계를 다 보았습니다.

이번에는 서다림에 모인 그들만이 그 신통을 보는 것이 아니고 온 법계 허공계의 시방 가운데에서 중생의 마음을 의지하여 머무르면서 시작도 없는 과거로부터 현재에 이르기까지 모든 국토, 모든 중생의 몸, 낱낱 티끌 수 같은 세계마다에 업으로 인하여 차례로 나타난 많고 많은 세계의 도량에 모인 수많은 보살들도 광명 속에 나타난 갖가지 신통 변화를 다 봅니다.

이 시방의 보살들은 갖가지의 부처님의 신력을 보면서도 과거·현재·미래의 삼세를 헐지도 않고 세간을 헐지도 않으면서도 다 봅니다. 하나도 손상이 없이 과거를 현재에 나타내고 현재를 과거에 그대로 나타냅니다. '하나도 헐지 않는다'는 게 무슨 말인고 하니 바로 무애(無礙)입니다. 걸림이 없다는 것입니다. 그렇게 걸림이 없어야 합니다. 낱낱이 진리의 입장으로, 낱낱이 존귀한 가치성을 그대로 가지고 있는 것을 이해할 수가 있습니다.

또한 '광명에 나타난 부처의 신력을 본다'고 하였는데 그것은 결국 그대로를 말하는 것입니다. 그대로 과거에 있었던 일, 현재에도 있는 일, 앞으로도 있을 일, 이 세계에서 있는 일, 저 세계에서 있는 일, 그 모두를 그냥 다 드러내어 이야기할 뿐입니다. 그것을 뭐 달리 어떻게 새롭게 만들고 고치고 하는 이야기가 아니라 여여(如如)하게 있는 것을 그냥 말하고 있을 뿐인 것입니다. 『화엄경』에서는 그야말로 보태고 고치고 할 게 없습니다. 이 우주 법계는 참되어서 더 이상의 첨삭이나 가감이 필요하지 않습니다.

이런 인식하에서 바꿀 것은 바꾸어야 합니다. 이 말을 우리들에게 가져와서 생각해 보면 본래로 부처이기는 하지마는 현재 중생인 우리들이 다시 부처로 되는 수행에 걸리지 않아야 된다는 것입니다. 본래 부처라고 하는 데에도 걸리지 말아야 하고, 현재 중생이라고 하는 데에도 걸리지 않아야 합니다. 중생이면서 부처이고 부처이면서 중생이기 때문에 부처의 입장으로도 보아줄 수가 있고 중생의 입장으로도 보아줄 수가 있어야 그게 걸리지 않는 것입니다.

그러므로 한결같이 중생으로만 보아도 잘못된 것이고, 업과 인연이 얽혀 있는 현실이 엄연한데도 한결같이 부처로만 보고 있어도 문제가 있는 것입니다. 그래서 우리들 자신은 부처이면서 중생이고, 중생이면서 부처다라고 하는 거기에 서로 넘나 들면서 걸리지 않는 그 자세가 중요합니다.

그게 말하자면 『화엄경』에서 52위를 닦아 올라간다고 하여도 사실은 본래의 자리에서 하나도 떠나지 않고 있습니다. 십신에서 십주, 십행, 십회향, 십주, 등각, 묘각의 수행 계위를 설하면서 점차 높은 하늘로 설법 장소가 올라가지마는 경을 보면 항상 이런 표현이 나옵니다.

"보리수하를 떠나지 아니하고 도리천에 오른다, 보리수하를 떠나지 아니하고 야마천에 오른다, 보리수하를 떠나지 아니하고 도솔천에 오른다, 보리수하를 떠나지 아니하고 타화자재천에 오른다."로 되어 있습니다. 반드시 그렇게 되어 있습니다. 보리수하를 떠나서 올라간다는 말은 없습니다.

'보리수하(菩提樹下)'가 무엇입니까. 바로 본래의 자리를 말하는 것입니다. '올라간다'는 것은 수행해 간다, 52수행 계위를 하나하나 닦아간다는 말입니다. 그러므로 '보리수하를 떠나지 아니하고 하늘에 오른다'는 진정한 의미는 우리들이 수행을 해가는 데에 있어서 본래로 가지고 있는 지혜 자리에서 닦아간다는 것입니다. 다시 말해서 중생인 우리들이 수행을 한다 하더라도 본래의 부처 자리에서 하나도 떠나지 아니한 채 수행을 하는 것이지, 본래의 지혜와 부처를 망각해 버리고 나는 새까만 중생이니까 수행을 해야 된다하는 그런 의미가 아닌 것입니다.

그러면 오랜 세월 동안 수행을 한다고 해서 뭐 달라지는 것이 있느냐하면 또 그것은 아니예요. 본래로 가지고 있던 내 모습을 회복하는 것이 수행이지, 없던 내 모습, 없던 내 마음을 새롭게 만드는 것이 수행이 아니라는 사실입니다. 그러니까 거기에 서로 걸리지 않아야 된다는 것입니다.

'나열환화공구(羅列幻化供具), 환화와 같은 공양구를 나열한다.' 그런 말이 있습니다. 부처님 앞에 공양 올릴 일이 뭐 있습니까. 사실 알고보면 전부가 다 부처이고 전부가 다 진리 아닌 게 없다라는 그런 입장이라면 우리들이 올리는 수많은 공양구들, 과일과 떡과 꽃이 다 환상과 같은 것입니다. 그러면서도 그런 환상과 같은 공양구도 열심히 정성스럽게 올릴 줄 알아야 합니다. 그게 중요한 것입니다.

그것을 올리면서 거기에 뭐가 있는 양 매달리면 곤란하고, 그렇다고 그것이 아무 것도 아니다라고 밀쳐 버리면 그것도 곤란합니다. 그렇게 이해하여 열심히 올려야 어디에도 걸리지 않습니다. 올리지 않아도 걸림이 없고 올려도 걸림이 없는 그런 이치가 나오는 것입니다. 본래로 구조가 그렇게 되어 있습니다. 우리 중생이라고 하는 것, 사람이라고 하는 것은 본래 구조가 그렇게 되어 있는 걸 가지고 이야기하는 것이지 전혀 있지도 않은 이치를 가지고 이야기하는 게 아니라는 사실입니다.

그래서 『화엄경』에서는 걸림이 없는 무애가 궁극적인 목표입니다. 걸림이 없으려면 어떻게 해야 하겠습니까. 차별심이 없어야 걸리지 않습니다. 차별이 있으면 걸립니다. 차별을 없애려면 이왕 보는 것, 나쁘게 보는 것보다 전부 좋은 것으로 보는 게 낫습니다. 이 세상에 있는 모든 것은 전부 진리이다, 전부 다이아몬드처럼 빛나는 소중한 시간이고, 소중한 인생이다, 한 사람 한 사람이 전부 부처와 조금도 다를 바 없는 그런 인격자이다' 라고 보아 버리면 걸릴 게 하나도 없습니다.

그렇게 볼 줄 아는 경지가 되면 다른 부처님이 설사 내 마음에 안 드는 일을 하기로서니 거기에 마음이 쓰일 게 무엇이 있겠습니까. 부처님이 공부 안 하면 '부처님이 공부 안 하는 데에는 무슨 이유가 있겠지', 부처님이 화를 내면 '부처님이 어지간해서 화를 내겠나. 부처님이 내는 저 화는 화가 아니야. 부처님이 화를 낼 리가 없어.' 이렇게 생각되지 않겠습니까.

우리들이 정말 저런 정도로 마음이 깊어졌다면 더 이상의 문제는 없을 것입니다. 그래서 사사무애(事事無礙), 인간과 인간의 관계에서 아무 걸림이 없고, 인간과 사물의 관계에서 아무 걸림이 없고 사물과 사물과의 관계에서도 아무 걸림이 없어지는 것입니다.

(3) 옛 인연을 증명하다

其有見此佛神力者는 皆是毘盧遮那如來가 於往昔時에 善根攝受며 或昔曾以四攝所攝이며 或是見聞憶念親近之所成熟이며 或是往昔에 **敎其令發阿耨多羅三藐三菩提心**이며 或是往昔에 於諸佛所에 同種善根이며 或是過去에 以一切智善巧方便으로 **敎化成熟**이니라

이 부처님의 신력을 보는 이들은 다 비로자나 여래께서 지난 옛적에 선근으로 거두어 주신 이며, 네 가지 거두어 주는 법으로 붙들어 주신 이거나, 보고 듣고 생각하고 친근하여서 성숙시킨 이거나, 옛적에 그를 교화하여 아뇩다라삼먁삼보리심을 내게 하였거나, 과거에 부처님들 계신 데서 선근을 함께 심었거나, 과거에 온갖 지혜와 훌륭한 방편으로 교화하여 성숙케 한 이들이다.

서다림에 있는 대중들과 또 다른 시방 세계에 있는 보살들도 광명 속

에 나타난 여러 가지 신통 변화를 다 보았습니다. 그 광경을 볼 수 있었던 까닭은 과거에 여러 가지 인연을 지어 놓았기 때문입니다.

비로자나 여래께서 선근으로 거두어 주신 이들과 보시·애어·이행·동사의 사섭법으로 붙들어 주신 이와 보고 듣고 생각하고 친근하여서 성숙하게 한 이와 옛날에 교화하여 아뇩다라삼먁삼보리심을 내게 한 이와 과거에 부처님들 계신 데에서 선근을 함께 심은 이와 과거에 온갖 지혜와 훌륭한 방편으로 교화하여 성숙케 한 이들입니다.

(4) 이익을 얻다

① 보살들이 여래의 경계에 들어가다

是故로 皆得入於如來不可思議甚深三昧의 盡法界虛空界大神通力하며 或入法身하며 或入色身하며 或入往昔所成就行하며 或入圓滿諸波羅蜜하며 或入莊嚴淸淨行輪하며 或入菩薩諸地하며 或入成正覺力하며 或入佛所住三昧無差別大神變하며 或入如來力無畏智하며 或入佛無礙辯才海하나니 彼諸菩薩이 以種種解와 種種道와 種種門과 種種入과 種種理趣와 種種隨順과 種種智慧와 種種助道와 種種方便과 種種三昧로 入如是等十不可說佛刹微塵數佛神變海方便門이니라

"그러므로 다 여래의 부사의한 깊은 삼매와 온 법계 허공계의 큰 신통한 힘에 들어갔으니, 법의 몸에 들기도 하고, 육신에 들기도 하고, 옛적에 성취한 행에 들기도 하고, 원만한 여러 바라밀다에 들기도 하고, 장엄하고 청정한 행에 들기도 하고, 보살의 여러 지위에 들기도 하고, 정각을 이루는 힘에 들기도 하고, 부처님이 머무는 삼매와 차별 없는 큰 신통 변화에 들기도 하고, 여래의 힘과 두려움 없는 지혜에 들기도 하고, 부처님의 걸림이 없는 변재의 바다에 들기도 하느니라.

저 보살들이 갖가지 이해와 갖가지 도(道)와 갖가지 문과 갖가지

들어감과 갖가지 이치와 갖가지 따라줌과 갖가지 지혜와 갖가지 도를 도움과 갖가지 방편과 갖가지 삼매로 이러한 열 가지 말할 수 없는 세계의 티끌 수 같은 부처님의 신통 변화 바다의 방편문에 들어가느니라."

　세존께서는 미간 백호에서 '보조삼세법계문'이라는 광명과 티끌 수와 같이 많은 보조 광명을 여러 부처님 국토에 비추었습니다. 그 광명 속에 온 법계 허공계의 갖가지 신통 변화가 나타납니다. 그것을 서다림에 있는 대중들과 시방에서 온 보살들이 전부 다 볼 수가 있습니다. 부처님의 신력을 볼 수 있는 이유로 과거에 비로자나 부처님과 인연을 심어 놓았기 때문이라고 하였습니다.
　지금부터는 그러한 경지를 보아서 얻게 되는 이익을 하나도 빠뜨리지 않고 다 열거하고 있습니다. 법신과 육신과 행과 보살 지위와 정각과 여래의 지혜와 변재 바다를 남김없이 다 얻게 되는 이익을 가르쳐 주고 있습니다. 다시 말해서 드디어 보살 대중들이 여래의 경계에 들어가는 것입니다.
　우리들 모두에게는 근본 광명 지혜가 있습니다. 모든 인간이 본질적으로 가지고 있는 넓은 광명을 비추는 그야말로 살아서 움직이는 그런 근본 지혜를 이미 다 갖고 있습니다. 그러므로 『화엄경』에서 중생 교화를 한다고 하는 것은 가르쳐서 알아듣게 하고 눈이 열리게 하는 그런 교화가 아닙니다.
　있는 그대로 본래로 완전 무결하다는 것을 깨닫는 일뿐입니다. 달리 더 가감하여 가르치고 하여 귀가 열릴 것이 없습니다. 더 닦을 것이 없는 상태를 그저 알 뿐이라는 것입니다. 또한 닦을 것이 없다는 것에만 매여 있을 것이 아니라 닦을 것이 없는 가운데에서 또 닦아야 한다는 사실을 알아야 하고, 더 나아가서는 그 사실도 너무 고집하여서는 안 된다는 것도 알아야 합니다. 어떻게 보면 말장난 같지만 이치가 그렇게 되어 있기에 이런 말로 표현할 수 밖에 없습니다.

우리들이 부처임에는 틀림이 없지만 그냥 내버려 두기에는 너무 다듬어지지 않고 너무 서툰 부처니까 조금만 손질을 하면 부처다워지니까 그래서 우리들이 수행을 하고 있는 것입니다.『화엄경』의 입장에서는 본래 부처인데 그냥 두기에는 너무 거칠다 그러므로 조금 손질을 하면 바람직한 부처가 되지 않겠는가하는 것입니다.

그렇다고 또 반드시 다듬어야 된다고 고집하면 그것도 잘못입니다. 반드시 다듬어야 될 이유는 없다는 상식이 있은 뒤에 다듬어야 허물이 되지 않습니다. 처음부터 다듬어야 쓸 만한 부처가 된다고 알고 있으면 그건 아주 잘못된 것입니다. 차라리 다듬지 않고 그냥 두는 게 낫습니다. 왜냐하면 그렇게 알고 수행하면 길을 잘못 가기 때문입니다. 수행을 할 것이 없다는 사실을 확실히 알고 다듬어야 조금도 잘못이 없다는 것입니다.

② 보살들의 갖가지 삼매

云何爲種種三昧오 所謂普莊嚴法界三昧와 普照一切三世無礙境界三昧와 法界無差別智光明三昧와 入如來境界不動轉三昧와 普照無邊虛空三昧와 入如來力三昧와 佛無畏勇猛奮迅莊嚴三昧와 一切法界旋轉藏三昧와 如月普現一切法界하야 以無礙音으로 大開演三昧와 普淸淨法光明三昧와 無礙繒法王幢三昧와 一一境界中에 悉見一切諸佛海三昧와 於一切世間에 悉現身三昧와 入如來無差別身境界三昧와 隨一切世間하야 轉大悲藏三昧니라.

"무엇을 갖가지 삼매라 하는가. 이른바 법계를 두루 장엄하는 삼매·모든 삼세의 걸림 없는 경계를 널리 비추는 삼매·법계의 차별이 없는 지혜 광명 삼매·여래의 경계에 들어가 흔들리지 않는 삼매·그지없는 허공을 두루 비추는 삼매·여래의 힘에 들어가는 삼매·부처님의 두려움 없는 용맹으로 분신(奮迅)하고 장엄하는 삼매·모든 법계의 구르는 창고 삼매·달처럼 모든 법계에 나타나서 걸림없는 음성으로 크게 연설하는 삼매·두루 청정한 법계의 광명 삼매와, 걸림없는 비단 법왕 깃대 삼매·낱낱 경계 속에서 모든 부처님 바다를 보는 삼매·모든 세간에서 몸을 나타내는 삼매·여래의 차별없는 몸의 경계에 들어가는 삼매·모든 세간을 따라 크게 가엾이 여기는 창고[藏]를 굴리는 삼매니라."

앞에서는 보살들이 여래의 경계에 들어가게 되는 크나큰 이익을 밝혀 놓았습니다. 지금부터는 보살들이 들어가게 되는 삼매의 신통 바다를 백 가지나 소개하고 있습니다.

삼매(三昧)를 정수(正受)라고 번역합니다. '정수(正受)', 즉 '바르게 받아 들인다'는 뜻입니다. 우리들이 가만히 생각해 보면 자기 욕심이 앞에 가로놓여 있으면 바르게 받아 들여지지가 않습니다. 내 중심으로 생각하면 바른 판단을 내릴 수가 없습니다. 아무리 냉정하게 판단하려고 해도 나라고 하는 그런 관념을 비우지 못하는 한, 바른 판단이 내려지지가 않고 또 바르게 받아 들일 수가 없다는 것입니다. 이 '바르게 받아 들인다'는 삼매는 하나의 덕입니다. 덕(德)!

앞에서 보살들이 많이 소개되었습니다. 법회에 미리 참석하고 있는 오백 명의 보살들과 시방에서 구름떼처럼 모여온 많은 보살들로 이중으로 소개가 되었는데 나중에는 시방에서 모여온 보살들이 게송으로써 부처님의 덕을 전부 찬탄하였고 아직까지도 이 법회에 동참한 보살들의 덕에 관한 이야기가 끝나지 않고 있습니다. 왜 이렇게도 보살들의 이야기가 긴가 하면 그 보살들이 가지고 있는 덕과 법과 깨달음이라고 하는 것은 우리들이 수행하여 얻어야 할 목표이기 때문에 그것을 길게 설명하는 것이 당연하지 않나 그런 생각이 듭니다.

또 이 삼매라고 하는 것은 결국 무엇이겠습니까. 보살들이 얻었다고 하는 삼매라는 것은 결국은 보살들의 인격과 수행의 결과를 나타내는 것입니다. 앞으로 소개되는 백 가지의 삼매, 즉 수행의 결과라는 것은 그 근본은 두말할 것도 없이 우리들의 마음자리 그것이 진여(眞如)라는 것입니다.

모든 중생들이 부처와 하나도 다를 바 없이 누구나 다 가지고 있는 참성품자리가 바로 삼매의 근본자리인 것입니다. 그렇다면 이 엄청난 백 가지의 삼매를 가지고 보살이 얻은 법은 보살의 깨달음과 수행의 경지를 이야기하는데 그 경지는 결국 우리 수행의 한마음자리를 떠나고 있지 않다는 사실 그게 중요한 것입니다. 그래서 한마음자리를 근거로 해서 이와 같은 진리와 수행을 성취하였다는 것입니다.

그러면 여기에 소개되는 많은 수행의 표현은 그 보살들의 개개인 속에 이미 갈무리되어 있던 그 씨앗이 움이 트고 꽃이 피고 열매를 맺은 결과다 라고 이해하면 우리들하고 바로 연결이 됩니다. 보살이 가지고 있는 그 마음, 부처가 가지고 있는 그 마음을 우리들도 똑같이 가지고 있고 그것을 보살들은 수행하여 표현할 수가 있었고, 우리들은 그 씨앗을 가슴 속에 그대로 담고만 있다는 그 차이이기 때문에 이러한 삼매에 대해 소개해봄으로써 우리들의 수행의 가능성을 다시 한번 다질 수가 있게 됩니다.

지금부터 우리들도 이러한 경지를 반드시 얻을 수 있다는 확신을 갖고 백 가지 삼매를 자세하게 살펴 가도록 하겠습니다. 『화엄경』에서는 하나하나 이름의 의미가 또 얼마나 좋은지 모릅니다. 그래서 삼매의 중요한 이름을 보아서 그 이름이 가지는 의미를 새겨보도록 하겠습니다.

첫째가 법계를 두루 장엄하는 삼매입니다. 법계를 장엄하는 것은 바로 보살들이지 다른 외형적인 물질이 장엄하는 것이 아니라는 사실입니다. 백 가지 삼매 중에서 바로 보살들이 법계를 장엄하는 삼매를 맨처음에 가져다 놓은 의미가 예사롭지 않습니다. 아무리 세상이 편리해지고 물질이 넘쳐 나더라도 그것을 받쳐주는 사람의 자질이 부족하면 그 화려한 외형적인 것들은 아무 소용이 없습니다. 오히려 사람과 함께 그 물질들도 가치가 떨어지고 맙니다. 반대로 사람이 충실하면 그 주위에 있는 어떠한 열악한 조건도 방해하지 못합니다. 오히려 사람을 더 돋보이게 합니다.

그리고는 갖가지의 삼매를 우리들의 생각으로 이르러갈 수 있는 데까지 이르러 하나도 빠뜨리지 않고 다 소개하고 있습니다. '과연 이러한 삼매의 경지가 나에게도 있을까'할 정도로 진실을 샅샅이 본 깨달은 분의 눈으로 설명해 주고 있습니다.

'모든 법계의 구르는 광 삼매'라고 하는 것은 바로 지구가 돌고 태양이 도는 것을 가리키는 것입니다. 온 우주가 돌고 돌아간다는 그런 삼매, 영원히 지속될 그런 삼매입니다. 달은 밤하늘에 떠올라 은은하게 우리들의 마음을 감싸안아 줍니다. 또한 그 어디에도 다 그 그림자를 드리웁니다. 산골짝을 비추어 은은한 자태를 더하게 하고 또 물마다 수면을 비추어 아름다운 물그림자가 나타나게 하고 또 자기 자신도 물 위로 덩실 떠오릅니다. 그래서 '천강유수천강월(千江有水千江月)'이라 합니다. 허공에 달은 하나이지만 강물이 있는 곳이라면 다 달이 떠 있다는 의미 깊은 말입니다.

그것은 바로 부처님의 능력을, 또한 우리들의 마음의 능력을 말하는 것입니다. 허공에 있는 달은 하나라는 뜻은 본래로 우리들이 가지고 있는 무한한 능력을 말하는 것입니다. 천강에 다 비친다는 것은 바로 작용입니다. 어떠한 상황이 되든 어떠한 근기에든 우리들의 마음을 거기에 맞출 수 있는 그런 능력을 발휘할 수 있음을 말합니다. 그래서 온 법계와 온갖 중생들의 근기와 필요에 다 어울리게 설법하는 것을 천하를 두루 비추는 달을 빌어와서 비유하고 있는 것입니다.

知一切法無有迹三昧와 知一切法究竟寂滅三昧와 雖無所得이나 而能變化하야 普現世間三昧와 普入一切刹三昧와 莊嚴一切佛刹하야 成正覺三昧와 觀一切世間主色相差別三昧와 觀一切衆生境界無障礙三昧와 能出生一切

如來母三昧와 能修行入一切佛海功德道三昧와 一一境界中에 出現神變하야 盡未來際三昧와 入一切如來本事海三昧와 盡未來際로록 護持一切如來種性三昧와 以決定解力으로 令現在十方一切佛刹海로 皆淸淨三昧와 一念中에 普照一切佛所住三昧와 入一切境界無礙際三昧니라

"또한 모든 법에 자취가 없음을 아는 삼매·모든 법이 끝까지 고요함을 아는 삼매·얻는 것은 없으나 능히 변화하여 세간에 두루 나타나는 삼매·모든 세계에 두루 들어가는 삼매·모든 세계를 장엄하고 정각을 이루는 삼매와 모든 세간 임금의 모양이 차별함을 보는 삼매·일체 중생의 경계를 보는 데 장애가 없는 삼매·모든 여래의 어머니를 나타내는 삼매·행을 닦아 모든 부처님의 공덕의 길에 들어가는 삼매·낱낱 경계마다 신통 변화를 나타내어 오는 세월이 끝나도록 모든 여래의 옛적 일의 바다에 들어 가는 삼매·오는 세월이 끝나도록 모든 여래의 종자 성품을 보호하는 삼매·결정한 지혜의 힘으로 지금 시방에 있는 부처의 세계 바다가 다 청정하여지는 삼매·잠깐 동안에 모든 부처님의 머무신 데를 두루 비추는 삼매·모든 경계의 걸림없는 경계에 들어가는 삼매 등이 그것이니라."

여기서 설명하는 삼매에도 중요한 의미를 가지는 것이 많습니다. 그대로 불법을 나타내는 것입니다. 바로 '모든 법에 자취가 없음을 아는 삼매'와 '모든 법이 끝까지 고요함을 아는 삼매'입니다. 구경적멸(究竟寂滅)이라고 하여 다른 경에서도 항상 말씀하시는 것입니다. 울긋불긋한 만상을 초월하여 보면 그 너머에는 고요한 자리가 있을 뿐입니다. 또한 우리들이 하루하루 순간 순간을 살아가면서 많고 많은 마음을 일으키고 실타래처럼 끊임없이 마음을 자아내지만 그 근원자리를 찾아가면 아무 것도 없이 텅텅 비어서 적멸합니다.

근본이 적멸하기 때문에 매순간 마음을 일으켜도 흔적이 없고 또 수많은 마음을 일으킬 수도 있는 것입니다. 그렇다고 해서 아예 마음이 없

는 것은 아닙니다. 마음이 애초부터 없다면 아무 생각도 일어날 수가 없습니다. 적멸만이 마음의 근본이 아닙니다만 그러나 마음을 가장 잘 표현한 것이 적멸이라 하겠습니다.

우리들이 지금 춥다 덥다, 밝다 어둡다를 구별할 줄 아는 분별심도 근본은 적멸입니다. 적멸에서 일체 마음이 벌어지는 것입니다. 경계를 보고 우리들이 보통 일상으로 사용하는 마음의 어머니격인 근본자리를 적멸한 자리라고 보는 것입니다. 마음의 본체는 적멸입니다. 그것을 알아야 합니다. 그러면서도 우리들 마음의 본체가 적멸하기는 하지만 죽은 마음이 아니기 때문에 우리들이 마음을 계속 쓸 수가 있습니다. 마음은 아무리 써도 닳는 것이 아닙니다. 또 줄어드는 것도 아닙니다.

하루를 생각해 보더라도 아침에 일어나서 밤에 잠들 때까지 얼마나 마음을 많이 쓰는지 모릅니다. 그렇게도 쉬지 않고 마음을 쓰지마는 그 마음이라는 것은 조금도 피로하지도 않습니다. 양이 줄지도 않고 또 그것은 닳지도 않습니다. 잠잘 때에는 마음을 쓰지 않은 것 같지마는 잘 때에도 역시 마음을 씁니다. 꿈을 꾸는 게 바로 그 증거입니다. 그리하여 그 나름대로 분별 작용을 합니다. 눈을 뜨고 있을 때의 작용하고는 차이가 약간 나서 그렇지 끊임없이 작용을 하고 있습니다. 그러니까 우리들의 마음은 24시간 동안 한 순간도 쉬지 않고 작용을 하고 있는 셈입니다. 그렇게 끝없이 끝없이 작용을 자아낼 수 있는 것은 바로 우리들의 마음의 본체가 적멸하기 때문이라는 이야기입니다.

우리들의 본마음자리는 적멸이고 경계를 따라서 분별하는 마음은 작용하는 마음인 것입니다. 그래서 그것을 본체와 작용이라 해서 체(體)와 용(用)이라고 합니다. 일체법이 끝내는 적멸함을 아는 삼매를 그 보살들은 다 체득하였습니다.

모든 사람을 다 분별하는 삼매와 부처님의 과거생에 살았던 그런 일들의 바다 속으로 들어가는 그러한 삼매를 얻었습니다.

令一切世界로 爲一佛刹三昧와 出一切佛變化身三昧와 以金剛王智로 知一切諸根海三昧와 知一切如來同一身三昧와 知一切法界所安立이 悉住心念際三昧와 於一切法界廣大國土中에 示現涅槃三昧와 令住最上處三昧와 於一切佛刹에 現種種衆生差別身三昧와 普入一切佛智慧三昧와 知一切法性相三昧와 一念普知三世法三昧와 念念中에 普現法界身三昧와 以師子勇猛智로 知一切如來出興次第三昧와 於一切法界境界에 慧眼圓滿三昧와 勇猛趣向十力三昧와 放一切功德圓滿光明하야 普照世間三昧와 不動藏三昧와 說一法이 普入一切法三昧와 於一法에 以一切言音으로 差別訓釋三昧와 演說一切佛無二法三昧와 知三世無礙際三昧니라

"모든 세계로 한 세계를 만드는 삼매·모든 부처님의 변화한 몸을 나타내는 삼매·금강왕 지혜로 모든 근성 바다를 아는 삼매·모든 여래와 동일한 몸임을 아는 삼매·모든 법계의 나란히 정돈된 것이 생각의 경계에 머무는 것을 아는 삼매·모든 법계의 광대한 국토에서 열반을 보이는 삼매·가장 높은 곳에 머물게 하는 삼매·모든 부처님의 세계에서 갖가지 중생의 차별한 몸을 나타내는 삼매·모든 부처님의 지혜에 널리 들어가는 삼매·모든 법의 성품과 모양을 아는 삼매와 한 생각에 삼세법을 두루 아는 삼매·잠깐 동안에 법계의 몸을 두루 나타내는 삼매·사자의 용맹한 지혜로 모든 여래의 나시는 차례를 아는 삼매·모든 법계의 경계에 지혜눈이 원만한 삼매·용맹하게 열 가지 힘으로 향하여 나아가는 삼매·모든 공덕의 원만한 광명을 놓아 세간을 두루 비추는 삼매·흔들리지 않는 갈무리 삼매·한 법을 말하여 모든 법에 두루 들어가는 삼매·한 법에 대하여 모든 말로 차별하게 해석하는 삼매·모든 부처님의 둘이 없는 법을 연설하는 삼매·삼세의 걸림없는 경계를 아는 삼매도 있느니라."

보살들이 법을 얻은 것을 밝히는 대목이 계속되고 있습니다. 보살들이 이러한 법을 얻었다, 수행을 하였다는 것을 갖가지의 삼매를 가지고서

표현하고 있습니다. 결국 이러한 수행은 보살의 마음 속에 나타나는 그
러한 능력들인데 이것은 진여를 근본으로 하여 나타나는 것입니다.

知一切劫無差別三昧와 入十力微細方便三昧와 於一切劫에 成就一切菩
薩行不斷絕三昧와 十方普現身三昧와 於法界에 自在成正覺三昧와 生一切
安隱受三昧와 出一切莊嚴具하야 莊嚴虛空界三昧와 念念中에 出等衆生數
變化身雲三昧와 如來淨空月光明三昧와 常見一切如來住虛空三昧와 開示
一切佛莊嚴三昧와 照明一切法義燈三昧와 照十力境界三昧와 三世一切佛
幢相三昧와 一切佛一密藏三昧와 念念中에 所作皆究竟三昧와 無盡福德藏
三昧와 見無邊佛境界三昧와 堅住一切法三昧와 現一切如來變化하야 悉令
知見三昧와 念念中에 佛日常出現三昧와 一日中에 悉知三世所有法三昧와
普音演說一切法性寂滅三昧와 見一切佛自在力三昧와 法界開敷蓮華三昧
와 觀諸法如虛空無住處三昧와 十方海로 普入一方三昧와 入一切法界無源
底三昧와 一切法界海三昧와 以寂靜身으로 放一切光明三昧니라

"그리고 모든 겁이 차별이 없음을 아는 삼매·열 가지 힘의 미세한
방편에 들어가는 삼매·모든 겁에 온갖 보살의 행을 성취하여 끊어지
지 않는 삼매·시방에 널리 몸을 나타내는 삼매·법계에서 마음대로
정각을 이루는 삼매·모든 편안하게 느낌을 나타내는 삼매·모든 장
엄거리를 내어 허공계를 장엄하는 삼매·잠깐잠깐에 중생의 수효와
같은 변화하는 몸구름을 나타내는 삼매·여래의 깨끗한 허공에 있는
달의 광명 삼매·모든 여래가 허공에 머무름을 항상 보는 삼매·모든
부처의 장엄을 열어 보이는 삼매·모든 법과 뜻을 밝게 비추는 등불
삼매·열 가지 힘의 경계를 비추는 삼매·삼세 모든 부처님의 깃대
모양 삼매·모든 부처님의 한 가지 비밀한 갈무리 삼매·생각 생각마
다 짓는 일이 다 끝까지 이르는 삼매·다함이 없는 복덕광 삼매·그
지없는 부처님의 경계를 보는 삼매·모든 법에 굳게 머무는 삼매·모
든 여래의 변화를 나타내어 다 보고 알게 하는 삼매·생각 생각마다

부처님 해가 나타나는 삼매·하루 동안에 삼세에 있는 법을 다 아는 삼매·두루한 음성으로 모든 법의 성품이 고요함을 연설하는 삼매·모든 부처님의 자재한 힘을 보는 삼매·법계에 연꽃이 피는 삼매·모든 법이 허공과 같아서 머무는 곳이 없음을 보는 삼매·시방의 바다가 한 방소(方所)에 두루 들어가는 삼매·모든 법계가 근원이 없는 데 들어가는 삼매·모든 법계의 바다 삼매·고요한 몸으로 온갖 광명을 놓는 삼매도 있느니라."

여기에서 우리들이 관심을 가져야 할 것은 '허공'이라는 낱말입니다. 이 세상에서 가장 큰 것이 바로 허공입니다. 온 우주를 제자리에 머물게 하는 허공이 얼마나 큰 것인지 짐작도 할 수가 없습니다. 그러면서도 자기 자신은 그 어디에도 있다고 하는 느낌을 주지도 않습니다. 그러한 허공에 부처가 가득 차 있습니다. 우리들 중생의 눈에는 그것이 보이지 않습니다. 그러나 보살들은 그것을 다 알고 다 봅니다.

모든 사물을 부처로 보려고 억지로 마음을 일으켜 세울 것도 없습니다. 그냥 응시하였을 때 아무 것도 눈에 잡히지 않는 허공, 그것이 제일로 큰 부처입니다. 무엇이라도 다 싣고 있는 그 넉넉함은 삼세 시방 부처를 다 감당하고 있습니다. 그러면서도 그 누구에게도 말하지 않습니다. 그냥 여여하게 있을 뿐입니다.

一念中에 現一切神通大願三昧와 一切時 一切處에 成正覺三昧와 以一莊嚴으로 入一切法界三昧와 普現一切諸佛身三昧와 知一切衆生廣大殊勝神通智三昧와 一念中에 其身이 徧法界三昧와 現一乘淨法界三昧와 入普門法界하야 示現大莊嚴三昧와 住持一切佛法輪三昧와 以一切法門으로 莊嚴一法門三昧와 以因陀羅網願行으로 攝一切衆生界三昧와 分別一切世界門三昧와 乘蓮華自在遊步三昧와 知一切衆生種種差別神通智三昧와 令其身으로 恒現一切衆生前三昧와 知一切衆生差別音聲言辭海三昧와 知一切衆生差別

智神通三昧와 大悲平等藏三昧와 一切佛이 入如來際三昧와 觀察一切如來
解脫處師子頻伸三昧니 菩薩이 以如是等不可說佛刹微塵數三昧로 入毘盧
遮那如來念念充滿一切法界三昧神變海니라

"또한 한 생각 동안에 모든 신통과 큰 원을 나타내는 삼매·온갖 시간, 온갖 처소에서 바른 깨달음을 이루는 삼매·한 장엄으로 모든 법계에 들어가는 삼매·모든 부처님 몸을 두루 나타내는 삼매·모든 중생의 광대하고 특수한 신통의 지혜를 아는 삼매·잠깐 동안에 몸이 법계에 두루하는 삼매·일승(一乘)의 깨끗한 법계를 나타내는 삼매·넓은 문의 법계에 들어가서 큰 장엄을 나타내는 삼매·모든 부처님의 법륜을 머물러 지니는 삼매·모든 법문으로 한 법문을 장엄하는 삼매·인다라 그물 같은 원과 행으로 모든 중생계를 거두어 주는 삼매·모든 세계의 문을 분별하는 삼매·연꽃을 타고 마음대로 걸어다니는 삼매·모든 중생의 갖가지로 차별한 신통의 지혜를 아는 삼매·그 몸을 모든 중생의 앞에 항상 나타내는 삼매·모든 중생의 차별한 음성과 말을 아는 삼매·모든 중생의 차별한 지혜와 신통을 아는 삼매·큰 자비가 평등한 갈무리 삼매·모든 부처가 여래의 경계에 들어가는 삼매·모든 여래의 해탈한 곳을 관찰하는 사자의 기운 뻗는 삼매 등이니라.

보살이 이렇게 말할 수 없는 부처 세계의 티끌 수 삼매로, 비로자나여래의 잠깐 잠깐마다 모든 법계에 가득하는 삼매의 신통 변화 바다에 들어가느니라."

여기서 관심을 가져야 할 낱말은 '인다라 그물'입니다. 저 하늘에 제석천이라는 하늘이 있습니다. 그 제석천의 궁전을 덮고 있는 그물이 바로 인다라 그물입니다. 그런데 그 그물은 아주 영롱한 구슬로 짜여 있습니다. 그리하여 그 구슬들이 서로 서로 비추어 줍니다. 앞도 뒤도 위도 아래도 할 것 없이 서로 서로 비추어서 한 구슬 속에 온갖 구슬이 다 비치어지고, 다른 구슬에는 반대편에 비친 구슬까지도 다시 다 반영이 됩니다. 그러니 그 구슬의 수라는 것이 얼마나 많은지 그야말로 중중무진한 것입니다. 또 거기에서 뿜어져 나오는 영롱함이란 이루 말할 수가 없을 것입니다.

그것은 바로 이 세계가 그렇게 중중첩첩이 있고 또 끝도 없고 다함도 없이 펼쳐져 있다는 것입니다. 이와 똑같이 우리들의 마음도 첩첩이 또 중중중중중중하고 무진무진무진하게 펼쳐져 있는 것입니다. 이 세계와 우리들의 마음이 똑 같습니다. 아니 이 마음만 그런 것이 아니고, 모든 사물 하나 하나가 전부 중중중중하고 무진무진합니다. 미미한 것이라고 해서 작은 세계를 가지고 있을 것이라고 단정지을 것이 아닌 것입니다.

사물이 그렇다고 하니까 실감이 잘 나지 않겠지만 우리들의 마음을 가만히 들여다 보면 사실 그렇습니다. 이 마음의 세계하고 우주의 세계하고 그 생김새가 똑 같습니다. 또 그 작용도 똑 같습니다. 그 능력도 똑 같습니다. 세계가 무한하고 우주가 무한하다고 하는 것은 대강이라도 압니다. 천체 망원경으로 일부분이라도 관찰하여 짐작은 할 수 있습니다. 수십만 개의 은하계를 본다고는 하지만 그것도 우주의 실상에는 극히 미미하게 이르렀을 뿐입니다.

지금 우리들의 능력이 모자라기 때문에 수십만 개의 은하계밖에 보지 못하는 것이지 이 우주는 끝이 없습니다. 우리들의 마음의 세계도 그러합니다. 그러므로 이 '인다라 그물'이라는 비유가 정말 적절합니다. 우리들의 마음의 세계와 이 법계를 그리는 데에 이 '인다라 그물'이라는 낱말이 정말로 적절한 비유입니다. 그래서 『화엄경』에서 인다라 그물이라는 낱말이 정말 인다라 그물처럼 많이 나옵니다. 이 세상에 있는 것으로 그것 밖에 다른 것으로 표현할 것이 없기 때문입니다.

우리들이 실지로 만들 수도 있습니다. 거울로 하면 됩니다. 거울을 가지고 둥근 구슬처럼 만들어 한 100개쯤 서로 엮어 놓으면 서로서로 비추어낼 것입니다. 그러다 보면 비치는 것까지 다 비추이게 됩니다. 또 다시 비치는 것을 또 비추고…….

　옛날 사람들은 끝이 없다는 것을 몰랐습니다. 태양계도 무량수이고 은하계도 무량수입니다. 헤아릴 수 없는 수로 펼쳐져 있습니다. 그러니 끝이 있을 리가 없는 것입니다. 끝이 있다고 합시다. 가장자리를 보자기 같은 것으로 에워쌌다고 합시다. 그러면 그 보자기 바깥 경계가 생길 것 아닙니까. 큰 보자기로 에워싼 한계가 있다고 하면 그 바깥이 또 생기게 되는 것입니다. 이렇게 자꾸 '생기게' 되니까 끝이 없다는 말이 맞는 것입니다.

　정말 이 무량한 도리를 부처님의 깨달음의 지혜가 아니고서는 도저히 알 수가 없는 거죠. 3000년 전 그 당시 어쩌면 그럴 수가 있었는지, 정말 이 깨달음이라고 하는 것은 완전히 이 우주와 혼연히 하나되는 도리인 것입니다. 내가 우주를 알고, 우주를 바라보고 하는 그런 바깥에 머무는 경지가 아닌 것입니다. 내가 곧 우주가 되어 버리는 것입니다. 그러기 때문에 우주의 실상을 여실히 안다는 것은 내 손바닥을 바라보는 것과 조금도 다를 바가 없습니다. 이런 능력이라고 하는 것은 결국 한마음을 통해서 가능하다고 하는 것이 불교의 원리인 것입니다.

　여기서의 '인다라 그물 같은 원과 행으로 모든 중생을 거두어 주는 삼매'에서는 중중무진한 우주 법계와 마음의 실상을 원리로 깔고 그것을 바깥으로 향하여 실행하여야 함을 가르쳐 주고 있습니다.

　원력과 실천! 보살의 서원과 행동은 끝이 없습니다. 모든 중생을 포섭하는 데에 있어서 끝이 있다 없다 하면 그건 보살이 아닙니다. 끝이 없는 게 보살의 원력입니다. 어느 정도로 끝이 없느냐 하면 저 인다라 그물에 비치는 중중무진한 구슬처럼 많고 많은 서원이고 작용입니다.

　『화엄경』을 보다 보면 보현행원이라는 것이 계속 나옵니다. 그리고 또 보살의 행원이라는 것에 대하여 계속 물어갑니다. 선재동자가 53선지식을 만날 때마다 묻는 말이 똑 같습니다. 딱 두 마디입니다.

　"무엇이 보살의 행입니까? 무엇이 보살의 법입니까?"

때에 따라서는 보살의 도라고 했다가 보살의 행원이라고 했다가 보살의 법이라고 하는 그 차이뿐이지 한결같은 내용으로 묻습니다. 특별히 심오하거나 어려운 것을 묻지 않습니다. 항상 '무엇이 보살의 행입니까' 그것을 묻습니다. 대답은 전부 다릅니다만 묻는 것은 그것 하나뿐입니다. 보살행으로 살아가는 것, 보살로서의 삶을 살아가는 것, 그게 결국 우리들의 목표인 것입니다. 다른 것 없습니다.

우리는 이미 알든 모르든 진리 속에 있습니다. 몰라도 진리 속에 있고 알아도 진리 속에 있습니다. 알아도 별로 특출할 것이 없고, 몰라도 별로 잘못된 것이 없습니다. 알지 못해도 우리들은 이미 진리 속에 있다는 정도로 알면 그것으로 충분합니다. 깨닫지는 못하여도 우리는 진리 속에 있다는 신념만 있으면 그 다음에는 어떻게 살아야 하느냐 하면, 보살로 살아간다 이 사실입니다.

이러한 보살의 행과 원을 언제까지 하여야 하느냐 하면 인다라 그물처럼 끝이 없다, 중중중중하고 무진무진하다 이것입니다. 끝없이 끝없이 펼쳐도 다함이 없는 무한정한 세계는 정말 부처님의 예지가 아니고서는 제대로 가르칠 수가 없는 것입니다. 이생에서 다하지 못하면 저 세상에 가서 다하면 되고 그래도 끝이 없는 게 보살의 행원인 것입니다.

오늘을 살면서 어제를 기억할 수 있고, 또 내일을 기약할 수 있습니다. 이 사실은 분명합니다. 마찬가지로 금생을 살면서 전생을 도출해낼 수 있고, 또 내생을 확신할 수 있습니다. 지금의 생을 열심히 산다고 하더라도 다 못하면 다음 생에 하면 됩니다. 중중첩첩 이어지는 인다라 그물 같은 생애 동안 일초도 중단 없는 보살행이 진정한 불자들의 갈 길입니다.

지금까지 보살들이 든 100가지 삼매 혹은 101가지 삼매를 일일이 열거하였습니다. 그런데 이것뿐만 아니라는 것입니다. 말할 수 없는 부처 세계의 티끌 수 삼매가 또 있어서 비로자나 여래의 잠깐잠깐마다 모든 법계에 가득하는 삼매의 신통 바다에 들어갑니다.

한 마디로 말해서 이 세계는 어느 한 지점도 어느 한 순간도 진리에서 떠나 있지 않다는 것입니다. 이 도리를 빨리 깨칠수록 인생을 살아가는 데에 참 편안합니다. 잘 된다고 해서 기뻐 날뛸 것도 없고, 안 된다고 하여 애통해할 것도 없습니다. 실패하면 실패하는 부처님이고, 비난하면 비난하는 부처님이며, 또 그 비난이 흩어지면 흩어지는 부처님인 것입니다. 밝고 아름다운 것만 부처라 하면 반쪽 보살밖에 되지 않습니다. 어두워도 진리이고 환해도 진리인 것입니다. 그 무엇에서도 깨달을 수 있고, 어떤 것이라도 베풀 수가 있다면 그는 불법을 참으로 잘 배운 것입니다.

③ 광명을 보고 덕을 갖추다

其諸菩薩이 **皆悉具足大智神通**하야 **明利自在**하야 **住於諸地**하며 **以廣大智**로 **普觀一切**하 **從諸智慧種性而生**하야 **一切智智**가 **常現在前**하야 **得離癡翳淸淨智眼**이니라

"그 보살들은 모두 큰 지혜와 신통을 구족하였으니, 밝고 예리함이 자유자재하여 여러 지위에 머물며, 광대한 지혜로 모든 것을 두루 보고, 모든 지혜의 성품으로 났으며, 온갖 지혜의 지혜[智智]가 항상 앞에 나타나서 어리석은 가림을 떠난 청정한 지혜 눈을 얻었느니라."

앞서 소개되었던 수많은 보살들이 얻은 100가지의 삼매에 대한 설명을 마치고 이제는 그 보살들이 구족한 큰 지혜와 신통을 이야기합니다. 그 보살들은 인생과 마음의 진실을 바로 보는 밝은 지혜를 갖추었기에 여러 지위, 여기 『화엄경』에서 말하는 대승 52위를 다 닦아갔습니다. 아둔하지 않기에 예리하다고 하였습니다. 있을 자리에 있고 떠날 자리는 제깍 떠날 줄 알기에 예리하다고 하는 것입니다. 그 자리가 아무리 매력이 있다 하더라도 결코 영원할 수 없습니다. 인연이 있어야만 자기가 머

물 수 있습니다. 인연이 다한 자리에 연연해 하면 어리석은 것입니다. 또 그 자리를 떠나 보면 다른 자리가 기다리고 있습니다.

곧잘 이런 이야기를 들을 수 있습니다. 높은 공직이나 회장 자리에 있다가 나이가 되어 은퇴한 뒤 아주 미미한 자리에 다시 취직해서 새로운 느낌으로 인생을 살아가고 있다는 예를 자주 접합니다. 높은 자리에 오르면 오를수록 그 책임이 끝이 없습니다. 한 가지 해결해 놓고 나면 기다렸다는 듯이 또 다른 일이 달려오고 있고, 어떻게 보면 자기 인생은 하나도 살지 못하고 남의 일에 끄달려 달려 왔다고 해도 과언이 아닌 것입니다.

그렇게 일생을 보내고 난 뒤 얻게 되는 자기만의 작은 시간과 보람들이 얼마나 소중하겠습니까. 아파트 경비를 하는 것도 얼마나 재미가 있겠습니까. 아침이 되어 젊은이들이 활기차게 직장으로 나가는 것도 새롭게 보일 것이고 가족끼리 나들이가는 것도 가슴뭉클하면서 바라볼 수도 있을 것입니다. 아이들이 올망졸망 학교에 갔다 왔을 때 엄마 대신에 열쇠를 내어주는 일도 얼마나 가슴 뿌듯하겠습니까. 전에는 전혀 짐작도 못할 작은 행동 하나하나가 다 자기에게 행복을 심어주는 것으로 변하게 되는 것입니다.

밝은 지혜가 있으므로 갖가지의 지위를 닦아가되 그 자리에 머물지 않습니다. 또한 진실을 꿰뚫었기에 모든 것을 두루 볼 수 있고 항상 지혜의 성품에 있습니다. 『화엄경』에는 '지혜 지(智)'자를 두 번 쓴 지지(智智)라는 낱말이 자주 나옵니다. 이 말의 뜻은 모든 것을 아는 그런 지혜의 지혜라는 것인데 완전히 깨달은 지혜라고 알면 되겠습니다. 그 보살들은 모두 깨달음을 얻었기에 어리석음으로 가리어졌던 막이 제거되어 청정한 지혜눈을 얻었습니다.

爲諸衆生하야 作調御師하야 住佛平等하야 於一切法에 無有分別하며 了達境界하야 知諸世間이 性皆寂滅하야 無有依處하며 普詣一切諸佛國土호대 而

無所着하며 悉能觀察一切諸法호대 而無所住하며 徧入一切妙法宮殿호대 而無所來하며 敎化調伏一切世間하야 普爲衆生하야 現安隱處하며 智慧解脫로 爲其所行하며 恒以智身으로 住離貪際하며 超諸有海하야 示眞實際하며 智光圓滿하야 普見諸法하며 住於三昧하야 堅固不動하며 於諸衆生에 恒起大悲하며 知諸法門이 悉皆如幻하고 一切衆生이 悉皆如夢하고 一切如來가 悉皆如影하고 一切言音이 悉皆如響하고 一切諸法이 悉皆如化하며 善能積集殊勝行願하야 智慧圓滿하며 淸淨善巧나 心極寂靜하며 善入一切總持境界하며 具三昧力하야 勇猛無怯하며 獲明智眼하야 住法界際하며 到一切法無所得處하며 修習無涯智慧大海하며 到智波羅蜜究竟彼岸하며 爲般若波羅蜜之所攝持하며 以神通波羅蜜로 普入世間하며 依三昧波羅蜜로 得心自在니라

"여러 중생을 다스리는 스승이 되어 부처님의 평등한 데 머무르며 모든 법에 분별이 없으며, 경계를 분명히 통달하여 세간의 성품이 고요하여 의지한 데 없음을 알고, 모든 부처의 국토에 두루 나아가나 집착이 없으며, 모든 법을 관찰하나 머무름이 없고, 모든 묘한 법의 궁전에 두루 들어가나 오는 바가 없으며, 모든 세간을 교화하고 조복하여 여러 중생에게 편안한 곳을 나타내었느니라.

지혜의 해탈이 그의 행할 바가 되어 항상 지혜의 몸으로 탐욕을 떠난 경계에 머물며, 생사의 바다를 뛰어나와 진실한 경계를 보이고 지혜의 빛이 원만하여 모든 법을 널리 보며, 삼매에 머물러서 견고하여 동요하지 않고 여러 중생에게 크게 가엾이 여김을 일으키며, 모든 법문은 다 환상과 같고 모든 중생은 꿈 같고 모든 여래는 그림자 같고 모든 말은 메아리 같고 모든 법은 변화와 같음을 알며, 훌륭한 행과 원을 잘 모으고 지혜가 원만하고 방편이 청정하여 마음이 매우 고요하며, 모든 총지(總持)의 경계에 잘 들어가고 삼매의 힘을 구족하여 용맹하고 겁이 없으며, 밝은 지혜의 눈을 얻어 법계의 경계에 머물고 온갖 법이 얻을 것 없는 데 이르며, 가없는 지혜의 바다를 닦아 익혀 지혜바라밀다의 끝인 저 언덕에 이르고 반야바라밀다의 거두어

가짐이 되며, 신통바라밀다로 세간에 널리 들어가고 삼매바라밀다를 의지하여 마음이 자재함을 얻었느니라."

모든 법의 성품은 고요합니다. 그러므로 어떠한 깨달음을 얻거나 행을 하더라도 의지한 데가 없고 집착이 있을 수가 없습니다. 모든 존재, 겉으로 드러난 현상들은 다 환화와 같은 것들입니다.

모든 법문을 '환(幻)'과 같고, 모든 중생은 '몽(夢)'과 같고, 모든 여래는 '영(影)'과 같고, 모든 말은 '향(響)'과 같고, 모든 법은 '화(化)'와 같음을 안다는 것은 아주 차원이 높은 이야기입니다. 중생이 꿈과 같다는 것은 우리들 중생이야 별 것이 아니니까 그렇다 치더라도 여래마저도 그림자처럼 알고 법문을 환상과 같은 것으로 안다는 것은 쉽게 이해되는 것이 아닙니다. 이것의 이해를 돕기 위해서 우리들이 실제로 꾸는 꿈을 빌어다가 생각해 보면 쉽습니다.

꿈 속에서는 금도 꿈이고, 돌도 꿈입니다. 이와 마찬가지로 깨닫지 못한 망상으로 분별하는 세계에서는 부처를 꿈꾸든 중생을 꿈꾸든 그것은 전부가 다 꿈에 불과할 따름입니다. 그러니까 이름에 불과한 것이지 근본 적멸한 마음자리에서 볼 때, 중생이니 부처니 하는 것은 다 이름에 지나지 않는 것입니다. 전부가 우스운 소리입니다.

신도님들 이야기를 가만히 들어보면 꿈에 부처님을 보았다, 큰스님을 보았다고 그러는데 아직도 꿈꾸고 있는 중생들에게는 신기할는지 모르지만 한 생각 돌이키면 그것은 아무 것도 아닙니다. 적멸한 마음자리, 저 마음의 근본자리에 조금이라도 관심이 있는 사람은 부처를 꿈꾸었다고 하더라도 그것은 꿈이지 아무 것도 아닌 것입니다. 좋아할 것이 하나도 없습니다. 설사 꿈 속에서 기분 나쁜 일을 당했다고 하더라도 그것 가지고 하나도 영향을 받을 필요가 없습니다. 공연히 꿈 가지고 시비하는 것은 허망하기 이를 데 없습니다. 진정한 불자라면 꿈 속에서 험한 것을 보았든, 부처님을 백 번 보았든 거기에 관심을 둘 것이 하나도 없는 것입니다.

지인(至人)은 무몽(無夢)이라 그럽니다. 제대로 된 사람은 꿈을 꾸지 않는다고 합니다. 꿈을 꾸지 않게 되는 것은 잘 되지 않을는지 모르지만 꿈을 꾸고 난 뒤에 무엇을 꾸었는지 몰라야 됩니다. 꿈이 기억나고 거기에 골몰하는 것은 좋은 것이 아닙니다. 싹 잊어버리는 게 좋고 꿈을 아예 꾸지 않는 것이 더 좋습니다. 부처님을 꿈꾸었다고 하더라도 아수라를 꿈꾸는 것과 하나도 다를 바가 없다는 정도가 되어야 불자라고 할 터인데 꿈을 꾸고 난 뒤 뭔가 찝찝하다고 찾아와서 하소연을 합니다. 그런 것은 우리들이 아직도 확실하게 공부가 안 되어서 그렇습니다. 공부를 하기는 하였지만 신념이 없고 이론적으로도 뒷받침이 되지 않아서 그런 것입니다.

사람이 살아가는 데에는 개똥 철학이라고 할지라도 자기 주장이 꿋꿋하게 서 있어야 합니다. 그리하여 우리들은 부처님의 위대한 가르침을 통하여 자기 주장을 자꾸 다듬어서 그것을 바르게 만들어가야 합니다. 부처님의 가르침이 우리들 자신 속에 용해되어 가지고 자기 것이 되면 그것은 완전하게 우리들의 것이 됩니다. 부처님의 법으로 남아 있지 않은 것입니다.

『화엄경』의 목표는 대승 불교의 목표입니다. 대승 불교는 바로 보살 불교입니다. 보살행으로 살아가는 게 바로 『화엄경』에서 시종일관 가르치고 있는 것입니다. 보살 불교는 원력(願力)이 중요합니다. 그러므로 수승한 원을 쌓으라고 가르치고 있습니다.

그런데 보살이 수승한 원력을 쌓았고 그리고 지혜가 원만하고 능력이 뛰어났으되 한 걸음 더 나아가 마음이 지극히 적정해야 합니다. 흔들리지 아니하고 그 고요한 본마음자리를 지킬 줄 알아야 합니다. 잘한다고 들떠 있고 못한다고 시무룩해 있는 게 아니라 오로지 여여하게 있어야 합니다. 사람이기 때문에 잘못할 수도 있습니다. 여러 상황에 얽혀 있는 게 사람이기 때문에 본의 아니게 실수할 수도 있고 말할 수 없이 잘못할 수가 있습니다.

또 반대로 인간의 한계를 뛰어넘게 잘할 수도 있습니다. 그렇다고 해서 우쭐할 것도 없습니다. 잘하든 잘못하든 적정한 마음가짐을 차릴 줄 아는 그런 자세가 필요합니다. 그렇게 침착한 자세를 견지하면 잘 안되던 일도 금방 제 자리를 찾게 됩니다. 그런 훈련을 쌓아야 됩니다.

우리들이 일상을 살아가면서 빠른 시간 안에 제자리를 찾는 그런 훈련이 필요합니다. 그 마음이 지극히 적정한 상태를 유지하려면 많은 노력과 연습이 필요합니다. 기도를 하든지 참선을 하든지 경을 열심히 읽든지 사경을 해서 마음을 잡든지 훈련을 쌓는 길밖에 없습니다.

그리고 '온갖 법이 얻을 것 없는 데에 이르며'라는 구절도 참으로 기가 막힌 대목입니다. 우리들은 불교를 접하면서 법을 구하고 지혜를 얻어야 된다라고 하지만 사실은 무소득입니다. 얻을 것이 하나도 없습니다. 『반야심경』에서도 '이무소득고(以無所得故)'라고 하였습니다. 그게 핵심이고 그 낱말이 『반야심경』의 중심에 놓여져 있습니다. 이미 다 갖추고 있는데 어디 따로 얻을 바가 있을 리가 없습니다. 무소득이라는 사실을 알아야 합니다.

지혜바라밀과 반야바라밀을 따로 떼내어 지혜를 강조하고 있습니다. 불교는 정말 지혜의 종교입니다. 밝고 환한 가르침입니다. 어디 매이어서 캄캄하게 살아가라고 가르치지 않습니다. 거듭 말씀드리지만 불교는 지혜를 굉장히 강조합니다. 지혜를 터득해야 모든 것의 바른 길이 열린다는 것입니다. 불보살이나 삼매의 이름을 보아도 그렇고 절에서 행하는 여러 가지 행사를 보아도 온통 밝디 밝은 지혜를 표현하고 있습니다.

以不顚倒智로 **知一切義**하며 **以巧分別智**로 **開示法藏**하며 **以現了智**로 **訓釋文詞**하며 **以大願力**으로 **說法無盡**하며 **以無所畏大師子吼**로 **常樂觀察無依處法**하며 **以淨法眼**으로 **普觀一切**하며 **以淨智月**로 **照世成壞**하며 **以智慧光**으로 **照眞實諦**하며 **福德智慧**가 **如金剛山**하야 **一切譬喩**의 **所不能及**이며 **善觀諸法**

하야 慧根增長하며 勇猛精進하야 摧伏衆魔하며 無量智慧가 威光熾盛하며 其
身이 超出一切世間하야 得一切法無礙智慧하며 善能悟解盡無盡際하며 住於
普際하야 入眞實際하며 無相觀智가 常現在前이니라

"뒤바뀌지 않은 지혜로 모든 이치를 알고 교묘하게 분별하는 지혜
로 법장을 열어 보이며, 드러나게 아는 지혜로 글을 해석하고 큰 서
원의 힘으로 법을 말함이 다하지 않으며, 두려움이 없는 큰 사자후로
의지한 데 없는 법을 관찰하기 좋아하고, 깨끗한 법눈으로 모든 것을
두루 보며, 깨끗한 지혜달로 세간이 이루어지고 무너짐을 비추고, 지
혜의 빛으로 진실한 이치를 비추며, 복덕과 지혜는 금강산과 같아서
온갖 비유로 미칠 수 없고, 모든 법을 잘 관찰하여 지혜의 뿌리가 증
장하며, 용맹하게 정진하여 여러 마(魔)를 꺾어 부수고, 한량없는 지
혜는 위엄과 광채가 치성하여 몸이 모든 세간에서 뛰어났으며, 모든
법에 걸림없는 지혜를 얻어 다하고 다함이 없는 경계를 잘 알고, 넓
은 경계에 머물러 진실한 경계에 들어가며, 형상없이 관찰하는 지혜
가 항상 앞에 나타나는 것이니라."

보십시오. 불교는 '불립문자(不立文字)'라 하여 문자를 세우지 않는다
고 하지만 이 사실도 문자를 써야 전할 수가 있습니다. 우리들이 훈훈하
게 차 한잔을 마시려면 찻잔이 있어야 됩니다. 찻잔이 차가 아닌 것은
분명하되, 찻잔 없이는 차를 담아낼 수가 없습니다. 그 그릇은 뭡니까.
바로 방편인 것입니다.

이와 마찬가지로 문자라고 하는 것, 불교적인 지식이 우리들의 목표가
아닌 것은 확실합니다. 또한 그것은 지혜도 아닙니다. 그러나 문자라고
하는 것은 지혜나 진리를 터득해갈 수 있는 좋은 방편이 되는 것입니다.
방편에 빠져서 방편이 목표인 양 알면 곤란하다는 것이 불립문자의 참
뜻이지 그것이 방편인 줄 알고 있는 사람에게는 또 그것이 필요합니다.

그러므로 문자를 볼 때에는 그 글자 한 자 한 자에 빠져서 새기기보

다는 아주 환하게 밝은 지혜로써 해석을 하여야 합니다. 그러므로 제가 지금 경을 이렇게 강의하고 있는 것은 문자를 해석하는 것이 되고, 여러 불자님들이 제 해설을 읽으면서 나름대로 판단을 하는 것은 밝은 지혜로 경을 해석하고 있는 것이라고 할 수가 있겠습니다.

또한 설법을 하는 데에 있어서 대서원력을 가지고 있음으로해서 그 설법이 다하지 않습니다. 저도 설법이다, 강의다 해서 열심히 하고 있습니다만 좀 더 잘하였으면 하는 생각을 늘 하고 있습니다. 신도분들이 귀중한 시간을 내어서 다시 없는 부처님의 법을 들으러 오는 마당에 법회를 준비하는 분들의 노고도 생각해 보면 하나라도 더 부처님의 가르침의 진실에 접근해야겠다는 각오가 듭니다.

잘한다는 칭찬을 받고 싶어서가 아니라 적어도 법회에서 졸지 않도록은 해야겠다고 늘 준비를 합니다. 거기서 나아가면 이왕 하는 것, 감동을 좀 느낄 수 있도록 했으면 하는 바람을 늘 가지고 있는데 잘 하고 있는지 모르겠습니다. 참 어렵습니다. 아마 저의 대원력이 부족한가 봅니다. 이 대목을 보며 저부터라도 대원력을 다시 세워야겠습니다.

사자가 포효할 때에는 아무 것도 두려울 게 없습니다. 사자는 다른 모든 짐승들을 떨게 만듭니다. 그런 사자후로써 의지함이 없는 법을 관찰하기 좋아합니다. '의지함이 없다'라는 표현이 경전에 자주 나오는데 이 의지함이 없다고 하는 것은 어디에 매이지 않는다는 뜻입니다. 우리들이 어디에 의지하고 있다고 하는 것은 매여 있다는 말입니다.

어디에 매이면 부자유합니다. 그렇게 되면 제대로 나오지가 않습니다. 말을 해도 제대로 안 나오고, 행동도 제대로 안 나옵니다. 그 어느 것 하나라도 자유로운 것이 없습니다. 그 반대인 의지함이 없다는 것은 바로 대자유를 말하는 것입니다. 자유로우면 무엇이든지 술술 나옵니다. 지혜도 나오고 설법도 술술 나오고 원력도 자연스럽게 다 나올 수가 있습니다. 그래서 '무의처(無依處)'라는 표현이 경전에 자주 나오는 이유가 거기에 있습니다.

이제는 중마(衆魔)에 대해 살펴 보도록 합시다. '온갖 마구니'라는 것은 실제로 무서운 형상을 하고 둘러서 있는 그런 마귀들의 무리가 아닙니다. 온갖 부정적인 생각, 될까 안 될까 하는 그런 마음의 갈등이 바로 중마입니다.

"아이구, 뭐 나 같은 사람이 뭘 해? 난 무엇을 해도 잘 안 돼."

이러한 소리보다 더 큰 마구니가 없습니다. 우리들이 두려워해야 할 것은 바로 두려워하는 그 마음을 참으로 두려워해야 합니다. 될까 안 될까 망설이는 소극적인 자세를 다 꺾어 항복을 받아야 떳떳한 불자의 길을 가고 있다고 하겠습니다.

善巧成就諸菩薩行하며 以無二智로 知諸境界하며 普見一切世間諸趣하며 徧往一切諸佛國土하며 智燈圓滿하야 於一切法에 無諸闇障하며 放淨法光하야 照十方界하며 爲諸世間의 眞實福田하야 若見若聞에 所願皆滿하며 福德高大하야 超諸世間하며 勇猛無畏하야 摧諸外道하며 演微妙音하야 徧一切刹하느니라 普見諸佛호대 心無厭足하며 於佛法身에 已得自在하며 隨所應化하야 而爲現身하며 一身이 充滿一切佛刹하느니라 已得自在淸淨神通하며 乘大智舟하야 所往無礙하며 智慧圓滿하야 周徧法界하며 譬如日出하야 普照世間하며 隨衆生心하야 現其色像하며 知諸衆生의 根性欲樂하며 入一切法無諍境界하며 知諸法性의 無生無起하며 能令小大로 自在相入하느니라 決了佛地의 甚深之趣하며 以無盡句로 說甚深義하며 於一句中에 演說一切修多羅海하며 獲大智慧陀羅尼身하야 凡所受持를 永無忘失하며 一念에 能憶無量劫事하며 一念에 悉知三世一切諸衆生智하며 恒以一切陀羅尼門으로 演說無邊諸佛法海하며 常轉不退淸淨法輪하야 令諸衆生으로 皆生智慧하느니라 得佛境界智慧光明하야 入於善見甚深三昧하며 入一切法無障礙際하며 於一切法에 勝智自在하며 一切境界에 淸淨莊嚴하며 普入十方一切法界하야 隨其方所하야 靡不咸至하며 一一塵中에 現成正覺하야 於無色性에 現一切色하며 以一切方으로 普入一方하나니 其諸菩薩이 具如是等無邊福智功德之藏하야 常爲諸佛之所稱歎하니 種種言

辭로 說其功德하야도 不能令盡이라 靡不咸在逝多林中하야 深入如來功德大海하야 悉見於佛光明所照러라

"교묘하게 보살들의 행을 성취하고 둘이 없는 지혜로 여러 경계를 알며, 모든 세간의 여러 길을 두루 보고 모든 부처님의 국토에 가고 지혜 등불이 원만하여 모든 법에 어둠이 없으며, 깨끗한 법의 광명을 놓아 시방의 세계를 비추고 여러 세간의 진실한 복밭이 되어 보는 이나 듣는 이가 다 소원을 이루며, 복덕이 높고 커서 세간에서 뛰어났고, 용맹하고 두려움이 없어 외도들을 굴복시키며, 미묘한 음성을 내어 모든 세계에 두루하였느니라.

널리 부처님을 뵈옵는 마음은 싫어할 줄 모르고 부처님의 법의 몸에는 이미 자유자재하였으며, 교화할 중생을 따라 몸을 나타내니 한 몸이 모든 부처님 세계에 가득하였느니라. 이미 자재하여져서 청정한 신통을 얻었고, 큰 지혜의 배를 타고 가는 곳마다 걸림이 없으며, 지혜가 원만하여 법계에 두루하니 마치 해가 떠서 세간에 비치면 중생의 마음을 따라 빛과 형상을 나타내는 듯 중생의 근성과 욕망을 알고 모든 법이 다툼이 없는 경계에 들어가며, 법의 성품이 남[生]도 없고 일어남[起]도 없음을 알아 크고 작은 것이 자유자재하여 서로 들어가게 하느니라.

부처님 지위의 깊은 뜻을 분명히 알고 다함없는 글귀로 매우 깊은 이치를 말하되 한 구절 가운데 모든 경전의 바다를 연설하며, 큰 지혜의 다라니 몸을 얻어 배워 지닌 것을 영원히 잊지 않으며, 한 생각에 한량없는 겁 동안의 일을 기억하고 한 생각에 삼세 모든 중생의 지혜를 알며, 항상 온갖 다라니문으로 그지없는 부처님의 법바다를 연설하고, 물러가지 않는 청정한 법륜을 항상 굴리어 중생들의 지혜를 내게 하였느니라.

부처 경계의 지혜 광명을 얻어서 잘 보는 깊은 삼매에 들어가며, 모든 법의 장애가 없는 경계에 들어가 온갖 법에 훌륭한 지혜가 자재

하며, 모든 경계가 청정하게 장엄하여 시방의 모든 법계에 두루 들어 가되 어느 방소(方所)에나 이르지 않는 데가 없었느니라. 모든 티끌 속마다 바른 깨달음을 이루며 색의 성품이 없는 데서 온갖 색을 나타내며 모든 방위를 한 방위에 넣었느니라.

그 보살들이 이와 같이 그지없는 복과 지혜와 공덕의 창고를 갖추어 항상 부처님들의 칭찬함을 받으니, 갖가지 말로 그 공덕을 말하여도 다할 수 없으며, 다 서다림 속에 있으면서 여래의 공덕 바다에 들어가서 부처님의 광명이 비치는 것을 보았느니라."

'중생의 근성과 욕망을 알고'라는 대목도 참으로 중요한 이야기입니다. 어떤 한 중생의 성격이 어떻고 취향이 어떻고 하는 것을 잘 알아 가지고서 교화를 해야 된다는 것입니다. 그러니까 내가 좋다고 하여 덮어놓고 일방통행으로는 안 되는 것입니다. 내가 감명받았다고 해서 저쪽에서도 틀림없이 좋아할 것이라 단정지어서는 안 됩니다.

우선 그 사람의 지금 관심사가 무엇이냐, 그 사람이 즐겨 하는 취미가 무엇이냐 하는 것을 가만히 지켜 보아야 합니다. 그러다가 가장 적절한 시기에 가장 적절한 것을 베풀어야 그 사람에게 이익이 돌아갑니다. 그것을 잘 모르고 냅다, 이것 참 좋은 것이니까 한번 들어 보라고 하면 다들 도망만 갑니다. 오히려 피하게 만들고 혐오감만 불러 일으키게 됩니다. 그것을 잘 알아야 합니다. 우리들이 불법을 권하고 법회에 같이 가자고 하는 것도 좋은 일이지만 중생의 근기와 욕망을 잘 알아야 할 필요가 있는 것입니다.

또한 '한 구절 가운데 모든 경전의 바다를 연설한다'는 것도 눈여겨 볼 만한 대목입니다. 한 글귀를 가지고서 팔만대장경을 다 설한다는 것이 당연하고 또 당연합니다. 왜냐하면 온 우주는 타방하고 연결되어 있기 때문에 전부 한 곳에 다 꿰어져 있어서 그게 가능합니다. 이 법계는 전체가 서로서로 연관을 맺고 있습니다. 이것을 법계연기(法界緣起)라고 합니다. 이를테면 우리 동네 사람만 잘 살면 된다, 우리 나라 사람만 잘 살면 된다 하는 것은 법계연기가 아닌 것입니다. 그것은 업감연기(業感緣起)에 해당됩니다. 대한민국이라는 같은 땅에 태어나 살게 된 같은 인연과 같은 업[共業]이 있기 때문에 그것을 업감연기(業感緣起)라고 합니다.

그러면서도 물론 불공업(不共業)도 있습니다. 다 같은 대한민국에 살면서도 지역이 다르고 남자 여자가 다르고, 직업이 다르고, 나이가 다르고 그 밖에도 다른 것들이 많이 있습니다. 다르면서 같고, 같으면서 다르고, 즉 세분하면 다르다가 같다가, 또 같은 데에서 다르고 다른 데에서 또 같은 것이 있습니다. 예를 들어서 부산에 산다고 하더라도 구(區)가 다른 것은 다른 것에 해당되고, 같은 구에 산다고 하는 것은 같지마는 동(洞)이 다르면 또 다르고, 이렇게 해서 통 반까지 일일이 분별하여 내려갈 수가 있습니다. 이렇게 수없이 많은 것으로 쪼갤 수가 있습니다.

그러나 법계연기(法界緣起)는 그게 아닙니다. 온 우주가 통째로 다 서로 연관을 갖고 사는 것입니다. 우리들 자신도 마찬가지입니다. 나와 너 그리고 우리는 다 서로서로 주고 받으면서 살아가고 있고 전 우주와도 다 걸려 있습니다. 우리 나라만이 아니고, 아니 우리들의 터전인 지구뿐만이 아니고 저 태양, 저 달, 또 까마득히 멀리 있는 저 미미한 별 하나와도 연관을 맺고 있습니다. 또 우주에 떠있는 모든 별들은 서로서로 당기고 있습니다. 그래서 이 세상에 존재하는 어느 한 조각도 법계 아닌 곳이 없으며, 그 법계에서 나오는 소리는 어느 한 구절이라도 법문 아닌 것이 없습니다. 그물은 어느 한 그물코를 잡더라도 다 그물인 것입니다.

지금까지 보살들이 그지없는 복(福)과 지혜(智慧)와 공덕(功德)의 창고를 갖추고서 서다림에 앉아 있고 또 부처님들께서는 항상 칭찬을 멈추지 않는 것을 살펴 보았습니다.

한 번 헤아려 보십시오. 보살들이 얻은 공덕을 밝히는 가운데 '지혜(智慧)'를 뜻하는 낱말이 몇 개나 나오는지 관심을 가져보시기 바랍니다.

삼분의 이가 지혜를 뜻하는 낱말입니다. 아니 삼분의 이가 넘고 오분의 사에 가깝게 지혜를 나타내는 말이 쓰이고 있습니다.

 거듭거듭 강조합니다. 우리들이 불교를 믿고 공부하면 한량없는 복덕이 저절로 따라옵니다. 이 위대한 공덕이 어디에서 출발하느냐 하면 바로 지혜인 것입니다. 우리들이 지닌 마음의 힘을 가장 밝게 꽃피운 것이 바로 지혜입니다. 나를 바로 알고 너를 바로 볼 줄 알고 만상 너머에 있는 실상을 바로 헤아릴 줄 알면 바로 지혜를 터득한 것입니다. 그리하면 아무 것에도 상처받을 일이 없습니다. 상처받지 않으면 곳곳이 안락(安樂)합니다. 즐거움과 행복 속에서 우리들의 인생을 선하고 아름답게 열어갈 뿐입니다.

(5) 보살들이 은혜를 입고 공양을 올리다

爾時에 諸菩薩이 得不思議正法光明하야 心大歡喜하사 各於其身과 及以樓閣諸莊嚴具와 幷其所坐師子之座와 徧逝多林一切物中에 化現種種大莊嚴雲하야 充滿一切十方法界하니 所謂於念念中에 放大光明雲하야 充滿十方하야 悉能開悟一切衆生하며 出一切摩尼寶鈴雲하야 充滿十方하야 出微妙音하야 稱揚讚歎三世諸佛一切功德하며 出一切音樂雲하야 充滿十方하야 音中에 演說一切衆生의 諸業果報하며 出一切菩薩種種願行色相雲하야 充滿十方하야 說諸菩薩의 所有大願하며 出一切如來自在變化雲하야 充滿十方하야 演出一切諸佛如來의 語言音聲하며 出一切菩薩相好莊嚴身雲하야 充滿十方하야 說諸如來의 於一切國土에 出興次第하며 出三世如來道場雲하야 充滿十方하야 現一切如來의 成等正覺功德莊嚴하며 出一切龍王雲하야 充滿十方하야 雨一切諸香하며 出一切世主身雲하야 充滿十方하야 演說普賢菩薩之行하며 出一切寶莊嚴淸淨佛刹雲하야 充滿十方하야 現一切如來의 轉正法輪이라 是諸菩薩이 以得不思議法光明故로 法應如是出興此等不可說佛刹微塵數大神變莊嚴雲하니라

이 때 모든 보살이 부사의한 바른 법의 광명을 얻고 마음이 매우 환희하여, 제각기 그 몸과 누각의 모든 장엄거리와 앉아 있는 사자좌로써 서다림 모든 물건에 두루하였으며, 가지각색 장엄 구름을 나투어 모든 시방 법계에 충만하였으니 이른바 잠깐 동안에 큰 광명 구름을 놓아 시방에 가득하여 모든 중생을 깨우치며, 모든 마니 보배와 풍경 구름을 내어 시방에 가득하여 미묘한 음성으로 삼세 부처님들의 공덕을 일컬어 찬탄하며, 모든 음악 구름을 내어 시방에 가득하여 그 음성 속에서 모든 중생의 업과 과보를 연설하였다.

모든 보살의 여러 가지 원과 행의 빛깔 구름을 내어 시방에 가득하여 보살들이 가진 큰 원을 말하며, 모든 여래의 마음대로 변화하는 구름을 내어 시방에 가득하여 모든 부처님 여래의 음성을 말하여 내며, 모든 보살의 잘생긴 모습으로 장엄한 몸 구름을 내어 시방에 가득하여 여래의 모든 국토 생기던 차례를 말하며, 삼세 여래의 도량 구름을 내어 시방에 가득하여 모든 여래께서 등정각을 이루는 공덕 장엄을 나타내며, 모든 용왕 구름을 내어 시방에 가득하여 온갖 향을 비 내리며, 모든 세간 임금의 몸 구름을 내어 시방에 가득하여 보현보살의 행을 연설하며, 모든 보배로 장엄하여 청정한 부처 세계 구름을 내어 시방에 가득하여 모든 여래의 바른 법륜 굴림을 나타내었다.

이 보살들이 부사의한 법의 광명을 얻었으므로 으레 이런 말할 수 없는 부처 세계의 티끌 수 큰 신통변화로 장엄한 구름을 일으키는 것이다.

지금까지 보살들이 광명을 보고 법을 얻고 덕을 갖추게 된 것을 밝혔습니다. 그래서 보살들이 은혜를 입고 공양을 올리는 내용이 이어지고 있습니다. 공양(供養)을 올린다고 하는 것은 우리들이 상식적으로 알고 있는 그런 공양을 올리는 것이 아니고, 자신들이 얻은 그 능력과 법과 가지고 있는 덕을 표현하는 한 방법이 되는 것입니다.

"덕불고필유린(德不孤必有隣), 덕이 있으면 외롭지 않다. 반드시 이웃이 있다."라는 말도 있듯이, 덕을 가지고 있으면 설사 베풀지 않더라도 가지고만 있어도 저절로 사람들에게 이익이 돌아가게 되어 있습니다. 그것을 음덕(陰德)이라고 하여 덕이 있는 사람의 주변에는 애써 베풀지 않아도 그 혜택을 주변 사람들이 보게 되는 것입니다. 그것이 참다운 덕인 것입니다.

그래 여기서 공양을 올린다고 하는 것도 결국은 보살들이 최고의 인격을 갖춘 사람들이다, 또 다른 표현을 하자면 늘 이야기하듯이 우리들이 가지고 있는 불성의 자리에서 모든 조건들을 한껏 꽃피웠을 때, 그것을 불교에서는 부처다 보살이다 최고의 인격을 갖춘 경지이다. 이렇게 봅니다.

그러한 경지의 수행자가 되었을 때 가지고 있는 덕이라고 하는 것, 또 갖추고 있는 법이라고 하는 것은 상상할 수 없을 정도로 높고 높습니다. 그랬을 때 그분들을 통해서 표현되어지는 그 영향도 또한 상당할 것입니다. 여기에서 공양을 올리는 것으로 되어 있는데 그 공양이라는 것이 온갖 구름을 시방에 채워서 그 구름이 온갖 표현을 한다는 것입니다.

시방에서 모여온 보살들이 갖가지의 장엄거리와 사자좌로써 서다림 법회에 동참을 하고 있습니다. 이 「입법계품」에서는 서다림 서다림 하니까 생소할는지 모르겠습니다만 바로 기원정사가 있는 기타림입니다. 전통적으로는 기타림(祇陀林) 또는 기원정사(祇園精舍)라고 하고, 서다림(逝多林)이라는 말을 새롭게 표현한 것입니다. 『화엄경』은 기수급고독원이라고 되어 있는『금강경』이나, 기타림 또는 기원정사라고 표기되어 있는 다른 경전들보다 나중에 결집되었습니다. 그래서 이 「입법계품」에서는 새롭게 서다림이라고 한 것입니다.

이 서다림, 즉 기원정사가 있는 숲은 인도의 부처님 성지(聖地) 중에서 제일 터가 넓고 또 유적도 많이 남아 있는 곳입니다. 서다림은, 직접 참배를 해보면 뭔가 기운이 흐르는 것 같고, 그토록 넓으면서 아늑하고 편안한 감을 줍니다. 인도 순례를 하시는 길에는 꼭 거기에 들러『금강경』을 독송하고 오라고 권하는 거룩한 곳입니다. 그렇게 하시면 새삼 부처님과의 교감이 사무쳐 신심이 솟구칠 것입니다.

경전을 볼 때에는 항상 그 이면(裏面)의 뜻을 헤아려 보아야 합니다. 『화엄경』은 부처님께서 깨달으신 내용을 그대로 드러낸 것입니다. 그 깨달음의 내용을 즐기고 점검하고 검토하던 소위 깨닫고 나서 21일 간의 마음의 세계를 그대로 표현한 것입니다. 그 경이와 즐거움을 3·7 21일간 설하신 것이『화엄경』이라 그럽니다. 이 의미를 잘 새겨 보아야 합니다.

깨닫고 난 뒤 21일간은 부처님께서 아직 보리도량에 계실 때입니다. 기원정사는 물론 녹야원으로 가서 오비구를 만나기도 전에 설하신 것으로 되어 있는데 여기 보면 서다림에서 설한 것으로 되어 있고 문수보살·보현보살이 다 나오고 사리불이니 목건련이니 하면서 온갖 제자들이 다 나옵니다. 그런 제자들은 성도 후 여러 해가 지나서 제자가 되었는데 왜 여기에 등장을 하느냐, 그러면 앞뒤가 전혀 맞지 않은 것이 아니냐 하는 문제가 대두됩니다.

우리들의 세속적인 상식을 가지고 전후를 따지면『화엄경』은 아예 이해를 하지 못합니다.『화엄경』은 뜻으로 읽어야 합니다.『화엄경』뿐만 아니라 모든 경전은 그 속에 담고 있는 의미를 이해하려고 해야지 액면대로만 따지면 하나도 맞아 떨어지는 것이 없습니다. 지금 이 대목도 그렇습니다. '구름이 일어난다'고 하는데 구름이 그렇게 많이 일어나는 이치가 도대체 있느냐 이겁니다. 그러나 그런 말들이 가지는 의미에 대해 이해를 하고 보면 수긍이 갑니다.

"아, 그 의미로 볼 때에는 그런 표현이 얼마든지 가능하겠다."

그렇기 때문에 그 뜻을 이해하고자 하는 자세가 있어야 어떤 경이든지 이해가 되고 특히『화엄경』은 더욱더 그러합니다. 그래서 오늘날『화엄경』을 설한다 하더라도 마찬가지인 것입니다. 깨닫고 난 뒤 21일간 그 깨달음의 경계를 거니는 내용에 초점을 맞추어 설할 수 밖에 없는 것입니다.

　예를 들어서 부처님이 오랫동안 교화를 많이 하신 후에 불교 전체를 종합한 입장으로 불교를 설명하겠다, 그렇게 되면 부처님 말년에다 초점을 맞추어서 거기에다 이야기할 수 밖에 없는 것입니다. 왜냐하면 이제는 불교가 충분히 무르익었고 교화도 많이 하였고 또 법이 전해져 가야 하므로 부처님 일생을 정리하는 입장으로 경을 설할 수 밖에 없습니다. 부처님의 연령으로 보아서는 70대에 초점을 잡아서 경을 설하게 되는 것입니다.

　그래서 지금도 경을 해설하고 강의를 하고 있습니다마는 제가 꼭 해 보고 싶은 게 두 가지 있습니다.

　첫째는 제가 경을 하나 제작해야겠다는 것입니다. 이 시대의 중생들에게 가장 적절한 그런 내용을 부처님의 사상을 담아 가지고 이 시대에도 부처님께서 살아계시는 것을 제시하고 싶습니다. 깨달은 분이 바로 우리들 곁에 계시면서 이 시대의 중생들이 겪게 되는 문제들을 낱낱이 짚어서 부처님의 지혜로써 해결할 수 있는 열쇠를 쥐어주는 그런 경전을 새롭게 하나 결집하여야겠다는 것이 저의 희망 사항입니다.

　『화엄경』만 해도 그렇습니다. 화엄경은 부처님께서 열반하신 뒤 600년 내지 700년 경에 완성된 것입니다. 보통 대승 경전은 불멸 후 500년 내지 800년의 세월이 흐르면서 결집되었습니다. 이 『화엄경』의 결집 장소가 어딘가 하면 카시미르라고 하는 인도의 북쪽지방인데 우리 나라의 기후하고 아주 비슷한 곳입니다.

　이 『화엄경』의 무대는 맨 처음에 자세하게 살펴 보았습니다. 이 「입법계품」은 기원정사가 무대가 되고, 저 앞의 「세주묘엄품」 같은 경우는 부처님께서 성도한 바로 그 자리 부다가야가 되기도 하고 많은 품들은 천상에서 설해지기도 합니다. 도리천, 야마천, 도솔천, 타화자재천으로 무대가 바뀝니다. 그렇게 배경이 바뀌면서 부처님의 열반 후 600년에서 700년이 지난 무렵에 결집이 된 것입니다.

그러므로 지금이라고 해서 새로운 경전을 편찬하지 못한다는 법이 없습니다. 얼마든지 할 수가 있습니다. 감히 부처님의 이름을 빌어서 경전이라고 하기가 송구해서 그렇지 오늘날에도 경전 결집이 얼마든지 가능한 이야기입니다. 언제 결집이 되든지 간에 부처님의 근본 사상을 담고 있으면 됩니다. 그래서 저의 첫번째 소망은 다양한 모습으로 살아가는 현대의 중생들에게 맞게 부처님의 지혜를 생생하게 전할 수 있는 현대적인 경을 만들었으면 하는 것입니다.

그 다음 한 가지 소원은 성경을 불교를 전공한 사람의 안목으로 해석하고 싶습니다. 이것은 꼭 이루어져야 할 일입니다. 성경 구절구절 중요한 대목을 전부 불교적인 안목으로 새롭게 주해를 붙여서 한번 해석해야겠다는 마음을 가지고 있습니다.

사실 이 『화엄경』은 얼마나 방대하고 거창한지 불교를 전문적으로 수행하는 스님들도 끝까지 읽어내기가 참으로 힘듭니다. 그래서 우선적으로 하고 있는 일은 『화엄경』, 이것을 쉽게 편찬하고 또 여기에 강의를 붙이는 일을 하고 있습니다.

경전을 이해할 때 늘 그 뜻을 이해하는 것이 중요하지 액면대로 쫓아가면 하나도 맞지 않습니다. 제자도 두기 전에 제자 이야기가 나오는데, 그게 도대체 무슨 말이냐 이겁니다. 그러나 불교는 항상 그 이치에다 초점을 맞추어 놓고 이야기하기 때문에 그런 데에 전혀 구애를 받지 않습니다.

　　미리도솔(未離兜率) 이강왕궁(已降王宮)
　　부처님이 도솔천을 떠나지 않고 왕궁에 내려왔으며,
　　미출모태(未出母胎) 도인이필(度人已畢)
　　모태에서 나오기 전에 중생제도를 이미 끝냈다.

도솔천을 떠나지도 않았으면서 왕궁으로 내려오고, 49년 동안 중생을 제도한 일을 모태에서 나오기도 전에 이미 끝내었다. 이렇듯 말을 자유자재로 쓰는 게 불교 집안입니다. 사회적인 이론 가지고는 모순도 그런 모순이 없는 것입니다. 보통 우리들의 상식으로는 맞지 않는 것이라 해도 불교 상식으로는 이해가 충분히 갑니다.

　사실 우리들의 인식을 한 꺼풀만 벗기고 보면 시간과 공간이 걸림이 없는 것입니다. 과거니 현재니 미래니 하는 것이 전혀 걸리지 않게 되어 있다는 말입니다. 혹 우리들이 기도를 한다든지 정신이 말쑥할 때 꿈을 꾼다든지 하면 며칠 후에 있을 것을 미리 꿈 속에서 보게 되잖습니까. 보통 범부들도 그런 경험을 조금씩은 다 하고 있습니다. 꼭 시간이 착착 오늘 다음에는 내일이고, 내일 다음에는 반드시 모레면 그러한 현상이 나타날 리가 없는 것입니다. 나타날 수가 없습니다. 어떻게 뒤의 일이 미리 앞에 나타나느냐 이 말입니다.

　그게 바로 시간과 공간이 하나로 연결되어 있다는 증거입니다. 시간도 무한한 과거와 무한한 미래로 전부 연결되어 있고, 공간도 역시 하나로 상통하고 있고, 사람과 사람의 관계도 전부 하나로 통일되어 있고, 또 사람과 사물과의 관계도 내용에 있어서는 전부 하나로 통일되어 있는 그런 세계가 분명히 있습니다.

　이게 우리들의 상식으로 얼른 납득이 되지 않아서 그렇지 그러한 이치를 환히 눈뜨고 보는 사람의 입장에서 이런 것을 써 놓으니까 때로는 우리 상식에 맞다가도 안 맞고, 안 맞다가도 맞고 그러는 겁니다. 우리들의 상식이 자꾸자꾸 성장하고 우리들의 가슴이 더욱 넓어지고 마음의 때가 벗겨지면 그러한 것이 쉽게 이해가 됩니다.

　도리천을 떠나지 않고 왕궁에 내려오고, 또 어머니 뱃속을 나오기도 전에 중생 제도를 다 마쳤다, 태어나오기도 전에 80생을 충분히 끝냈다 이 말이죠. 어디 그뿐입니까? 일념즉시무량겁이고 무량겁즉일념이다, 한 순간 속에 한량없는 시간이 그 속에 있고, 한량없는 시간이 곧 한 순간이다 하는 염불들을 우리들이 쉽게 되뇌이는 것은 바로 그런 이치가 분명한 사실이기 때문입니다. 그게 가공이고 가정일 것 같으면 지금까지 살아 남을 수가 없습니다. 가공이 아니고 사실인데 그 사실을 보지 못하는 것입니다. 우리들이 아직은 그것까지 볼 수 있는 눈이 열리지 않아서 단지 보지 못할 뿐인 것입니다. 그 눈을 좀 뜨려고 우리들이 이렇게 경을 보고 참선도 하고 있는 것입니다.

서다림 이야기를 하다가 이야기가 길어졌습니다. 서다림에 동참한 보살들이 부사의한 바른 법의 광명을 얻고 마음이 매우 환희하여 가지각색의 장엄구름을 시방에 나툽니다. 보나마나 열 가지의 장엄구름입니다.

먼저 잠깐 동안에 시방 법계를 장엄하는 큰 광명 구름을 놓아 분위기를 고조시킵니다. 우리들은 밝아야 살아갈 수 있습니다. 아무리 보물 덩어리가 우리들 곁에 있다고 하더라도 빛이 없거나 우리들이 눈을 감고 있다면 그 보물 덩어리는 아무짝에도 소용이 없습니다. 그러므로 시방 법계에 광명을 놓아서 환하게 밝혀 놓고 있습니다.

마니 구슬로 된 방울에서 소리가 나는데 그 소리는 보통 소리가 아니라 삼세 모든 부처님의 모든 공덕을 찬탄하는 소리입니다. 모든 새소리, 바람소리, 물소리, 이 세상의 온갖 소리를 전부 부처님의 공덕을 찬탄하는 소리로 들을 수 있는 귀가 있어야 하고 또 그렇게 들려져야 이런 말들이 우리들 가슴에 확 다가설 것입니다.

그 다음 세번째로는 음악 소리를 내는 구름입니다. 한 곳에서만 음악 소리가 나는 것이 아니라 온 시방에 두루하여 소리를 내고 있는데 그 소리는 모든 중생들의 업과 또 그 업을 통해서 얻게 되는 과보에 대해 죽 설명을 합니다.

이것은 이해할 만합니다. 우리들의 눈에 보이는 모든 현실입니다. 우리 눈에 보이는 모든 현실이 그대로 업이요, 과보입니다. 누구 원망할 것도 없고, 누구 공덕이라고 할 것도 없습니다. 다 내가 지은 것입니다. 자업자득(自業自得)이고 자작자수(自作自受)인 것입니다. 누구 원망할 것도 없고 누구 잘못도 아니고, 누구의 공덕도 아니다 이렇게 생각하면 좋습니다. 누구 잘못이라고 생각할 것도 아니고, 누구 공덕이라고 생각할 필요도 없는 것입니다.

남에게 양보하고 겸양을 행하는 것은 좋은 태도입니다. 그러나 그 마음은 남을 원망하는 마음과 같은 것입니다. 양보하는 것이나 원망하는 것이나 마음에 어떠한 것이 물들어 있기는 마찬가지인 것입니다. 그래서 육조 스님의 첫 법문도 바로 이것입니다.

"불사선 불사악(不思善 不思惡)이라, 선도 생각하지 말고, 악도 생각하지 말라."

보통 우리들이 상식적으로 생각해 볼 때 좋은 것은 남에게 미루고 험한 것은 자기에게 돌린다고 합니다. 그것은 좋은 자세이긴 합니다. 그러나 『화엄경』의 차원에서는 그건 좋은 게 아닙니다. 남에게 좋은 것을 미루는 것은 좋지 않을 때에 남을 원망하는 것과 똑같은 것입니다. 그렇게 보는 것입니다. 왜냐하면 '선(善)이다.'라고 생각하는 것도 분별이고 차별이기 때문입니다. 『화엄경』은 평등을 가르치는 것이고, 평등을 우리들이 알아야 걸림이 없는 도리를 알게 되는 것입니다. 그래서 일체 눈에 보이는 게 전부 과보(果報)이고 업입니다.

그런 업을 지으니까 그런 과보를 받고 또 이런 업을 지으니까 이런 과보를 받고, 나무 한 포기 풀 한 포기 다 마찬가지입니다. 원인 없는 결과는 없으니까요. 그러면서 그것이 또 원인이 됩니다. 원인이 되면서 결과가 되고, 결과가 되면서 또 원인이 되고 원인과 결과가 계속됩니다. 원인과 결과가 고리의 연결처럼 계속계속 돈다는 것입니다. 이 세상의 현상을 그렇게 표현하는 것이 제대로 된 것입니다.

또한 보살들이 가지고 있는 서원과 그 실천을 내는 빛깔 구름도 있고, 모든 여래의 마음대로 변화하는 구름을 내어 시방에 가득하여 모든 부처님 여래의 음성을 말하여 내는 구름도 있으며, 모든 보살의 잘생긴 모습으로 장엄한 몸구름을 내어 시방에 가득하여 여래의 모든 국토가 생기던 차례를 말합니다.

그리고 삼세 여래의 도량 구름을 내어 모든 여래께서 등정각을 이루는 공덕 장엄을 나타내며, 모든 용왕 구름을 내어 온갖 향을 비내리고, 모든 세간 임금의 몸구름을 내어 시방에 가득하여 보현보살의 행을 연설합니다. 그리고 마지막으로 모든 보배로 장엄하여 청정한 부처 세계 구름을 내어 시방에 가득하여 모든 여래의 바른 법륜 굴림을 나타내었습니다.

여기서 구름 이름을 가만히 살펴 보면 참 재미가 있습니다. 광명 구름이라는 거대하고도 환한 배경 속에서 삼세 부처님의 공덕을 찬탄하는 풍경 구름과 모든 중생의 업과 과보를 연설하는 음악 구름과 보살들의 원과 행의 빛깔 구름이 착착 맞아 떨어집니다.

그리고 또 불법을 옹호하고 지켜나가는 모든 이들이 다 등장합니다. 보살의 잘생긴 모습으로 장엄한 몸구름과 모든 여래가 등정각을 이루는 도량 구름과 비내리는 용왕 구름과 세간 임금의 몸구름이 나오고 드디어 마지막으로 부처 세계 구름이라는 이름으로 우리들이 끝내 성취해 가야 할 것을 가르쳐 주고 있습니다.

이것은 다른 게 아닙니다. 항상 힘주어 말씀드리듯이 이 세상을 온통 부처의 세계로 또는 보살의 세계로 또 장엄의 세계로 본 안목인 것입니다. 눈을 감고 있던 사람이 눈을 뜨고 보았을 때 이 세상에 보이는 것은 그렇게 신기할 수가 없을 것입니다. 금만 소중하고 다이아몬드만 소중한 게 아닐 것입니다. 저 풀 한 포기, 나무 한 그루, 돌맹이 하나, 심지어는 가시덩쿨과 폐수까지도, 그야말로 눈뜨고는 볼 수 없는 그런 형편없는 현상까지도 처음 눈을 뜨고 보는 사람에게는 그렇게 신기할 수가 없을 것입니다. 아마도 더 보고 싶을 것입니다. 그걸 우리들이 생각해야 됩니다.

우리들이 정말 중생의 입장에서, 부처의 눈을 떴다고 하였을 때 그 보이는 실상을 한번 생각해 보라는 것입니다. 그것은 평생을 맹인으로 있다가 눈을 떴을 때 그 비치는 이 세상의 모든 것들이 그렇게 신기하게 보일 수가 없을 거예요. 아마 다투는 모습, 고민하고 애태우는 모습 하나 하나까지도 좋게 보일지 모르겠습니다.

　눈을 뻔히 뜬 사람도 싸움 붙여놓고 좋아하지 않습니까. 권투 시켜놓고 치라고 응원을 하고 싸움을 잘해서 다운이 되거나 상처를 입으면 그렇게들 좋아합니다. 눈을 뜨고 있는 사람들도 싸움 잘 하는 것을 신기해 하는데 눈을 감고 있던 사람이 평생 보지 못한 그런 모습을 보면 그 얼마나 신기하겠어요. 정말 신기하고 또 신기할 것입니다. 그것을 미루어서 지혜의 눈을 제대로 뜬 세계를 미루어 짐작할 수 있지 않나 생각합니다.

　그런 지혜의 세계, 부처의 눈을 제대로 떴을 때 거기에 비춰오는 그 세계는 이 경에 설해진 것 가지고는 사실은 부족합니다. 처음 『화엄경』을 대했을 때 압도되는 어마어마함도 절대로 과장이 아니고 사실은 이 표현이 오히려 부족한 것입니다. 참으로 눈을 떴을 때 언어가 가지고 있는 표현의 한계가 있어서 이렇게 밖에 되지 않는 것이지 사실 눈을 뜬 사람의 경계라는 것은 정말 불가설한 것입니다.

　앞에서도 예를 들었지만 우리들이 눈을 감은 사람에게 단 한 송이의 꽃일지라도 어떻게 다 설명하겠습니까. 하루종일 설명을 해놓고도 자기 스스로 분에 차지 않아서 나중에는 이런 말을 할 것입니다.

　"아이구, 제대로 꽃을 설명하지 못했으니까 아예 못들은 것으로 해요."

　사실 이 꽃잎이 붉다는 것을 어떻게 설명해서 이해시키겠습니까. 안 됩니다. 도저히 설명이 되지 않습니다. 어떠한 설명을 갖고도 이 꽃 색깔은 설명이 되지 않습니다. 아무리 과장되게 설명한다고 하더라도 그게 이해가 안 되는 것입니다.

　"이 꽃잎 색깔은 불꽃보다 천 배 만 배 더 붉다."

　아무리 강조하여 말한들 실제의 꽃 색깔의 세계는 그 표현 가지고는 되지 않습니다. 그래서 나중에 눈을 뜨고 꽃을 직접 바로 보고난 뒤에는 이런 말을 틀림없이 할 것입니다.

"그 꽃이 가지고 있는 색깔 설명을 뭘 그렇게 엉터리로 했어요?"

눈을 뜨고 꽃을 직접 보고 나면 먼저 눈을 뜨고 있던 사람이 하루종일 꽃 색깔을 설명한 것이 제대로 된 표현이 아니라는 것을 단박에 알게 될 것입니다. 이렇게 미루어 보아서 여기 경에 표현된 게 우리들이 아직 마음의 눈이 제대로 열리지 않아서 그렇지, 이 표현이 결코 과장된 표현이 아니라는 사실을 알아야 됩니다. 우리들은 아직 마음의 눈이 열리지 않은 상태에 있지만 여기 보살들은 불가사의한 법의 눈, 진리의 눈이 환히 열린 까닭에 법이 응당 이같이 출흥하여 말할 수 없는 부처 세계의 티끌 수 같은 큰 신통 변화로 장엄한 구름을 일으킵니다.

'법이 응당 이 같다'는 것에 주목을 한다면 그것은 대단한 안목입니다. 장미꽃의 색깔이 불꽃보다 천 배 만 배 더 밝다고 하는 것은 본래로 장미꽃이 그렇게 생겼기 때문이지 없는 사실을 미화하여 말한 게 아니라는 것입니다. 본래로 우리들이 부처이기 때문에 부처라고 하는 것이지, 우리들을 달콤하게 마비시키려고 부처라고 하는 것이 아닙니다. 온갖 만행 만덕을 다 가지고 있는 불성 인간이기 때문에 보살이고 부처라고 하는 것이지 말로만 부처라고 이름지어 주는 것이 아닌 것입니다.

9. 문수(文殊)보살이 서다림의 일을 게송으로 찬탄하다

爾時에 文殊師利菩薩이 承佛神力하야 欲重宣此逝多林中諸神變事하사 觀察十方하고 而說頌言하사대

이때 문수사리보살이 부처님의 신력을 받자와 이 서다림 속의 여러 신통 변화한 일을 거듭 펴려고 시방을 관찰하고 게송을 말하였다.

**汝應觀此逝多林하라
以佛威神廣無際하며**

一切莊嚴皆示現하야
方法界悉充滿이로다
그대들은 이 서다림을 보라
부처님의 위신으로 끝없이 넓고
온갖 가지 장엄을 다 나타내어
시방의 온 법계에 가득히 찼네.

十方一切諸國土의
無邊品類大莊嚴이
於其座等境界中에
色像分明皆顯現이로다
시방의 한량없는 모든 국토에
그지없는 종류를 모두 장엄해
거기 있는 사자좌들 경계 가운데
온갖 모양 분명히 다 나타났네.

　시방에서 모여온 보살들이 열 가지 게송을 읊고난 뒤에는 보현보살이 삼매를 설하였습니다. 그러고 나서는 세존께서 미간백호에서 큰 광명을 놓아 보살들에게 여러 가지 이익을 얻게 하였습니다.
　이제는 지혜가 뛰어난 문수보살이 서다림 법회에서 일어나고 있는 갖가지의 장엄을 시로써 찬탄을 합니다. 여기서도 마찬가지로 찬탄만 하고 있는 것이 아니고 역시 우리들에게 불법(佛法)을 드러내고 있습니다.
　우리들은 보아야 합니다. 눈을 뜨고 보면 이 세상은 온통 서다림입니다. 어디 인도에 있는 숲만 서다림이 아니고 이 세상 구석구석이 다 서다림입니다. 아름다운 우리 나라 산도 서다림인 것이고, 물 한 방울 나지 않는 저 황량한 사막도 그대로가 서다림 법계인 것입니다.
　그리하여 그 법계에 나타난 그지없는 종류는 다 장엄된 것들입니다. 돌이면 돌, 구름이면 구름, 사람이면 사람, 사람도 각양각색 사람들입니다. 늙은이 젊은이 할 것 없이 온갖 모습들, 오솔길이면 오솔길, 큰 길이면 큰 길, 작은 나무면 작은 나무, 중생이면 중생, 성인이면 성인, 아귀면 아귀, 아수라면 아수라, 그대로가 다 장엄되어 있는 그지없는 품류(品類)인 것입니다. 극락에 가도 신기하고 지옥엘 가도 신기합니다. 지옥이 오히려 더 신기할 지도 모릅니다. 그 사람에게는, 비로소 눈을 뜬 사람에게는 그저 신기할 뿐인 것입니다. 지옥도 극락도 없습니다. 그대로가 다 장엄되어 있는 것입니다. 따로 어디에 장엄을 해놓았다고 생각하지 마십시오. 우리들의 현실을 떠나서 다른 어떤 모습을 상상하면 그것은 바르게 공부한 것이 아닙니다. 그것은 절대로 잘못 생각한 것입니다.

여기에 밝은 눈을 가지십시오. 밝은 눈을 뜨고 나면 현재 있는 이 자리, 한 걸음도 옮기지 않은 이 자리가 그대로 부처의 세계이고 보살의 세계이고 극락 세계입니다. 화장 세계는 바로 우리들이 발을 딛고 살아가는 이 자리이지 어디 따로 있는 게 아니라는 사실입니다. 그 외 다른 것은 아무 것도 아닙니다.

그것을 일러 성인(聖人)들은 늘 이렇게 말합니다.

"물결 버리고 물을 찾지 말라."

출렁거리는 물결을 보고 이런 말을 하지 말라는 것입니다.

"저 철썩대는 물결은 물이 아니야. 물은 어디 다른 곳에 따로 있을 거야."

이 말이 가능한 이야기입니까. 물이 있어야 물결이 일어납니다. 그러므로 이 물결이 곧 물을 나타내는 것입니다. 물결을 버리고 따로 물을 찾아 헤맬 것이 없습니다. 이 물결이라는 게 결국 무엇이겠습니까. 우리들이 세상을 살아가면서 일으켜 세우는 온갖 시시비비, 온갖 희로애락, 온갖 탐진치인 것입니다. 그러므로 감정의 물결에 출렁거리며 살아가는 그 삶 속에 진리의 물결이 있다 이 말입니다.

출렁거리는 물결말고 따로 물이 없습니다. 출렁이는 물결 그것이 바로 물입니다. 그래서 물결 곧 그대로 물이라고 성인들은 늘 말합니다. 물은 어떠한 형태라도 있을 수 밖에 없다 이겁니다. 그런 형태를 버리고 따로 어디 젖는 성품을 찾지 말아라, 그러니까 탐진치 삼독의 물결, 온갖 8만 4천 가지 번뇌의 물결 속에 진정한 극락 세계, 법의 세계, 진리의 세계, 보살의 세계, 부처의 세계, 화장 세계가 있다 이렇게 보라는 것입니다.

또한 저기 있는 사자좌들 가운데에 온갖 모양이 분명히 나타납니다. '저기 있는 사자좌'도 어디 따로 근사하게 꾸며 놓은 자리가 아닙니다. 여기 우리들이 경험하고 살아가고 있는 이 환경, 또한 사물 하나하나가 바로 법의 자리가 되고, 그대로 자기 모습을 나타내는 것입니다.

차(茶) 마시는 것만 해도 그렇습니다. 차(茶)는 차대로, 물은 물대로, 다기(茶器)는 다기대로, 차반은 차반대로 각기 개성을 다 가지고 있고, 그리하여 제 할 일을 다 하고 있습니다. 집을 보아도 서까래는 서까래대로, 기둥은 기둥대로 벽은 벽대로, 또 그 벽을 훑어 보아도 벽돌은 벽돌대로, 모래는 모래대로, 자갈은 자갈대로, 시멘트는 시멘트대로 다 독특한 개성과 특성을 가지고서 앉은 그 상태에서 온갖 모양을 분명히 나타내고 있는 것입니다. 그러면서 또 한데 어울려 집이라는 멋진 하나의 유기체가 되는 것입니다. 개성은 개성대로 가지고 있으면서 전체를 포섭하고 융화하고 있는 것, 그것이 바로 『화엄경』에서 말하고 있는 육상원융(六相圓融)이고 이 우주의 질서인 것입니다.

   從諸佛子毛孔出
   種種莊嚴寶焰雲하며
   及發如來微妙音하야
   徧滿十方一切刹이로다
   수없는 불자들의 모공에서
   갖가지 장엄한 불꽃 구름과
   여래의 미묘한 음성을 내어
   시방의 모든 세계에 가득히 찼네.

寶樹華中現妙身하니
其身色相等梵王이라
從禪定起而遊步나
進止威儀恒寂靜이로다
보배 꽃나무에서 몸을 나투니
잘생긴 그 모습이 범천과 같아
선정에서 일어나 걸어다니며
오고 가는 거동이 항상 고요하도다.

如來一一毛孔內에
常現難思變化身호대
皆如普賢大菩薩하야
種種諸相爲嚴好로다
여래의 하나하나 모공 속에
변화하여 부사의한 몸을 나타내
모두 다 보현보살마하살같이
갖가지 상호(相好)를 장엄하였네.

　많고 많은 불자(佛子)들의 모공으로부터 갖가지의 장엄한 불꽃 구름이 일어 납니다. 모공으로부터 온통 진리의 세계, 부처의 세계가 열리고 있습니다. 그래서 『화엄경』에서는 화장 장엄 세계라고 하는 것입니다. 그러나 불꽃 구름이 일어난다고 해서 꼭 어디에서 불꽃 구름이 나오는 것이 아니라 현재 있는 모습을 열린 눈으로 보았을 때 그 모습을 그대로 이렇게 나타내는 것입니다.
　그리고는 귀의 경계입니다. 여래의 미묘한 소리를 내어 가지고서 시방의 일체찰에 가득 합니다. 온갖 사물들은 온갖 소리를 다 가지고 있습니다. 차가 굴러가는 소리, 선풍기가 돌아가는 소리, 시장에서 왁자지껄한 소리, 그게 모두 다 여래의 미묘한 음인 것입니다. 시방에 가득 찼잖습니까. 어디 가 보십시오. 소리 없는 곳이 있는가. 그게 시방의 모든 세계에 가득 차 있는 것입니다.

또한 보배 꽃나무에서 몸을 나투니 범천과 같이 그 모습이 아름답고 훌륭합니다. 봉사가 한번 눈을 떠 보십시오. 세상이 어떻게 보이겠는지 짐작이 충분히 됩니다. 아무리 못생긴 사람이라도 그렇게 예뻐 보이고 신기할 수가 없을 것입니다. 꼭 사람이 아니라도 마찬가지입니다. 늘 다니는 길에서도 눈을 뜨고 보면 여래를 다 찾아낼 수 있습니다. 무슨 힘이 있어서 그렇게 갖가지를 저장해 놓았다가 때가 되면 시기에 맞추어 착착 내어 보내는지 정말 신비하기 짝이 없습니다.

얼마나 그 품이 넉넉하길래 봄이 되면 붉고 노란 꽃을 내보내어 우리들의 마음을 환하게 해주고, 여름이 되면 온통 초록으로 물들여서 충만함을 보태 주는지 참으로 알 수 없는 일입니다. 그리고 가을이 되어 보십시오. 기다렸다는 듯이 억새는 언덕길에서 고개짓하고, 단풍은 소담하게 자기 빛깔을 터뜨립니다. 무슨 힘이 숨어 있기에 그럴 수가 있는지 그게 여래가 아니고서 어찌 가능한 일이겠습니까. 그래서 이 세상에 존재하고 있는 모든 것들은 다 여래의 현현이라고 하겠습니다.

온 세상에 나툰 그 모습들은 시비하거나 다투지 않습니다. 그대로 고요하게 있으면서 자기들의 일을 묵묵히 보여줄 뿐입니다. 왜냐하면 선정에서 일어나 걸어 다니기 때문에 오고 가는 거동 또한 고요할 뿐입니다.

우리들은 바깥 경계를 따라서 몸과 마음이 온갖 곳을 돌아 다닙니다. 그렇지만 한꺼풀 벗기고 보면 그 위의(威儀)는 결국에는 적정(寂靜)합니다. 본래로 적멸한 한마음자리에서 나왔기 때문에 그 고요한 마음자리를 그대로 지니고 있습니다. 본체를 떠나지 아니하고 작용을 하고, 작용을 하되 본체를 가지고 있다 이렇게 되는 것입니다. 아무리 각양각색의 물결이 일어나더라도 그 물결 하나하나는 젖는다는 성품을 다 지니고 있습니다. 우리들이 어디 가서 무슨 짓을 하여도 그 나쁜 짓 하나하나에 전부 우리들의 본마음이 다 스며 있는 것입니다. 마음이 들어서 하는 짓이지 마음이 들어가지 않고 하는 짓은 하나도 없습니다. 바로 그것입니다. 그래 마음의 입장에서 보면 거기에 선악(善惡)이 나누어지지 않는 것입니다. 선(善)이니 악(惡)이니 하는 것은 현상입니다. 그냥 겉에 드러난 모습에 불과한 것이지 그 실상은 마음 하나뿐이라는 것입니다.

그리고 여래의 하나하나 모공 속에 불가사의한 몸을 나타내고 있는데 그 모습들은 전부가 다 보현보살마하살과 같이 장엄되어 있습니다. 모든 장엄된 모습을 하나의 인격시했을 때 그건 보현보살이다 이렇게 되는 것입니다. 이 세상을 그대로 보현보살로 보는 것입니다. 보현보살은 작용이 두드러지는 보살입니다. 우리들이 나아가야 할 바를 가르쳐주고 있다고 하겠습니다.

逝多林上虛空中에
所有莊嚴發妙音하야
普說三世諸菩薩의
成就一切功德海로다
서다림 위에 있는 허공 중에서
여러 가지 장엄으로 소리를 내어
삼세의 보살들이 닦아 이루신
갖가지 공덕 바다를 널리 말하네.

逝多林中諸寶樹가
亦出無量妙音聲하야
演說一切諸群生의
種種業海各差別이로다
서다림 속에 있는 보배 나무도
한량없이 미묘한 음성을 내어
모든 중생 갖가지 업의 바다가
제각기 차별함을 연설하도다.

여기서 서다림이라고 해서 기원정사가 있는 그 곳만을 말하는 것이 아니고, 이 『화엄경』이 설해지는 곳은 어디가 되든지 간에 다 서다림이라고 할 수 있겠습니다. 『화엄경』 도리가 법당에서 행해지면 그곳이 서다림인 것이고 안방에서 「화엄경 약찬게」를 읽고 있으면 그곳이 바로 서다림입니다. 몸을 가두어 놓은 교도소에서 『화엄경』을 읽고 화장 장엄 세계에 몰입하고 있으면 그곳 또한 하나도 걸리지 않는 무애한 곳이 되는 것입니다. 어디에 있든지 간에 『화엄경』이 설해지는 시각으로 보게 되면 세상에서 나는 그 어떤 소리라도 부처님 법문이 아닌 것이 없습니다. 그래서 서다림에 있는 보배 나무에서도 음성을 내어 일체 모든 중생들의 갖가지 업의 바다가 제각기 차별함을 연설하고 있습니다.

이 말은 본질에 있어서는 부처와 조금도 다르지 않지만 현재에 있어서 차별한 모습을 그대로 두고 하는 말입니다. 낱낱이 설명을 다 하려면 언제 다 하겠습니까. 그래서 현재 있는 것을 그대로 다 인정해 버리면 끝나는 것입니다. 이 세상에 있는 것은 모든 게 다 차별합니다. 사람도 다 차별합니다. 왜 그런가 하면 중생들의 업이 각각 차별하기 때문입니다. 그래서 그 차별한 업을 두고 '업의 바다'라고 하는 것입니다. 중생마다 사물마다 차별한 업을 언제 다 설할 수가 있겠습니까. 연설해 보았자 제대로 하지도 못하고 그래서 있는 그대로 맡겨 버리면 되는 것입니다.

'있는 그대로', 나무는 나무대로, 장미꽃은 장미꽃 그대로의 업이 있는 것이고, 이파리는 이파리대로, 돌은 돌대로의 업인 것입니다. 모든 것을 그대로 맡겨두었을 때 가장 완벽한 연설이 됩니다. 거기에다가 뭐라고 설명을 더 붙일 게 없습니다.

나무는 이러이러하게 생겼는데 봄이 되면 싹이 나서 한참 자라다가 여름이 되면 녹음이 우거지고, 가을이 되면 열매를 맺고 겨울이 되면 휴식을 한다고 이것저것 아무리 설명을 해보아야 제대로 맞지가 않습니다. 가까울 뿐이지 정확하지 않습니다. 그러면 정확한 것은 무엇이냐, 맡겨 두어 버리는 겁니다. 장미는 장미 자신이 제일 잘 알아요. 장미 제가 제일로 잘 알고 제일 설명을 잘하고 제일 정확합니다. 장미만큼 장미를 잘 아는 것은 없어요. 그렇게 맡겨두어야 맞지, 안 그러면 맞지 않습니다.

이런 설명을 누가 하고 있습니까. 예를 들어서 석가모니 부처님이 이런 일을 하고 있습니까. 부처님은 이 일을 하고 있지 않습니다. 그저 비슷한 소리를 팔만대장경을 빌어서 잠깐 했을 뿐이지 일체제군생(一切諸群生)의 갖가지 업의 바다와 같이 넓고 넓은 업의 차별을 다 이야기하지 못하는 겁니다. 비슷하게 그저 변죽만 울릴 뿐이지 제대로 할 수 있는 것은 그냥 그대로 있는 것이 제일 설명을 잘하고 있는 것입니다.

컵은 컵 자신이 제일 잘 알고 있습니다. 흙이 어떻게 해서 이 형태가 되었는지, 불은 얼마나 뜨거워야 하는지, 또 얼마나 물을 담을 수 있는지 언제 넘치는지 컵 자신이 제일 잘 알고 있습니다. 다른 누가 재고 설명한다고 해보았자 다 맞지 않은 소리입니다. 비슷할 뿐입니다. 왜 그렇느냐면 그 자체에서 보면 각자가 다 동등한 진리의 세계이고 동등한 부처의 세계이기 때문입니다.

나의 입장을 가지고 나무를 설명하고 장미꽃을 아무리 설명해 보았자 그것은 결국 내 편견에 떨어져서 말하고 있는 것입니다. 나의 편견에 떨어지면 벌써 문제가 생겨 버립니다. 문제가 생기면 괴로움이 생기고, 괴로움이 생기면 아픕니다. 아프면 불행하게 되고, 인간의 불행이 무엇 때문에 생깁니까. 차별 때문입니다. 차별은 편견에 의해 옵니다. 컵은 깨어져도 괜찮은 것이고 나는 깨어지면 안 된다, 이것 때문에 생기게 되는 것입니다. 그것은 차별심이고 편견입니다. 그래서 인생길을 가면서 갖가지 문제가 야기되는 것입니다.

　　　林中所有衆境界가
　　　悉現三世諸如來하야
　　　一一皆起大神通이
　　　十方刹海微塵數로다

서다림 속에 있는 여러 경계가
삼세의 여래들을 다 나타내어
저마다 큰 신통을 일으키는 일
시방의 세계 바다 티끌과 같네.

十方所有諸國土의
一切刹海微塵數가
悉入如來毛孔中하야
次第莊嚴皆現覩로다
시방에 널려 있는 갖가지 국토
모든 세계 바다의 티끌 수들이
여래의 모공에 다 들어가서
차례로 장엄함을 모두 보도다.

所有莊嚴皆現佛호대
數等衆生徧世間하야
一一咸放大光明하야
種種隨宜化群品이로다
모든 장엄 속에서 나타낸 부처님이
중생과 같은 수가 세간에 가득하고
부처님마다 큰 광명을 모두 놓아서
갖가지로 마땅하게 중생을 교화하네.

보십시오. 숲 속에 있는 모든 경계가 삼세 여래를 다 나타내고 있습니다. 이 장미꽃 한 송이가 그대로 삼세 여래를 잘 나타내고 있다 그 얘기가 아니겠습니까. 장미꽃만 그런 것이 아니고, 저 컵 하나 이 연필 한 자루도 다 여래를 나타내고 있는 것입니다. 그것도 한 여래만이 아니고 과거·현재·미래의 삼세 모든 여래를 전부 다 나타내고 있는 것입니다.

그동안 누차 설명해 온 것이니 잘 생각해 보시기 바랍니다. 그렇게 이해하지 않고는 이해할 길이 없습니다. 이런 도리를 숲 속에 있는 바 모든 경계들, 즉 돌 하나, 나무 한 그루, 풀 한 포기, 흙 한 줌, 구름 한 조각 그 모든 것들이 삼세 여래를 다 나타내고 있는 것입니다. 어느 구석 하나 화장 장엄 세계가 아닌 곳이 없다는 취지입니다.

그러므로 이 『화엄경』은 어디를 보아도 『화엄경』의 종지(宗旨)를 다 지니고 있습니다. 전단향 조각조각도 다 전단향의 향을 지니고 있는 법입니다. 큰 덩어리의 전단향 나무만 전단향을 내뿜고 작은 조각은 내뿜지 않는 것이 아닙니다. 어느 글귀를 들추어 내어도 한 걸음도 벗어나지 않고 투철하게 화장 장엄 세계를 가르치고 있는 것입니다.

모든 경계들이 삼세 여래를 다 나타내고 있는데, 이 삼세 여래가 가만히 있을 턱이 없습니다. 여래쯤 되면 신통을 나타내어야 됩니다. 낱낱이 다 일으키는 큰 신통이 그 숫자가 미진수와 같습니다.

신통(神通)! 멀리 있는 것이 아닙니다. 컵의 신통을 보십시오. 물을 담으면 물이 척 담깁니다. 하나도 걸리지 않고 그냥 척 담깁니다. 그게 이 컵 부처님의 신통인 것입니다. 이 주전자 부처님의 신통은 물을 담고 있다가 또 따루어 주는 것이고, 물부처님의 신통은 따르면 따르는 대로 따라주는 것입니다. 물이 따라주지 않으면 어떻게 우리들이 살겠습니까. 이런 신통이 시방의 세계 바다와 같이 많고 많습니다.

이런 이야기 제가 혼자 억지로 하는 설명이 아닙니다. 다 경(經)에 있는 말입니다. 저의 개인 소견은 가능하면 붙이지 않고 저는 정직하게 경 대로 전해주는 사람입니다. 왜냐하면 우리들이 경을 보다 보면 정말 경보다 더 좋은 말이 없습니다. 그래서 우리 도반들끼리 이런 말을 자주 합니다.

"아무리 좋은 말을 해 보았자, 경에 있는 그대로 이야기할 수만 있다면 그보다도 더 좋은 말은 이 세상에 없을 것이다."

사실입니다. 경을 보다 보면 늘 감탄합니다. 지난 번에 감탄한 부분을 시간이 지나 또 보아도 새삼 좋아서 감탄이 되고 또 되는 것입니다. 어느 누구의 말도 경보다 더 좋은 말은 없습니다. 그렇습니다. 그대로 정직하게 우리들이 이해를 하면 끝나는 것입니다. 더 이상의 명구는 없습니다. 물론 그 속에 담긴 뜻을 말하는 것이지요.

신통 변화! 신통 변화가 무엇이냐 '운수급반시(運水及搬柴)'라, 물 길어 오고 나무해 나르는 것이 바로 신통 변화인 것입니다. 옛날에는 샘에 가서 물을 길어와야 되고 산에 가서 나무를 해와야만 됩니다. 요즈음 같으면 수도 꼭지 틀 줄 알고 가스불 확 켤 줄 알면 바로 그게 신통입니다. 그보다 더한 신통이 없습니다. 다시 더 신통을 찾지 마십시오. 불 켜고 물 길으면 되었지 다른 신통 구하려고 쫓아다닐 필요가 없습니다.

깨달은 사람들은 전부 여기에 주안을 두었습니다. 한 사람도 이의를 다는 사람이 없습니다. 왜냐하면 경에 바로 그렇게 되어 있으니까 다른 말이 필요없습니다. 들을 줄 알고 볼 줄 아는 그게 다 신통인 것입니다. 책 읽다가 재미없다 싶으면 덮을 줄 알고 놀고 싶으면 나가 놀 줄 아는 그놈이 바로 신통묘용인 것입니다. 신통이 없으면 배가 고파도 밥을 먹을 줄 모릅니다. 잠 오면 어찌 그리 잘잘 줄 아는지 그보다 더 위대한 신통은 없습니다. 그 이상 뭐가 더 필요합니까.

그래서 조사스님들이 늘 이야기하는 것입니다.

"흠소개심마(欠少個甚麽), 부족한 게 뭐냐?"

너 지금 이 상태에서 부족한 것이 무엇이냐, 더 필요한 것이 무엇이냐, 아무 것도 없다 이겁니다. 더우면 더운 줄 알고 추우면 추운 줄 아는 그런 위대한 기능을 놓아두고 더 이상 다른 기계를 찾을 필요가 없습니다. 그러니 조사 스님들이 바로 찔러 이야기하는 것입니다. 너 지금 있는 현재 상태가 완벽하다 이겁니다. 더 이상 첨가할 것도 없고 뺄 수도 없는 완전무결한 존재인 것입니다. 누구 한 사람만 그런 것이 아닙니다.

'인인(人人)이 본구(本具)하고, 개개(個個)가 원성(圓成)이라, 사람 사람이 본래로 다 갖추었고 개개가 전부 원만무결한 존재이다.'

경전의 말씀과 하나도 틀리지 않습니다. 조사 스님이라고 경하고 틀리고 경이라고 해서 조사어록보다 위에 있거나 조사어록이라고 해서 경보다 위에 있거나 하질 않습니다. 하나를 통해 놓으면 마음의 원리는 평등하고 동일하기 때문에 깨달은 사람은 똑같습니다. 또 같아야 되고 같을 수 밖에 없습니다. 반대 쪽으로 새어나갈래야 새어나가지가 않는 것입니다. 그런데 딴 데로 흘러버리는 사람들은 잘못 알아서 그렇습니다. 그 뜻을 곡해해서 그런 것입니다.

우리들의 모공(毛孔)은 얼마나 작습니까. 그런데 그 작은 모공 속으로 많고 많은 세계 바다의 먼지들이 다 들어가서 그대로 낱낱이 다 장엄한 것을 모두 봅니다. 그 작은 세계라고 해서 무시하지 말자 이겁니다. 아무리 작은 세계라 할지라도 그 작은 세계는 그 나름대로의 완전한 존재로서 다 특색과 개성을 가지고 있는 것입니다.

모든 장엄한 것을 반복하여 설명하고 있습니다. 있는 바 장엄한 것이 다 부처를 나타내고 있습니다. 먼지는 먼지대로 꽃은 꽃대로 바람은 바람대로 낱낱 부처를 나타내고 있는데 그 수가 중생 수와 같다고 확실하게 밝혀 놓았습니다. 중생 수와 똑같아서 세간에 가득찼다고 해 놓은 것입니다. 중생 수와 같다고 할 게 뭐가 있겠습니까. 중생이 그대로 부처이다 이 말인데 그대로 해버리면 너무 싱겁고 재미가 없으니까 그 이야기를 바꾸어 놓은 것뿐입니다.

이런 대목에 혜안을 가지고 경을 보아야 합니다. 옛날 중국 제(齊)나라의 환공(桓公)이 당상(堂上)에서 글을 읽고 있는데 수레 바퀴를 만들던 목수가 문득 아뢰었습니다.

"임금께서 읽고 계시는 것이 무엇입니까?"

"옛날 성인의 글이니라."

그러자 목수가 대뜸 이런 말을 하는 것이었습니다.

"그것은 성인의 찌꺼기(糟粕)입니다."

그 말을 듣고 환공이 놀라 물었습니다.

"너는 어이하여 이렇게나 위대한 성인의 글을 보고 그런 말을 할 수가 있느냐?"

그러자 목수가 대답하기를 이러는 것이었습니다.

"소인은 수레 바퀴를 만드는 기술로 한 평생을 살아 오는데 연장은 자식에게 전해 줄 수는 있으나 연장을 천천히 놀리고 빨리 놀리는 묘한 솜씨는 자식에게 전할 수가 없습니다. 마찬가지로 옛날 성인들이 글은 남겼으나 그 묘한 뜻은 전하지 못하였을 것입니다. 그러니 글 자체는 찌꺼기가 아니고 무엇이겠습니까?"

이 말처럼 아무리 부처님이라고 해도 일일이 다 경에 써서 일러줄 수가 없습니다. 그 나머지는 바로 우리들의 몫입니다. '의의불의어(依義不依語)'라고 해서 글자 너머에까지 이르러 경을 이해하는 것은 온전히 우리들의 몫입니다.

세간에 가득찬 부처마다 광명을 다 놓습니다. 어떤 전깃불이 그 전깃불이 있는 곳에서만 광명을 놓는 것이 아니고 전깃불 그 뒷편에 있는 것은 컴컴한 대로 다 광명을 놓는 것입니다. 광명을 놓는다는 것이 꼭 빛을 발해서가 아니라 그 특색 그 개성 그대로가 다 가지고 있는 것입니다. 모두가 다 잘난 것입니다. 낱낱이 다 광명을 놓아서 갖가지로 마땅함을 따라서 중생들을 교화합니다.

불빛을 발한다고 해서 형광등만 중요한 것이 아닙니다. 저 불빛이 오기까지 전깃줄도 중요합니다. 구리선을 싸고 있는 플라스틱도 중요합니다. 그 플라스틱이 없으면 전깃줄이 없고 전깃줄이 없으면 빛을 가져올 수가 없는 것입니다. 빛만 중요하다고 해서 빛만 가져올 수는 없는 것입니다. 그것이 가능하겠습니까. 불가능한 것입니다.

옛날에 어느 왕이 다른 나라를 방문하였을 때 보니 3층집이 참으로 근사하게 보였습니다. 그래서 자기 나라에 돌아와서 목수에게 3층집을 지으라고 명령을 내리고 난 얼마 뒤에 가보았습니다. 3층집이 멋지게 지어졌을 것이라고 생각하고 가보니 웬걸 명령도 하지 않은 1층집을 짓고 있는 것이었습니다.

"아니, 너는 왜 내 명령을 어기고 1층집을 짓고 있느냐? 허물고 빨리 3층집을 짓도록 하여라."

1층을 지어야 2층을 짓고, 2층을 지어야 3층을 짓지, 세상에 3층만 공중에 매달리게 짓는 법이 어디 있는지 참으로 어리석기 짝이 없습니다. 3층이 중요하면 1층이 필요한 줄 알아야 됩니다. 이 형광등 빛이 중요하면 그 빛이 오기까지의 모든 과정도 이 불빛과 동등한 가치가 있고 자격이 있는 것입니다.

또 '갖가지로 마땅함을 따라서'라는 대목도 참으로 눈여겨 보아야 합니다. 마땅함이란 바로 편의를 말하는 것입니다. 전깃줄이 필요할 때에는 전깃줄이 있어야 하고, 플라스틱이 필요하면 플라스틱이 있어야 하고 전봇대를 세우는 데에 시멘트가 필요하면 시멘트가 있어야 되고 시멘트를 만드는 데에 모래가 필요하면 모래, 자갈이 필요하면 자갈, 물이 필요하면 물을 쓰는 것입니다. 마지막 물 한 방울까지와 전깃불의 가치는 동등하고 엄연한 자격이 있는 것입니다. 편리한 대로 필요하면 주저하지 말고 쓰면 되는 것입니다. 이런 도리로 마땅함을 따라서 중생을 교화하면 되는 것입니다.

참으로 『화엄경』 이것은 그냥 자꾸 읽고 그래서 젖어드는 것입니다. 이것은 아는 게 아닙니다. 『화엄경』은 몰랐던 것을 알게 되는 이치가 아니고 그냥 그 곳에 젖어드는 것입니다. 본래로 우리들은 『화엄경』의 세계와 하나인데 그 '하나'라고 하는 사실을 미처 느끼지 못하고 있기 때문에 우리들이 『화엄경』을 그냥 쭈욱쭈욱 읽어서 이 『화엄경』의 경계에 젖어드는 것, 그게 『화엄경』 공부의 주목적인 것입니다. 『화엄경』은 지식을 쌓아가는 게 아닙니다. 별 이치가 없습니다.

앞에서도 말씀드렸지마는 누가 장미꽃을 열심히 연구해 가지고 꽃이 어떻니 가시가 저떻니 하고 이야기해 봤자 장미꽃의 백분의 일에도 미치지 못하는 것입니다. 그럼 장미꽃을 제일 설명을 잘하려면 그냥 처억 장미꽃이 나타나 있으면 되는 것입니다. 장미꽃이 장미꽃을 제일 잘 알고, 또한 장미꽃이 장미꽃에 대해 제일 설명을 잘 하는 것입니다.

이와 마찬가지로 우리는 '한 걸음도 옮기지 아니한 채 그대로가 부처요, 보살이요, 진리이다.' 하는 사실을 『화엄경』에서는 배울 필요도 없습니다. 배울 필요가 없고 배워 봤자 달라질 것도 없습니다. 나는 나로 충실하면 그뿐이고, 장미꽃은 장미꽃으로 충실하면 그뿐인 것입니다. 내가 장미꽃을 알려고 할 필요도 없고, 장미꽃이 되려고 할 필요도 없는 것입니다. 그냥 자기 위치에 있으면 되는 것입니다.

이런 입장이기 때문에 배워도 그뿐이고 배우지 않아도 그만입니다. 배우지 않아도 하나도 손해날 것이 없고, 배워도 아무 보탬이 될 것이 없습니다. 그렇다면 무엇 때문에 이런 방대한 『화엄경』을 읽어야 하느냐, 요는 '젖어들자'는 것입니다. 그냥 젖어드는 것입니다.

"아 이런 것이구나. 내 삶이라고 하는 것이 여기에 설명해 놓은 그대로구나. 『화엄경』에 설명해 놓은 그대로가 나의 삶이로구나."하고 젖어드는 것, 그것뿐입니다.

그래서 『화엄경』은 무턱대고 자꾸 읽는 수밖에 없습니다. 자꾸 읽다보면 거기에 느끼게 되고 즐겁고 환희심이 생기게 되는 것입니다. 저도 수십년 동안 『화엄경』 공부를 하며 살아오고 있는데 이 결론밖에 내릴 게 없었습니다.

'그냥 푸욱 젖는 것', 이것이 바로 『화엄경』 공부의 요체라고 생각하시고 80권 『화엄경』 중 어느 품이라도 손에 잡히는 대로 마냥 읽으십시오. 『화엄경』이 부담되면 「화엄경 약찬게」라도 늘 독송하십시오. 「화엄경약찬게」가 또 길면 의상대사의 「법성게」라도 늘 외우십시오. 읽다보면 사사물물, 두두물물을 다 신으로, 보살로, 부처로 보는 안목으로 깨어날 때가 있을 것입니다. 세상이 확 달라져 보일 것입니다. 그러면 이 비어 있는 허공 하나도 예사롭게 느껴지지 않을 것입니다.

안개 속을 지나오면 어느 새 우리들의 옷자락에 안개 냄새가 배어 있듯이 마냥 읽다보면 『화엄경』의 도리가 어느 새 내 곁에 달려와 있을 것입니다. 한 순간도 떠나지 않았지만 전에 보았던 세상과는 다른 또 하나의 세상이 열리게 될 것입니다.

香焰衆華及寶藏과
一切莊嚴殊妙雲이
靡不廣大等虛空하야
徧滿十方諸國土로다
향불꽃과 보배의 창고[藏]와 여러 가지 꽃
갖가지로 미묘하게 장엄한 구름
광대하여 허공과 같은 것들이
시방의 국토들에 가득하였네.

十方三世一切佛의
所有莊嚴妙道場이
於此園林境界中에
一一色像皆明現이로다
시방과 삼세의 모든 부처님
여러 가지 장엄한 묘한 도량이
이 동산의 서다림 경계 가운데에
갖가지 모양들이 다 나타났네.

一切普賢諸佛子의
百千劫海莊嚴刹이
其數無量等衆生을
莫不於此林中見이로다
수많은 보현보살 모든 불자들의
백천만 겁 동안에 장엄한 세계가

**그 수효 한량없어 중생 같은데
이 서다림 속에서 모두 보도다.**

  향기를 뿜는 불꽃들과 온갖 보배가 가득한 창고와 여러 가지 꽃과 특수하고 미묘한 구름이 광대하여 허공과 같은 것들이 시방의 국토에 가득합니다. 그런데 그 시방 세계 삼세 모든 부처님의 여러 가지 장엄한 도량이 바로 이 서다림 동산에 갖가지 모양들이 다 나타납니다. 여기에 또 안목을 넓혀야 하겠지요.
  현재 여러분들은 이「입법계품」강의서를 읽고 있으니까 여러분들 계시는 그곳이 바로 서다림이 됩니다. 바로 우리들이 앉아 있는 이 경계 가운데에 낱낱 사물이 다 나타나는 것입니다. 이것을 잘 알아야 합니다. 바로 이 자리입니다. 우리들이 있는 자리입니다.
  우리들이 어디에 가 있든지 간에 바로 그 자리가 서다림이 되는 것입니다. 일터에 있으면 일터가 바로 서다림이 되고, 도서관에 가 있으면 그곳이 법의 자리가 되고 화장실에 가 있어도 마찬가지입니다. 바로 그 자리에 낱낱 색상이 없는 데가 없습니다. 일체 사물이 다 있습니다.
  시방 삼세 일체불의 묘도량이 거기에 나타납니다. 여러분들이 있는 어느 때, 어느 장소든지 전부가 다 시방 삼세 일체불의 묘한 장엄 도량입니다. 바로 그것입니다. 우리들이 처해 있는 이 순간 이 장소를 떠나서 달리 부처님 도량을 찾지 마십시오. 달리 화장 장엄 세계 찾지 말고, 극락 세계 찾지 말고, 서방 정토 찾지 말고, 장엄 묘도량 찾지 말고, 부처님 계신 데 찾지 말고 바로 이 자리가 시방 삼세 일체불의 장엄 도량임을 명심해야겠습니다. 이런 대목에 와서는 무릎을 탁 치고 한참 음미해 보는 안목이 있어야겠습니다.
  시방 삼세 일체불뿐만 아니고 보현보살 모든 불자들의 백천만 겁 동안의 장엄한 세계가 다 이 서다림 속에 나타나고 있습니다. 부처님의 경계나 보현보살의 경계나 서방 정토의 경계나 어떤 것을 가져와도 상관이 없습니다. 좋은 것을 일체 다 갖다 붙여도 됩니다. 진리라고 해도 되고 관세음보살이라고 해도 좋고 자기가 좋아하는 경계를 다 갖다 붙여도 아무 손색이 없는 자리입니다.

여기 또 보현보살 불자의 수효가 중생과 같다고 해놓았습니다. 우리들의 나아갈 바가 무엇인지 곳곳에서 밝혀놓고 있습니다. 참으로 지혜 제일이라는 문수보살답게 한 글자도 뺄 것도 없이 구절구절 빛나게 게송을 잘 읊었습니다.

10. 큰 작용은 끝이 없다

(1) 삼매 광명으로 세간의 주인 형상을 나타내다

爾時에 彼諸菩薩이 以佛三昧光明照故로 卽時에 得入如是三昧하야 一一皆得不可說佛刹微塵數大悲門하야 利益安樂一切衆生호대 於其身上一一毛孔에 皆出不可說佛刹微塵數光明하며 一一光明이 皆化現不可說佛刹微塵數菩薩하니 其身形相이 如諸世主하야 普現一切衆生之前하야 周帀徧滿十方法界하야 種種方便으로 敎化調伏하니라

그때 저 보살들이 부처님의 삼매 광명이 비치었으므로 곧 이러한 삼매에 들어갔으며, 제각기 말할 수 없는 세계 티끌 수의 크게 가엾이 여기는 문을 얻어 모든 중생들을 이익케 하고 안락케 하는데, 몸에 있는 모공마다 말할 수 없는 세계 티끌 수 광명을 내고, 낱낱 광명에서 말할 수 없는 세계 티끌 수 보살들을 변화하여 나타내니, 그 형상이 세간 임금과 같으며, 일체 중생의 앞에 나타나서 시방 법계에 가득하게 차 있으면서 여러 가지 방편으로 교화하고 조복시켰다.

부처님이 삼매 광명으로 인하여 보살들이 즉시 삼매에 들어 가지고서

보살들이 다 '말할 수 없는 부처 세계 티끌 수의 크게 가엾이 여기는 문'을 얻어 중생들을 이익케 하고 안락케 합니다.

어떻게 하여 중생들을 위하는고 하니 몸의 낱낱 모공에서 광명을 내고 그 낱낱 광명에서 또 한량없는 보살들을 나타내어 중생들을 교화하고 조복시킵니다. 그런데 그 형상이 세간의 임금과 같습니다. 세간의 임금이라고 하는 의미는 꼭 한 나라를 책임지고 있는 고귀한 신분을 말하는 것이라기보다는 이 세상에서 어떤 한 분야를 담당한 책임자, 또는 어른이라는 의미가 많이 들어 있습니다. 한 분야를 책임지려면 거기에 걸맞는 실력이 있어야 합니다. 여기에 나오는 세간의 임금들은 중생을 교화하고 조복시키기 위해서 갖가지의 방편을 씁니다. 때에 맞추어 방편을 구사할 수 있는 능력을 갖추고 있습니다.

『화엄경』의 첫품이 「세주묘엄품(世主妙嚴品)」으로 되어 있습니다. 세상의 주인이 묘하게 장엄하고 있는 것이 화장 세계의 장엄이고 그것이 바로 화엄(華嚴)의 세계이다 하는 그런 뜻으로 세간의 주인들이 자주 이야기됩니다.

그러니까 세간의 주인이라고 하는 것은 특정한 사람만을 가리키는 것이 아니고, 모든 사람사람이 다 세상의 주인이고 사람뿐만 아니고 모든 사물 하나하나가 전부 세상의 주인이라는 것입니다. 어떻게 보면 너도 잘났고 나도 잘났다는 입장이 될 수도 있겠으나 그것보다는 전부가 그 나름대로의 가치를 가지고 존귀한 독립된 하나의 가치로 살아가고 있다는 의미인 것입니다. 세상에 살아가는 모든 사람들, 그리고 또 모든 사물이 전부가 세상의 주인이다는 그런 내용이 되는 것입니다.

(2) 갖가지의 문을 나타내다

或現不可說佛刹微塵數諸天宮殿無常門하며 或現不可說佛刹微塵數一切衆生受生門하며 或現不可說佛刹微塵數一切菩薩修行門하며 或現不可說佛

刹微塵數夢境門하며 或現不可說佛刹微塵數菩薩大願門하며 或現不可說佛刹微塵數震動世界門하며 或現不可說佛刹微塵數分別世界門하며 或現不可說佛刹微塵數現生世界門하나라

말할 수 없는 부처님 세계의 티끌 수 하늘 궁전의 무상한 문도 나타내고, 말할 수 없는 부처님 세계의 티끌 수 모든 중생의 태어나는 문도 나타내고, 말할 수 없는 세계의 티끌 수 모든 보살의 수행하는 문도 나타내고, 말할 수 없는 세계의 티끌 수 꿈 경계의 문도 나타내고, 말할 수 없는 세계의 티끌 수 보살의 큰 서원문도 나타내고, 말할 수 없는 세계의 티끌 수 세계를 진동하는 문도 나타내고, 말할 수 없는 세계의 티끌 수 세계를 분별하는 문도 나타내고, 말할 수 없는 세계의 티끌 수 세계가 지금 생기는 문도 나타내었다.

여기서 여덟 가지의 문(門)을 나타내는데 삼매 혹은 광명에서 나타난 모습들입니다. 매 문 앞에 '말할 수 없는 부처님 세계의 티끌 수(不可說佛刹微塵數)'라는 말이 늘 붙어 나옵니다.

'부처님 세계〔佛刹〕'라는 말은 바로 세계입니다. 불교에서는 세계마다 부처님이 계시기 때문에 부처님 세계라고 하는 것입니다. 그래서 부처님 세계를 단순하게 세계라고 이해하면 쉽습니다.

또한 '말할 수 없는〔不可說〕'이라는 말도 불교에서 자주 쓰고 특히 『화엄경』에 많이 나옵니다. 말로는 도저히 설명할 수 없다 하는 그런 뜻입니다. 가히 말할 수 없는 그런 세계를 미진으로 만들었을 때 많고 많은 미진의 세계와 같은 하늘 궁전의 무상문을 나타냅니다. 그러니까 하늘 궁전 그대로가 무상의 도리를 나타낸다는 그런 의미입니다. 참으로 적절한 표현입니다. 있지도 아니하고 그러면서도 없지도 아니한 무상(無常)의 도리를 하늘을 빌어 표현하고 있습니다.

또 중생들이 생을 받아 태어나는 모습을 나타내고 있습니다. 중생들이 태어나는 모습이 갖가지인 것입니다. 남녀가 다르고 집안이 다르고 모습

이 갖가지인 것을 다 나타냅니다. 보살들이 어떻게 수행하는가 하는 것도 나타냅니다. 무엇으로 수행을 하는지, 참선으로 하는가 염불로 하는가 간경으로 하는가 바라밀을 행하는가 하는 그런 여러 가지 수행문을 나타낸다는 것입니다. 여기서 나타낸다고 하니까 새로운 것을 나타내는 게 아니고 이미 있는 현실을 그대로 이야기하는 것입니다. 무상(無常)이라고 하는 말이나 생을 받아 태어나는 모습이라는 말이나 수행이라고 하는 말이나 다 현재 있는 모습을 그대로 말하는 것입니다.

이 세상의 모든 중생이나 생물들은 끝도 없이 순간순간 태어나고 있습니다. 세상에 한 번 태어나는 것을 말하는 게 아닌 것입니다. 또 쉬지 않고 살아가는 것이 바로 수행입니다. 어디 동굴에 가서 가부좌를 해야 수행한다고 하는 것이 아니고, 쉼없이 살아가는 것, 그 자체가 바로 수행이고 새롭게 태어나는 것입니다. 또한 꿈의 경계와 같은 문을 나타내고, 큰 서원의 문을 나타내며, 세계를 진동시키는 문도 나타내고, 세계를 분별하는 문도 나타내며, 세계가 지금 생기는[現生] 문을 나타냅니다.

현생(現生)! 과거생도 아니고 미래생도 아닙니다. 이런 여러 가지 문이 다 현재의 생을 나타낸다는 것입니다. 광명에서 갖가지의 문을 나타내게 되는데 이것은 광명이 있음으로 해서 여러 가지 세계의 현상들이 눈에 들어온다, 그 빛을 발한다, 다시 말해서 그런 여러 가지 다종다양한 현상들이 제 나름의 가치와 생명을 갖게 된다는 그런 의미로 이해하는 게 바람직합니다.

어떤 회귀한 사건이 지금 벌어지고 있다는 이야기가 아니고 현재 있는 사실을 있는 그대로 인정하자는 것입니다. 『화엄경』은 언제나 그렇습니다. 물론 사람이 어떻게 살아야 한다하는 그런 권고와 실천의 이야기도 많지만 『화엄경』은 진리의 입장에서 보면 현재 있는 모습이, 어떠한 모습을 하고 있든지 간에, 있는 그대로가 진리라는 입장인 것입니다.

있는 그대로의 존엄성과 그대로의 개성과 독특함을 대단히 중요하게 여기는 진리의 순수함에 초점을 맞추고 있습니다. 그러므로 무엇을 뜯어 고치고 새롭게 만들어서 좋아지는 세계를 화장 세계라고 하지 않습니다. 현재 있는 세계, 그야말로 새 소리 물 소리 저 매미 소리가 다 그대로 부처님 법문이고, 또 그 소리를 내게 하는 눈에 보이는 현상들이 그대로가 진리라고 하는 그런 순수한 입장이『화엄경』입니다.

우리들이 있는 그대로를 수용하는 것을 당장 실천하지 못해서 그렇지 그대로 인정하고 수용할 수 있다면 그렇게 편안할 수가 없고 그렇게 좋은 세계일 수가 없는 것입니다. 배척할 것도 없고 따로 선별하고 간택할 이유가 없습니다. 사실 우리들이 선별하고 배척하고 분별하는 데에서 문제가 야기되는 것이지 그냥 그대로 그 사물 가치를 100% 이해하고 인정해 주면 거기에 문제가 생길 리가 없습니다. 예를 들어서 가시는 뾰족해야 가시로서 훌륭하고, 잔디는 부드러워야 하고, 소나무는 사시사철 청청해야 되는 것이고, 활엽수는 단풍이 들고 낙엽이 져야 하는 것입니다.

소나무가 활엽수를 보고 시비걸 것이 아닌 것입니다.

"너는 왜 가을에 색깔이 변하고 잎이 떨어지느냐?"

또 활엽수는 활엽수대로 소나무보고 시기할 것도 아닙니다.

"너는 뭐가 잘났다고 잎 색깔이 하나도 변하지 않고 겨울에도 잎을 달고 있어?"

소나무는 소나무대로, 낙엽송은 낙엽송대로 다 제 나름대로의 가치가 100% 있는 법입니다. 어느 것이 더 위대하고 어느 것이 못하다고 이야기할 계제가 아닌 것입니다. 수백 년 사는 은행나무나 몇 달 살고마는 일년초라도 그 가치는 어느 것이 더 높고 어느 것이 낮다고 할 수가 없는 것입니다. 생명의 법칙에는 절대로 우열이 나누어지지 않습니다. 차별이 없습니다.

그러므로 근본적으로 평등하다고 하는 그 인식하에서 모든 문제 해결이 있는 것이고 우리들이 추구하는 행복과 평화도 결국은 거기에 있는 것이지, 다른 어떤 방법으로서는 궁극적인 해결책은 없습니다. 그래서『화엄경』을 일러 진리의 순수성을 가장 잘 나타내는 가르침이라고 합니

진리(眞理)의 순수성(純粹性)! 사물사물 그대로가 순수한 진리이다 그 것입니다. 그래서 『화엄경』을 가장 좋아하는 우리 나라 사람들은 전부 제 잘난 맛에 사는 것이라고 그럽니다. 따라서 단합이 잘 되지 않는지도 모릅니다. 『화엄경』을 좋아하는 국민은 개개가 다 잘났고 동등한 자격을 가지고 있기 때문에 잘못 이해하면 전부 제 잘난 맛으로 살고 단합이 안 되는 쪽으로 볼 수가 있습니다.
　반면에 일본 국민들이 제일로 좋아하는 경전이 『법화경』입니다. 『법화경』은 진리의 종합성(綜合性)을 가장 잘 이야기하는 경입니다. 같은 진리를 설명하고 있어도 그 설명하는 입장이 다른 것이죠. 『법화경』은 '회삼귀일(會三歸一)'이라 하여 전부가 모으는 것입니다. 어디 가도 다 모아 가지고 이해하고 감싸고 용서하는 게 『법화경』의 주된 가르침인 것입니다. 그래서 일본 국민들은 협동을 잘하고 단결이 잘 된다고 합니다.
　그러나 『화엄경』은 그게 아닙니다. 처음부터 전부가 다 세간의 주인인 것입니다. 물은 물대로, 불은 불대로, 다 신격시하여 주수신, 주화신, 주풍신, 주공신 하잖습니까. 이 세상 만물을 다 신으로 보는 것입니다. 그 신(神)이라는 말은 최고, 가장 위대한 것이라는 말입니다. 거기에다가 진리라고 하는 의미도 포함되어 있습니다. 허공은 허공대로 진리요, 땅은 땅대로 진리요, 숲은 숲대로 진리인 것입니다. 이 세상에 진리 아닌 것이 없다는 입장입니다. 그런 시각이다 보니까 취사 선택할 것이 없고 분별하고 간택할 것이 없습니다.
　순수하다는 점에서는 좋지마는 개개가 잘났다는 입장이 되다 보니까 잘못하면 단합이 안 되는 방향으로 나아가는 수가 있습니다. 잘못 이해하여 나는 잘났고 너는 그렇지 않다라고 되어 남을 배척하고 협동이 안 되는 폐단이 되기도 합니다.
　『화엄경』을 바르게 공부하면 그런 생각을 가질 수가 없습니다. 나도 잘났고 너도 잘났다, 사람도 위대하고 식물도 동물도 똑같이 위대하다, 그렇게 되는 것입니다. 그러므로 우리들은 결국 『화엄경』을 잘못 이해해

가지고 나만 잘났다 너는 못났다, 사람만 잘났다 다른 생물들은 못났다 이렇게 되어 가지고 반쪽짜리 보살밖에 되지 못하는 것입니다.

『법화경』의 예를 들자면 일단은 못난 것을 이야기합니다. 그래 놓고는 전부 다 감싸주고 용서해 주고 안아 주어서 모두 부처의 세계로 나아가게 합니다. 어린아이들이 오줌을 싸서 모래를 뭉쳐 가지고 이것이 불상이라고 해 놓고 거기에 떡을 올리는 장난을 쳐도 그것으로 성불(成佛)한다는 정도로 모든 것을 다 받아 주는 것입니다. 그래서 일본 사람들은 똘똘 뭉치기를 잘합니다. 물론 사람마다 다 그렇다는 것은 아니고, 대체로 그런 경향을 띤다는 것입니다.

우리들이 『화엄경』을 이해할 때 그 이해의 열쇠가 바로 이것입니다. 무엇이든지 현재 있는 모습 그대로가 순수한 진리의 가치로, 신의 가치로, 보살의 가치로, 부처의 가치로 보는 시각이 우리들의 마음 속에 무르녹을 때 모든 문제 해결이 거기에서 열린다는 것입니다.

그래서 이 경전에서 사실을 나타낼 때 장황하게 늘어 놓는 것은 원만(圓滿)을 주장하기 때문입니다. 『화엄경』에서는 잘났고 못난 것이 있으면 원만이 아닙니다. 모두가 잘났기 때문에 원만인 것입니다. 모두가 잘났다는 그 의미를 보다 더 분명하게 하기 위하여 원수(圓數), 즉 십(十)을 좋아하는 것입니다. 우리들이 늘 살펴 왔다시피 법문을 꺼냈다 하면 꼭 열 개를 채웁니다. 비슷비슷한 내용을 반복하여 반드시 열 개를 채우는데 어느 하나도 빠뜨릴 수 없다는 뜻에서 그렇습니다.

쌀이 좋으면 겨도 중요하다 이겁니다. 겨가 있음으로 해서 쌀이 있게 되는 것입니다. 쌀만 중요하고 겨는 중요하지 않다고 생각하는 것은 큰 잘못입니다. 물론 먹는 데에는 쌀이 필요하겠죠. 그러나 쌀로 먹도록까지에는 겨가 없으면 쌀이 되질 않아요. 그것을 알아야 된다는 사실입니다.

『화엄경』의 도리는 바로 그것입니다. 모난 돌은 모난 돌대로, 둥근 돌은 둥근 돌대로, 그대로 똑같은 가치를 가지고 있다는 것입니다. 그래서 완전함을 나타내고자 언제나 원만수, 십(十)을 가지고 이야기하는 것입니다. 구절에만 잡혀 있으면 도대체 무슨 소리인지 잘 알 수가 없습니다. 그래서 제가 종종 전체적인 『화엄경』의 정신을 파악하도록 보충 설명을 하고 있습니다.

(3) 십바라밀(十波羅蜜)과 지혜의 문을 나타내다

或現不可說佛刹微塵數檀波羅蜜門하며 或現不可說佛刹微塵數一切如來修諸功德種種苦行尸波羅蜜門하며 或現不可說佛刹微塵數割截肢體羼提波羅蜜門하며 或現不可說佛刹微塵數勤修毘梨耶波羅蜜門하며 或現不可說佛刹微塵數一切菩薩修諸三昧禪定解脫門하며 或現不可說佛刹微塵數佛道圓滿智光明門하며 或現不可說佛刹微塵數勤求佛法에 爲一文一句故로 捨無數身命門하며 或現不可說佛刹微塵數親近一切佛하야 諮問一切法호대 心無疲厭門하며 或現不可說佛刹微塵數隨諸衆生의 時節欲樂하야 往詣其所하야 方便成熟하야 令住一切智海光明門하며 或現不可說佛刹微塵數降伏衆魔하고 制諸外道하야 顯現菩薩福智力門하며 或現不可說佛刹微塵數知一切工巧明智門하며 或現不可說佛刹微塵數知一切衆生差別明智門하며 或現不可說佛刹微塵數知一切法差別明智門하며 或現不可說佛刹微塵數知一切衆生心樂差別明智門하며 或現不可說佛刹微塵數知一切衆生根行煩惱習氣明智門하며 或現不可說佛刹微塵數知一切衆生種種業明智門하며 或現不可說佛刹微塵數開悟一切衆生門하니라

말할 수 없는 세계의 티끌 수 단바라밀다문도 나타내고, 말할 수 없는 세계의 티끌 수 모든 여래들이 공덕을 닦느라고 갖가지로 고행하는 시바라밀다문도 나타내고, 말할 수 없는 세계의 티끌 수 온 몸을 도려내는 찬제바라밀다문도 나타내고, 말할 수 없는 세계의 티끌 수 부지런히 닦는 비리야바라밀다문도 나타내고, 말할 수 없는 세계의 티끌 수 보살들이 삼매를 닦는 선정해탈문도 나타내고, 말할 수 없는 세계의 티끌 수 부처의 도(道)가 원만한 지혜의 광명문도 나타

내었다.

또 말할 수 없는 세계의 티끌 수 불법을 구하면서 한 글귀, 한 토를 위하여 무수한 몸과 목숨을 버리는 문도 나타내고, 말할 수 없는 세계의 티끌 수 모든 부처님을 친근하여 모든 법을 물으면서도 고달픈 생각이 없는 문도 나타내고, 말할 수 없는 세계의 티끌 수 모든 중생의 시절과 욕망을 따라 있는 곳에 나아가서 방편으로 성숙시키어 온갖 지혜 바다의 광명에 머물게 하는 문도 나타내고, 말할 수 없는 세계의 티끌 수 모든 마(魔)를 항복받고 외도들을 제어하여 보살의 복과 지혜의 힘을 드러내는 문도 나타내며, 말할 수 없는 세계의 티끌 수 모든 기술을 아는 밝은 지혜의 문도 나타내고, 말할 수 없는 세계의 티끌 수 모든 중생의 차별을 아는 밝은 지혜의 문도 나타내고, 말할 수 없는 세계의 티끌 수 모든 법의 차별을 아는 밝은 지혜의 문을 나타내며, 말할 수 없는 세계의 티끌 수 모든 중생의 마음으로 좋아함이 차별함을 아는 밝은 지혜의 문도 나타내고 말할 수 없는 세계의 티끌 수 모든 중생의 근성·행동·번뇌·습기를 아는 밝은 지혜의 문도 나타내고, 말할 수 없는 세계의 티끌 수 모든 중생의 갖가지 업을 아는 밝은 지혜의 문도 나타내고, 말할 수 없는 세계의 티끌 수 모든 중생을 깨우치는 문도 나타내었다.

부처님의 삼매 광명에 비친 보살들의 형상은 바로 세간의 임금입니다. 이 세간의 임금들은 방금 갖가지의 문을 나타내어 보이고 지금부터는 십바라밀과 지혜의 문을 나타내어 보입니다. 이 말은 다름이 아닙니다. 불법(佛法)이라는 것은 모름지기 바라밀(波羅蜜)을 닦는 것입니다.

우리들이 있는 그대로가 진리이다라는 바탕에서 그러면 불법을 실천적으로는 어떻게 해야 하는가라고 하였을 때 그것은 십바라밀을 닦는 것이라는 이야기입니다. 불교의 전체적인 목적이 그렇고 『화엄경』의 시종 일관된 가르침이 바로 이 십바라밀을 닦는 것입니다.

보살행을 닦는 것이지요. 말하자면 '상구보리(上求菩提)하고 하화중생(下化衆生)하는 것', 이게 불법이라는 것입니다. 상구보리(上求菩提), 법을 구하기 위하여 부단히 정진하고 하화중생(下化衆生), 또 열심히 힘닿는 데까지 다른 사람을 돕는 자세, 그것이 바로 불자가 나아가야 할 바입니다. 한쪽으로는 열심히 자기 것을 챙기면서도, 도움이 필요한 곳에는 어떠한 경우라도 도울 수 있는 그런 자세를 가져야 합니다. 그게 상구보리 하화중생인 것이고 바른 불법입니다. 그것 외에 달리 특별한 것이 없습니다.

그런데 가만히 보면, 상구보리만 열심히 하고 하화중생은 도외시하는 경우가 많습니다. 또 어떤 경우는 상구보리에는 관심이 없고 하화중생만 하는 경우도 있습니다. 그게 차라리 낫습니다. 그렇게 하는 사람은 적어도 보살이라는 칭찬을 들을 만합니다. 상구보리, 자기 이익만 챙기고 남의 일은 등한시하는 경우는 나한(羅漢)이다, 소승(小乘)이다, 또 부불법외도(附佛法外道)이다 하는 비난을 면하기 어렵습니다.

『화엄경』을 보면 계속 보현행(普賢行)을 이야기하고 있습니다. 큰 행을 하는 보현보살의 실천을 끊임없이 이야기하고 있습니다. 그게 바로 불교예요. 불교는 한마디로 보현행을 닦는 것이고 보현행이라고 하는 것이 바라밀입니다. 이 「입법계품」은 80권 『화엄경』에서 제 39품인데 이 「입법계품」하고 연결되어 40품으로 「보현행원품」이 『화엄경』의 마지막 품으로 되어 있습니다. 그래서 「보현행원품」은 『화엄경』의 결론이자 바로 불교의 결론인 것입니다.

"보현행원으로 살아가라."

이것이 부처님의 근본 가르침입니다.

여기에 십바라밀이 다시 한번 더 차례로 소개되고 있습니다. 앞에서 자세하게 살펴 보았기 때문에 중요한 의미만 짚고 가도록 하겠습니다. 『화엄경』에서 십바라밀을 거듭 이야기하는 까닭은 "골고루 닦으라."고 하는 의미입니다. 보시(布施)·지계(持戒)·인욕(忍辱)·정진(精進)·선정(禪

定)·지혜(智慧)의 육바라밀에서 대체로 선정에 치우쳐 닦는 경우가 많은 데 골고루 닦으라는 가르침입니다. 음식도 편식하면 균형이 깨어집니다. 마찬가지로 고루고루 수행을 해야 원만한 법을 얻게 된다는 것입니다.

특히 『화엄경』에서는 육바라밀에다 방편(方便)·원(願)·력(力)·지(智)를 보태 원만수인 십바라밀을 맞추었습니다. 그 십바라밀을 골고루 닦도록 하라는 것이 부처님의 근본 정신입니다. 꼭 참선만 하라는 것이 아닙니다.

석가모니 부처님도 종국에는 보리수 아래에서 참선으로 이 우주의 실상을 깨달았지만 그 전에 설산에서 인욕과 지계와 정진을 무섭도록 하였습니다. 그렇게 한 것이 다 밑바탕이 되어 있었기 때문에 견명성오도(見明星悟道)가 가능한 것이었습니다. 그렇기 때문에 수행은 고르고 넓게 하여야 합니다.

물론 자기 취향과 자기 인연과 자신의 능력이 다 다릅니다. 보시가 기쁜 사람은 보시를 주로 하게 되고, 선정이 참으로 즐거운 사람은 삼매에 드는 것을 주로 하게 되는 것이지만 부처님은 절대로 편식을 권하지 않습니다. 물론 우리가 자세히 보면 지혜에 치우쳐 가르침을 펴고 있음을 알 수 있습니다. 지혜가 우선시 되어야 다른 바라밀도 제대로 값어치 있게 닦을 수 있기 때문에 어느 경에서든지 지혜를 강조하고 있기는 합니다.

여기 우리들의 가슴을 뭉클하게 하는 이야기가 소개되고 있습니다. 바로 '한 글귀, 한 토를 위하여 무수한 몸과 목숨을 버리는 문'이라는 구절입니다. 이것은 『열반경』에 나오는 유명한 '설산 동자 반게살신(雪山童子 半偈殺身)' 이야기입니다.

아득한 과거세에 부처님께서 설산(雪山)에서 동자로서 수행을 하고 있을 때입니다. 하루는 산길을 가고 있는데 어디선가 법문 소리가 들리는 것이었습니다.

"제행무상(諸行無常) 시생멸법(是生滅法), 모든 것은 무상해서 이것은 생멸하는 법칙이다."

설산 동자는 세상에 이렇게도 좋은 법문을 누가 했는가 싶어 사방을 살펴 보았습니다. 그랬더니 사람은 보이지 않고 험상궂게 생긴 나찰만이 거기에 있는 것이었습니다. 그래서 나찰에게 물었습니다.

"방금 전에 '제행무상 시생멸법'이라는 법문을 그대가 했습니까?"

"여기 나말고 누가 또 있나? 당연히 내가 했지."

"그런데 그 구절로 끝날 것 같지가 않습니다. 나머지를 마저 들려 주십시오."

"나도 들려 주고 싶지만 지금 배가 너무 고파서 더 이상 말을 할 수가 없어."

"그 공양을 제가 마련해 올리겠습니다."

"나는 사람의 뜨끈뜨끈한 피를 먹는다. 너의 뜨거운 피를 주겠느냐?"

"제 몸을 반드시 공양해 올릴테니 나머지 법문을 좀 해주십시오."

이렇게 약속을 하고 보니 자기 몸을 먼저 보시해 버리고 나면 법문을 들을 수가 없기 때문에 먼저 나머지 법문을 들려 달라고 간청을 하였습니다. 단단히 약속을 하고난 뒤 나찰은 뒤를 이었습니다.

"생멸멸이(生滅滅已) 적멸위락(寂滅爲樂), 생멸을 다 마치고 나면 적멸한 것이 낙이다."

적멸의 세계라는 것은 마음이 일어나서 온갖 분별을 하는 그런 작용이 즐거운 것이 아니라는 것입니다. 아름다운 것을 보고 아름답다라고 마음을 내어 그 분별을 취하는 게 즐거움이 아니라, 그렇게 아름답다고 느끼는 생각마저도 다 잠자는 그야말로 그런 본래의 마음자리로 돌아간 세계가 진정으로 즐겁고 행복한 세계라는 것입니다. 그런 '생멸멸이 적멸위락'을 일러주는 것이었습니다. 그러고 나서는 마구 재촉을 합니다.

"자 이제 나머지 법문을 들려 주었으니 빨리 너의 뜨거운 피를 다오."

"잠깐만 더 기다려 주십시오. 제 몸을 바쳐서 들은 이 귀중한 법문을 저 혼자만 듣고 죽으면 무슨 보람이 있겠습니까. 세상에 널리 퍼질 수 있도록 해야겠습니다."

이렇게 시간을 벌어 놓고서는 자기 손가락을 깨물어 마구 써대었습니다. 절벽이고 바위고 간에 여백만 있으면 '제행무상 시생멸법(諸行無常 是生滅法) 생멸멸이 적멸위락(生滅滅已 寂滅爲樂)'을 남겼습니다. 그리고 나서는 즉시 높은 가지에 올라 땅으로 몸을 던졌습니다. 그 순간 나찰은 제석의 형상으로 변해서 동자의 몸을 받아 올렸습니다. 동자는 이 신명을 버리는 행으로 인하여 12겁을 초월할 수 있었다고 합니다.

또한 '모든 부처님을 친근하여 모든 법을 물으면서도 고달픈 생각이 없는 문'이라는 대목도 참으로 훌륭합니다. 아무리 묻고 알고 묻고 알고 또 묻고 알아도 피로해하거나 싫어하는 기색이 없습니다.

"아이구, 맨날 그 소리, 누가 모르나. 힘들어 죽겠어."

우리들은 조금 해놓고도 이런 소리를 밥먹듯이 합니다. 알고보면 사실 아무리 많은 선지식들이 각양각색의 소리를 하여도 결국은 그 소리이며, 한 소리인 것입니다.

그러나 보살들은 아무리 많은 선지식을 친견하여 법을 구하여도 피로해 하거나 싫어함이 없습니다. 이 말은 경전에 참 많이 나옵니다. 특히 이 『화엄경』에 자주 나옵니다. 아무리 해도 피로해 하거나 싫어함이 없는 것이 바로 정진인 것입니다. '무수한 몸과 목숨을 버리는 문'과 '고달픈 생각이 없는 문'과 '모든 중생의 시절과 욕망을 따라 방편으로 중생들을 성숙시키는 문'의 세 가지는 십바라밀의 방편에 해당됩니다.

그 다음은 힘에 해당되는 문이 나옵니다. 바로 모든 마(魔)를 항복받고 외도들을 제어하여 보살의 복과 지혜의 힘[力]을 드러내는 문입니다. 마구니를 항복받으려면 힘이 있어야 하는 것입니다.

그 다음은 지혜에 관한 문이 여섯 가지가 소개되고 있습니다. 지혜 가운데에서도 '밝은 지혜의 문[明智門]'을 말합니다. 지혜는 참으로 밝은 것입니다. 햇빛이 밝든, 등불이 밝든, 전깃불이 밝든, 우리들의 눈이 밝든, 밝은 것은 전부 지혜입니다. 지혜는 달리 다른 것으로 표현할 길이 없습니다.

부처 세계의 모든 기술을 아는 밝은 지혜의 문을 나타내고, 모든 중생의 차별을 아는 밝은 지혜의 문을 나타내며, 모든 법의 차별을 아는 밝은 지혜의 문을 나타내고, 모든 중생의 마음으로 좋아함이 차별함을 아는 밝은 지혜의 문도 압니다.

일체 중생의 마음에 좋아하는 것을 잘 안다는 것은 부처님의 법을 펴는 데에 있어서 참으로 중요합니다. 저 중생은 무엇을 좋아하는가, 이 중생은 무엇을 좋아하는가 하는 그 차별을 잘 알아야 하는 것입니다. 동사섭(同事攝)을 한다는 것은 그 중생이 좋아하는 것을 알아 가지고 거기에 맞추어 주다가 서서히 그 사람을 돌이키게 하고 마침내는 그 사람의 마음을 바른 길로 인도하는 것입니다.

또한 모든 중생의 근성·행동·번뇌·습기를 아는 밝은 지혜의 문을 나타냅니다. 여기서 중생들이 갖고 있는 여러 가지 차별을 전부 다 이야기해 놓았습니다. 저 사람의 근기는 저렇다, 그 사람의 행동거지는 그렇다, 이 사람의 번뇌는 이렇다, 나의 습기는 이러이러하다는 것을 낱낱이 다 아는 밝은 지혜의 문입니다.

사람에 따라 번뇌도 각양각색입니다. 습기(習氣), 즉 습관도 가지가지입니다. 밥을 먹는 것도 다르고 숨을 쉬는 것도 다르고 잠자는 것도 다 다릅니다. 사람들이 가지고 있는 차별을 잘 알면 중생 제도하기가 참으로 쉽습니다.

그리고 모든 중생의 갖가지 업을 아는 밝은 지혜의 문과 모든 중생을 깨우치는 문을 나타내었습니다. 이 여섯 가지 밝은 지혜의 문과 중생을 깨우치는 문, 이렇게 한 칠문(七門)은 지혜를 가리키는 것입니다. 육바라밀의 마지막도 지혜이고 이 십바라밀의 마지막도 지(智)입니다.

보십시오. 일관되게 지혜를 말하고 있습니다. 편식을 하지 말라고 십바라밀을 말하면서도 그런 십바라밀이 원만하게 수행되려면 지혜가 있어야 된다고 하는 가르침을 누누이 강조하고 있습니다.

어리석은 사람은 편식을 합니다. 마찬가지로 어리석은 사람은 수행도 편식을 합니다. 참선(參禪)만 좋다 해서 "마음만 깨치면 되지, 책은 뭐하려고 보나, 번뇌 망상만 쌓이지." 이러고 다닙니다. 마음의 원리를 알면 더 빨리, 더 밝게 깨칠 수 있을 터인데 그것에만 사로잡혀 있습니다. 참선만 좋다고 하는 부처님의 말씀은 그 어디에도 없습니다. 염불(念佛)만 좋다하는 말씀도 없습니다. 경(經)만 좋다는 말씀도 절대로 없습니다.

'무엇무엇만 좋다.'는 것은 없다는 것을 모르는 까닭이 있습니다. 그것은 부처님 말씀을 보지 않아서 그렇습니다. 부처님 말씀을 보지 않고 자기 나름대로 주장하는 사람은 반드시 한 가지만 주장합니다. '이것만 해라.' 하는 사람은 부처님의 경전을 보지 않은 사람입니다. 보더라도 대충 『천수경』이나 『금강경』 정도나 읽고만 사람들이지, 부처님 경전을 전반적으로 제대로 보지 않은 사람들입니다. 한 가지만 주장하는 사람들은 부처님의 경전에 대하여, 부처님의 사상에 대하여 견문이 좁다고 하는 것을 드러내 보이는 이야기입니다.

그것은 병에 걸린 것이죠. 편식해서 영양 실조에 걸린 것과 같은 것입니다. 항상 고루고루 닦으라는 가르침인 것입니다. 병에 따라서 약처방이 다른 법인데 어느 병에라도 다 듣는 만병 통치약은 없는 것입니다. 마찬가지로 중생의 근기가 다르고 취미가 다른데 어떻게 어느 한 가지만 할 수 있겠습니까.

다른 종교에서는 몰라도 부처님의 가르침 아래에서 우리들이 모였을 때는 부처님의 사상을 공부해야 한다는 것은 만고의 철칙인 것입니다. 예수교에 가서는 예수의 사상을 배워야 하고, 유교에 가서는 공맹(孔孟)의 사상을 배워야 합니다.

불교에 들어와 가지고서 부처님의 가르침을 배우지 아니하고 자기 짐작대로 떠억하니 이야기하는 것은 절대로 잘못된 것입니다. 얼마만큼 깊고 넓게 부처님의 가르침을 탐구하느냐 하는 게 제일 중요합니다. 부처님의 사상을 일단 넓고 깊게 공부하는 것이 우선가는 일이고 그렇게 해 놓으면 편벽된 주장을 할 수가 없게 됩니다. 어떠한 고통에 지독하게 시달리는 사람에게 그 병을 치료하려고 당분간 방편으로 한 가지만 하라고 할 수는 있습니다. 그 외에 전체적인 가르침에 있어서는 절대로 편협된 가르침은 있을 수가 없습니다.

『화엄경』이 천하에 제일가는 가르침이라고 하는데 어느 한 가지만 옳다고 하는 대목이 어디 있습니까. 어느 곳에도 없습니다. 만약 '이것만 하시오'라고 한다면 그것은 지혜가 부족해서 그런 것입니다. 그 사람들의 지혜는 중생의 지혜로서 함부로 내세울 것이 아니고, 일단은 부처님의 지혜를 빌어와야 하는 것입니다. 부처님의 지혜를 빌리려면 부처님의 가르침을 봐야 아는 것입니다. 그것은 불변의 원칙인 것입니다. 부처님의 가르침은 경전입니다. 경(經)을 떠나서 달리 부처님의 가르침이 없다고 하는 사실을 알아야 합니다. 하고 안하고는 그 다음의 문제이고 이치(理致)는 그렇게 되어 있습니다.

불교라는 간판 아래에 모였을 때에는 부처님의 가르침, 그 외의 주장은 단지 개인적인 주장일 따름이지 불교는 아니라는 것을 잘 알아야 합니다.

(4) 방편으로 곳곳에 가서 중생을 이익케 하다

以如是等不可說佛刹微塵數方便門으로 往詣一切衆生住處하야 而成熟之하니 所謂或往天宮하며 或往龍宮하며 或往夜叉乾闥婆阿修羅迦樓羅緊那羅摩睺羅伽宮하며 或往梵王宮하며 或往人王宮하며 或往閻羅王宮하며 或往畜生餓鬼地獄之所住處하야 以平等大悲와 平等大願과 平等智慧와 平等方便으로 攝諸衆生하니 或有見已而調伏者하며 或有聞已而調伏者하며 或有憶念而調伏者하며 或聞音聲而調伏者며 或聞名號而調伏者며 或見圓光而調伏者며 或見光網而調伏者라 隨諸衆生心之所樂하야 皆詣其所하야 令其獲益케 하나라

이와 같은 말할 수 없는 세계의 티끌 수 방편문으로 모든 중생이 있는 곳에 나아가 성숙케 하나니, 이른바 천궁에도 가고 용궁에도 가고 야차·건달바·아수라·가루라·긴나라·마후라가궁에도 가며, 범

왕궁에도 가고 인간의 왕궁에도 가고, 염라대왕의 궁에도 가고, 축생
・아귀・지옥의 사는 곳에도 가는 것이다.

평등한 큰 자비와 평등한 큰 원과 평등한 지혜와 평등한 방편으로
중생들을 거두어 주는데, 보고서 조복되는 이도 있고, 듣고서 조복되
는 이도 있고, 생각하고서 조복되는 이도 있으며, 음성을 듣고 조복되
기도 하고, 이름을 듣고 조복되기도 하고, 둥근 광명을 보고 조복되기
도 하고, 광명 그물을 보고 조복되기도 하나니, 중생들의 마음에 좋아
함을 따라서 그들의 처소에 나아가서 이익을 얻게 하였다.

중생을 깨우치기 위하여 중생이 있는 곳이면 그 어디에도 다 나아갑
니다. 인간의 세계에는 말할 것도 없고, 천궁과 용궁과 온갖 팔부신중궁
과 범왕궁과 염라대왕궁에 가서 성숙케 합니다. 심지어는 축생・아귀・지
옥의 삼악도에 나아가 성숙케 합니다.

한 중생도 빠뜨리지 않고 거두어 주는데, 평등(平等)한 자비와 대원과
지혜와 방편으로 모두 다 제도해 줍니다. 왜 이렇게 자비와 대원과 지혜
와 방편이 평등한가 하면 대상이 평등하기 때문입니다. 그 이치입니다.
대상이 평등하지 않으면 평등하게 하면 되지 않지요. 대상이 평등하기
때문에 돌에 가서는 돌, 나무에 가서는 나무, 지옥에 가서는 지옥, 저기
높은 천상에 가서도 똑같이 중생을 섭수합니다.

그 다음 구절이 참으로 좋습니다. 우리들이 부처님을 따라 이고득락
(離苦得樂)하는 갖가지의 동기가 다 실려 있습니다.

어떤 사람들은 보고 난 뒤 조복되는 사람이 있습니다. 또 듣고 난 뒤
조복되는 이도 있고, 생각을 하고 난 뒤 조복되는 이도 있고, 음성을 듣
고 난 뒤 조복되는 사람도 있습니다.

부처님의 법을 전하는 스님들의 청량한 음성을 듣고나면 가슴이 시원
해지는 느낌을 받으신 분들이 많을 것입니다. 전부 자기보고 하는 소리
같고 어찌 저리도 내 마음의 슬픔을 잘 알아서 어루만져 주시는가 하는

경험을 누구나 다 하셨을 것입니다.

또 이름을 듣고서 조복되는 이도 있습니다. "관세음보살!" 이렇게 한 번 불러보기만 해도 가슴이 확 트여 십 년 먹은 체증이 내려가는 것 같고 온갖 슬픔이 다 가져지는 것 같은 느낌을 받는 것입니다. 행선축원이라고 해서 아침예불 끝에 하는 나옹(懶翁) 화상의 발원문을 보면 제 이야기가 실감날 것입니다.

"문아명자면삼도(聞我名者免三途)
나의 이름을 듣는 이 모두 다 삼악도를 면하고
견아형자득해탈(見我形者得解脫)
나의 형상을 보는 이는 모두 다 해탈을 얻게 하소서."

근래에는 이산(怡山)혜연 선사 발원문을 자주 합니다. 거기에도 이 구절과 상통하는 노래가 있습니다.

"내 모양을 보는 이나 내 이름을 듣는 이는 보리 마음 모두 내어 윤회고를 벗어나되 화탕 지옥 끓는 물은 감로수로 변해지고 검수도산 날 샌 칼날 연꽃으로 화하여서 고통받던 저 중생들 극락 세계 왕생하며 나는 새와 기는 짐승 원수 맺고 빚진 이들 갖은 고통 벗어나서 좋은 복락 누려지이다."

이름만 척 들어도 그만 삼도(三途)의 고통을 면하고 모습만 보더라도 해탈을 얻게 하라는 말입니다. 원력이 그쯤은 되어야지 그래도 대원(大願)이라고 할 수 있을 것입니다. 우리들의 소원과 성인들의 대원을 비교해 보면 그런 정도의 차이가 있습니다. 그리고 광명의 주체와 그것의 파장인 광명 그물을 보고도 조복을 받는 이가 있습니다. 이렇게 갖가지 중생들이 즐기는 바를 따라서 온갖 바라밀을 다 동원하여 중생들을 이익케 합니다.

(5) 보살이 중생을 위하여 여러 가지 분신(分身)을 나타내 보이다

佛子야 此逝多林一切菩薩이 爲欲成熟諸衆生故로 或時現處種種嚴飾諸宮殿中하며 或時示現住自樓閣寶師子座하야 道場衆會의 所共圍遶로 周徧十方하야 皆令得見이나 然亦不離此逝多林如來之所하나라 佛子야 此諸菩薩이 或時示現無量化身雲하며 或現其身이 獨一無侶하니 所謂或現沙門身하며 或現婆羅門身하며 或現苦行身하며 或現充盛身하며 或現醫王身하며 或現商主身하며 或現淨命身하며 或現妓樂身하며 或現奉事諸天身하며 或現工巧技術身하야 往詣一切村營城邑王都聚落諸衆生所하야 隨其所應하야 以種種形相과 種種威儀와 種種音聲과 種種言論과 種種住處로 於一切世間에 猶如帝網하야 行菩薩行하며 或說一切世間工巧事業하며 或說一切智慧照世明燈하며 或說一切衆生業力所莊嚴하며 或說十方國土建立諸乘位하며 或說智燈所照一切法境界하야 敎化成就一切衆生호대 而亦不離此逝多林如來之所하니라

"불자여, 이 서다림에 있는 모든 보살이 중생들을 성숙케 하기 위하여, 어떤 때에는 갖가지로 장엄한 궁전에 있기도 하고, 어떤 때에는 자기의 누각에서 사자좌에 앉았거든, 도량에 모인 대중이 둘러 모시고 시방에 두루하여 여럿이 보게 하지만 이 서다림 여래의 처소를 떠나지 아니하였느니라.

불자여, 이 보살들이 어떤 때에는 한량없는 화신(化身)구름을 나타내기도 하고 혹은 벗이 없는 혼자 몸을 나타내기도 하나니, 이른바 사문의 몸도 나타내고, 바라문의 몸도 나타내고, 고행하는 몸도 나타내고, 충성(充盛)한 몸도 나타내고, 의사의 몸도 나타내고, 장사 주인[商主]의 몸도 나타내고, 깨끗이 생활하는 몸도 나타내고, 배우의 몸도 나타내고 하늘을 섬기는 몸도 나타내고, 훌륭한 기술자의 몸도 나타내어, 모든 시골과 도시와 서울과 마을에 있는 중생들의 처소에 가서 마땅한 대로 갖가지 형상·갖가지 위의·갖가지 음성·갖가지 언론·갖가지 사는 곳으로서 제석천의 그물과 같은 모든 세간에서 보

살행을 행할 적에 세간의 훌륭한 사업을 말하며, 모든 지혜로 세상을 비추는 등불을 말하며, 모든 중생의 업력(業力)으로 장엄하는 것을 말하며, 시방 국토에서 여러 가지 승(乘)을 세우는 지위를 말하며, 지혜 등불을 비추는 모든 법의 경계를 말하여, 일체 중생을 교화하여 성취하면서도 이 서다림 여래의 처소를 떠나지 아니하였느니라."

이 「입법계품」에 설해지는 서다림 법회에 동참을 한 많은 보살들은 중생을 성숙케 하기 위하여 온갖 처소에 다 나아갑니다. 가기도 하고 그 자리에 있기도 하며 또 여러 가지 분신을 다 나타내어 보입니다. 갖가지의 분신을 설명하는데 여기에서 그 당시 수행하는 모습이나 생활하는 모습이나 또 그 당시에 절실하였던 문제 같은 것을 엿볼 수 있습니다.

'천강유수천강월(千江有水千江月), 허공에 있는 달은 하나이지만 천 개의 강이 있으면 그 천 개의 강에 다 달이 비친다.'

이렇듯 한량없는 변화의 몸을 다 나타냅니다. 혼자 있는 몸, 즉 사문과 바라문과 고행자의 몸을 나타내기도 하고, 몸집이 좋은 사람의 몸을 나타내기도 합니다.

또한 그 당시 산업을 짐작할 수 있는 여러 가지 직업이 다 소개되고 있습니다. 열대 기후인 인도에 얼마나 무서운 병이 많았겠습니까. 그러니 꼭 의사가 소개됩니다. 물론 단순하게 육신의 병을 고쳐준다는 의미만 있는 것이 아니고 번뇌 망상을 고쳐 주는 부처님에 비교되어 자주 등장을 합니다만 그 당시에 얼마나 많은 사람들이 병으로 인하여 고통을 받았는지 이런 대목에서 짐작할 수 있습니다. 물론 생활 수준이 최고로 오른 오늘날에는 과거에 없었던 난치병으로 고생을 하고 있기는 합니다. 그러나 옛날에는 손도 못대었던 많은 병들이 이 세상에서 사라진 것도 사실 있습니다.

그러니 그 당시에 두려웠던 병들을 치료시켜 주는 의사와 장사 지내는 사람과 깨끗한 직업을 가진 그런 생명과 춤추고 노래하는 사람의 모습과 하늘에 제사 지내는 사제의 몸과 공교한 기술자의 몸을 나타냅니다.

기술자도 대단한 보살입니다. 미장원에 가면 머리 잘 만져 주는 사람이 보살이고, 세탁기 고장난 것을 잘 고쳐 주는 사람이 바로 보살인 것입니다. 다른 보살이 필요하지 않습니다. 참으로 『화엄경』은 건드리지 아니한 데가 없습니다. 허공도 신이고 허공도 보살이고 허공도 진리라고 하였듯이 여기 보면 이렇게까지 부처님의 자비가 모든 분야에 하나도 빠뜨리지 않고 미치고 있음을 알 수 있습니다. 이렇게 한 분야도 빼놓지 않고 분신을 나타내어 가지고서 어느 시골 어느 도시 할 것 없이 다 나아가서 그 응하는 바를 따라서 그 사람에게 다 맞추어서 온갖 기술을 상황에 맞게 다 설명해 줍니다.

이 법문에서 우리들이 안목을 높여야 하는 부분이 두 군데 있습니다. 하나는 바로 '모든 중생의 업력(業力)으로 장엄한다'입니다. 우리들은 보통 업이라고 하면 좋지 않은 것, 빨리 버려야 하는 것으로 생각합니다.

"아이구 나는 업장이 두터워서 되는 게 아무 것도 없어. 기도 많이 하고 참회를 지극히 하여 빨리 이 업장을 벗어나야지."

그러나 한 생각 돌려 버리면 '업장이 두텁다.' 이런 말이 필요없습니다. 이왕 있는 업장일 바에야 '나는 업력으로 장엄했다. 이 업력은 참으로 찬란한 것이다.' 이렇게 보면 문제가 간단합니다. 여기 '업력으로 장엄한다'는 말은 『화엄경』이 아니고서는 이런 표현을 할 수가 없습니다. 우리들은 이 업력을 전부 배척해야 할 것으로, 떼내어야 할 것으로, 잊어버려야 할 것으로 생각하고 있습니다. 그러나 『화엄경』에서는 그게 아닌 것입니다. 업력으로 화려하게 장엄을 한다 이 말입니다.

"곱추의 등에서 혹을 떼내어 버리면 아무런 의미가 없다." 라고 어느 철학자도 그랬습니다. 이왕에 쉽게 버리지 못할 우리들의 혹이라면 귀한 것으로 여겨버리면 문제가 간단해집니다. 그래 버리면 지금까지는 한탄의 대상이었던 업력이 다 나를 아름답게 꾸며주는 축복 덩어리로 바뀌게 됩니다. 좀 더 있었으면 좋겠고 참으로 신명나는 한 세상이 될 것입니다.

"야, 나는 왜 이리 복이 많냐. 잘 되는 것도 재미가 있고 망하는 것도 신나게 망하네. 내 인생은 왜 이렇게도 남과 다른 것이 많지. 나는 복이 많아서 요즈음 같은 부자 세상에서도 작은 집에서 식구들과 부대끼며 오손도손하게 살 수가 있네."

정말 바르게 깨치고 보면 억지로 이런 생각을 하게 되는 것이 아니고 이 말이 사실입니다. 이 세상의 만법에는 고하(高下)도 없고 귀천(貴賤)도 없고 장단(長短)도 없습니다. 구름이 한 순간 일어나는 것처럼 인연이 되면 일어났다가, 그 인연이 흩어지면 부귀도 영화도 사라지고 마는 것입니다. 마찬가지로 우리들의 업장도 가만히 있어도 언젠가는 사라지게 마련입니다.

언젠가는 업력도 사라지겠지마는 그래도 그것이 있는 동안 거기에 끄달려 괴로움을 당하지 말고, 능동적으로 그 업력을 받아들여서 환희롭게 여기는 것이 현명한 불자입니다. 짠 소금을 치고, 신 식초에 담가놓은 생선은 잘 썩지 않습니다. 우리들도 업력이 있음으로 해서 우리들의 영혼을 맑게 할 수가 있고 무엇보다도 부처님의 법을 가까이 할 수 있는 계기가 되는 것입니다. 아주 좋은 대목입니다.

또 하나 우리들이 깊이 새겨야 할 대목은 '서다림 여래의 처소를 떠나지 아니하였느니라.'입니다. 우리들은 중생 제도를 하기 위하여 동사섭을 하다가 그만 그쪽으로 휩쓸려 버리는 경우가 종종 있습니다. 그것은 서다림의 여래의 처소를 떠난 것입니다. 다시 말해서 부처의 정신과 부처의 안목을 떠났다는 말입니다.

그러나 『화엄경』에서는 '떠나지 않고'라는 표현을 자주 씁니다. 바로 부처의 정신을 떠나지 않고 무엇이든지 한다는 이야기입니다. 중생과 더불어 그 무엇을 하더라도 '서다림의 여래를 떠나지 않는다' 이 대목이 참으로 중요합니다.

여래(如來)의 주체(主體)가 무엇입니까. 바로 우리들의 본심자리입니다. 부처자리인 것입니다. 부처의 자리를 하나도 떠나지 않고 있는데 다만 그 사실을 알지 못할 뿐입니다. 그러므로 무엇을 하더라도 우리들의 마음자리 하나 챙기면서 살라는 큰 가르침을 펴고 있습니다.

지금까지의 법회를 근본 법회(根本 法會)라고 합니다. 선재동자의 성불이라는 크나큰 성공을 뒷받침하기 위하여 서다림의 대장엄누각에서 있었던 법회를 말하는 것입니다. 지금까지의 내용을 대강 맥을 잡아 간추려 보겠습니다.

세존이 설하시는 서다림 법회에 오백 명의 보살과 오백 명의 성문과 수많은 세간의 임금들과 그 권속들이 동참을 하였습니다.

법을 설하시려고 부처님께서 삼매에 드시자 서다림에 갖가지의 장엄이 휘황찬란하게 벌어졌습니다. 그리고는 시방에서 구름떼같이 많은 보살들이 갖가지의 신통을 부리며 모여와 그 법회에 또 동참을 하고 그 덕을 찬탄하였습니다.

성문들이 보지 못하는 여래와 보살의 경계와 그 보지 못하는 이유를 낱낱이 다 밝혀 놓았고 특히 열 가지 비유로써 아름답게 그려 놓았습니다.

그 다음에는 시방에서 모여온 보살들의 대표가 나와서 게송을 한 수씩 읊어서 부처님의 덕을 찬탄하였습니다. 그리고는 보현보살이 나와서 삼매를 설하시고 그것을 다시 게송으로 폈습니다.

세존께서 백호 광명을 놓아서 서다림에 있는 대중들이 그 광명에 의지하여 갖가지의 경계를 보고 보살들이 여래의 경계와 백 가지의 삼매에 들어가고 또 덕을 갖추게 되었습니다. 그리하여 보살들이 은혜를 입고 공양을 올렸습니다.

그 다음으로 지혜를 담당한 문수보살이 나와서 서다림의 법회에서 벌어지고 있는 여러 가지 장엄에 대하여 게송으로 찬탄을 하였습니다. 마지막으로는 부처님의 삼매에서 또 다시 큰 작용이 일어났는데, 갖가지의 문과 십바라밀과 지혜의 문을 나타내고 중생들로 하여금 이익이 되게 하였으며 여러 가지 분신을 나타내어 보였습니다.

여러분들은 혹시 이런 말씀을 하실 지도 모르겠습니다.
"「입법계품」하면 으레 선재동자인데, 책 한 권이 다 되어가도록 읽어도 아직 선재동자는 끄떡도 않네. 도대체 선재동자가 언제 등장을 한단 말인가."

상식적으로 「입법계품」이라고 하면 으레 선재동자만 나와서 53선지식을 차례차례로 방문하여 법을 구하는 것으로 알기 쉽습니다. 그러나 선재동자가 성불하기 위해서 지금까지 쭈욱 살펴본 것처럼 무수한 보살이 등장을 하고 어마어마한 장엄이 되는 등, 선재동자가 나오기까지 한참 걸립니다. 낱낱의 선지식을 나타내는 지말 법회의 첫 선지식인 문수보살에게 가서도 한참동안의 찬탄과 법문이 있고 나서야 비로소 선재동자가 등장을 하게 됩니다.

선재동자는 바로 우리 중생을 대표하는 입장입니다. 선재동자의 성불은 바로 우리들 자신의 성불을 확신시켜 주는 것입니다. 그러기 위해서 이토록 세밀하게 밑거름을 치고 길을 다지고 정진을 하고 있습니다. 성불(成佛)이라는 만고에 둘도 없는 성공을 위해서 하나도 의심함이 없도록 완전무결한 가르침을 펴기 위해서입니다. 이 가르침을 받아 지니고 행한다면 우리들의 성불은 약속된 것입니다. 이것을 믿고 알았으니 이제는 행할 일만 남았습니다. 일어나서 저 어마어마하게 장엄된 길에 동참합시다.

지금까지의 법회를 「입법계품」 중에서 근본 법회라고 합니다.

조선 영조 시대에 솜씨가 매우 뛰어난 최북(崔北)이라는 화가가 있었습니다. 호는 성재(星齋) 또는 기거재(奇居齋)라고 하였는데 그 언행이 괴팍하기로 유명하였습니다. 금강산을 유람하다가 구룡연(九龍淵)에서

투신까지 한 이력이 있을 정도로 예술에 대한 정열도 대단한 분이었습니다.

한번은 많은 값을 받기로 하고 산수화(山水畵)를 그려 주기로 하였습니다. 그림을 부탁한 사람이 훗날 와서 그림을 보니 다만 산만 그려져 있을 뿐이었습니다. 그래서 최북에게 물었습니다.

"여보시오, 산수(山水)를 그려 달라고 하였는데 산만 그려놓고 물은 없으니 웬 일이요?"

그러자 최북은 호탕하게 웃으며 말하였습니다.

"이 양반이……, 잘 보시오. 산(山)을 그려넣은 종이 바깥은 전부 다 물[水]이요. 그렇게 보면 산수가 다 있는 것 아니요?"

현대를 살아가는 여러 불자님들의 성불이라는 어마어마한 성공에 도움을 주기 위하여 저는 경에 있는 말씀을 가능하면 놓치지 않고 또 그러면서 오늘날에 맞게끔 생생한 해석을 하려고 노력하였습니다. 살아 숨쉬고 있는 경의 말씀이 되도록 저의 안목에 잡힌 내용을 세밀하게 강의하였지만 그것은 어디까지나 최북이 그린 산수화처럼 '산(山)'밖에 그리지 못하였을 것입니다. 나머지 '물[水]'은 여러 불자님들의 불성과 깨달음의 안목에 맡기고, 그 내용을 다음에 저에게도 들려 주시기 바랍니다.

모두 함께 성불의 길로 나아 갑시다!

무비 스님
화엄경 강의

- 근본법회 -

1997년 1월 18일 초판 1쇄 발행
2025년 4월 18일 초판 17쇄 발행

지은이 무비 스님
발행인 박상근(至弘) • 편집인 류지호 • 편집이사 양동민
편집 김재호, 양민호, 김소영, 최호승, 정유리 • 디자인 쿠담디자인
제작 김명환 • 마케팅 김대현, 김대우, 이선호, 류지수 • 관리 윤정안
콘텐츠국 유권준, 김희준
펴낸 곳 불광출판사 (03169) 서울시 종로구 사직로10길 17 인왕빌딩 301호
대표전화 02) 420-3200 편집부 02) 420-3300 팩시밀리 02) 420-3400
출판등록 제300-2009-130호(1979. 10. 10.)

ISBN 978-89-7479-615-0 (03220)

값 15,000원

잘못된 책은 구입하신 서점에서 바꾸어 드립니다.
독자의 의견을 기다립니다. www.bulkwang.co.kr
불광출판사는 (주)불광미디어의 단행본 브랜드입니다.